江西省高校人文社会科学研究项目阶段性成果（JC1534）

"江西理工大学清江学术文库"

过渡时代的"造桥"者

陈衡哲评传

李火秀◎著

中国社会科学出版社

图书在版编目（CIP）数据

过渡时代的"造桥"者：陈衡哲评传/李火秀著. —北京：中国
社会科学出版社，2019.5
ISBN 978 - 7 - 5203 - 4060 - 1

Ⅰ.①过…　Ⅱ.①李…　Ⅲ.①陈衡哲（1890 - 1976）—评传
Ⅳ.①K825.6

中国版本图书馆 CIP 数据核字（2019）第 027298 号

出 版 人　赵剑英
责任编辑　郭晓鸿
特约编辑　陈璐旸
责任校对　周　昊
责任印制　戴　宽

出　　　版　中国社会科学出版社
社　　　址　北京鼓楼西大街甲 158 号
邮　　　编　100720
网　　　址　http://www.csspw.cn
发 行 部　010 - 84083685
门 市 部　010 - 84029450
经　　　销　新华书店及其他书店

印　　　刷　北京明恒达印务有限公司
装　　　订　廊坊市广阳区广增装订厂
版　　　次　2019 年 5 月第 1 版
印　　　次　2019 年 5 月第 1 次印刷

开　　　本　710×1000　1/16
印　　　张　25.25
插　　　页　2
字　　　数　301 千字
定　　　价　99.00 元

前　言

　　陈衡哲（l890—1976），英文名 Sophia H. Z. Chen，原籍湖南衡山，1890 年 7 月 12 日出生在江苏常州。陈衡哲一生堪称传奇，她有多个"一"的称誉，如中国首批清华留美女学生之一，现代文学史上第一个女作家，中国第一个女西洋史学者，中国现代第一位女教授等。陈衡哲幼时习四书五经，诗词歌赋。在舅父庄蕴宽的影响下，勇敢冲破封建思想的牢笼，离开家人辗转广州、上海等地求学。1914 年，陈衡哲考入清华学堂留学生班，成为清华选送公费留美的女大学生之一。留美期间，先在纽约瓦沙女子大学攻读西洋史，兼修西洋文学，1918 年获文学学士学位。后进芝加哥大学继续深造，1920 年获硕士学位。同年，应北京大学校长蔡元培之邀回国，被聘为北京大学历史学教授，并先后任职东南大学、四川大学。陈衡哲曾 4 次代表太平洋国际学会中国理事会出席国际学术会议，主编《中国文化论集》。中西贯通的教育经历使她在史学、文学、教育等方面都颇有成就。陈衡哲不仅从事西洋史研究，而且创作领域如小说、诗歌、散文方面颇多名篇佳作，主要著述有《西洋史》（上下册）、《文艺复兴小史》、《欧洲文艺复兴史》、《小雨点》、《衡哲散文集》、《西风》、《陈衡哲早年自传》等。

在阅读与追踪陈衡哲的思想人生时,最深切的感受是她反抗命运,勇于"造命"。事实上,如果没有坚定的意志,万难在当时的社会环境中走出一条自强不息的道路。陈衡哲曾说:"我曾经是那些经历过民国成立前后剧烈的文化和社会矛盾,并且试图在旋涡中掌握自己命运的人们中的一员。因此,我的早年生活可以被看作一个标本,它揭示了危流之争中一个生命的痛楚与欢愉。"她的奋斗经历,生动地展现了处于过渡时代旋涡中知识女性浴火重生的艰难历程。可以说,陈衡哲实现自我"造命"是不易而艰辛的,而她奋力搏击命运的决心与勇气正是时代新女性把握自己命运、不随波逐流的真实写照。当然,陈衡哲也的确走出了一条有别于传统女性的人生道路。她的人生思想不仅涤荡了千百年来"女子无才便是德"的封建意识,而且,她糅合中西古今文化传统、建构出修身立德、立言齐家的新女性范型,展露出开一代风气之先的现代中国女知识分子所达到的新境界。

胡适十分欣赏龚定庵的诗句:"但开风气不为师。"这用来形容陈衡哲,也颇有意味。在人生开辟、白话文创作、学术研究等方面,陈衡哲都是处于过渡时代的一个开风气的创新型人物。当她学成归国任教,成为中国历史上第一位西洋史女教授,此时,为人所耳熟能详的冰心、庐隐、凌叔华、苏雪林等最早一批女作家还都是大学生,而享誉40年代中国文坛的苏青、张爱玲那时仍是深受家庭束缚不得自由的闺阁女子。由此来看,陈衡哲无疑是她们的师辈。而在轰轰烈烈的"五四"白话文运动中,当胡适摇旗呐喊深感孤独时,是陈衡哲率先用白话文创作来回应、支持这场具有划时代意义的运动。当时在美国留学的胡适和国内的陈独秀遥相呼应,高呼"文学革命",提倡用白话文创作文学作品,陈衡哲以自己对中国语言文字的独特把握和对社会生活的敏锐感悟，才华横溢地挥笔创作，为新文学呐喊助阵。1917 年，她用白话创作了第一篇小说《一日》，比鲁迅的白话小说《狂人日记》早一年多问世，堪称新文学运动的第一位女作家。1928 年，胡适为陈衡哲白话小说集《小雨点》作序时称，陈衡哲是他倡导文学革命"一个最早的同志"。陈衡哲在学术研究方面，着力编著出版了《西洋史》《文艺复兴史》等著作，其中《西洋史》影响最大，被列为新学制高级中学教科书。此书在当时一版再版，一时洛阳纸贵，成为名副其实的畅销书。

　　陈衡哲既是教师、作家，也是学者，集多元身份于一身，难能可贵的是她不仅为实现自我价值而努力，而且能怀抱知识分子感时忧国的情怀。她曾写过一篇名为《纪念但丁》的文章，其中谈到纪念但丁的理由，"因为他和我们一样，是一个特别过渡时代的人"，"过渡时代的人，比如渡河的人，有的是坐在船上呆等着上岸的，有的是被挤到水里去淹死的，有的是去造桥的。但丁便是最后一种，所以我们尤当纪念他"。① 陈衡哲怀抱着现代知识分子强烈的使命感和责任意识，确立了自己作为现代知识分子的责任："造桥工作。"她说："我们生在这个过渡时代的人，却没有现成享受这些的福气；我们须得用脑汁心血去换取，我们须得裂肤折骨的去争得。这便是我们的造桥工作。"② 陈衡哲关心时事，爱护青年，热心社会演说，她秉笔直书，大胆揭露社会问题，引起国人疗救的注意。从某种程度而言，知识分子追求知识价值的最高境界："为天地立心，为生民立命，为往圣继绝学，为万世开太平"，陈衡哲有此宏愿和抱负，尽管在自我价

---

① 陈衡哲：《衡哲散文集》，河北教育出版社 1994 年版，第 353 页。
② 同上书，第 35 页。

值实现的路途中荆棘遍布，举步维艰。然而，陈衡哲终其一生，都抱着这一理想与信念，矢志不渝。

陈衡哲是一位既有曲折而丰富的人生经历，又有深厚史学功底的学者型女作家，对其做出全面的评价是很困难的。因为她在学术研究、教学、创作等方面皆有涉及，她既是一位学贯中西、融通新旧的学者，也是一位对民族复兴、国家兴亡有着深沉思考的知识分子。因此，展开对陈衡哲的学术思想、文学创作的研究和探讨，对于回顾和总结20世纪新文学的发展变迁与历史进程，梳理女性文学在现当代的流变，具有重要的理论价值和现实意义。

本书的撰写，即是基于上述思考维度展开的。全书以陈衡哲一生的学术研究、文学创作、社会活动为逻辑线索，分别就陈衡哲的家庭背景、早年教育、思想志趣、理想追求、留学生活、教书经历、《西洋史》（上下册）编写、《小雨点》《陈衡哲早年自传》《衡哲散文集》《川行琐记》事件、参加太平洋学术会议与主编《中国文化论集》、晚年岁月等方面进行了系统深入地剖析和阐述。全书着力于按历史与逻辑、思想与美学相统一的原则，追踪陈衡哲一生活动的思想轨迹，从中探寻陈衡哲对中国传统文化、西洋历史、中国文学现代化进程等命题的认识、理解与反思，以期管窥这位学者型女作家的思想境界、精神内质和文化心灵。

目　　录

第一章　渊源有自：陈衡哲的身世
背景与文化人格

第一节　家世及教育背景

一　家世与童年①

1890 年 7 月 12 日，清光绪十六年农历五月二十六日，一个女婴在江苏武进县的陈家大宅呱呱落地了。她响亮的啼哭声仿如预示她人生的不平凡。事实也是如此，她的一生历经狂风险浪，而终于屹立潮头，成为引领一代风气之先的知识女性。她被誉为中国现代文学史上第一位白话文女作家，中国现代教育史上第一位女教授，她就是陈衡哲。

陈衡哲的出生地江苏省武进县是吴文化的发源地之一，拥有 5000 多年的人类文明史。自古人文荟萃、英才辈出，先后诞生了 19 位帝王、9 名状元和 1546 名进士。至清代，武进有以恽敬为代表的"阳湖文派"、张惠言

---

① 本部分内容主要依据《陈衡哲早年自传》，冯进译，安徽教育出版社 2006 年版。

为代表的"常州词派"、恽南田为代表的"常州画派"等声名远播。足见这里教育人文气息的浓厚。陈衡哲虽出生在武进，但她的祖籍却在湖南衡山，是当地有名的耕读世家。[①] 陈衡哲的高祖父是陈家第一个离开衡山去四川谋生的人，后来在四川做了官。陈衡哲的曾祖父与四川当地一位女子结婚，这位曾祖母富有远见卓识，她开创一个家族传统，即"每个出生于或嫁入陈家的女子，或出于天性或由于环境，都在文学艺术方面有或多或少的造诣"。[②] 因而，陈衡哲的祖母、母亲、姑姑等都在绘画、书法、诗词方面卓有成就。陈衡哲的祖父陈钟英（字槐庭）[③] 娶的妻子赵氏是武进本地人，吃苦耐劳，富有才干，她用毕生精力在武进置地建造了一处宅院，这就是陈衡哲出生的陈家大宅。陈衡哲的父亲陈韬（1863—?）字香凝，号季略。他是一个诗文书画俱佳的士大夫，勤勉刻苦。在陈衡哲的记忆中，"父亲总在书房苦读到深夜，曼声吟诵古籍和时文。有时候在冬天的清晨我们这些孩子还没有起床时，我就听到了他的吟唱。"[④] 1903 年，陈韬被任命为四川乐至县知县。从此在四川做官，直到 1911 年辛亥革命爆发清廷覆亡。陈衡哲的母亲庄曜孚（1871—1938），字茝史，号六梅室主人，出身名门望族，家世显赫。[⑤] 作为庄氏后人，庄曜孚幼承家学，秉性聪颖，

---

① 陈衡哲的祖父、父辈均曾为官，父亲堂兄弟五人，其中两个进士，三个举人。嫡亲大伯陈鼎是进士，翰林院编修，浙江乡试主考官，参与戊戌变法，与六君子一起绑赴刑场后被恕流放湖南；嫡亲二伯陈范是举人，曾任江西铅山知县，也是后来赫赫有名的"苏报案"馆主；父亲陈韬也是举人，历任四川多处县令、知府等职。

② 陈衡哲：《陈衡哲早年自传》，冯进译，安徽教育出版社 2006 年版，第 4—5 页。

③ 陈钟英，字槐庭，湖南衡山人，晚清诗人。早年随左宗棠镇压太平军，曾任浙江黄岩知县，著有《知非斋诗抄》《平浙纪略》（同治十二年浙江书局刊刻），纂修《黄岩县志》。

④ 陈衡哲：《陈衡哲早年自传》，冯进译，安徽教育出版社 2006 年版，第 31 页。

⑤ 乾嘉时期的常州地区，有一重要的家族，即毗陵庄氏。其杰出代表庄存与（1719—1789）系常州学派的创始人。庄家代代人才辈出，出现了许多为后人铭记和仰慕的大家。谭献对"庄氏之学"评价极高，赞叹庄存与遗著的"闳深博大"，认为"国朝诸儒，如惠氏一家，王氏一家，庄氏一家，皆第一流"，"庄氏家学精于惠、大于王矣。"参见谭献《复堂日记》卷1，光绪十一年刊本。

在绘画、书法方面造诣精深。在绘画方面，得恽南田画派真传，以没骨花卉著称，芊绵蕴藉，用粉尤为精绝，观之似映照日光，花朵灿灼（图1-1）。早年随陈韬在乐至创办女子师范学堂。据当地后来人回忆，女子师范学堂位于天池西畔爱荷轩，"是年夏秋，池莲盛开并蒂莲，县人以为祥瑞，传为佳话。庄曾绘《瑞莲图》横轴，悬于校厅，县中人士亦尝歌咏其事"。① 陈韬、庄曜孚夫妇感情甚笃，琴瑟和谐，常常是庄画花卉，陈题诗句或款识。陈衡哲记得小时候她常常看见父母亲面对一张摊开的宣纸或绢绸，相互讨论画的"布局"。可能是父母在讨论这一词时的严肃态度，使她对"布局"一词总是充满崇拜和敬畏。她发现每当母亲要画什么重要作品时，父亲都会向她提出建议，而母亲只有在两人商定画的"布局"之后才会动笔。

图1-1　庄曜孚画作

---

① 参见孙丽《近代常州地区才女研究》，硕士学位论文，南京农业大学，2009年。

陈衡哲（图1-2）弟兄姊妹众多（姊妹六人，兄弟二人），[①] 陈衡哲排行第二。童年的陈衡哲热爱自然，喜爱冒险，性格像个男孩子。在小陈

图1-2 陈衡哲

衡哲看来，宽敞的陈家大宅是个庞然大物，住处的后面还有一个大花园，里头有石桌、石凳、石头阳台和各种各样的花草树木，其中最出众的是玉兰、桂花和桃树。小衡哲最爱玩的是藏在假山的石洞里，还常常爬到园丁靠着长满蔷薇花架的高墙放的长梯上，让母亲担忧不已。陈衡哲成长在物质这么优渥的家庭中，应该很快乐。然而，她对童年生活却没有美好的记忆，她说："在感情生活上，我的童年一点都不值得羡慕"，"我的童年充其量是个忧伤的童年。我总是不快乐，特别是因为我是个敏感的孩子，没有一个长辈理解我。父亲觉得我是个怪孩子，虽然他有时候因为我的聪明而高兴，他还常常因为一点小事很不公平地严厉责罚我。母亲是个和气的人，但我并不是她最宠的孩子，由此证明中国的一句俗语：'老幺宝贝老大好，只有老二是棵草。'她对我不满意的时候，很多时候只是对我冷眼相看，漠不关心，但对我这个敏感的孩子来说，这比父亲的打骂还难受。"[②] 这一部分可能是由于没有

---

① 陈衡哲父母育有六女二子，多事业有成。二女陈衡哲被称为中国第一个女教授，向来只载男不载女的陈氏家谱，破例将陈衡哲收列其中；四女陈衡粹毕业于北京女子师范大学，其夫是著名戏剧家余上沅，余留学英国专攻戏剧，回国后创办国立剧专（今天中央戏剧学院、北京电影学院、上海戏剧学院的前身）。五女陈鹏，毕业于国立北平大学艺术学院西画系，人民美术出版社编辑。六女陈受为南开大学数学系资深教授，其夫吴大任为台湾中研院院长吴大猷之弟，曾任南开大学副校长。

② 陈衡哲：《陈衡哲早年自传》，冯进译，安徽教育出版社2006年版，第29页。

玩伴，因为陈衡哲的姐姐比她大三岁，是个很听话乖巧的女孩，而妹妹们在陈衡哲最淘气的年纪却还是只会哭哭啼啼的娃娃。当然，到陈衡哲七八岁时，母亲开始管束小衡哲要学着做一个淑女，很多游戏都不能再玩，而且，按照习俗，开始给她缠足。后来因为陈衡哲的激烈反抗和抵制，缠足以失败告终。

陈衡哲热爱自然、自由，她说："我是自然的孩子，最爱的就是自然。"① 让陈衡哲记忆深刻的一次经历是在她七岁时第一次坐船。"我们坐的船是典型的中国船，很小，可是因为小，它才最受孩子的喜欢。河也很小，两岸长着小小的树，正是一个孩子感到最自在的环境。父亲那天心情很好，他在小舟扬帆航行时吟唱着古诗。……我从来不曾看到过船、河，或是竹林水田遍布的开阔乡野。我觉得像是回到了自己的本真状态那么自由自在，无拘无束，这跟我此前的生活又那么不同！我完全被迷住了，坐在那儿一动不动，以致父亲为我突然的安静感到奇怪。我在家不是一直坐立不安吗？他认定我一定是想家或晕船，或者两者兼而有之！"这个经历让陈衡哲学会欣赏自然的诗意和美。而且，她发现自己喜欢航行。"不管我坐的是太平洋上的巨大航船还是中国小溪上的一艘小船。对我来说，自然是神奇的，比任何大城市的百老汇和第五大街更神奇。显然，我的血管里仍然流动着我山中祖先的野性的血！"② 还有一次印象至深的经历是在她六岁时，她目睹了黑色鸦群，带给她无与伦比的震撼和感动。"附近有一棵不知名的大树，叶子都落尽了。我端详着菜地的时候，一大群黑色的乌鸦不知从哪里飞来，翅膀和鸟喙碰撞出巨大的声响，突然都一起降落

① 陈衡哲：《陈衡哲早年自传》，冯进译，安徽教育出版社 2006 年版，第 13 页。
② 同上书，第 14—15 页。

在那棵大树上，一棵光秃秃的大树突然覆盖了几千个移动的黑色物件真是一种神奇的景观，……对一个成年人来说，这个经历可能没有什么奇特之处。但对一个孩子来说，它象征了神秘和诗意的最高境界。它在我心头留下了深刻的印象，以致到今天，每当我想起它就会充满喜悦和浪漫的感觉。"①

　　童年时期强烈的好奇心也使陈衡哲常常感到莫名的苦恼，她试图去解释周围发生的一切事物，然而，以她当时孩童时的眼光和识见，她是无法开解的。而这种穷于探究未知世界、坚持原则和不屈服却成为她性格的一个重要面向。"即使在童年时代，我也凡事追根问底，直到好奇心满足才会罢休。比方，我常常问自己，父亲为什么那么专制，为什么我必须听他不合理的命令？为什么我又必须背诵那些毫无意义的字句？为什么不准我去放风筝？……因为我的这些问题始终没有答案，我暗暗对自己发誓：我一定不会不公平，我长大有权后，就是对佣人也不会不公平；我今后自己有了孩子一定对他们一视同仁；我绝对不要太多的孩子。"② 最让陈衡哲印象深刻却无法开释的事情和"望门寡"有关。大概在陈衡哲三四岁时，有一天母亲告诉大家有一个新娘子来家里吃午饭，当时在小孩子们心里，新娘子是个年轻美貌、打扮漂亮、喜气洋洋的姑娘，然而，当看见那个新娘时大家都惊呆了。那个新娘子"身穿重孝，满脸泪水。她跟母亲说话时，俩人都哭了"。后来，母亲告诉陈衡哲，父亲的一个侄子没结婚就死了，因为他家属于士大夫阶层，他的父母问他的未婚妻是否愿意嫁过去守寡还是另嫁他人，虽然那个女子心里可能

---

① 陈衡哲：《陈衡哲早年自传》，冯进译，安徽教育出版社 2006 年版，第 13—14 页。
② 同上书，第 37—38 页。

不愿意，因为她从来没见过她的未婚夫，但她出身于士大夫家庭，所以没有勇气去承受亲戚朋友的流言蜚语，怕被他们贬低为"花蝴蝶"，所以她说她愿意嫁过去守寡。当陈衡哲的伯父、伯母听到这个消息，他们为一个贞女嫁过来光耀门楣而狂喜，他们决定她的轿子进门时给予她至高无上的荣誉。"当她的轿子在鼓乐喧天声中到达时，她的公公婆婆跪着迎接她。这种礼遇非同小可，对一个选择了未婚守寡而不是正常健康、虽然总会带着污点的婚姻生活的年轻女子来说，这大约是莫大的鼓舞。接着，新娘由她的一个代替她丈夫的小姑陪着参拜祖宗的神龛。整个仪式中新娘一直穿着华丽的礼服，强忍住悲号照常规拜见公婆和别的家庭成员。然后她换上重孝，一下子变成了寡妇，必须放声痛哭。当她来我们家时，她已经开始守寡，成了一个对她来说完全陌生的'少爷'的'少奶奶'。"① 这件事情对陈衡哲童年的心灵冲击很大。那时，她还没有意识到究竟是什么原因让一个女子无法把握自己的命运，为什么她只能顺从道德的规约，只能委屈忍受。所有发生的这些人和事，对于孩提时的陈衡哲来说，都是陌生而奇特的，她向父母和长辈求解这些问题时，他们却无一能够给出合理的解释。"父母和别的长辈都怕我的问题，因为在他们看来那些都是无法回答的。再说，就算他们回答了，我也很少感到满意。我的好奇心不能满足时真难受啊！"② 所有这些对陈衡哲小小的心灵来说，是缠绕心底的难题和谜团，她渴望新的生活，她需要自己去认知这个世界。

---

① 陈衡哲：《陈衡哲早年自传》，冯进译，安徽教育出版社 2006 年版，第 40 页。
② 同上书，第 42 页。

二　蒙学与新学的陶冶

陈衡哲在三岁半时就开始由母亲教她识字。后来由于陈衡哲聪颖早慧，父母亲打算把她培养成"大学问家"，就决定由父亲亲自教导。父亲的教学方法与众不同，没有教她容易背诵的《四书》《五经》，而是先教她《尔雅》。《尔雅》是儒家经典之一，是十三经中重要的一部，是我国第一部按义类编排的综合性辞书，是疏通包括五经在内的上古文献中词语古文的重要工具书，被称为我国古代的百科全书。这对于小小年纪的陈衡哲来说，艰深晦涩的古文典籍，让她苦不堪言。此外，陈韬还将自己精心编写的两本笔记作为重要读物，一本是他记录两千多个中国各地地名的笔记，另一本是历史笔记，包括中国历代君主的称号和统治年代。后来陈衡哲在忆及父亲的"特殊教育"时，她说："想象一下一个七八岁的小女孩拼命背诵这些毫无意义的名字！父亲的笔迹又那么潦草难认，他每教我一课，我不但要学新课，还要重新学汉字。这些课实在是我童年时代最无聊最痛苦的事了。""这种枯燥沉重的脑力训练只是压制了我想象力的自然发展，而并不能把我培养成为学问家。"① 尽管陈衡哲对父亲的教学方式不认同，但是，不可否认的事实是，父亲的教导给陈衡哲打下了扎实的古文功底。

虽然父母亲觉得小衡哲以后能成就一番事业，然而具体从事什么职业仍然举棋不定。一件出人意料的事情却使他们决定让陈衡哲学医。有一天，陈衡哲的二舅来他们家做客，进门一坐下就说头天晚上睡觉时落枕了，母亲随口就让陈衡哲帮他捏捏脖子。不料二舅对衡哲的按摩非常满

---

① 陈衡哲：《陈衡哲早年自传》，冯进译，安徽教育出版社 2006 年版，第 33 页。

意，不仅给她买了一大袋花生，还告诉庄曜孚说小衡哲是个天生的医生。于是，正在为陈衡哲选择将来从事什么职业的陈韬夫妇恍然大悟。中国有句古话："不为良相，便为良医"，既然因为陈衡哲是个女孩子不能做官光耀门庭，那做一个济世的良医也是功德无量的。所以，他们当即决定让陈衡哲学医，并且请陈衡哲的二舅推荐好的医书，没想到二舅帮她选的是八大册的《黄帝内经》。这是部深奥的书，只要读过的人就可以自称受过正宗医学训练，而能背诵的人更是寥寥无几。可是陈韬夫妇和陈衡哲的二舅都认定既然陈衡哲要当医生就得当最好的医生，要做一个受人尊敬的儒医。所以他们让陈衡哲把这部书背下来。那些书枯燥艰深，可是因为背诵过了《尔雅》以及父亲教的地理和历史笔记，再来背诵《黄帝内经》简直就是太轻松了。

作为一个爱冒险的孩子，陈衡哲经历未知世界的渴望随着年龄的增长而变得更加强烈。起初这种渴望相当模糊，无目的，表现形式也是多种多样的。然而，在陈衡哲十一二岁的时候，发生了两件事使她把模糊的渴望转化为具体的行动"间接地铸就了陈衡哲未来的命运"[1]。这两个因素一是当时在中国知识界享有盛誉的梁启超的影响；二是陈衡哲的三舅庄蕴宽告诉她的。当时远远超出小衡哲日常生活范围的那些国家和民族的有趣故事。梁启超（图1-3）是1898年维新变法运动的领袖之一。变法运动失败后，戊戌六君子被斩于菜市口，梁启超流亡日本，在日本流亡期间，梁启超先后创办了《清议报》《新民丛报》等报刊继续宣传改良维新，同时大量介绍西方的社会政治学说，希望以西方的思想文化与先进的政治理念来推进中国的现代化进程。梁启超"笔墨常带感情"的文笔，在当时吸引

---

① 陈衡哲：《陈衡哲早年自传》，冯进译，安徽教育出版社2006年版，第44页。

了众多的追随者。陈衡哲的父亲陈韬也是梁任公的忠实读者之一。年幼的陈衡哲跟着父亲读书看报，起初她看不懂《新民丛报》的内容，只是被它新颖的外表和图片所吸引。俾斯麦（Bismarch）和迦利博蒂（Garibaldi）的肖像，英国国会和美国白宫的照片等。到陈衡哲13岁时，她已经能读懂一些简单的文章，在《新民丛报》的封面和封底之间流连忘返了。陈衡哲被杂志里的内容完全迷住了，尤其是介绍爱国者的内容，如马志尼、罗兰夫人、贞德等英雄故事，使陈衡哲激动得整夜躺在床上睡不着觉，"慢慢地，我模糊的渴望具体转化为要当一个爱国者的愿望"。① 要做什么样的爱国者呢？陈衡哲忧心如焚，绞尽脑汁，最后得出的结论是要做一个中国的贞德。"我决心要骑一匹白马，穿一件飘扬的白袍，手里举一面白旗，带领战士们冲锋陷阵。关于谁是我的敌人我连想都没想，我觉得只要相信我所向无敌而敌人们都不堪一击就足够了。"②

图 1-3　梁启超

图 1-4　谭嗣同

① 陈衡哲：《陈衡哲早年自传》，冯进译，安徽教育出版社2006年版，第47页。
② 同上书，第49页。

　　然而成为贞德很快就不再是陈衡哲的理想了。几年后，1911 年辛亥革命爆发，那时很多年轻女孩参了军，甚至组成"女子敢死队"，当那些英姿勃勃的女孩子邀请陈衡哲一起加入革命队伍时，陈衡哲却拒绝了。因为那时，她的想法已经发生了很大的变化，她觉得女人不适合成为战士，并且立志投身于对学问的追求。"我惟一的愿望是能出国亲身研究西方的文化和生活。"对于这一思想变化，陈衡哲后来分析："从想象自己骑白马，穿白袍，举白旗的激情到想象自己伏案读书笔耕的冷静心态，我的志向前后当然发生了很大的变化，但这也是个自然的变化。我曾提到我家属于士大夫阶级，同世界上任何地方的任何阶级一样，这个阶级有自己的自负和偏见。比如，士大夫阶级总自豪自己这个阶级提供了国家的所有智囊，而中国人对于知识界的领袖几乎有一种天生的尊敬。而且，士大夫阶级总把学问上的成就和个人品德看得比什么都重，并且对也好错也罢都以此为标准来判断人。"①

　　除了梁启超的影响，激励过陈衡哲少女时代的因素还有其他别的人物和书籍。其中，有戊戌六君子之一的谭嗣同（图 1-4）及其《仁学》，此书的写作动因是力图探索民族国家的自立自强。书中提出冲决网罗，打破封建伦常的束缚观念令人振奋。在维新派著作中，《仁学》是最激进的。梁启超在《清议报第一百册祝辞》说："其思想为吾人所不能达，其言论为吾人所不敢言。"这本书的用意与写法，给陈衡哲留下了深刻的印象："它为我提供了一个新视角，我们只有脱掉自己思想上和精神上的外衣才能真正认识我们自身和我们的问题。"② 谭嗣同是 1898 年变法维新运动的

---

① 陈衡哲：《陈衡哲早年自传》，冯进译，安徽教育出版社 2006 年版，第 50 页。
② 同上书，第 53 页。

领袖之一。本来谭嗣同也有机会和梁启超一起逃走，可是他却对梁启超说："中国需要热血志士和知识领袖，热血志士能振奋人心，知识领袖能领导国家走向富强。让我来献上热血，你来当知识界的领袖吧。"因此他拒绝和梁启超一起逃亡，而是坦然就擒。他临死时毫不畏惧，双手合十，神态平静安详。谭嗣同的事迹让陈衡哲热血沸腾，她说："正如他的朋友梁启超让我年轻的头脑兴奋不已一样。因此，这批维新运动者不但为我本来就燃烧的冒险精神火上加油，而且为我的知性发展指明了道路。但知性发展需要必要的工具。也就是说，为实现我的志向，我需要接受教育以获取必要的知识和训练。"①

那时新式学校刚刚兴起，它们是新生进步事物的象征，是从外国传来的机构模式。刚开始时数量有限，机构也简陋不全，然而，这些"学校"显然满足了当时青年男女追求知识的渴望。于是，进学校上学成为陈衡哲最为迫切的愿望。而一直鼓励并帮她实现这一愿望的是她的三舅庄蕴宽（图1-5）。庄蕴宽（1866—1932），字思缄，号抱闳。1890年中副贡，历任广西平南知县、梧州知府、龙州道台兼边防督办等职，曾先后在平南设武城学堂、广州设武备学堂、创梧州中学堂、龙州设女学和图书社等，并邀钮永建、蔡锷赴桂林协办陆军干部学堂。辛亥革命后，曾出任江苏都督，后上京任审计院院长

图1-5　庄蕴宽

---

①　陈衡哲：《陈衡哲早年自传》，冯进译，安徽教育出版社2006年版，第55页。

12 年之久，期间又是故宫博物院的创建者之一。

在陈衡哲五六岁时，庄思缄到广西、广东做官，这时她家便从湖南搬到江苏外祖父那里。每当庄思缄回老家探亲时，陈衡哲总是天不亮便起身去看舅舅。她向外祖母匆匆问了安，便一口气跑到还没起床的舅舅那里，要他讲新奇的故事。因为陈衡哲小小年纪但悟性极高，所以，深得庄思缄的宠爱。他把所看到的西洋医院、学校和各种近代文化生活情形讲给陈衡哲，最后一句话总是："你是一个有志气的女孩子，你应该努力地去学习西洋的独立的女子。"还对她说："一个人必须能胜过他的父母尊长，方是有出息。"陈衡哲每每听的热血沸腾、热泪盈眶。陈衡哲回忆说："这类的话，在当时真可以说是思想革命，它在我心灵上所产生的影响该是怎样的深刻！"

陈衡哲在 13 岁（1903）那年冬天，因为三舅庄蕴宽的鼓励，她随姐姐、姐夫来到广州的三舅家里，想去当地的医学院就读，但因年龄过小而被拒绝。求学心切的陈衡哲流下了伤心的眼泪。看到外甥女哭了，三舅赶紧安慰她："你在这里待一年，我们想办法让你上学。我可以教你国文，再请其他先生教你准备上学的其他功课，你不会浪费时间的。"舅舅开始认真地履行他的诺言，买了两本新出的课本《国民读本》《普通新知识》，每天定时给她上课，还让她练习书法、背诗。三舅不但自己教陈衡哲，还请了一位客籍广东的杭州先生教她初级数学和新时代的卫生知识。三舅工作繁忙，但从不放松对陈衡哲的教育。他每天下午总要穿着新军统领的服饰，骑着马，匆匆回家教她一个小时《普通新知识》《国民课本》和一些报纸杂志上的文章，然后又匆匆离去。陈衡哲跟随三舅学习和生活的时间虽然只有短短的一年，但这段时间对陈衡哲的成长具有重要的作用。陈衡哲在《我幼时求学的经过》一文里深情地回忆说，舅舅"对于现代的常识，也比那时的任何尊长为丰富，故我从他的谈话中所得到的知识与教训，可说比了从书本上得到的要充足与深刻得多。经过这样一年的教诲，我便不知不觉地，由一个孩子的小世界中，走到成人世界的边际了。我的知识已较前一年为丰富，自信力也比较坚固，而对于整个世界的情形，也有从井底下爬上井口的感想。"①

一年很快过去了，陈衡哲又急迫地恳求舅舅设法让她进学校读书。经过多方打问，几天后三舅告诉陈衡哲，她可以去上海的爱国女校读书，现任校长是蔡元培（图1-6），是他的朋友。蔡元培创办的爱国女校于1901年12月2日正式开学。蔡元培（1868—1940）是浙江绍兴人，光绪十八年（1892）进士，授翰林院庶吉士，曾与陈衡哲大伯父陈鼎共事，有师生之谊。1904年冬天，陈衡哲携带庄蕴宽写给蔡元培的介绍信，跟随舅母抵达上海，打算进入蔡元培创办的爱国女校学习。因为爱国女校从腊月初十起即开始放年假。陈衡哲只好在一个小旅馆等待爱国女校开学。这时，她在旅店中碰到了伯父陈范（图1-7）。陈范（1860—1913），本名彝范，字叔柔，号梦坡。是一位精通诗文、很有气节的清末报人，也是中国最早提出节制生育人口的人。陈范见陈衡哲孤身一人在上海，很不放心，但当时他正卷入震惊中外的《苏报》案中，分身乏术，于是他将陈衡哲带到江南制造局总办魏允恭家度过新年。正巧，魏允恭称自己的下属"X先生"创办了女子中西医学堂，而此人正是陈衡哲三舅的旧识李平书，尽管陈衡哲不喜欢学医，但是因为李平书的极力撮合与帮助，1905年春，陈衡哲最

---

① 陈衡哲：《陈衡哲早年自传》，冯进译，安徽教育出版社2006年版，第220—221页。

终进入这所女子中西医学院读书。① 上海女子中西医学院，报纸又称为女子中西医学堂、中西女医学堂、女子医学堂、女医学堂，由上海知名士绅李平书及番禺籍女医生张竹君创办，为上海第一所女子医学校。其宗旨"在贯通中西各科医学，而专重女科"，陈衡哲误打误撞，成为该校的首届学生。

图1-6　蔡元培　　　　　　　　　图1-7　陈范

根据医学院章程，预科生功课有修身、国文、算学、理化、西语（即英文）、音乐、中医课七门，正科生有中医课本、西医课本、修身、

---

　　① 陈衡哲自外出求学到赴美留学，尤其是在上海女子中西医学院、常熟姑母家的活动与细节，因《陈衡哲早年自传》细节、观点与后面学者的相关考证文章稍有出入，本文论述时会相互引证参考。参见黄湘金《陈衡哲早年史迹考索》，《中国现代文学研究丛刊》2015年第5期；宋庆阳《初月曳轻云：陈衡哲在常熟》，《江苏地方志》2014年第1期，特此致谢。

国文、算学、理化、西语、音乐八门。学校在早创之时,这些课程或许未能全部开设。一切经费及中医教术由校长李平书担任,西医教术及宿舍事宜由张竹君担任。李平书为人和气,是位"儒医"。他教课也很平稳有条理,学生们喜欢听他的课。陈衡哲是班里唯一读过《黄帝内经》而且能记得其中三分之二内容的学生。李校长知道后非常惊奇和佩服。因为他自己从没有背诵过这本书,这也让他觉得不好意思。这种情况对陈衡哲来说十分尴尬,因为无论何时有什么严肃的问题要请教他时,他总以为是在考他。主教西医的是张竹君,她精力充沛,不管是否与医学有关,她什么都教学生,而且都同时进行。由于学校刚刚开创,很多仪器设备并不完善,化学课连一个试管都没有,学生只要求背诵所有化学元素的中文名字,它们的特性和相互之间的反应。医药学、解剖学课程方面也只是死记硬背。幸好陈衡哲思维敏捷,记忆力超群。所以,她"被认为是全校最聪明的学生,还得到一块金表作为对她好记性的奖励"。① 虽然学校里没有化学或解剖学的实验课,但因为张竹君开业行医,学生有很多和病人接触的练习机会。可是陈衡哲非常敏感,每次遇到病例都让她觉得十分可怕。

陈衡哲最喜欢的老师是教英语和数学的"Y小姐",Y小姐刚从美国学成归国,知悉教学方法。由于学生大多没有英语基础,因此她以《基础读本》作为教材,从字母开始教起,读完这本书后,她让学生读当时在上海的中国学校里非常受欢迎的"博德温读本"(Baldwin's Readers)系列。半年到一年后,Y小姐又教学生学习语法,用的课本是内斯菲尔德(Nesfield)的《英语语法》(*English Grammar*)。三年后她要离开学

---

① 陈衡哲:《陈衡哲早年自传》,冯进译,安徽教育出版社2006年版,第105页。

校时，学生们已经几乎读完了《博德温读本》系列的八本书，也全部读完了《英语语法》的四册。Y小姐是个能干而循循善诱的好老师，大家都很喜爱她的课。陈衡哲在自传中回忆说："就凭着我在英语方面的这点薄弱的基础，我后来通过了政府的考试，赢得奖学金于1914年夏天去美国留学。"[①] 医学院课程中，陈衡哲除了热衷于英文课，对国文课也很喜爱，她于1908年1月24日在《上海报》第一版"论说"栏发表了一篇习作《论竞争与倾轧之别》。全文共500余字，用文言写就。文章开门见山，详陈竞争与倾轧的本质区别。继而论述当下之世竞争的必要性，结尾则出入古今，就义、利谈君子、小人之别，更以国势日危的局面作为收束。文章对于中西国情的对比，展露了陈衡哲对时事的关切。

学习之余，陈衡哲也参与丰富多彩的校园生活。其中有文艺演出、音乐会、演说会、慈善会、毕业会等。在陈衡哲上学的第一个学期暑假到来时，学堂举行了颇为隆重的休业会，学生们弹琴，一起唱休业歌。然后由李平书校长与张竹君女士发表演说。当时的《申报》记录参加此次"盛典"的男女宾客"逾数百人"，虽然溽暑蒸人，但观众"兴会无不飚举"。1906年年底，李平书、张竹君还带领学生举行过规模较大的赈灾会。当年夏天，江苏、安徽境内发生特大水灾，上海绅、商、学乃至妓界都有赈灾举动。[②] 这次赈灾会，先是由李君平做报告，表明开赈灾会的宗旨，然后是上海有名望的士绅穆杼斋、马湘伯演说饥民受苦之情形及吾人应尽之义

---

① 陈衡哲：《陈衡哲早年自传》，冯进译，安徽教育出版社2006年版，第107页。
② 考虑到女子中西医学院直到1907年年底合校学生才14人，参与此次文明新剧表演的演员，应该涵括了全体女学生，陈衡哲自然也在其中。参见黄湘金《陈衡哲早年史迹考索》，《中国现代文学研究丛刊》2015年第5期。

务，发言慷慨激昂。在赈灾会上，还有女学生演说和文艺表演，尤其是表演灾民鬻女卖妻之惨相让在场者深受感动。当时观者有千人，捐款者十分踊跃。

1907年12月15日，医学院为毕业生举行了隆重的毕业典礼。典礼依先后顺序共分12项，仪式程序有女学生的文艺演出：唱歌（第7项）；初级甲乙班生唱歌（第10项）；初级游戏（第11项）；唱歌，散会（第12项）。此次毕业生共有7人：陈衡哲、殷懋仪、吴彝珠、殷式仪、姚明珮、严文如、顾丽云。这份名单，应是按照毕业成绩排序。陈衡哲排在首位，可见其表现之优秀。陈衡哲在仪式进行到第5项"毕业生读文"时方才出场，她以英语朗读文章《全身主动赖脑论》。《上海报》的新闻记载，毕业考试由上海名医陈莲舫命题阅卷，并奖赏学生大洋100元。1908年年初，陈衡哲在医学院预科毕业。

毕业前夕，陈衡哲突然接到父亲的电报，让她结束学业赶紧回成都。她不知是什么事情，但父亲接二连三地给她发电报，甚至在最后一封电报中威胁说要是陈衡哲不回家，他就停止经济资助。于是，陈衡哲只好打点行李，动身前往成都。回家后才知道原来是父亲为她挑选了一门亲事。时年17岁的陈衡哲，按那时中国的婚俗，这个年纪已经到了订婚甚至结婚的阶段。对于这种不合理的包办婚姻，当时已受过新学洗礼，且已懂人事的陈衡哲很惊讶，并坚决地告诉父亲，自己不想结婚。当父亲严厉地逼问她时，她说："我永远不结婚。"父亲为此对她大发雷霆，深受惊吓的陈衡哲一下子晕倒在地。父母亲见状，终于妥协。自此不再提起此事。

不知不觉在家里住了一年。陈衡哲打算离开成都，前往上海继续学业。按照医学院学制，陈衡哲再读两年就可以正科毕业。尽管她不喜欢学医，然而那时候中国还没有女子能上的大学。第一所国立女子大学于1917年在北京建立。国立北京大学1920年才开始接收女生。所以，能够上学，已经是万幸了。于是，1909年春，陈衡哲再次进入医学院读书。在医学院，陈衡哲学习刻苦，仍然是学校里的佼佼者，在校园各项活动中也是活跃分子。1909年农历六月，由李平书等人出资创办的上海医院成立，推张竹君为监院。六月初二日，在落成典礼上，陈衡哲作为女学生代表发言，她说，"上海医院系李平书先生与女医张竹君先生费尽心力，始得成立，为我中国第一特创之医院，愿大众扶助"等动情之语。时间过得很快，1911年1月21日，医学院举行盛大的毕业典礼，陈衡哲顺利地正科毕业了。此次毕业生共4名：正科生吴彝珠、陈衡哲，预科生朱竹生、顾丽正。陈衡哲用英文朗读《医生之爱心论》。毕业后，尽管她成绩优异，表现出色，但是，她实际上不想从事医生这一职业。她也不想回成都的家，于是她想去常熟找大姑母陈德懿。

陈德懿是陈衡哲父亲最大的姐姐，比父亲陈韬整整大了20岁。在陈衡哲还是孩子的时候就认定陈衡哲是她最偏爱的侄女，常对陈衡哲父母说："别傻乎乎地把心思疼爱都花在你们大女儿那样的孩子身上，珍惜你们这个女儿，不要苛责她的短处，因为这样的孩子一定是有短处的，有一天你们会发现你们的心思疼爱都没白费。"①

1911年的初春，陈衡哲到了常熟姑母家。姑母家的家境原本很好，不幸的是儿子娶了一个无知、庸俗而且婚前有鸦片瘾的女人。婚后儿子也跟着染上鸦片烟瘾。姑母家里田庄上的收入有限，而鸦片又价格

---

① 陈衡哲：《陈衡哲早年自传》，冯进译，安徽教育出版社2006年版，第134页。

昂贵,他们很快就入不敷出,只能靠典当家产,特别是名贵的书籍古玩来维持生活。因此,当姑母见到陈衡哲来探望时非常高兴。因为每当她烦恼时,时常要出去游玩解闷。而懂事、聪明的陈衡哲无疑是最贴心的同伴了。在旅途中,她们很轻松随意地谈论诗词,说到高兴处,姑母会脱口而出背诵几句她最喜欢的诗。当背诵到杜甫的:"安得广厦千万间,大庇天下寒士俱欢颜"时,姑母会长叹一声,站起来像一个中国读书人那样背着双手在船舱里走来走去。她对陈衡哲说:"嫁到赵家后这一直是我的梦想。我这一生一直希望能庇护穷困的读书人,让他们在我们家园林里漫步。唉,现在我连自己的儿子都庇护不了了!"因为陈衡哲懂得姑母是个意志如钢的坚强女性,就是心碎了也不会哭。但每每这个时候,陈衡哲都有感同身受的伤感。因为她在上海读了五年书,可是却一事无成,反而要寄居在姑母家。这时,她动情地对姑母说:"可是你现在庇护着我这个有家难回的苦孩子啊,只是我不是个读书人!"听见这话,姑母马上会高兴起来,会慈祥地看着她,好像对她的话充满了感激。

那年 10 月,推翻清朝的大革命在湖北省会武昌爆发了。革命的风暴席卷大江南北。虽然陈衡哲对于革命不是很热心,但是她并没有与世隔绝,她内心陷入沉思,并且知道自己的志向,那就是追求学问真理。因此,她积极参加当时风靡的世界语会,立志放眼世界。世界语是波兰籍犹太人柴门霍夫博士于 19 世纪 80 年代在印欧语系基础上创立的一种语言,旨在为来自不同民族、没有共同母语的人们提供一种通用的交流工具。世界语因其核心词汇数量较少,是一种容易记忆的外来语,所以在全世界范围受到学习者的欢迎,并于 20 世纪初传入中国。吴稚晖、刘师培、蔡元培、鲁迅、陈独秀、胡愈之、巴金都是世界语运动的热心参与

者。1909 年，陆式楷、盛国成等人在上海发起成立中国世界语会，1912
年 5 月，改组为"中华民国世界语会"。世界语会设议事部与执行部，
执行部分中央事务所（位于上海西门外林荫路 49 号）与地方事务所二
部。为了推广世界语，扩大世界语会影响，该会还开展函授教育，由中
央事务所内特设一人专门负责。世界语会的活动得到了彼时报界的大力
支持，《民立报》《申报》《大共和日报》《绍兴公报》《越铎日报》《天
声报》《禹鼎报》等都曾开辟专栏，登载该会总部和地方事务所的会务
消息。

　　世界语会的章程规定，一地只要有会员 10 人以上，即可设立地方事务
所。在常熟，有 13 位会员，因而设立了世界语会常熟事务所。受一同住在
姑母家的堂妹陈纫宜的影响，陈衡哲也加入了世界语会，会员号 22，以函
授方式学习世界语。陈衡哲和陈纫宜学习十分认真，不仅按时寄送练习题
和月考答卷，还催促逾期未至的函授讲义。陈衡哲已经有一定的英文功
底，故而学习成绩十分优异。世界语会的考试成绩分为超等、特等和优
等，超等要求尤严，苟有涉及文法之错误，"均不列入超等"。陈衡哲在三
月、四月两次考试中都是超等第一名，陈纫宜则分别是超等第一和特等第
二。在入会两月后，陈衡哲就被推举为主任干事，参与具体事务。陈衡哲
平时还广泛阅读古代经典和高级英国文学作品。虽然生活过得充实，然
而，对于陈衡哲来说，这毕竟不是长久之计。她渴望改变命运，以期走向
更为广阔的天地。

　　"奇迹"真的来临了！1914 年 5 月的一天，陈衡哲在报上看到清华
学校（也就是现在清华大学前身）举办招生考试的消息。男女皆可，并
对之前的在校记录也无严格限制。唯一的要求是，女孩年龄必须在 18 岁

到 21 岁之间，必须体检合格。此后，如果她能通过清华学校的考试，就能获得奖学金去美国留学。① 这一启事给陈衡哲带来了希望，同时也在内心掀起狂澜。一方面她担心资格不够；另一方面，又觉得这是一个千载难逢的好机会，她想"要是我能获得奖学金，那整个世界都会在我面前开放，就像长夜过后黎明到来一样"。② 犹豫不决的陈衡哲决定和姑母商量。姑母听后，对她说："阿华（陈衡哲乳名），无论如何你总要试一下！现在你是龙困浅滩，暂且栖身。鼓足勇气试试吧！要是不成功只有我知道；要是你成功了，那全世界都会知道！你有什么好担心的呢?"③ 姑母的鼓励给予陈衡哲莫大的宽慰和动力。可那时她正在一户人家家里当家教，况且她在父母亲搬到苏州时已经预支了两个月薪水，她有点过意不去。姑母说这些都没有关系，她可以写信给女主人为陈衡哲请两个星期的假，并向陈衡哲保证暂时不需要还那 40 块钱。姑母的一番话彻底打消了陈衡哲的顾虑，陈衡哲决定全力以赴，背水一战。

陈衡哲开始暗暗地准备应考，等到考试日期将近，她告别了女主人和她的两个学生，前往上海赴考。此次报名应考的有 41 人，笔试持续一周，每天上午考 3 门，下午考 2 门。考试的科目中，有一半是陈衡哲从来没学过的，比如英国历史、美国历史、几何、代数等。她有投机取巧的时候，比如考美国历史的一道题目："安德鲁·杰克逊为什么被弹劾?"她回答"因为他违反了宪法"，她觉得自己这样回答十分聪明。后来她得知，她的美国历史不及格，那些含糊其辞的回答都没有得分。大部分时候，她只回答自己知道的东西，不知道的就不回答。那些她完全没学过的科目，她只

---

① 陈衡哲：《陈衡哲早年自传》，冯进译，安徽教育出版社 2006 年版，第 167 页。
② 同上书，第 168 页。
③ 同上。

写下"从来没学过这个科目"，然后就交白卷。后来，负责招生的老师告诉她，这个举动给他们留下了很好的印象。

有心人，天不负！陈衡哲顺利通过考试，她的名字在 10 个录取者中名列第二！① 当陈衡哲知道这一消息时，泪水瞬间夺眶而出，这是如释重负的泪水，是喜悦的泪水，也是感激的泪水。一直关心陈衡哲学业的三舅庄思缄在报上知悉她考取以后，立即给她写信："……清华招女生，吾知甥必去应考；既考，吾又知甥必取。……吾甥积年求学之愿，于今得偿，舅氏之喜慰可知矣。……"② 读着舅舅的来信，想到多年来舅舅对她的关爱和期望，而今终于有出息让舅舅欣慰，又想到自己多年辗转飘零，禁不住悲喜交加，泪流满面。

1914 年 8 月 15 日，载着清华学校（图 1-8）100 多个男生和 14 个女生的"中国号"轮船驶离上海。领队的是清华学校的周诒春（图 1-9）校长（1883—1958），③ 他的夫人是女生的监护人，给予陈衡哲很多指导。陈衡哲不想让亲人经历离别的痛苦，所以，她不让家人来送别。当时她是所有人中唯一一个没人送行的人。可是，这有什么关系呢！此时的陈衡哲，内心的强大足以对抗外界的风风雨雨。"中国号"轮船向东航行在无边的太平洋上。陈衡哲感到天高水阔，像多年前她坐着小蒸汽机船去广州寻找她的前途一样，充满期待。但这一次，她是去遥远的异国，

---

① 清华学校共录取了 10 个女生：汤霭林、陈衡哲、王瑞娴、周淑安、张端珍、唐玉瑞、杨毓英、韩美英、薛林旬、李凤麟。转引自蔡孝敏《清华大学史略》，《国立清华大学》，台北南京出版有限公司 1981 年版，第 42 页。

② 陈衡哲：《我幼时求学的经过——纪念我的舅父庄思缄先生》，《衡哲散文集》，河北教育出版社 1994 年版，第 324 页。

③ 周诒春（1883—1958），安徽休宁人，生于湖北汉口。1907 年毕业于上海圣约翰大学，1913 年 8 月担任清华学校校长，他着眼于民族教育独立，最先提出把清华由留美预备学校改办成完全大学的计划，以严格治校著称，倡导勤奋踏实、节俭朴素，树立了优良的校风校纪。

去追寻西哲先贤的脚步，她坚信，航船去往的也不再是没有航向的所在。对于未来，她无所畏惧，满怀信心。

图1-8　清华园　　　　　　　　　图1-9　周诒春

第二节　负笈西游：学术涵养与青春诗情

一　学术涵养[①]

陈衡哲抵达美国后，先是到纽约州东南部波基普西市（Poughkeepsie）一所名叫 Putnam Hall 的学校学习。Putnam Hall 是一所预科学校，学生经过这里的学习后，可以优先进入美国的名牌大学继续深造。陈衡哲在这里强化语言、文化等方面的知识训练。她刻苦学习，进步很快，为之后正式进入大学奠定了坚实基础。1915 年秋季，陈衡哲顺利进入被誉为美国女子

---

① 参见陈衡哲《美国女子的大学教育》《重游北美的几点感想》《回到母校去》，收入《衡哲散文集》，河北教育出版社1994年版。

大学"七姐妹"之一的瓦沙大学（Vassar College）学习。① 瓦沙大学
（图1-10，图1-11）占地1000余英亩，风景秀丽，"秋天的时候，红枫
遮山，平果铺地，风景真是十分清丽！"② 瓦沙师资雄厚，知名教授云集，
学校第一等的男女教授，有许多都是全国知名甚至享誉国际。而且由于招
生名额有限，入学就读的学生必须提前几年报名，因此能够进入瓦沙的学
生在当时都是佼佼者。陈衡哲给自己取了一个英文名字 Sophia Hung - Chen
（莎菲）。由于已经有了一年的预科学习经历，陈衡哲很快适应了瓦沙大学
的生活。

图1-10　瓦沙大学

---

① 瓦沙大学，建校之初名为瓦瑟学院，是一所女校（直到1969年才招收男生），属于美国
女子大学"七姐妹"（the Seven Sisters）之一（另外六所分别为 Barnard College，Bryn Mawr College，Mount Holyoke College，Radcliffe College，Smith College 和 Wellesley College，其中 Radcliffe 与
哈佛大学合并，如今另五所同样享誉全球的美国文理学院仍然为女子文理学院）。
② 参见陈衡哲《美国女子的大学教育》，《衡哲散文集》，河北教育出版社1994年版，第
248页。

图 1－11　瓦沙大学校徽

　　瓦沙所设课程相当完备，可以供选择的课有很多。全校分30余部：大部，每部有二三十种科目；小部，也有十余科课程供学生选择。美国大学的通例是一年级修的科目几乎都是必修，到二年级开始有选修，再到三四年级所有科目就完全选修了。在瓦沙，学生修完一年的必修课后，往往可以根据自己的兴趣爱好自由选课。这种灵活自由的选课模式的确有益于学生尽其所能，展其所长。任鸿隽于1916年9月撰写了一篇名为《西方大学杂观》，讲到选科制及其益处：

　　选科制者，校中备设各种学科，而无一定课程，学者得自由选择其所好之科目而学之之谓也。吾人在东方曾入高等以上之学校者，初入西方之大学，其觉为最自由亦最困难者，莫如选择科目一事。东方高等以上之学校，科目有定，课程有定，吾人既入校，则按部就班，循序渐进，不问何科当取，何科当舍也。入西方大学者不然（其入专门分校者不在此例）。入校后，但有一泛漠之目的。若曰吾将习文学乎？政治乎？科学乎？至于专攻之门与寻致之途，一切出于学者之自择。使吾言仅此，人且疑选科制者，乃一不程序之杂货店，胪列各品以待顾客。货物虽多，如顾者之目迷五色何？故欲行选科制，必其以下三者：

（一）学生虽无一定科目而有一定量之工课。如美大学定制，学生非得一百数十时间工课（unit）者不得卒业。

（二）此一定量工课中，必有一部分属于一门。如所定工课为一百二十时间，必有六十时间工课属于一门。

（三）各科皆有教者为学生顾问（adviser）。学生于择科时，得谘询之以定选择方针。①

任指出这一选科制有颇多益处。如学者得自由发展其才能以达最高之域；学者得均受各科教育以成全才；便学者时间之利用；增学者对己之责任心；观摩之广；教育之竞争；管理上之便易等。

相比之下，当时中国的学校开的课程很少，无从选择。而瓦沙的课程则显得丰盛无比。直到回国两年多后，陈衡哲在讲演中也不由发出感慨："试想有如许多的科目，有那样学问精专的教授，在我们久患学问饥饿的中国人当之，是怎样愉快的一件事啊！"②

令陈衡哲敬佩的还有瓦沙教授们学问的专精，他们那种对学问的精深研究和专注，在不知不觉地言传身教中感染了学生。陈衡哲以切身的体会说："我不曾进瓦沙以前，最怕的是历史一科。但校中的新生，照例是要读一年历史的，我想避也避不去，只好预备去吃一年的苦了。不料我自从

---

① 任鸿隽：《西方大学杂观》，《任鸿隽卷》，樊洪业、潘涛、王勇忠编，中国人民大学出版社 2014 年版，第 81—82 页。

② 陈衡哲：《美国女子的大学教育》，《衡哲散文集》，河北教育出版社 1994 年版，第 248 页。

读历史之后，对于那一科的兴趣，居然渐渐地增加起来；不到半年，那历史竟然成为我的第一专修科！这不是学问兴趣传染的一个强有力的证据吗?"①

陈衡哲除了专业的学习，还广泛涉猎其他学科领域，如政治、教育、人文、社会思潮等，而且有针对性和选择性，并非泛泛而读。自选定了西洋历史为专业方向后，陈衡哲系统地学习世界历史的发展演变，从古希腊、罗马兴衰史，到宗教改革，文艺复兴时期的文学艺术，再到近代史，欧洲文化的世界化等，无不在她的关注与研读之中。在学习史学方面，陈衡哲特别注重阅读名著。她的学生程靖宇回忆说，陈衡哲读书时即特别强调"西洋史古典名著一定要读，特别指定：吉朋的《罗马帝国衰亡史》；和时贤所写之西方'科学史'"。不但要读名著，而且还"必须摘记大纲（Out line），方才实受其惠"。② 而对于欧美国家风起云涌的各种社会运动与思潮，陈衡哲也极为关注。如欧战局势、轰轰烈烈的欧美女权运动等，是陈衡哲之后关注战争与和平、妇女问题等的导引线。1910 年 3 月 8 日，西方妇女为争取"三权"（选举权、遗产继承权、财产使用权）勇敢地喊出了"上帝创造了男女，男女应该平等"的口号；在此之后不久，英美妇女相继获得选举权。陈衡哲曾经亲历了美国妇女争取参政权的事件，感受了妇女解放运动的热潮。后来，她在《妇女参政问题的实际方面》一文中曾提到美国的这场参政运动，并盛赞"这个胜利不但是美国妇女的，也可以说是代表了那时全世界妇女胜利的潮流"。

---

① 陈衡哲：《美国女子的大学教育》，《衡哲散文集》，河北教育出版社 1994 年版，第 248 页。
② 程靖宇：《敬怀"莎菲女士"陈衡哲教授》（下），《传记文学》第 35 卷第 1 期，第 96 页。

在瓦沙，陈衡哲构筑了完善的知识结构，还形成了科学系统的历史观念。陈衡哲早年虽然也阅读新报，了解新学。但在留学前，陈衡哲对西学的了解还不是很多，尤其是若从做学问的角度上看，她的西学知识毕竟有限，她需要系统的学习，以及消化融合的过程，并涵濡形成她个人所特有的独立见解。因而，在美留学期间，陈衡哲受到了良好的学术训练。瓦沙的教授们善于启发学生提问题，循循善诱，创造机会和条件，让学生参与到学术活动中。指导陈衡哲的是两位很有能力的教授：历史系主任露西·沙蒙（Lucy M. Salmon）和欧洲史教授埃勒维兹·埃勒雷（Eloise Ellery）。[1] 两位教授给予陈衡哲精心的指导，使她受益匪浅。她曾选修露西·沙蒙的"新闻纸的历史价值"课程，年终考试时老师把学生带到图书馆，发给每人一张纸条，上面写着："从下面的报纸中，编出那一个时代和地方的小史。"那些报纸的名字许多都是极其陌生的。陈衡哲居然在 10 分钟之内，在那又冷又暗的图书馆地下室中找到了她所需要的一张 60 年前美国某地的小报，并且依据报纸上的内容，顺利编出了那个地方的简史。而有的同学根本找不到试贴上所写的报纸，最后交了白卷。这位老师平时在课堂中注意运用报纸的内容授课，学生如平时用功，也不至于临考吃苦，因而，尽管这位教授的考试方法有点"另类"，但谁也不能抱怨。这种灵活的教学与考试形式非常新颖，这使陈衡哲很受触动。她体味到教学过程中引导、启发的作用以及师生交流互动的重要性。当她从瓦沙毕业到芝加哥大学继续攻读硕士学位时，就对芝加哥大学的教学方法感到十分苦恼，她说："我在瓦沙受了四年这样的训练，后来又跑到某大学的卒业院去，以为在那里一定可以得到很好

---

[1]　参见《陈衡哲传略》，陈鸡泽译，《中国现代文学研究丛刊》1990 年第 4 期。

的研究机会了。谁知不然。我在那里一年，天天但有静听四五位教师的演讲，他们滔滔不绝，连举手质疑的机会也没有；我差不多疑心自己是一个低能的，脑子里除了收音之外，不配有什么别的运动了。我不敢说，这就可以代表那个大学的教授方法，但我在那里的经验确是如此。我只觉得自己是退回到了新生的时代，不曾觉得是在卒业院中研究什么高深的学问……"①

瓦沙有很多学生团体，比如体育会、宗教会、演戏团、社会服务团、音乐会、辩论会等，学生依据各自的兴趣与特长加入不同的社团，在社团活动中使自己得到锻炼。任鸿隽曾高度赞赏学生团体的功能，他说，学生组织"此问题等于学生的课外活动，可云与学业无关，但在美国却有其特别意思。因美国为民治的发源地，其组织能力又早已称雄于世界，我国学生留美，若于此方面得不到一些观摩，即失去教育的一半。从前所有的学生团体，其起源如何，可不必问，但足以练习学生组织的能力与养成民治的习惯，则为不可否认的事实。据我们所知，当时美国东中西部各有学生分会，又由三分会而合组学生总会。总会出英文月刊、中文季刊杂志各一种，已有十余年的历史"②。而在瓦沙，最大也最有影响的学生组织是学生自治会。让陈衡哲感触颇深的是瓦沙的学生们"不但能'治'自己，并且能把'自'字作范围，不去妄'治'非己的事情"。一般说来，学生自治会的权力大了，跟学校当局的冲突就会多起来，闹学潮也就在所难免了。然而陈衡哲在瓦沙四年，却不曾见过学生

---

① 陈衡哲：《美国女子的大学教育》，《衡哲散文集》，河北教育出版社 1994 年版，第 256—257 页。

② 任鸿隽：《西方大学杂观》，樊洪业、潘涛、王勇忠编《任鸿隽卷》，中国人民大学出版社 2014 年版，第 471 页。

闹学潮。陈衡哲觉得这是由于"一方面是因为学生的程度高，知道尊重校权，和异己者的意见，一方面也是因为学校办得好，能使学生的脑力、体力和感情，都在正式的轨道中运动"。陈衡哲还对瓦沙学生的自治与组织协调能力赞赏有加。那时瓦沙跟东部女子大学中都有一种"火操"，也就是消防疏散演习。每在夜深人静的时候，许多人都已经睡熟了，突然间火警铃声大作，全校的教师和学生就要迅速疏散到院子里去，在那里有学生自治会的人点名确认是不是每人都安全撤离出来。这样的"火操"，每月必须演习一次，虽然大家都很头痛，也都害怕这件事，但却没有一个人反对，因为所有人都认为这的确是一个有用的训练。后来，有一次学校里正是晚餐的时候，餐厅楼上起火了，但是因为平时训练有素，大家都有条不紊地安全撤离，没有一个人伤亡，第二天一早，学校照常上课，好像什么事都没有发生。这让陈衡哲感叹："我当时看了这个情形，才明白大学教育的真意义。但这岂是专读死书的学校所能领会的！"火灾事件过后，陈衡哲为此特地撰写了一篇题为《记藩萨火灾》的文章，发表在《留美学生季报》1918年夏第2号上。

美国女子教育中对女子体育训练也十分重视。学生每学期都必须有一定的运动或体操课，否则学业就会被判为不及格，到时无法毕业，必须补足这些运动或体操课才能毕业。从1920年起，瓦沙和其他各女子大学又联合订了一个新规定，凡是不能游泳的学生，一律不能毕业！每年春夏之交，学校都会举办运动会，所有参与的人都热情高涨，而比赛出来的成绩也都非常壮观。陈衡哲身体比较健康，因此对于一般运动或体操等，尽管比不上美国女生成绩好，但也能应付。除了参与瓦沙举办的一些团体活动，她还积极参与中国留学生组织的活动。如东美中国学生会于 1916 年 8 月举行第十二次年会，规模浩大，盛况空前。东美学生会是留美中国学生中影响最大的学生组织。其宗旨是一为固结友谊；二为兴办学生公益事；三为兴办中国公益事。该组织分行政部（以总理、副总理、中英文书记及会计 5 人组成）、立法部（以各大学学生会代表组成）、发报部（中文发年报，西文发月报，分别有主笔、干事各数人）；每年于夏假召开年会，有运动会、辩论会、中英文演讲会、名人演讲、议事与选举等（参见朱庭祺：《美国留学界》）。1916 年年会举行的活动精彩纷呈，让陈衡哲大开眼界。期间还进行了新一轮学生会成员的选聘，陈衡哲被聘任为中文书记（图 1 – 12）。

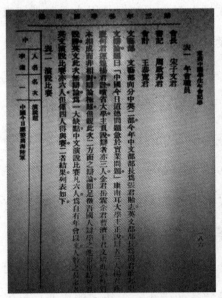

图 1 – 12　东美中国学生年会陈衡哲作演讲《平和与争战》，获得第二名

1919 年，陈衡哲以优异的成绩从瓦沙毕业。她被选为 Phi Beta Kappa 会员（图 1 – 13，图 1 – 14），并且获得了 Phi Beta Kappa 的 500 美元奖学金。Phi Beta Kappa 是美国大学优等生联谊会，这是美国历史最悠久的以希

腊字母为名称的兄弟社团，创建于 1776 年 12 月 5 日，会员资格以总体学术成就为基础，从创立开始，该社团产生了 17 位美国总统，37 位美国法院大法官，一名全国足球联盟最具价值球员和 131 位诺贝尔奖获得者。可见能够入选该联谊会对于美国大学生来说意味着莫大的荣耀。当陈衡哲得知自己入选 Phi Beta Kappa 之后，掩饰不住内心的喜悦。她立刻写信给当时已经回国的任鸿隽、胡适诸好友，向他们报告这个好消息。1919 年 5 月 28 日，任鸿隽在写给胡适的信中提道："前日得衡哲女士来信，说得了 Phi Beta Kappa，并且得了五百元美金的 fellowship，不知你已经得了他的信没有？大约你听见是很欢喜的。"[①] 陈衡哲优异的成绩也为她赢得了一份额外的荣誉。即 1933 年陈衡哲重返母校时，受到热情的欢迎，并得到瓦沙校长的郑重承诺："只要是她的直系后人，女子均可以免试、免费进入该校。"[②] 事

图 1-13　陈衡哲

图 1-14　Phi Beta Kappa 奖章

① 耿云志主编：《胡适遗稿及秘藏书信 26》，黄山书社 1994 年版，第 315—316 页。
② 参见抢救民间家书项目组委会《任鸿隽陈衡哲家书》，商务印书馆 2007 年版，第 110 页。韩颖：《〈水调歌头〉"同心朋友"究为谁——胡适、陈衡哲 1933 年北美行踪考》，《现代中文学刊》2013 年第 3 期，文章考证陈衡哲女儿可免试免费进入该校的"特殊福利"与 1933 年这次回归母校大有关系。

实也的确如此，陈衡哲的女儿任以都、任以书都在瓦沙读的大学，这对当时处于战乱频仍的中国学生来说是殊为难得的机会。

二　青春诗情

写到陈衡哲的留美生活时，同样需要关注的是她在留美期间的文学创作，以及她与胡适、任鸿隽"我们三个朋友"（图1-15）之间的文缘与交往。陈衡哲从小熟读诗书，对唐诗宋词有浓厚的兴趣。九岁时，她就有写作的愿望，对于孩童时期的陈衡哲而言，那突然涌现的写诗的渴望与灵感，无疑是一种新奇的体验，"那是个春季的早晨，我躺在床上想着我们自己家院子里正在开放的美丽鲜花，突然产生了要表达我汹涌感情的强烈冲动：我要写诗。我写的诗虽然不佳，但我那时很满足，也以此发泄了自己的感情"。[1] 而今，当她终于实现久违的梦想，来到异国上大学，这对她是人生的一次巨大的飞跃。这里环境秀美，气候宜人，充实而快乐的校园生活，让她再次萌发写作的热情。

图1-15　左起：任鸿隽、陈衡哲、胡适

---

① 陈衡哲：《陈衡哲早年自传》，冯进译，安徽教育出版社2006年版，第35页。

陈衡哲在美留学期间，有一份在留学生中流传广，影响大的刊物：《留美学生季报》。它创刊于 1912 年，原称《美国留学报告》，后改名为《留美学生年报》，1914 年改为《留美学生季报》（以下简称《季报》），它是当时留美学生编辑的刊物，在上面发表文章的都是留美学生中的活跃人物。陈衡哲在《季报》共发表了 15 篇文章。其中，1915 年发表 2 篇；1916 年 3 篇；1917 年 5 篇；1918 年 3 篇；1919 年 1 篇；1920 年 1 篇。第一篇《致某女士书》发表于 1915 年春季第 1 号，文章以信件形式，劝解姊勿因弟患脑疾早夭而过分悲伤，言辞恳切，情调凄怆，此外，信中还交代来留学三个多月的生活情形，以及对欧战局势的关切。文章视野开阔，叙述精当。而令陈衡哲文名大振的是《来因女士小传》（图 1－16）。1915 年夏天，陈衡哲将新作《来因女士小传》投寄到《季报》，文章首先叙述写作缘起，因朋友丁美英刚毕业于孟何立大学，曾为学校创办人来因女士作过英文小传，现在嘱咐陈衡哲以中文形式对来因女士的感人事迹加以转述。由于原文甚为详细，其中"多赘费语"，如果一一详述就会显得"干枯无味。"因而，陈衡哲"但取其事迹之于大体有关者。不能译其文。亦不依其序也。是以不书著者之姓氏。但述之于此，俾人知其所从出而已"。接着，陈衡哲以清晰的线索，叙述了来因女士的贫苦家境，超出常人的刻苦勤勉，学成之后为创立女子学校殚精竭虑，四处奔走募捐。后终于功成却积劳成疾，五十而殁。文章叙述流畅，妙语如珠。如写自己对来因女士一生功业的感慨：

> 孟子之所谓天将降大任于斯人也，必先苦其心志，劳其筋骨，饿其体肤，空乏其身，行拂乱其所为。其来因女士之谓乎。夫女士一身所遭之艰难困阻。不可谓不众矣。而卒能成此大业者。正此艰

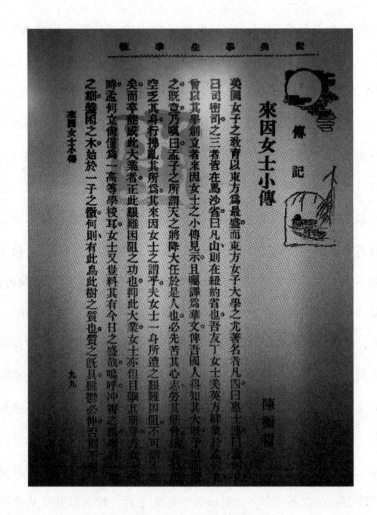

图1-16 《来因女士小传》

难困阻之功也。抑此大业。女士亦但目击其萌芽。方女士殁时。孟何立尚仅为一高等学校耳。女士又岂料其有今日之盛哉。呜呼。冲霄之鹏。举于一卵之细。盘困之木。始于一子之微。何则，有此鸟此树之质也。质之既具。虽郁必伸。否则不耐十年树树之久焉。则斫他人之树树以植己园。速固速矣。其如枯槁死亡之立至何。夫树之愈贵者。成之愈迟。种而不计获者。人方笑其愚。而不知笑者之自愚也。然则女士又岂不料其有今日之盛哉。吾以之乃深有感矣。①

时任《季报》主编任鸿隽，读了这篇来稿之后非常欣赏。后来在《五十自述》中，任鸿隽回忆当时如何被陈衡哲的才情折服："余读陈女士之文而识其名，盖自前一年余主编《留美学生季报》得陈女士投稿始。当时女士所为文曰《来因女士传》……文辞斐然，在国内已不数觏，求之国外女同学中尤为难得。余心仪既久，一九一六年夏与陈女士遇于伊萨卡，遂一见如故，爱慕之情与日俱深，四年后乃订终身之约焉。"②

任鸿隽（1886—1961），字叔永，1886 年 12 月 20 日出生于四川省垫江县。幼年上过私塾，受过良好的传统教育。18 岁时考中四川巴县第三名秀才。后就读于重庆府中学，后考入上海中国公学。1908 年赴日本留学，留日期间加入了同盟会。1911 年武昌起义后回国，任孙中山临时总统府秘书处秘书，草拟过《告前方将士文》《咨参议院文》《祭明陵文》等。1912 年南北议和告成，他愤而弃官赴美留学，成为首批"稽勋学生"。③ 1912 年，任鸿隽先在康奈尔大学攻读化学专业，获学士学位。后又在哥伦比亚大学攻读化学硕士，1918 年初毕业归国，获硕士学位。

《来因女士小传》发表后，任鸿隽时常向陈衡哲写信约稿，而陈衡哲则不时将自己的作品寄给任鸿隽评介。两人自此书信往来，交谊日深。那时的留美学界发起科学救国运动，1915 年 1 月，我国最早的综合性科学杂志《科学》在上海创刊；同年 10 月，"中国科学社"在美国成立，这是我

---

① 陈衡哲：《来因女士小传》，《留美学生季报》1915 年第 2 卷 第 3 期，第 99—100 页。
② 任鸿隽：《中国近代思想家文库》，樊洪业、潘涛、王勇忠编《任鸿隽卷》，中国人民大学出版社 2014 年版，第 426 页。
③ 赵慧芝：《任鸿隽年表》，《任鸿隽陈衡哲家书》，商务印书馆 2007 年版，第 231—232 页。

国最早的综合性科学团体。任鸿隽是中国科学社的发起者之一，便也热情邀请陈衡哲加入科学社（图1-17）。陈衡哲是文科生，对于加入科学社有所顾虑，但任鸿隽毫不在意，他说："没关系，我们需要的，是道义上的支持。"① 因而陈衡哲也加入了这一团体，在科学社前期的三四十个会员中，只有她一个女性。她还给《科学》杂志写过一篇《说行星轨道》的文章，介绍行星运行轨迹及复杂关系。文后总结道："以是种种之复杂关系，故行星之轨道遂呈其差参无定之状，然吾人苟能离地球而置身太空以观，察诸行星之进行，则其轨道固有序不紊者也。"② 以任鸿隽为引线，陈衡哲结识了胡适、杨杏佛、梅光迪、赵元任等新文化运动中的风云人物，他们此时都在美国纽约近郊伊萨卡的康奈尔大学就读。陈衡哲与他们诗文唱和，缔结了深厚的友谊。

图1-17　中国科学社成员合影

---

① 陈衡哲：《任叔永先生不朽》，《陈衡哲早年自传》，安徽教育出版社2006年版，第228—229页。
② 陈衡哲：《说行星轨道（附图）》，《科学》1917年 第3卷 第7期。

有任鸿隽的赏识和鼓励，陈衡哲在繁忙的学习之余，笔耕不辍。她根据自己在学校的亲身体会或经历，写过纪实作品，如《记藩萨女子大学》，① 文章以成立小史，位置，20 世纪之藩萨，五旬纪念大会，藩萨与吾国学界之关系五部分来介绍藩萨女子大学的概况、地位、我国学界、教育界对藩萨的认识等。《东美中国学生年会记事（附表）》发表在 1916 第 3 卷第 4 期。文章介绍 1916 年 8 月东美学生会第 12 次年会概况。这次年会到会者约 200 人，女会员居八分之一，为期八日。而开会之余，他们举办辩论赛、演说比赛以及运动会等活动，丰富大家的文体活动。其中演说比赛，陈衡哲以《平和与争战》获得第二名的成绩。这一次年会还专门用三个小时选举了新的学生会职员，新当选的会长是张福运，副会长张焯坤，英文书记周启邦，中文书记陈衡哲，会计余曹济。1916 年 9 月 2 日，中国科学社成立两周年之际，乘东美中国学生年会之便，召开了中国科学社的首次年会。到会者有 30 多人，由社长任鸿隽主持，会议持续了一整天。上午是议事会，下午是文艺会，晚上则举办交际会。

陈衡哲不仅叙写校园生活，还极为关切国势，如《致某女士书》《永久之和平果可期乎》《记某军官之言》《平和与争战》等，以此表达对时事政治的关心，展露深厚的爱国之心。《致某女士书》表达了自己对国际紧张局势的担忧："离沪时，欧战方始。是时日本尚未有何举动。吾国所受影响。亦仅及商业。既抵美。即闻有日本加入战事之举。今则据此间报纸所载。青岛已入日人手矣。以一国之土地。供他人之搏击。耻何可言。……"对于中国是否加入战争作了思考："中国严守中立。万无无因加入战事之理。苟有之。则必自他人侵其疆土。蔑其主权之时始。且中国

---

① 陈衡哲：《记藩萨女子大学》，《留美学生季报》1916 年第 3 卷第 1 期。

人非昔比。苟不得已而战。则亦必能一雪昔年败北之耻也。……居此二月。静观默察。觉美人之重视中国者。固亦有之。而仅知其为一古国者亦不少。此辈之心理。大都视我为一半开化之国。而中国则一脑垂长尾。卑陋无识之旧金山工人而已。"作者写道，常有人问她，中国现已略有乎，闻之大可愤懑。"固早料及之。故常以为留美学生之识，首在慎其言行。修其礼貌。高其人格。以冀于友人酬酢之间。渐移默化此等不正确之心理。中国二字之价值。亦庶几可以日增。所关盖非浅鲜。自古兵戎相逐。亦惟争国光而已。吾人苟能于言行之间。略雪国耻。所费甚少。而所获则巨。对于国家培植吾人之报酬。不已实行其过半哉。然而能契斯旨者关鲜。此其故可深长思也。……离国仅百日。而所接所触之足以生其感慨者。已不可胜数。"① 在陈衡哲看来，激烈的辩护是无力的，只有谨言慎行，发愤读书，让外国人了解真正的中国人———一种有着与他们截然不同却毫不逊色于他们文明的人民时，他们才会对"中国"和"中国人"表达尊重和敬意。因此，她认为最为迫切地是用功、努力学习，以优异的成绩，让西洋人看到最优秀的"中国人"，以此来展示中国及中国人优良的品格和形象。陈衡哲是这样想的，也是这样做的。在其小说《一日》中，中国留学生张女士面对外国学生的询问，如在中国也跳舞吗？在家吃些什么？有鸡蛋吗？中国的房子怎样？有桌子吗等稀奇古怪的问话，一一进行了耐心回答。张女士还热情地教外国学生说中国话。作为一个中国留学生，张女士所遭遇到的日常生活情形，从另一个侧面寓指"学在西洋"的陈衡哲，"他者"的眼光与偏见，究竟给陈衡哲带来了多少内心的煎熬，我们如今已无从知晓。但是，透过这一纪实小说，我们可以从中了解陈衡

---

① 陈衡哲：《致某女士书》，《留美学生季报》1915 年第 2 卷第 1 期。

哲在异国他邦面对强大的西洋文化，所显现出来的不卑不亢的民族自尊心和高尚的爱国情感。

《永久之和平果可期乎》一文叙写三个问题，一是和平之真相，二是解决国际难题之机关。三是改良欧洲舆情之方法。讲到凡欲救此陆沉之祸时，指出："若夫关于此机关之组织，纯由中立人民之指示，否则胜者之旨意，仍足使败者勉服，而贻后患无穷，名者实之副平和之望端在民意。……"①《平和与争战》是一篇在东美学生会年会的一篇演讲稿。开篇即介绍文章的背景，平和问题的重要性、类型等，她在文章中指出："平和问题者，世界大同之先兆而二十世纪之表征也。界限无垠，前途亦无极，……"接着分三个层次内容来阐述，一是"国际平和问题。凡弭兵休战、平和同盟、国际裁判问题等等皆属焉"。二是"社会平和问题。则就平和与社会发达之关系而研究之"。三是"平和性质论"。她认为："人类进化之原理与世界大同之趋势又专以学说理想判断平和及争战之利害者也。"三者并无截然界限。接着，陈衡哲以一个故事作为引子，她说耶教的旧约书上写道，上帝造人之前先造了许多的植物和动物，而他们的仇敌地狱里的魔王造了一个叫"争战"的人到动植物中间去捣乱。上帝造了一个"平和"的女人。两个人是永远不能见面的。"'平和'是一个温静清高的女子，'争战'是一个狠可怕的刽子手。""争战"时刻想赶走"平和"，于是有一天造了一个快死的老太婆的假面。"平和"背了这个假面却一点都不知道。于是，现在我们看到的平和，真像一个快要死的老太婆，我们须走到他面前去，站在他背后是永远没用的。因为我们知道那个快死的老太婆只是个假面，不是真正的平和。作者指出争战的理由，一是爱国

---

① 陈衡哲：《永久之和平果可期乎》，《留美学生季报》1916 年第 3 卷第 3 期。

心。作者指出其中的谬论："现在欧洲的争战，世界上的人不是都说是德国的不是，英法各国是可以原谅的么。但是倘然我们去捉了一个德国的兵，问他为什么打仗，他一定说，'先生呀，我亦是没有法想。我若是不打仗，德国的荣光就通统要丢掉了。'……美国的历史大家洛宾先生（J. H. Robinson）说，爱国心有两个解说。一个就是爱自己的国家。这是很好的。还有一个就是恨别人的国家。这就是戕贼人类的根源了。若是我们用第二个解说来代表爱国心，那么，爱国心虽有好处，亦万万不能敌他的害处了。我还不如劝大家快快的把爱国心来消灭了罢。英国的路式先生（Bertrand Russell）说真正有爱国心的人，必定不赞成争战。他必定尽力，叫他国里的学术文化胜过别国。到了那步地位，不用枪炮，他国家的荣光自然大了。"主张争战的理由除了爱国心，还有一种理由就是有一种观点，"他们说'争战是动物的天性。没有争战，世界上就没有生机了。我们主张打仗，亦并不是真正喜欢杀人。不过因为这样事体可以鼓励我们的精神罢了。'"陈衡哲对此加以辩驳，她说："世界上的人，实在是没有一个没有精神的。不过要看他用的怎样罢了。我们多听见过沙士比亚偷鹿的古事，觉得他偷鹿的时候好玩，但后来莎翁成了文学家，就认为这是很下流的事体。不过专门从事偷鹿的人却会嘲笑他变坏、变痴。"另借用《兰姆文集》中一个小孩子吃炙猪肉的故事，原来的人只知道吃活猪，一次一个小孩子不小心把房子烧了，活猪烧死了，但是小孩子吃了烤熟的猪肉，很美味，他的父亲起初还打他，后来也学着吃烤熟的猪肉。后来就为了吃烧死的猪肉，而专门做好房子，把猪放进去，再烧房子吃死猪肉。对此，陈衡哲痛心疾首，她说：

现在的人，因为争战也是鼓励精神的一法，就情愿送掉几十万，几百万人的生命和几千兆镑的财产去鼓励一国的精神，又和这父子两人有什么分别呢。

　　我晓得有一种中立的人，听见了这个说话，必定要说"平和的理论是狠抓好的。不过现在世界上的机会还没有到。理论虽好，究竟有什么用处呢。"我且问他，世界上的机会到底是怎样来的。倘然我赞成平和，不是我的机会已经到了么。倘然每一个人都只管自己的机会，不是全世界的机会都到了么。要是要待全世界的机会到了我再赞成，那么我的机会是永远没有到的时候了。

　　诸君，我们现在不是在晚上十二点钟的时候么。天地是昏暗极了。我们在这个时候，亦只有三样事体可以做。第一样就是样样不管，睡我的觉。第二样就是拿了火把棍棒去和鸱鼠争打。第三样呢，那就是跑到高楼的顶上去看太阳了。古人说的，"风雨如晦、鸡鸣不已。"现在的风雨虽然晦暗到了极点，恐怕到反是"东方明兮"的先驱哩。我们倘然不怕风雨。在昏夜之中跑到世界上的最高峰上去，那不要说别的，就是单单那个朝日浴海的景色也便可以抵得通宵的劳苦了。①

陈衡哲在论述中，层层推进，有理有据，展示了严密的逻辑思辨力，而尤为难得的是，陈衡哲对于和平的呼吁，以及期望能够在"昏暗"时代有所作为的感时忧国精神令人敬佩。

陈衡哲勇于尝试多种文体，她写的诗歌作品有《寒月》《西风》②《召

---

①　陈衡哲：《平和与争战》，《留美学生季报》1917 年第 4 卷第 1 期。
②　陈衡哲《月》《风》两首诗在初发表时的名字是《寒月》《西风》，皆刊于《留美学生季报》1917 年第 4 卷第 2 期。

夕列（有序）》①《夕照山暮望》② 等。其中两首五言绝句《寒月》《西风》
如下：

寒月

初月曳轻云，笑隐寒林里。

不知好容光，已映清溪底。

西风

夜间闻敲窗，起视月如水。

万叶扑窗飞，鸣飙落松蕊。

这些诗歌在章法、谋篇、声韵、设色、抒情、造境方面，都符合传统
诗学的艺术要求，朦胧含蓄，有声有色，声色交融，浑然一体，情景和谐
统一，堪称好诗。实际上，已经发表的《寒月》《西风》与原诗稍有不同，
在两首诗定稿之前，还有一件逸事。1916 年，胡适收到任鸿隽寄来的两首
五绝，《月》与《风》，③ 请他猜作者。

月

初月曳轻云，笑隐寒林里。

不知清波中，容光已散弥。

风

夜间闻敲窗，起视月如水。

万叶正乱飞，鸣飙落松蕊。

---

① 陈衡哲：《召夕列（有序）》，《留美学生季报》1918 年第 5 卷第 2 期。
② 陈衡哲：《诗录：夕照山暮望》，《留美学生季报》1918 年第 5 卷第 3 期。
③ 耿云志主编：《胡适遗稿及秘藏书信26》，黄山书社1994 年版，第 224 页。

《月》与《风》两诗构思精巧，意象新颖，情感细腻，胡适读了这两首诗后，不由得从心底佩服，赞叹不已。他在 1916 年 11 月 17 日的日记中，记录了给任鸿隽的回信，上面说："'两诗绝妙。……《风》诗吾三人（任、杨及我）若用气力尚能为之；《月》诗则绝非我辈寻常蹊径。……足下有此情思，无此聪明；杏佛有此聪明，无此细腻。……以适之逻辑度之，此新诗人其陈女士乎？'叔永来书以为适所评与彼所见正同。此两诗皆得力于摩诘。摩诘长处在诗中有画。此两诗皆有画意也。"①

任鸿隽看到胡适对这两首诗夸赞，很高兴。他很快给胡适回信，告诉他两诗的作者正是陈衡哲："吾前所答陈者告之曰：两诗皆清新俊逸，而月诗用意尤自然独到，如风诗意虽新却是人人所有。因举吾前作'打窗惊骤雨'之句示之，以实吾言。平心论之，月诗第四句少嫌弱，不称其意，嘱陈再加推敲，不知彼纳吾言否也。彼诗极讲究字面，当是女子性习。吾回书亦示以《见月口占》前二首（略加修改），且云以视尊诗乃如尘羹之于玉液，此言或非过誉也。"②

任鸿隽接着又把这两首诗给杨杏佛（1893—1933）看，并请他猜作者是谁，未等杨回答，任就说是胡适之作的。杨杏佛闻听，就说："适之有此，其诗大长进！"杨杏佛又仔细读了读这两首诗，然后非常肯定地对任鸿隽说，这诗胡适之是做不出来的。任鸿隽只好告诉他作者是陈衡哲。当陈衡哲知道自己的诗获得了这么多的褒奖，很是欣喜。对于任鸿隽所言《月》诗第四句可再加推敲的意见，她也认为很中肯，嘱托任鸿隽帮忙斟酌推敲一下。胡适听任鸿隽说《月》诗可再推敲，也很认同。他不但改了

---

① 《胡适日记全编 2（1915—1917）》，曹伯言整理，安徽教育出版社 2001 年版，第 511 页。
② 耿云志主编：《胡适遗稿及秘藏书信 26》，黄山书社 1994 年版，第 227 页。

第四句，连第三句也一并改了。在 1916 年 11 月 17 日日记中，胡适将《月》诗末两句"不知清波中，容光已散弥"改为"不知好容光，已映清溪底。"胡适把改的诗寄给任鸿隽。任鸿隽看后觉得改得非常好，诗的品格又有了很大的提升。正好陈衡哲再次来信请他帮忙修改，他便将胡适改的两句告诉陈衡哲，并且也给胡适回信说："改月诗二句似较妥善，必能得陈同意。"①

12 月 6 日，胡适也作《月诗》三首：

(一)

明月照我床，卧看不肯睡。窗上青藤影，随风舞娟娟。

(二)

我但玩明月，更不想什么。月可使人愁，定不能愁我。

(三)

月冷寒江静，心头百念消。欲眠君照我，无梦到明朝。

胡适在当天的日记里，特作了说明："数月以来，叔永有《月诗》四章，词一首，杏佛有《寻月诗》《月诉词》，皆抒意言情之作，其词皆有愁思，故吾诗云云。"②

留美期间，陈衡哲还创作了《松楼杂记》《加拿大堪蒲记》等散文，以及小说《一日》等。从陈衡哲发表在《季报》的文字来看，在《一日》发表之前，所有的文字都是用文言写成的。而《一日》发表之后，除了带有学术思辨色彩的文字如《松楼杂记》等仍用文言写作外，散

---

① 耿云志主编：《胡适遗稿及秘藏书信 26》，黄山书社 1994 年版，第 237 页。
② 《胡适日记全编 2（1915—1917）》，曹伯言整理，安徽教育出版社 2001 年版，第 514 页。

文、游记等作品都已改为白话。① 其中《一日》（图 1 - 18）被公认为是
陈衡哲对胡适发起的白话文学运动的同情与助力。② 确实如此。1916 年
暑期，当胡适同任鸿隽、梅光迪等朋友热烈讨论文学革命的时候，陈衡哲
也刚好应任鸿隽之邀在伊萨卡度假。所以知悉了胡适等人开展的文言白话
的激烈讨论。但由于当时陈衡哲跟胡适尚不熟悉，因此并没有参与到有关
讨论之中。但在感情倾向上，她却显然同情胡适提倡白话文。因为，早在

图 1 - 18　陈衡哲小说《一日》

①　史建国：《陈衡哲传："造命"人生的歌者》，上海远东出版社 2010 年版，第 66 页。
②　陈衡哲：《一日》，《留美学生季报》1917 年第 4 卷第 2 期。

她七岁时，就给父亲写过用半文言半方言其中掺杂她自己发明的词以配合方言发音的书信，结果，她父亲不但没有责备她违背信件文体的规则，还觉得很有创意，鼓励她以后多写。无疑，这是一次愉快的经历，让她懂得"为自己的思想感情寻找有创意的表达方式并非可望而不可即"。①

1917 年 6 月，陈衡哲的一篇小说《一日》，刊载于 1917 年《季报》的第 4 卷第 2 期上。该文写的是美国女子大学的新生，在宿舍中一日间的琐屑生活。陈衡哲曾说："他既无结构，亦无目的，所以只能算是一种白描，不能算为小说。但他的描写是很忠诚的，又因他是我初次的人情描写，所以觉得应该把他保存起来。"② 夏志清在《中国现代小说史》中认为，《一日》应该算是中国最早的现代白话小说，而不是以往公认的鲁迅的《狂人日记》。不过，对于这一观点，也有学者持反对态度。认为从时间上看，《一日》于 1917 年发表，《狂人日记》则是 1918 年发表，时间上早一年。不过，可能因为《一日》发表在《留美学生季报》，国人没有机会看到，在当时竟没有引起什么反响。二则《一日》相比《狂人日记》，在思想深度和艺术技巧方面有一定差距，《一日》"差不多不算是一篇小说"。因而，说它是中国现代文学的第一篇白话小说，有点言过其实。③ 也有论者从女性文学的角度来阐释而得出不一样的观点，《一日》"开拓性地确立了五四知识女性的话语空间。从语言风格上看，鲁迅的《狂人日记》在白话语言的使用上未必比《一日》更加纯熟与流畅，而对前者的肯定，显然是在文化革命与改造国民性的固有框架中进行的。在这样一种既定的思维方式下，《一日》的轻松与平淡遭遇忽视是可以想见的。""从知识女性话语独

① 陈衡哲：《陈衡哲早年自传》，冯进译，安徽教育出版社 2006 年版，第 52 页。
② 陈衡哲：《小雨点》，新月书店 1928 年版，第 17 页。
③ 史建国：《陈衡哲传："造命"人生的歌者》，上海远东出版社 2010 年版，第 63 页。

立的角度来看，《一日》全部围绕女性生活的言说，对女性日常心理的描写，不带有对男性评价态度的哀怨情节，不正是女性走出男权阴影，走向独立与自由的最充分体现吗？也正是在这个层面上，陈衡哲于有意无意间，拓展了女性话语的一片独立空间，《一日》的价值也正在于此。"①"陈衡哲的创作从起点上便与之出现了逆差，因此五四时期以及由此延续下来的这些看似公允的文学标准并非是单纯指涉文学自身，是否承载着重大的启蒙思想才是评价文学的唯一标准，而这种评价标准，往往是超艺术的评价，也必然隐含着压抑性和遮蔽性的评价。正是因为叙事中重大启蒙思想的缺席，陈衡哲以《一日》为起点的创作像一片鹅毛般飘落在历史的思想深谷中。"② 可见，评判立场、标准不一，即使同一文本也会有不同的观感，所谓"一千个读者就有一千个哈姆雷特"是也。当然，讨论是否"第一篇"不重要，重要的是其作为白话文学运动中的开创之功和示范效用。而且，对于在白话文论战中孤军奋战的胡适而言，《一日》的发表更是一种有力的支持和莫大的鼓舞。胡适在给《小雨点》写的序言中，对当时陈衡哲的白话试作很是感念：

　　民国五年七八月间，我同梅任诸君讨论文学问题最多，又最激烈。莎菲那时在绮色佳过夏，故知道我们的辩论文字。她虽然没有加入讨论，她的同情却在我的主张的一方面。不久，我为了一件公事就同她通第一次的信；以后我们便常常通信了。她不曾积极的加入这个笔战；但她对于我的主张的同情，给了我不少的安慰与鼓舞。她是我

---

① 谢燕红、李刚：《五四知识女性话语空间的拓展与让渡——以陈衡哲为考察中心》，《山西师大学报》（社会科学版）2013 年第 1 期。
② 王桂妹：《〈新青年〉中的女性话语空白——兼谈陈衡哲的文学创作》，《文学评论》2004 年第 1 期。

的一个最早的同志。

当我们在讨论新文学问题的时候，莎菲却已开始用白话做文学了。《一日》便是文学革命讨论初期中的最早的作品。《小雨点》也是《新青年》时期最早的创作的一篇。民国六年以后，莎菲也做了不少的白话诗。我们试回想那时期新文学运动的状况，试想鲁迅先生的第一篇创作——《狂人日记》——是何时发表的，试想当日有意做白话文学的人怎样稀少，便可以了解莎菲的这几篇小说在新文学运动史上的地位了。①

作为新文化运动的领军人物，胡适高度肯定了陈衡哲及其创作在新文学运动中的历史地位，可谓盖棺定论，一锤定音。除了在《季报》上发表文章，陈衡哲也在国内的刊物如《新青年》上发表了大量白话文学作品。1918 年 9 月 15 日出版的《新青年》第 5 卷第 3 号上，陈衡哲发表了白话诗《人家说我发了痴》，诗中写的是 1918 年 6 月上旬瓦沙女子大学举行第53 届毕业典礼期间，陈衡哲恰因病住院。在医院里，陈衡哲读着校刊上登载的关于即将到来的毕业典礼的预告，以及 50 年前毕业的老校友回校团聚的消息。这时，突然有个 70 多岁的老太太推门进了陈衡哲的病房。原来这位老太太正是瓦沙 50 年前毕业的校友，这次响应学校的号召，兴冲冲地从1500 里外赶来瓦沙，不料学校的安排却出了问题，注册的名单上没有她的名字，更没有她的住处。不仅如此，第一天风尘仆仆赶到瓦沙，刚好有一个老校友病了，学校就安排她做了看护照看这位当年的老同学。可怜这位老太太为照看老同学一夜没睡，第二天一早竟被医生判定"发了痴"，将

---

① 陈衡哲：《小雨点·胡序》，新月书店 1928 年版，第6—7 页。

她送到医院关了起来，并通知老太太的儿子前来将其接回去。在诗中，作者以老太太的口吻诉说了自己的荒唐遭遇，表达了在举校欢庆的日子里，却没有人留意和体味老人心中的悲楚。1919 年 5 月出版的《新青年》第 6 卷第 5 号上，刊出陈衡哲的两首白话诗《鸟》和《散伍归来的"吉普色"》。《鸟》写的是两种不同命运的鸟，一种鸟在暴风雨里巢被吹翻、羽毛被打湿，找不到遮风避雨之处，而此时另一只关在窗边金丝笼里的鸟却丝毫不为这些发愁。但当第二天风雨过后，艳阳高照，窗外的鸟可以在和煦的暖阳中与自己的"同心朋友"自由自在地飞来飞去，而笼中的鸟却只能"扑着双翅在那里昏昏的飞绕"。此时它才感觉到自由的可贵：

> 他见了我们
>
> 忽然止了飞，
>
> 对着我们不住的悲啼。
>
> 他好像是说：
>
> "我若出了牢笼，
>
> 不管他天西地东，
>
> 也不管他恶雨狂风，
>
> 我定要飞他一个海阔天空！
>
> 直飞到精疲力竭，水尽山穷，
>
> 我便请那狂风，
>
> 把我的羽毛肌骨，
>
> 一丝丝都吹散在自由的空气中！"①

---

① 陈衡哲：《鸟》，《新青年》第 6 卷第 5 号。

诗歌采用以鸟喻人的写法，用自由的飞鸟与笼中之鸟不同处境和心理加以对比，展示可贵的自由意志与战斗精神。陈衡哲作品带有"五四"早期一代新人摧毁旧道德、迎接崭新生命的激情与喜悦，理想主义精神洋溢在字里行间。《散伍归来的"吉普色"》写的是在"一战"的硝烟炮火中过了四年流浪生活的吉普赛人，战后终于可以回归故乡了，家乡的亲人也正热切盼望着他们回家，开始新的生活。诗中虽然以流浪的"吉普色"人回家为主题，似乎也隐喻了陈衡哲内心对于"回家"的愿望。那时，"我们三个朋友"中的胡适（1891—1962）于1917年归国，接受北京大学校长蔡元培的聘任，并大力提倡白话文，宣扬个性解放、思想自由，与陈独秀等同为新文化运动领袖，在学界、教育界有着举足轻重的地位。而任鸿隽也于1918年初获哥伦比亚大学硕士学位后回国，正雄心勃勃地扩大中国科学社的事业，同时打算兴办实业，报效国家。陈衡哲将于1920年从芝加哥大学研究院毕业，她将重新回到阔别五年的祖国，未来就铺展在眼前。就在陈衡哲踌躇满志的时候，幸福不期而至。

1919年底，任鸿隽为四川筹办钢铁厂事宜再度赴美。当然，此次他还有一件重要的事情要办。任鸿隽对陈衡哲爱慕多年，现在他终于决定，无论如何要鼓足勇气向心上人求婚。任鸿隽深情地告诉陈衡哲，他对结婚有两大愿望："其一是因为他对旧家庭实在不满意，所以愿自己组织一个小家庭，俾他的种种梦想可以实现。其二则是因为他深信陈衡哲是一位有文学天才的女子，他想为她准备一个清静安闲的小家庭，以便她能够一心一意去发展她的天才……"① 陈衡哲听后感动不已。1920年陈衡哲完成硕士学业归国。是年9月27日，与任鸿隽喜结连理，一对才子佳人自此倾心

---

① 参见《任鸿隽陈衡哲家书》，商务印书馆2007年版，第99页。

相随，携手相伴终身（图 1 – 19、图 1 – 20）。

图 1 – 19 任鸿隽与陈衡哲在中国科学社第一次年会上合影

图 1 – 20 任鸿隽、陈衡哲订婚时合影

第三节 文化人格的定型：自我"造命"与 "济世"情怀

一 自我"造命"

陈衡哲在一篇对话体小说《运河与扬子江》中，叙写了运河和扬子江对待命运的两种不同态度，运河依循既定的渠道流淌，它仰赖别人给它塑造生命；而扬子江却要"塑造自己的生命"。对于扬子江而言，运河只是一个"快乐的奴隶"，成毁皆由人。而扬子江却能穿透石壁、荡平山崖，按照自己的意志流向东海，是一个"劳动的主人"，它信仰奋斗，歌唱奋斗。因为："生命的奋斗是彻底的，奋斗的生命是美丽的。"① 扬子江与命运搏斗的强力意志正是陈衡哲自我"造命"的真实而生动的映照。陈衡哲从小便热衷学习知识，探究新思想。而赋予她"造命"思想，并且殷切鼓励她走上"造命"道路的，是她的三舅庄思缄，"他常常对我说，世上的人对于命运有三种态度，其一是安命，其二是怨命，其三是造命。他希望我造命，他也相信我能造命，他也相信我能与恶劣的命运奋斗"。② 可以说，自我"造命"构筑了陈衡哲文化人格的重要一维，是理解其精神特质的关键。

陈衡哲是中国现代文坛的一个传奇人物。她的"造命"思想产生的背景是 19 世纪末 20 世纪初，几千年来中国封建思想、观念虽然在西方文化

---

① 陈衡哲：《陈衡哲早年自传》，冯进译，安徽教育出版社 2006 年版，第 3 页。
② 同上书，第 223 页。

的影响下有所动摇，但是，此期现代中国内忧外患，旧思想、旧观念仍然根深蒂固。封建婚姻观中的"父母之命，媒妁之言"、"三从四德"、女子贞洁观念、缠足风习等仍然束缚着女子的精神发展，"我童年时代的道德环境十分传统。如同旧中国任何一个士大夫家庭，它的精神十分类似于安德鲁－萨克逊国家中流行的对生活所抱的清教徒式的态度"。"女大当嫁，这当然不用说，可是丈夫要由父母选择。女人绝对不能有情人，只有轻浮放荡的女人或者无知阶级的女人才会有情人！有教养的大家闺秀应该遵从'父母之命，媒妁之言'，否则她会为社会唾弃。"① 在当时人看来，要培养成淑女，才能找到婆家，"而成为淑女的必要条件就是一双缠好的小脚"。② 因为女子"大脚无法被婆婆接受正是缠足维持数世纪之久的主要原因，尽管这给孩子一生造成了极大的痛苦。因为父母必须负责给他们的女儿找到婆家，他们不敢拿女儿将来的幸福开玩笑"。③ 这种封建、落后的环境，使陈衡哲在自我"造命"的征途中举步维艰。

　　陈衡哲"造命"思想的核心是"命由我立"的生命自觉，一种对个体自立、自尊、自强的人格精神。其内容主要有三：反抗意识；开创精神；重视后天学习与精进。而这些都是融合为一体，共同形塑陈衡哲作为独立个体的"造命"意识。陈衡哲关于"造命"阐释的突破在于扩大了造命的范围，认为不只男性可以造命，女性亦可以造命，在她身上展露出"天行健，君子以自强不息"的志气。"造命"意志的核心因子是反抗性。陈衡哲的性格自小就像男孩子，爱冒险、不守常规，她的乖张叛逆的言行，常令长辈担忧。她小时经常躲在后花园中的假山洞里，还

①　陈衡哲：《陈衡哲早年自传》，冯进译，安徽教育出版社2006年版，第36—37页。
②　同上书，第10页。
③　同上书，第13页。

常常爬到园丁靠着长满蔷薇花架的高墙放的长梯子上，把母亲吓得不轻。她还喜欢头上插花，"因为墙头的蔷薇最大最红，所以我常常奋不顾身地去采摘。母亲不准我那么做，她告诉园丁做完工后把梯子收起来。这个禁令一下，我就早早地起床，半吓半求地让园丁把梯子再架起来。母亲起床的时候，我稀疏的头发上早就插满了墙头新鲜的红蔷薇"。而陈衡哲第一次向外界说"不"的是七八岁的缠足风波。因为"缠足很痛又不方便走路"，所以陈衡哲反抗了：每晚上床以后趁母亲不在时脱下裹脚布。三番五次，使母亲很是失望。家里正巧有个坚信三寸金莲的婢女，她努力要说服母亲再给陈衡哲缠足。"那个婢女如临大敌似地开始了对我的进攻。起先她想要同我说理，可是她的道理和逻辑都那么可笑，所以我只是嗤之以鼻。后来她动武了。她想要强行按住我给我缠足。我对她说：'你一个佣人胆敢这么放肆？主人知道了一定会把你赶走！'我一边说一边挣脱了她，飞快地跑走了。她也想追我，可是她的三寸金莲根本不是我那一双'船脚'的对手。早在她追上我以前，我已经跑到我家后头的花园里，砰的一声把她关在门外。"① 陈衡哲母亲思想开通，经过多次的反抗，最后缠足之事不了了之。

如果说，陈衡哲小时候反抗缠足，是因为身体不适而进行的本能反抗，那么，17 岁坚决抵抗父亲的包办婚姻，则是她主体意识的觉醒。她坚信作为女子，也是一个"人"，也有作为"人"的价值和尊严。中国几千年来的封建思想，将所有人，包括男人和女人，都牢牢地束缚在以宗法制为主体的等级观念上，所有人都丧失了作为"人"的权利和天性。这其中，妇女受到的压制更为深刻。婚姻，对于中国传统女性来说，从来不是

---

① 陈衡哲：《陈衡哲早年自传》，冯进译，安徽教育出版社 2006 年版，第 11 页。

一件能自己做主，争取权利的事。陈衡哲亲耳听到、亲眼看到身边太多这种身不由己的女性悲剧，她们的不幸命运让陈衡哲深感痛惜。所以，当她从三舅那里知道西方女子的自立、自由；当她读到梁启超、谭嗣同等为代表的维新派倡导的男女平权等新思想；当她认识到中国封建社会压制人性，压抑人的主体自由的实质，陈衡哲对自己的人生、命运有了一个新的认识。在当时几乎所有人都认为婚恋自由是自轻自贱的行为，然而，陈衡哲却大胆地提出质疑，并对自己的包办婚姻誓死不从。当然，她的反抗在当时是极端的，就是直接宣称"独身主义"。这是一种矫枉过正的反抗，尽管亲友们知道她立志独身的消息，"都可怜我，又感到很好奇"，但在当时却无疑是有效的。"自从那次因为给我定亲发生的风暴之后，我在家的生活有所改善，因为父亲软化了，放弃了把我嫁给他挑选的男人的希望。要不是他偶尔带笑说他要在衙门后面给我造个尼姑庵，我大概会完全忘记这场风暴曾发生过。"[1]

陈衡哲的"造命"思想包含了修身立己与"经世"的意味。她完全突破了传统的"天命论"，认为知识可以通过后天的学习和实践获得，命运可以经过自己的奋斗而改变。陈衡哲对达尔文、赫胥黎等物竞天择、适者生存的学说，有着独特的思考。在《适应环境与改造环境》一文中，针对有些人将适应环境作为人的目标，以及将不能适应环境作为一件悲观之事的现象，她指出，"这个态度当然是与以'庸范'（The Norm）为人才标准的态度有密切的关系。它的结果，是使人类成为平凡化，是使他们不敢与众人标异，是使他们不敢拂拗环境"。[2] 当然，适应环境并不与改造环境

---

① 陈衡哲：《陈衡哲早年自传》，冯进译，安徽教育出版社2006年版，第128页。
② 同上书，第47页。

相对立，改造环境是对适应环境的更进一步，当环境的压迫异常凶猛，或者环境本身异常恶劣之时，仅仅适应环境就是畏缩懦弱的表现，此时便有必要去改造环境，因为只有能使个性得到解放，使其在创造方面得到发展的环境，才值得适应与服从。但是，中国的环境已是恶劣极了，"频年的内乱，新旧文化的冲突，社会判断力的痹痪，社会裁制力的消亡，都足以奖励人类弱点，使之继长增高，压迫人类的优点，使之无由发展。结果是产生了一个适宜于自私自利的环境，适宜于任性纵情，放荡狂乱的环境，适宜于卑鄙贪婪，蝇营狗苟的环境"。① 身处此种环境之中，陈衡哲鼓励人们要有反抗恶势力的勇气和改造环境的决心，唯有如此，才能杀出重围，去担负自救、救人的伟大责任。陈衡哲指出中华国民所面临的第三条道路："知其不可为而为之"的拼命的路，这条路"即使有时抗拒的结果仍挽不回一个国家的危运，但它的荣誉与人格却至少是保全了，它的民气也就不会一天一天的消沉下去，终至于无可救药了"。② 陈衡哲相信这样的真理，"真金不怕火烧"，因为"一个有气节的民族是不但不会畏惧外来的侵凌，并且还能利用它，使它的磨折成为一个身心交炽的火洗礼，然后再从那灰烬之中，去淘出那愈烧愈坚的真金来"。陈衡哲相信，不论是民族国家还是个人，都可以通过努力，在后天的修养与实践中去改造环境、创造命运。

　　1914 年，陈衡哲作为第一批庚款官费女生留学海外，实现了自己进学校接受系统教育的愿望。中国近现代文学早期的女作家里，有过留学经历的不多。据中国现代文学馆资料统计，只有陈衡哲在 1914—1920 年间留学

---

① 陈衡哲：《陈衡哲早年自传》，冯进译，安徽教育出版社 2006 年版，第 49 页。
② 陈衡哲：《我们走的是哪一条路?》，《衡哲散文集》，河北教育出版社 1994 年版，第 25 页。

美国。白薇于 1918—1926 年留学日本，在东京御茶水高等女子师范学校主修生物学/文学；苏雪林在 1921—1925 年留学法国，在里昂海外中法学院学习西方文学与绘画艺术；林徽因于 1923—1928 年留学美国，在宾州/耶鲁大学主修美术与戏剧；杨绛于 1935—1937 年、1937—1938 年留学英国和法国，以旁听自修的方式在埃克塞特学院和法国巴黎大学学习。她们所走的异国求学道路为后来者开辟了前行之路。留学期间，陈衡哲对胡适发起的白话文运动给予了实际上的支持，被胡适誉为文学革命"最早的同志"。1920 年，学成归国的陈衡哲被蔡元培聘任为北京大学历史系教授。在这之前，全中国还没有一位女教授，陈衡哲成为中国现代教育史上第一位女教授，这是中国现代教育史上的一件变革性的事情。陈衡哲任教时间短，但关注现实问题，著书立说，在中国新文学园地上无疑有着开荒的重要意义，是女性文学的先驱和开拓者。

从宽泛的意义而言，现代文学史上的女作家因着特殊的时代境遇，或多或少都有创造自己命运的经历，凌淑华出生于一个孩子较多的大家族，自己把握机会向名师学画是创造命运；萧红从东北逃出，历经艰难困厄，走上创作道路也是创造命运。女作家们这些经历都可以称得上是宽泛的造命。但是，在 20 世纪早期的女作家中，陈衡哲的造命具有特殊性与代表性。第一，她是中国现代文学史上第一个明确说出"造命"这个词的女作家；第二，"造命"意识贯穿于她成长、创作与研究的始终。可以说，她的强大精神动力都是源自她的"造命"意识；第三，作为一个受过教育又留学美国的知识分子，她用自己的"造命"呼吁并推进个人权利与自由的争取。因此，陈衡哲"造命"意识的终极价值不在于她个人的成就有多高，创作成就在中国现代文学史中占据着多么重要的地位，而在于其文化意义，在于她的自由信仰以及传递"造命"意识的执着，这是她不同于宽泛的"造命"的意义。①

二 "济世"情怀

陈衡哲的"造命"蕴含着的是一种思想变革，一种从内到外的变化与创造。这种变革首先是从自身出发和孕育的。于己，在变革激荡的时代努力创造命运，安身立命；于己之外，则是带着知识分子的热情、责任感和良知，为民族复兴谋划前进的路。这时候的"造命"没有传统的"天命"的影响，是基于现代知识分子的启蒙与救亡的使命感与责任感。

对近现代中国的知识者而言，所生活着的时代犹如黑夜，沉闷、冗长、让人窒息；混乱动荡，贫病愚顽，军阀混战、日本侵略、国共内战，20世纪中国在这无尽的沉沉暗夜中蹒跚前行。怀抱着梦想与希望的知识者在这样的时代与社会中，感受着更深的迷惘和失望。因为这几乎是一个理想与现实断裂并且无桥可渡的过渡时代。"这个觉悟是对于那个时期的青年的一个哀的美顿书，他（它）不啻是说'剧烈的文化冲突是开始了，你们这些未来的过渡人物，打算怎样?'"② 时代显现出一种积重难返的黑暗，一种无法接续未来与梦想的绝望，但是这并不能阻止追求理想的脚步。陈衡哲确立了自己作为现代知识分子的责任意识："造桥工作。"她说："我们生在这个过渡时代的人，却没有现成享受这些的福气；我们须得用脑汁心血去换取，我们须得裂肤折骨的去争得。这便是我们的造桥工作。"③ 陈

---

① 胡彦飞：《陈衡哲"造命"意识探究》，硕士学位论文，西北大学，2014年。
② 陈衡哲：《说过渡时代——为〈大公报〉三十周年纪念专刊作》，《衡哲散文集》，河北教育出版社1994年版，第32页。
③ 同上书，第35页。

衡哲明白生活在过渡时代的人，要渡河并非易事。而造桥工作远远没有完结。并且"这工程也是一天比一天困难"。而为什么"造桥工作"会如此艰难呢，其中有两个重要原因。其一，"我们这二十年来的工作，大抵是具体的，是局部的，而现在的工作，却多是属于道德及思想范围之内的，它已成为一种普及的人生观的战争。……不但如此，这些人生观的问题，这些道德及制度的观念，大概是伏根甚深，势力甚厚，彼此的关系又是十分复杂而繁多的；故与这些事物的作战，也常常是深刻的，玄妙的，隐微的，是非常混乱的，出力多而成功少的。故非有充分的时间与精力，非有极大的自信心及忍耐，我们现在的作战，是绝对不能得到胜利的了"。其二，"在二十年之前造桥的人，现在由于各种原因，使造桥的工作半途废工"，所存留的不多几个人仍在苦力支撑，不过"他们现在是悄悄的工作着，不像从前的轰轰烈烈了；他们现在是孤寂的工作着，已没有从前的安慰与鼓励了。假使他们不是为了对于那岸的信心，假使他们没有对于后起青年们的深爱，他们便将支不住这个形神交伤的苦生活了"。①

　　陈衡哲勇于剖析社会，敢于揭露社会黑暗面，她抨击丑陋，批判旧习俗、旧观念，她不粉饰，也不遮盖。1935 年，在一篇名为《我们走的是哪一条路?》的文章中，陈衡哲说在这个患难时期，横在我们中华国民眼前的道路有两条是辱身亡国的死路。第一，是那浑浑噩噩的行尸走肉的路；第二，是那在"刀头上舐血吃"的廉耻扫地的路。第一条路上，走的人最多，因为在向来缺乏国家观念的中国人民中，对于国家的巨耻大辱，恐怕只有受过高度训练的人方能感到，一般民众对于它是大概有点莫明其妙。

---

　　① 陈衡哲：《说过渡时代——为〈大公报〉三十周年纪念专刊作》，《衡哲散文集》，河北教育出版社 1994 年版，第 38 页。

原因无非是，一是愚，愚则不能分别友与仇；二是穷，穷则管不到口腹以外的闲事。最使我们感到无地自容的，却是那走第二条路的人。属于这一类的，"有那些吸食以强力运来的白面的人，有靠了国权的零落而营私自肥的人，有那种种式式的道地汉奸，自诗人总理起到天津的地痞止。但近来我又发见了我的孤陋寡闻：原来这条路上最时髦的步伐，乃是这把那已经枯竭的中国银钱，兑汇到某一个强国去，存在那里，等着。等到这争气的社稷发生了根本上的摇动时，他们便携了妻儿，带上细软，到那正在摇撼这个社稷的国家避难去也！（这绝对不是谣言，我说得出这些聪明人的姓名。）我对于这一类人，真忍不住要大叫一声，'一个人该还有一点起码的廉耻呀！'虽然明知道这呼叫也是达不到他们的耳鼓的"。①

　　生活在一个变动而不安定的时代，陈衡哲呼吁国人能从旧思想、旧观念、愚昧和独裁的政治与社会束缚中解放出来。作为知识女性，她尤其关注妇女问题，她说："旧礼教，旧制度的压力，大半是落在女子身上的。双重道德的标准，纳妾的恶习，诸姑妯娌逼居一家的生活，无后为大的观念，以至于无才便是德的一类女子做人的标准，岂不都是我们所认为不合理的人生观吗？但它们不合理的牺牲，却差不多尽是女子。结果是中国社会上的畸形道德。因此之故，不但一般平庸的女子留在古堡之下的，比一般平庸的男子为多；即一般有天才有勇气去造桥的女子，她们的工作，也比和她们一同造桥的男子们的工作为艰难困苦。"② 陈衡哲同样深刻感受到孤身奋斗的艰难，她觉得近几年来无论在中国还是在世界上，民众解放尤

---

　　① 陈衡哲：《我们走的是哪一条路？》，《衡哲散文集》，河北教育出版社 1994 年版，第 24—25 页。
　　② 陈衡哲：《说过渡时代——为〈大公报〉三十周年纪念专刊作》，《衡哲散文集》，河北教育出版社 1994 年版，第 36—37 页。

其是女性解放的车轮正在倒退。她呼吁让年轻一代"少作旧礼教、旧习俗的牺牲，从而让年轻一代节省他们的精力去从事更伟大更高贵的救国救民的任务"。陈衡哲愤激地说道："中国古谚有云：'毒蛇噬臂，壮士断腕。'如果中国和文明世界希望挽救那只手，那个在革命性的葬礼中被牺牲的宝贵东西，他们唯一能采用的明智之举不正是消灭那条毒蛇而不是对勇士说：'等等，你的手很宝贵！'在那种情况下，即使勇士愿意等待也是无用的，因为被毒蛇咬过后毒液会渗入他的血液，最终导致他的死亡；而他那只宝贵的手，虽然仍连接着他的身体，也将和他一起死去！"①

消灭"毒蛇"，并且在迫不得已时必须有切断勇士之腕的"断腕精神"，是她践行自身使命的精神动力。在陈衡哲看来，咬噬中国这位"勇士"的"毒蛇"，自庚子之败时已经狠毒无比，它们是中华民族的三个大溃疮：一是愚，二是弱，三是穷。作为庚子赔款学生，她有着难言的惭愧和羞愤，她在清华大学22周年纪念日发表演说时痛心地说："我们却又是那样的穷，穷到要人家可怜我们，把赔款退还我们，穷到要拿这个纪念国耻的金钱，来办最高的教育，来送青年学生出洋读书。即以我个人而论，假若不是靠了那个赔款学额，我便要连那一点求学的梦想也达不到。这是何等难受的一个境地！"② 在此，陈衡哲并不否认庚子赔款在促进中国文化、科学事业发展上的贡献，但更关注的是接受、使用这一退回的赔款所体现出的国家贫弱、尊严丧失，和对青年学子心灵的冲击。尤其让人焦虑的是，庚子之败过去30多年了，"现在，我们又遇着第二个国难与国耻了。……但见愚是依旧如故，而弱与穷则又加甚了几倍。我们再看看国

---

　　① 陈衡哲：《陈衡哲早年自传》，冯进译，安徽教育出版社 2006 年版，第 2—4 页。
　　② 陈衡哲：《清华大学与国耻——清华大学二十二周年纪念日演说词》，《衡哲散文集》，河北教育出版社 1994 年版，第 14 页。

外，则见三十三年前的那个国际形势，是已经改变得不认识了。老大的土耳其，既已不再为我们做着替死鬼；而国际竞争的焦点，又早已从巴尔干半岛和北非洲移到太平洋的东岸和中国的本土。我们现在是不能再靠着在三十三年前，曾经救过我们的那个国际形势，来苟延残喘了"。① 国际形势是愈加险恶，国内的情形似乎更加让人沮丧。陈衡哲认为在国家遭到如此严重的难关时，从一个小百姓如她的立场来看国家的生死存亡，只有感到一己的无能与无力，但是这样消极的态度是不可取的。"一个国家遭到像我们现在这样严重的难关时，一切说话都是等于白费。但我们也不能单单等死，我们至少也要在死路中找出一条活路来。"② 她鼓励国人要齐心协力，同卫邦国，要坚定不移地走"'知其不可而为之'拼命的路"和"忍辱含垢以求三年之艾的路"。作一个坚韧的"内在的预备者"，即"是在这个大难当前的时期中，每一个人都应该咬着牙齿，先把自己的身体培植到受得起磨折的程度。然后再把自己造成一个有用的专门人才，各在各的本分之内，把能力与知识弄得充充实实的，听候国家的征求与使用。但最基本的预备却在人格的一方面。俗话说的，'真金不怕火烧'；故一个有气节的民族是不但不会畏惧外来的侵凌，并且还能利用它，使它的磨折成为一个身心交炽的火洗礼，然后再从那灰烬之中，去淘出那愈烧愈坚的真金来。"③ 可以感受到身处过渡时代的陈衡哲那浸润在灵魂深处的使命感和深层的爱国情怀。可以说，这个"造桥"者形象完整而深切地展现出陈衡哲那令人感佩的精神世界，一个勇于担当、积极建设的学者的精神世界。

---

① 陈衡哲：《清华大学与国耻——清华大学二十二周年纪念日演说词》，《衡哲散文集》，河北教育出版社1994年版，第16页。
② 陈衡哲：《我们走的是哪一条路?》《衡哲散文集》，河北教育出版社1994年版，第23页。
③ 同上书，第26页。

陈衡哲不畏权贵，在时评中直言不讳，彰显出强烈的批判意识。1922年5月，陈衡哲、任鸿隽一家从上海启程前往四川。任鸿隽此次打算兴办实业，筹建钢铁厂。但是到了四川才发现，四川的封闭落后，让他们深感失望。任鸿隽和陈衡哲将自己对四川的观察和思考写成文字，希望能够改变这混乱不堪的现状。任鸿隽先后发表了《四川军队概况》（7月9日）、《统一与川局》（7月30日）、《战后的川局》（9月10日）等，来揭示四川现有的问题。与任鸿隽温和稳健的笔调不同，陈衡哲下笔更有锋芒，她写了一篇名为《四川为什么糟到这个地步?》的文章，发表在7月13日的《努力周报》第12期上。她开篇即写道："四川的'糟'，就是写一百页也写不完。简单说来，现在四川的社会，只有两个阶级，一个是吃人的，一个是被人所吃的。吃人的又分为大嚼大吃的，和小嚼小吃的两等……"，进而陈衡哲分析导致四川政局混乱、民不聊生的原因，"第一个重要原因，是政界——等于军界，因为四川此时除了军事，没有别的政事。""到了四川之后，才知道'政府不尽职'的几个字，还是极文明社会上的产品。因为四川不但没有能尽职的政府，并且没有政府——只有无数的强盗窝。他们所管的事，不是市政、路政、教育、实业等等，这些都是几个书呆子的梦话。他们所管理的，是分派赃物，安置私党，联络声气，以及一切鱼肉人民以自肥的事业。"同时，陈衡哲也认为商界和学界没有联合，四川老百姓生活困苦，兵匪横行，社会动荡等，也是导致四川如此不堪的原因。陈衡哲于6月27日写完这篇文章，28日给胡适写了一封信，在信中说，她要把文章分寄四川的"Robber – Barons"，所以要胡适"千万要把他登出"，并且让胡适将这一期刊登她文章的《努力周报》寄50份来四川。"老实说来四川实在是中国的一个大问题，我深信我这篇东西颇有一点价值，只不知道《努力》的读者以为如何?"陈衡哲力图将新的变革思想尽可能地扩散，并能达到实际的效果。6 月 28 日，她提到她与任鸿隽时常外出讲演，"我到此后常常出外演说，我的唯一目的是叫四川人憎恶军人，和立志驱逐军人，只不知道可有一粒子落在肥土上否"。① 10 月 3 日，陈衡哲在写给胡适的信中说:"我现在做的事是（一）编西洋史大纲。（二）为川中的青年制造一点反军阀的心理（演说、文章或在言论社交之间）。此事在四川为之真如逆水行舟，甚为费力，然颇有可慰的效果。（三）做点文艺小品自遣。"② 然而，实际上，任鸿隽、陈衡哲"想创造点事业出来做"的愿望却因现实掣肘因素太多而未能如愿。1922 年 11 月，陈衡哲夫妇带着失望离开四川。

1923 年，胡适邀请陈衡哲加入努力社，4 月 5 日，陈衡哲写信给胡适:"你们把我邀入努力社，我很感谢你们的厚意，但我对于政治上恐不能努力，这一层大约你们也不曾希望我的。我所能努力的，是借了文艺思想来尽我改造社会心理的一份责任。"③ 这是陈衡哲作为现代知识女性的身份定位与价值追求，她以积极的姿态通过文化救国的方式担当起自身的建设使命。陈衡哲曾经辨析过一个人为社会与国家服务时所用的两种态度，一种是做官的态度，另一种是做事的态度，做官的态度即是占有动机的表现;而做事的态度，也即是创造动机的表现。"因此，我们不但希望，一切有创造天才的人，都能摒弃虚荣，为做事而努力;而且还希望，社会的意识能进步到一个地步，使一个平凡的人，也能为做事而努力。这样，不但无

---

① 参见《胡适遗稿及秘藏书信36》，耿云志主编，黄山书社 1994 年版，第 54—63 页。
② 同上书，第 70 页。
③ 中国社会科学院近代史研究所中华民国史组编:《胡适来往书信选》上册，中华书局 1979 年版，第 193 页。

禄位之人将不愿持做官的态度来治事，而且做官的人也将不愿把'官'看得比他的职务更为重要了。必待到了这个地步，一个社会方能向着光明处发展，一个国家也方能向着建设的大道上进行。"① 陈衡哲有着以救国为己任的责任感和使命感，并且她选择用致力于"做事"、创造和贡献的态度来践行她的责任和使命。20 世纪前期是一个摧毁破坏多于保存建设的时代，陈衡哲却始终以建设的态度来实现她的社会理想。"对于那中外男女前辈用血汗脑汁为我们争来的一点福利，我们有什么权利去把它们轻轻的浪费，以断绝后来妇女们前进的路？我们对于已往和将来的女界，没有一个传授火炬的责任吗？"② 她以一个传授火炬的责任心为社会的改造，为文明的重建，积极地努力。她说："我们的工作比如是救火，而一个无权无力的小百姓如我者，又哪里能得到什么良好的救火工具呢？我所有的只是一个小小的水勺子；但我不灰心，我仍旧一勺一勺的从塘里舀出水来向着那火焰浇去。我希望凡是社会上关心儿童康健与民族前途的人士们，也都能用他们的小勺子来给我们加添一点水；一勺子的水虽然没有用，千千万万小勺子所含容的水量却尽够我们去浇灭一个大火了。何况那许多握有救火工具的朋友们，他们对于救火的工作，一定也是抱着同样的，或是更大的热忱的。所以我们现在的最大希望，是应该在他们的加入这个工作上，而不在我的这个小勺子的忽然变为一个五石瓢上！"③ 铺路造桥的开创工作和文化建设的积累工作，都是"一点一滴"的努力，虽然难以收一时之功效，但是终归有一天会有所成，这种愚公移山式的建设精神，在战乱不断

---

① 陈衡哲：《做官与做事》，《衡哲散文集》，河北教育出版社 1994 年版，第 57 页。
② 陈衡哲：《复古与独裁势力下妇女的立场》，《衡哲散文集》，河北教育出版社 1994 年版，第 73 页。
③ 陈衡哲：《调查小学儿童健康的结果》，《衡哲散文集》，河北教育出版社 1994 年版，第 187—188 页。

的年代，足实难能可贵。对此，胡适有着同样的信仰，"文明不是笼统造成的，是一点一滴的造成的。进化不是一晚上笼统进化的，是一点一滴的进化的。现今的人爱谈'解放与改造'，须知解放不是笼统解放，改造也不是笼统改造。解放是这个那个制度的解放，这种那种思想的解放，这个那个人的解放，是一点一滴的解放。改造是这个那个制度的改造，这种那种思想的改造，这个那个人的改造，是一点一滴的改造"。① 这种"一点一滴的改造"已成为胡适"个人的宗教"，也是以胡适、陈衡哲为代表的文化学者们"共同的信仰"。这个对"将来"的信仰，始终激励着他们在文化建设领域播种耕耘。

陈衡哲的建设观还表现在她对种种社会和文化问题的认识及解决方案上。如对妇女问题、鸦片公卖、教育问题、自由婚姻、儿童健康、清华大学与国耻等当时的社会热点问题的思考及建设性建议。1932 年，针对政府公卖鸦片以挽救财政之举，陈衡哲持坚决反对态度。"我们对此殊有其不胜危疑之处。我们以为救国当从大处远处着眼。财政破产固然当救，人才破产不更当救吗？丧权失地固是亡国之兆，民族衰弱不更是亡国之兆吗？土匪蔓延当剿，毒药蔓延不更当剿吗？最根本者，宜莫如教育的破产，然尚不若全民族之身体与道德的大崩溃之更为根本。总而言之，无论外祸内患，天灾民穷，较之民族生活力的破产与衰亡，尚有标本之不同。……故我们以为鸦片该不该公卖，是一个问题，鸦片及其他毒品该不该无条件的禁止，又是一个问题。……我所欲言者，乃是鸦片及其他毒品，应该无条件的禁绝——禁种，禁吸，不但禁卖——盖鸦片及其他毒品毁灭人种的力量，较之其他一切尤为深刻，尤为彻底。……这个意思，国

---

① 欧阳哲生编：《新思潮的意义》，《胡适文集》(2)，北京大学出版社 1998 年版，第 558 页。

府诸公，岂不知之。特不知政府诸公有去恶务尽之决心否？对于这些从根本上毁灭我中华民族的毒品，有无条件禁绝的决心否？有牺牲眼前的一切——即使被牺牲者，为军事，为财政，为人情——而为我民族的生活力留一点余地的决心否？语曰'毒蛇鳌手，壮士断腕'，国府诸公不趁此时断腕，还待何时？"[①] 如此深谋远虑，鞭辟入里的论述，如此诚挚恳切的质询请求，展露出陈衡哲深切的忧国之心。

陈衡哲对国难与抗战的认识，同样展现她的"建设"理念。1937 年 12 月，陈衡哲撰写了《国难所奠定的复兴基石》，就在战争中寻找到了建设与复兴的希望，表现出一种超出"现在"与"此地"的更高更远的眼光。她认为抗战是一种手段，假若没有民族复兴的希望在，那么抗战也失却其意义，必待有了民族复兴的目标，才能显出它的重要与伟大。抗战胜利与否只会加速或推迟民族的复兴，但却不会阻止民族复兴的进行，抗战犹如水流，而复兴乃是行舟。暴敌侵寇与抗战的暂时失利只是逆流危湍，会使人民更加团结努力，而复兴的基石也将更加坚固，因此抗战无论胜利或是暂时失利，都是有益的，只要能紧紧抓住民族必定复兴的信条。同时，她指出了国难时期已然出现的几块复兴基石。一是中华民国的统一，她期望抗战能帮助中国从一个分裂支离的军阀封建社会中，超升成为一个现代化的统一国家。二是民食民用自给的机会，借助于经济封锁的困局来实现民族经济的自主自立。三是民族返老还童的实现，让古老民族能够在壮怀激烈的奋战中实现民族精神的奋发。四是民族在人格上的火洗礼。认为国人经过抗战的磨砺，民族人格将会达到一个火炼真金、浴火重生的境地，从而使人们认识到"一个坚贞人格在救亡上的力量，比了坚甲利兵还

---

① 陈衡哲：《论鸦片公卖》，《衡哲散文集》，河北教育出版社 1994 年版，第 30 页。

要伟大"。① 陈衡哲将深重残酷的民族灾难，视为"天之将降大任"的一种试验，"多难兴邦"一个哲理的实现，从而能够超越战争带来的痛苦，失利带来的恐惧，以一种更为理智成熟的心境来面对民族危局，"我们在最后方的民众，虽然不能上阵杀贼，下阵运筹；但假使我们能时时刻刻注意到这些新出现的复兴基石，把它们一块一块的雕琢起来，一块一块的树立起来，静静的，悄悄的，在无人注意的山隅海涯间，独自的或协力的工作着，那么，我们也可以算是尽到中华人民的一个重要天职了，也就对得起那些正在浴血抵抗的忠勇战士们了"。②

在陈衡哲看来，将精力倾注到民族复兴的建设工作上，同样是担负起了救国的责任。她从自身经验出发，指出对智识界女性而言，救国工作中的最切要处是为中华民族保留一点元气，其中，救济儿童更是女性们的专职。陈衡哲希望智识界女性不仅能够自食其力，自己缝纫、烹调、养鸡种菜，满足最低限度的养生所需，而且，对于孩子，也要教导他们学习一点这种人生的基本职务。同时，需要改良环境，教农夫怎样增加收获，农妇怎样清洁茅屋等农村事业，知识妇女们在农村大有可为之处，还在于可以提倡各种各类的小型工业。"一方面既可以改良农村的窳朽手工业，使农人的收入增加；一方面又可以供给自己及家庭的日常需要，俾都市的产品也可以在农村中得到；而最重要的一方面，还可以为国家改进工业，增加富力，为他日的建设做一个预备。"③ 在这里，陈衡哲对于战时知识女性的责任，做了详尽的规划。当然，不管这一规划是否可行，但这种勇于担当的责任感，却是真实诚恳的。

---

① 陈衡哲：《国难所奠定的复兴基石》，《衡哲散文集》，河北教育出版社 1994 年版，第 61 页。
② 同上书，第 63 页。
③ 同上书，第 167—168 页。

陈衡哲的"建设"情结，旨在文化的承续与民族的复兴。作为过渡时代的人，陈衡哲清醒地认识到这个过渡时代的生命，是一个漫长的过程，需要几代人的辛勤与努力。所以，陈衡哲认为既要渡过那河岸，"复兴这个古堡的伟大事业"，首要的即是摒弃懒惰、自私的人生观，否则即使能凭了一个桥，平平易易地渡到了那岸去，也没有什么意义。"离开了一个古堡，走近了一个新堡，而坐在它们的底下却是一样，请问又何必多此一举？……总而言之，若使一个人的人生观不改良，若使他的人格已经腐败，那么，在此岸与在那岸实没有什么分别。所以我们若果真要到那岸去，必须先有一个造桥的勇气及信心，即使我们已经无需自己造桥。这个信心及勇气，即是我上面所说的第二种人生观，那个进取的，负责任的人生观，那个不为一己谋福利，而唯真理与社会的幸福是求的人生观。"① 这一振聋发聩的声音，展现了陈衡哲深层的忧患意识和济世情怀。

---

① 陈衡哲：《说过渡时代——为〈大公报〉三十周年纪念专刊作》，《衡哲散文集》，河北教育出版社1994年版，第40页。

第二章 《西洋史》：学者生涯的立业之作

　　陈衡哲是我国世界史研究领域的第一位女教授。1920 年她从美国专修西洋史归国后，先后在国内多所知名高校教授西洋史，同时编纂了一系列有影响的史学方面的著作，包括商务印书馆 1924 年、1926 年出版的作为"新学制高级中学教科书"的《西洋史》上下册、1926 年出版的《文艺复兴小史》、1930 年出版的《欧洲文艺复兴史》等，为中国世界史教学和研究领域起了开创之功。

第一节　"教科书"与"普遍读物"

　　1920 年，陈衡哲学成归国。在胡适的举荐下，陈衡哲被北京大学校长蔡元培聘任为历史系教授。1920 年 9 月 11 日，是北京大学新学期开学的日子。陈衡哲在这学期主要讲授西洋史、戏剧两门课程（图 2 - 1、图 2 - 2）。初为人师的陈衡哲兴致勃勃，对于上课，陈衡哲并没有新教师刚上讲台的那种紧张。10 月 9 日，她在给胡适的信中说："我近来稍微安

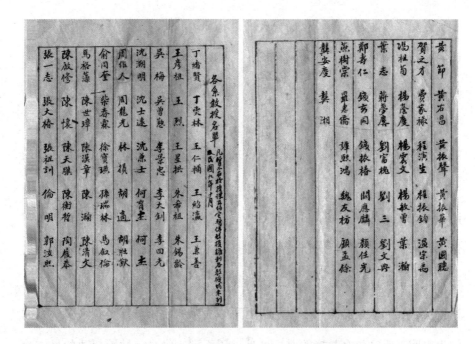

图 2-1 民国九年十月北京大学各系教授名单

（资料来自北京大学档案馆，档案号：BD1992002）

7, 英文學系 —15—

課程	學分	教員
英文學（一）a.文	3	楊蔭慶
b.戲劇	3	柯勞文（Clark）
英文學（二）a.文	3	
b.戲劇	3	陳衡哲女士
英文學（三）a.文	3	柯勞文（Clark）
b.戲劇	2	
英文學（四）詩（一二三年皆可選讀）	3	胡適
英國文學史	2	柯勞文（Clark）
英文作文一（第一年）	1	楊蔭慶
英文作文二（第二年）	1	
英文作文三（時事論文）	1	柯勞文（Clark）
英文演說	2	楊蔭慶
英文辯論（以曾習演說者爲限）	2	柯勞文（Clark）
英國史	3	文納（Werner）
美國史	3	杜威女士（Miss Dewey）
歐洲古代文藝史	3	杜威女士（Miss Dewey）
歐洲文學史（近世）	3	

11. 史學系 —19—

課程	學分	教員
中國中古史	4	陳漢章
中國近世史 甲	4	陳漢章
乙	4	楊棟林
西周史（研究科目）	2	陳漢章
戰國史（研究科目）	2	朱希祖
秦史（研究科目）		馬叙倫
歐亞交通史	2	陳衡哲
西洋中古史（英文）	3	何炳松
西洋近世史	2	趙文銳
西洋近百年史（預科）	2	何炳松
歐洲社會變遷史	2	楊棟林
日本近世史	一	宗孟
印度古代史	2	潤
政治史	3	（與政治系合班）
經濟史	3	（與經濟系合班）
外交史	3	（與政治系合班）
中國法制史	3	郭承勳
中國經濟史	2	徐寶璜
中國文學史		（與中國文系合班）
中國美術史		葉瀚
中國史學概論	2	朱希祖
新史學（英文）	2	何炳松
唯物史觀	2	李大釗
金石學	2	馬衡
人類學及人種學		陳映璜

图 2-2 陈衡哲北大任教课程

心了,功课也渐有头绪。我最喜欢的是 drama(戏剧),预科也很有趣味,他们的年纪还轻,脑子还很 receptive,我现在很想 inspire 他们一点求学问的精神,实在不专限在教历史。研究课只上了一次,还不能下什么判语。不过他们大都是老先生了(有的恐怕连儿媳也有了),教室中的空气不大能够 balance。据我看来,他们大概还能做点自助的研究,不过恐怕他们的 idea 已经固定了,别的意思不大能接受罢?但是这也不过是一个 hasty judgement。和你谈谈罢了。"① 在信中,她告诉胡适,对学生的年轻、可塑性强表示赞赏,表示对于所教的功课最喜欢的也是 drama(戏剧)。可见,任教北大伊始,陈衡哲对教学工作以及学生还是充满期待的。而学生们对这位女教授的课也充满兴趣,尤其刚开始上课的时候,甚至有许多外系的学生也跑来听这位女教授的课。可是,还不到一个月,她给胡适的另一封信中表示坚决不教 drama(戏剧),对学生失望透顶。1920 年 11 月 3 日,她给胡适的信中详细叙述了这一经过,并向胡适表达了罢教 drama(戏剧)的决心:

> 我方打算将就些罢,牺牲一点不便也是没法的事。不意今天遇见了两样事,是我定了一个决心。那两样事是:
>
> (一)我因为第一院没有好好休息处,又不及回家吃饭,所以到第三院去吃了一碗面,不意吃到了两三个大苍蝇!可是我已经吃了半碗了。以后自然只有挨饿。
>
> (二)今天上 drama 课的时候,问学生读了上次的 assignment 吗?六七十个人中间只有四五个人举手,这是已经第三次如此了。我想在

---

① 参见耿云志主编《胡适遗稿及秘藏书信 36》,黄山书社 1994 年版,第 15—17 页。

课堂上和他们议论议论剧中的意思，但是他们一定不肯先读我还能做

什么事呢？

我近来对于休息一事，觉得十分重要——看了你的病，更加使我

自警——但是总是劝自己牺牲些罢。但是现在什么样？第一件事还可

以勉强，若是时间果能改好，就更不成问题了。第二件事却不能勉

强。我觉得实在犯不着为着那班怠惰的学生，牺牲我应得的休息。所

以我现在决计不教 drama 了！但是我也不愿使你为难——我使你为难

的地方已经不少了。我有两个办法：（一）我总须待把易卜生教完了

再□□。（还有两个星期）这两个星期中，请你助我找一个替人。我想

我们既然不必找什么认真教书的好教习，难道在北大全校中找不到一

个人吗？（二）万一果然找不到替人，我就说因为身体不好，要少教

三点钟。让他们去把我降做"讲师"也没有什么大不了。

这是我的决心，大约未必有什么改变的了。我很惭愧，（一）在

你的病中，这样和你烦心。（二）你为了我教书的事受了很多为难。

我反现在又使你为难。但是我若是让学生们那样怠惰，让我自己和他

们敷衍，我不但对不住我自己的良知，并且又如何对得起你呢？我想

我竟因为他们怠惰所以不教书，或者可以唤醒他们一些自觉心。这也

不纯是无益的事。

我也不再说抱歉的话了，但是希望你对于这件事和我表些同情，

并原谅我的决心。（注：1920 年 11 月 3 日写的信）。①

胡适收到信后十分着急，虽然他在病中，但还是写了一封长信规劝陈

---

① 参见耿云志主编《胡适遗稿及秘藏书信 36》，黄山书社 1994 年版，第 20—27 页。

衡哲谨慎行事，不要贸然辞职，因为牵涉到方方面面太多了。胡适还从朋友的角度委婉地批评陈衡哲过于性急，并劝她此后应该尽量改一改性急的毛病。其实陈衡哲想辞掉戏剧课除了学生不肯提前预习，还有一个原因是她怀孕了。当时陈衡哲已经30岁了，上课太多比较辛苦。为了身体，她只好出此下策。胡适得知内情后，表示理解并同意陈衡哲的要求。不过，虽然辞掉了戏剧课，她仍然在教西洋史。这是她的专业，所以西洋史的课对她来说并不难。她注意灵活的教学方法，注重引导学生，往往是列出问题，要求学生去查找材料。由于在上课、查资料过程中能够学到知识，开阔视野，学生也能跟得上老师的步骤，因而学生从开始的不习惯到后来喜欢听她的课了。不过陈衡哲在北大上课的时间并不长。因为随着妊娠反应的加剧和身体越来越笨重，她的行动也日益不便，到最后只好向校方请假在家休养待产。这也让她颇感惭愧，因为这次不能上课完全与学生们的不肯读书无关了，纯粹是自己身体的原因。后来胡适曾在日记中写道："莎菲因孕后不能上课，他很觉得羞愧，产后曾作一诗，辞意甚哀。莎菲婚后不久即以孕辍学，确使许多人失望。此后推荐女子入大学教书，自更困难了。当时我也怕此一层，故我赠他们的贺联为'无后为大，著书最佳'八个字。但此事自是天然的一种缺陷，愧悔是无益的。"[①]

1921年7月24日，陈衡哲生下了一个女儿，小名荷儿，学名任以都。[②] 由于春季学期的学潮耽误了三四个月的课程，所以1921年北大秋季开学之前，先补了一个月的课，到10月11日才正式开学。开学后，陈衡

---

① 参见《胡适日记全编3（1919—1922）》，曹伯言整理，安徽教育出版社2001年版，第464—465页。

② 任以都（1921— ）毕业于美国瓦沙大学，20世纪50年代获美国哈佛大学历史学博士学位，曾首次把中国明代科技名著《天工开物》译成英文，后来成为宾夕法尼亚州立大学第一位华人女性终身教授。

哲由于女儿太小，仍然不能去上课，她为此颇感不安。在从事历史课程的教学过程中，陈衡哲深感"中文参考书籍的缺乏"，① 打算"先用独力编一部《西洋史大纲》，作为基础；然后再借教书及自己研究的机会，去续编以下几种书——有的独力可成，有的非合作不行——《西洋文明史》，《西洋近代史》，《欧亚交通史》及《白种人势力扩张史》"。② 于是陈衡哲一边在家带孩子，一边开始搜集材料，准备着手编辑《西洋史大纲》。过了几个月，到年底的时候，眼见到校上课仍然难以实现，她干脆辞掉北大的教职，在家专心编书。

恰在此时，上海商务印书馆的编辑所所长王云五特地前来向陈衡哲约稿。③ 王云五"以编辑高级中学用的《西洋史》教科书相嘱"，也即是要求按照新学制的标准，为高级中学学生编写西洋历史教科书。20 世纪 20 年代，学习西方教育热潮渐长。欧美国家的教育思潮（支持个性解放的自由主义教育）完全取代了清末的日本教育思潮（强调服从和忠诚的教育）成为影响国内教育思潮的主流，1922 年，北洋政府颁布的壬戌学制便是这一主流的重要标志。壬戌学制的指导思想为民主共和、科学，并且是以美国学制为蓝本，又叫"六·三·三学制"，即小学六年，初中三年，高中三年；中学时期实行选课制和分科制。这一学制突出的特点是意识到个人身心发展的阶段性需要，逐步适应当时中国社会的实际状况。为适应学制的变革，北洋政府对历史课程也做了调整。壬戌学制颁布后不久，政府颁

---

① 陈衡哲：《西洋史》中国大百科全书出版社 2011 年版，第 6 页。
② 同上。
③ 王云五（1888—1979），名鸿桢、字日祥，出生于上海，现代出版家、商务印书馆总经理。坚持以"教育普及、学术独立"为出版方针。王云五改革商务印书馆的机构组织，出版《百科小丛书》《万有文库》《中国文化史丛书》《大学丛书》等大型丛书，编写出版大量的古典、中外名著和教科书辞典等，2013 年，《王云五全集》出版。

布了《初级中学历史课程纲要》，明确规定教授历史的目的是"研究人类生活状况之变迁，以培养学生适应环境、制御天然的能力"。为了使学生了解全世界人民的生活发展演进情况，"打破关于朝代国界的狭隘观念起见，初中历史编制宜取混合主义，以全世界为纲"，对中国史进行详细的叙述，"使学生对于本国历史，得因比较而益审其在世界史中之地位，似较分授之制为善"。^① 另外政府还颁布了《高级中学公共必修的文化史学纲要》，规定："文化起于人心与自然的环境社会的环境之互感，其功力则出于观念之实现与开展。""世界文化资料，可分为五类，研究之途径有四。"概括为"生活一体"。另外，强调："本学程以说明世界文化之性质及现代文化问题为主旨"，"以领会现代为归宿"。^② 所以课程编排的原则是"宜用重要潮流，统率史事"。^③ 高中历史教科书的文化史内容使用中外合编专史呈现，并且鼓励加大对文化演进内容的编排。壬戌学制规定："初小设立包括公民、史、地、德社会课；高小设立独立的历史课。"初高中曾实行学分制，后改为学时制，均设立独立的历史课。"从此有了高中的中国历史和世界历史课本。"

此时，陈衡哲应商务印书馆邀约撰写外国史教科书，^④ 是新学制指导下的中学历史教科书的代表作，在当时也是影响最大的外国史教科书。虽然商务印书馆需要的教科书与陈衡哲想编辑的《西洋史大纲》有些类似，但一开始陈衡哲并未答应。一来她觉得教科书的范围过于狭窄，对她的编

---

① 课程教材研究所：《初级中学历史暂行课程标准》，参见课程教材研究所编《20世纪中国中小学课程标准·教学大纲篇：历史卷》，人民教育出版社2001年版，第21页。

② 同上书，第30页。

③ 同上。

④ 最初定名为《新学制高中西洋史》，后名为《西洋史》，有多个版本，内容基本相同，只是体例稍有改动。

辑范围有所局限，二来教科书也有出版期限的限制，而自己光收集材料至少也需要三四年，肯定不能按期交稿。后来王云五了解到陈衡哲的顾虑，答应在格式和内容的选择上可以通融，陈衡哲可以按照自己的编辑思路来编写这本书，而陈衡哲也意识到教科书对于教育的重要性，所以才把这件事应承了下来。①

陈衡哲在《西洋史》的序言中，开门见山地指出她之所以编写《西洋史》，主要是"因为近年来读史的结果，深悟到战争是一件反文化的事。但同时，我又信战争是一件可以避免的事。避免的方法虽不止一端，然揭穿武人政客的黑幕，揭穿他们愚弄人民的黑幕，却是重要方法中的一个。运用这个方法的工具，当以历史为最有功效了。我们研究西洋历史的人，对于这一件事业，尤觉得负有重大的责任；因为我们至少应该使人们知道，国际的混乱状态，不但不是西洋文明的精神，并且是他的一个大缺点。但是把这个状态当做西洋文明的要素的，正大有人在。我们眼见西洋历史受这个委屈，真不能袖手不管了，真不能不起来尽一点解释的责任了"。第二个动机，"是我三年前在北京大学教授《西洋史》时所得到的。我是最反对注入式教育的一个人。在史学界中，这个方法尤为有害无益。所以我曾特别注意学生自己搜求材料，作为辅助或是证明我的演讲之用。但这个努力的结果不过使我感到中文参考书籍的缺乏。于是我便决意辞去教职，专门编书"。②

在民国时期出版的历史教科书中，陈衡哲著述的《西洋史》教科书是一部特色鲜明、个性突出的教材。全书分上下两册，上册为上古史、中古

---

① 陈衡哲：《西洋史》，中国大百科全书出版社 2011 年版，第 6 页。
② 同上书，第 5—6 页。

史。上古史起于先史时代，终于第五世纪，西罗马帝国的灭亡。中古史上承上古史，下逮13世纪末的文艺复兴。下册为近代史，起于文艺复兴，终于1914年的欧洲大战。书中图文并茂，有精致的地图，自制的图表，用以辅助说明文字，使读者能在纷繁的事件中梳理出清晰的历史演进趋势。胡适对此书做出了高度的评价与赞扬："陈衡哲女士的《西洋史》是一部带有创作的野心的著作。在史料方面她不能不依赖西洋史家的供给。但在叙述与解释方面，她确然做了一番精心结构的工夫。这部书可以说是中国治西史的学者给中国读者精心著述的第一部《西洋史》。在这一方面说，此书也是一部开山的作品。"① 事实上，《西洋史》出版后销路一直很好。短短三年内即重印六版，后来又加印，共印制九版。当时的青年学子，均以求得一套《西洋史》为荣，影响之巨可见一斑。抗战时期的西南联合大学师范学院（院长黄子坚）曾对民国以来编写出版的西洋史或外国史中学教科书进行过一次调查和对比研究（由蔡维藩先生负责）。研究的结论是："还是商务复兴教科书，陈衡哲的《西洋史》上下册最好，是消化以后的创作，不是拿英文教科书片段的翻译。"我国当代著名史学家杨冀骧先生在论及在我国早期世界史教科书编写上做出突出贡献者时，也是首推陈衡哲。他说："20世纪初，梁启超等人写过关于世界史的介绍性文章，但不系统。要使更多的人了解世界各国历史，必须有较好的系统性教科书。陈衡哲《西洋史》是流传广、影响大的教科书……这是中国学者编写的第一部西洋通史，陈衡哲是近现代第一位女历史学家，也是第一位在世界史方面有成就的历史学家。"何兆武先生对陈衡哲本人及其《西洋史》也褒奖

---

① 胡适：《介绍几部新出的史学书》，《胡适文集10》，欧阳哲生编，北京大学出版社2013年版，第701页。

有加。他说："陈先生似乎一直是以'女作家'而不是以'女学者'的声名为当世所知的。其实陈先生是一位专业历史学家，20 年代即任北京大学的西洋史教授，是北京大学第一位（或至少是北大历史系第一位）女教授，曾为商务印书馆撰有新学制高级中学教科书《西洋史》上下两册，风行一时。此书现在看来，自然不免浅薄，但内容浅显、文笔清通、叙事清楚，在当时是一部优秀的教科书，尤其在政治上没有任何意识形态的说教，是颇为难得的。"① 当代学人评论说："在民国学校历史教育发展史上，陈衡哲绝对是一个不应该被忽视的人。不仅仅因为她是惟一的一位为中学生编写历史教科书的女性作者，其实更为重要的还在于她著述的《西洋史》有鲜明的特色。""可以说，在民国时期出版的历史教科书中，陈衡哲著述的《西洋史》教科书是一部特色鲜明、个性突出的历史教科书。"②

尽管诸多学者论定《西洋史》为历史教材。然而，陈衡哲对书的读者预期却不仅仅是作为教材，还期望能作为"普及读物"，她说："本书虽为高级中学教科书，但著者的目的，兼在以西洋历史的常识，供给一般人士，故并未为教科书的体例所限，亦未尝以其为教科书之故，置入一点不曾消化的意见。"③"因此，凡是账目式的胪举事实，或是献典式的颂扬战绩，本书一概屏弃。即于人名地名，本书亦力求少用，俾免枉费学生的脑力。"④ 作为商务印书馆普及读本的一种，它突破了近现代中国学人惯常使用的"以西洋人眼光看西洋史"的视角，而是"以中国人眼光看西洋史"的视角，成为当时中国年轻人瞭望世界的一个窗口。

① 参见闵凡祥《陈衡哲的史学思想》，《史学理论与史学史学刊》2007 年第 00 期。
② 何成刚、张安利：《一部"带有创作的野心的"历史教科书——陈衡哲著述〈西洋史〉教科书特色述评》，《中学历史教学参考》2004 年第 11 期。
③ 陈衡哲：《西洋史》，中国大百科全书出版社 2011 年版，第 8 页。
④ 同上书，第 9 页。

第二节　陈衡哲世界历史观概述

陈衡哲在《西洋史》一书中，展露出独特的世界历史观念。其中，最为核心的是反对战争，主张世界和平为基础，强调文化是世界历史的重要内容，文化的胜利比战争的胜利更永久，科学的发达与文化的交流是历史发展的重要推动力，并认为各国的政治和社会发展道路是多元性的。

第一，陈衡哲把"文化作为历史的骨髓"，认为"凡是助进文化，或是妨害文化的重大事迹和势力，都有历史的价值"。[①] 文化的内容在《西洋史》中占有特别突出的地位。陈衡哲没有把政权更迭、武力征伐作为叙述的重点，而是着重梳理欧美历史中的文化脉络。《西洋史》全书20章，有6章专论文化，约占三分之一篇幅。尤其是上古史，6章中有4章记述文化历史，占了三分之二的比重，可见陈衡哲对文化的重视。作者不仅在单列的章节中论述文化，如第六版对章节目次进行了规模较大的调整，第五版中的"埃及""两河流域及其西邻""希腊"和"罗马"，在第六版中变成了"埃及古文化""西亚古文化""希腊古文化"和"罗马古文化"。而且，在书中处处可见文化的踪迹。如陈衡哲从文化角度解构统治者的武力战功，"政治上的希腊虽使我们失望，然文化上的希腊却是历史上的一个彗星，我们除了崇拜和赞美之外，实在没有别的话可说"，"亚历山大战胜波斯之后，希腊在世界文化史上的位置，又受了一个大变化。此时他已不是希腊人的希腊，已经成为世界人的希腊了。亚历山大的十万刀兵，却比

---

① 陈衡哲：《西洋史》，中国大百科全书出版社2011年版，第12页。

不上小小的二十四个希腊字母。兵亡刃销之后，而希腊的字母不但巍然独存，并且已经成为上古世界的普通语了。所以亚历山大东征的结果，虽是东西文化的相互吸引，而因为希腊文字优胜之故，所有上古各种文化的遗产，此时也就都归了希腊人的看管"。① 书中最能表现武力与文化关系的，莫过于展示土著部落和游牧部落关系的一张圆形示意图，游牧部落通常会先通过武力取胜，土著部落虽然战败被征服，但会在文化方面后来居上，形成新的土著文化，新土著又与新的外来游牧民族发生斗争，如此循环往复。陈衡哲又从西罗马帝国灭亡后意大利衰弱致使其不断受到异族蹂躏，但意大利文化却为近代文艺复兴奠定了不朽功绩的史实，得出"武力的胜利在一时，文化的胜利在永久"② 的结论。

陈衡哲反对战争，主张建设一个和平的世界。她认为文化兴衰是各国历史变迁的重要表现，在一个民族或国家的兴衰中，文化的力量远远大于武力的力量。这从陈衡哲对武力与文化之间关系的论述中得到了体现。她从上古史中总结出一个"埃及模式"：埃及文化在金字塔时期进入了黄金时代，可谓"外无侵寇，内无争乱"，王国在建筑、商务等方面都获得了巨大发展。但后来海克萨人（现译喜克索斯人）"把埃及占据了。后来又来了些希伯来人，他们帮着海克萨人来收埃及的税，管埃及人的民事。这两族人民一来，竟把好好的一个埃及国逼为一个尚武之国了……埃及人居然靠了武力，把异族赶了出去。但不幸就此动了征伐外族的念头"。而武力扩张最终导致了埃及的衰落。简单地说，"埃及模式"遵循了这样一个轨迹：文化繁荣—外族入侵—被入侵民族变得尚武—走向侵略扩张—文化

---

① 陈衡哲：《西洋史》，中国大百科全书出版社 2011 年版，第 68、81 页。
② 同上书，第 205 页。

衰落。这个模式除了适用于埃及，还可适用于西亚的亚述人和近代的日本人。此外，在论及古罗马文化时，陈衡哲用几乎全部的罗马历史论证了一个观点：破坏共和和葬送帝国的"乃是罗马自己的武功，和那个武功所产生的效果"。

陈衡哲在《西洋史》中，淡化战争过程，摒弃账目式的列举事实，或是献典式的颂扬战绩。她注重的有两个方面，"一为说明各种史迹的背景，一为史迹的因果及彼此的相互影响"。[①] 例如在谈英法百年战争时，作者说"历史上的公例，凡是有两个权力，同时或先前紧随生长发达，他们就免不了要发生冲突和战争。小至雅典和斯巴达城邦之争，大至希腊和波斯之战，罗马与加太基之战，罗马教皇与罗马皇帝的争斗，都是最明显的例证"。[②] 进而分析英法两国冲突的原因。并对这 100 年战争的结果进行分析，她说从正面来看，"和凡百的战争一样，除了摧残和毁灭之外，是不能产生什么结果的"。[③] 而从反面看，其意外的几个结果是，英国议会权力的扩大；法国王权的伸长；英国佃奴制度的消灭；英国专制政体的发达；列国间阴诈外交的开始。[④] 富有意味的是，作为世界近代史上的重要事件的百年战争，通史著者往往花费大量笔墨描述漫长的战争过程和其中不计其数的小战役，而陈衡哲却独辟蹊径，在对战争过程描述中讲述了一位"平凡的农民女丫头"贞德的爱国事迹。"正在这个时候，法国忽然出了一位女杰，她便是那个举世知名的若安（Joan d' Arc）。[⑤] 她是法国的一个村

---

① 陈衡哲：《西洋史》，中国大百科全书出版社 2011 年版，第 8、9 页。
② 同上书，第 212 页。
③ 同上书，第 216 页。
④ 同上书，第 216—217 页。
⑤ 若安，即圣女贞德（法语：Jeanne d'Arc 或 Jeanne la Pucelle，1412—1431），是法国的军事家，天主教圣人，被法国人视为民族英雄。在英法百年战争（1337—1453）中她带领法国军队对抗英军的入侵，于 1429 年解奥尔良之围，成为闻名法国的女英雄。

女，平易朴直，本没有什么异人的地位。但她目见法国地方的糜烂，外族的欺凌无已，不觉恻然心伤。她自信上帝曾命令她，叫她把救国的大担子负在仔肩之上。她的至诚终于感动了国人，于是大家跟着她的马首，去解了乌良（Orleans）的围，把英人打败了，又使查理第七正式的接了法国的王位。不幸这位救国的女杰，既遭了敌人的畏恨，又遭了她的同事的嫉妒，后来遂被她的国人卖给英人，死于火刑之下了。但若安虽死，她的精神却不曾死。自此以后，胜利的风便自英国转到了法国。"① 这里叙述巾帼英雄贞德的英勇事迹，宣扬贞德的爱国精神。但同时也揭露出战争的非人道及泯灭人性。

不过，陈衡哲承认武力有时也会起到一些积极作用，但这只是"偶然的"，不足取的。她说："武力是帝国的重要分子。所以帝国的成立是一件反文化的事，但他的结果，却常常能得到些意外的进步。我们须要明白，原动力和意外的结果——又名'副产品'——的关系完全是偶然的。历史上有许多进步，许多文化事业是万恶原动力的意外结果。帝国主义便是一个例。但意外的结果总是意外的，总是靠不住的。"同时，武力虽然可以破坏文化，但不能彻底毁掉文化，文化要素还可以保留下来，因此文化的力量要远大于武力。这是她在《西洋史》中阐发的中心论点之一。陈衡哲以是否推动文化事业和是否导致战争爆发为褒贬人物和事件的尺度。她欣赏亚述王尼布甲尼撒，因为他"武功虽不及亚叙的帝王，然文治之盛，却远非那些专知杀戮的莽君主所能比拟了"。她还赞扬屋大维，因为他一方面消除内乱，为罗马的和平奠定了基础，另外，"文学美术，也饮了和平的甘露，渐渐的发出萌芽来了"。对于埃及的帝国时期，陈衡哲认为在此

---

① 陈衡哲：《西洋史》，中国大百科全书出版社 2011 年版，第 215 页。

扩张时代,"人民的精神为武事所消耗,文化就因此没有什么进步了"。这是对战争是件"反文化的事"的直接论断。

以此作为标杆,陈衡哲对战争的代价认识深入,她在论述"世界上的怪杰"拿破仑时,说道:"拿破仑之以法国革命精神宣传于欧洲各国的真正目的,是很难说的,但我们若知道他对于这个精神所索的代价,便觉得有点不能恭维他了。原来他表现虽打着宣传自由平等的旗帜,而其中却怀着搜刮钱财及强募军队的目的,俾他的黩武事业,可以靠着各国人民的血汗而成功。这个代价是何等重大呵!因此,法国革命的精神虽曾跟着拿破仑的马蹄走遍了欧洲的大半,但这只可以说是他穷兵黩武的旁产品,不是他的至诚目的。但法国的人民,却已深深的受到他的愚弄了。"陈衡哲还指出拿破仑对国内的建设事业,如拿破仑法典的制定、修筑道路及运河、制定中央教育制度、与教皇修好废除无意识的改革、赦免亡命的贵族、创设荣誉军等。但同时,陈衡哲认为,"区区建设事业,又怎抵得过那穷兵黩武的恶影响?况且自从拿破仑正位为皇帝之后,他的专制气焰,也就日大一日,法国人民之初以神人崇拜他者,到此也渐觉得他已不是他们的代表,觉得他已成为他们的压迫者了。于是社会上就不免渐有怨言发生,拿破仑见了这个情形,便一面加紧鞭儿的更加专制起来,一面又饮鸩止渴的更加努力武功,去维持他在国内的威信和地位。这个情形的结果,除了覆亡之外,还有什么别的道路呢?"①

陈衡哲的反战思想,与她生活的时代及其人生经历有很大关系。陈衡哲赴美留学时,正值第一次世界大战爆发。虽然她远离战火,但她还是关注着战争的态势。1916年8月,在东美学生会第12次年会上,陈衡哲参

---

① 陈衡哲:《西洋史》,中国大百科全书出版社2011年版,第333—335页。

加了中文演讲比赛，并获得第二名，当时她演讲的题目就是"平和与争战"。可见，那时的陈衡哲已经开始对战争进行反思了。1920年回国后，国内的动荡局势也使她深受其苦。正如《西洋史》上册的第六版序言中所说："此书的生命和下册一样，都是在枪声炮影中得来的——前者作于内战的四川，后者作于齐卢战争的南京。"① 陈衡哲对于世界和平的向往与主张，使她1933年特地撰写了《亚丹女士小传》《好尔厅的基本工作——亚丹女士的成绩之一》等文介绍社会改良主义者和世界和平主义者，1931年诺贝尔和平奖获得者亚丹女士（Jane Addams，1860—1935）。② 陈衡哲认为亚丹女士"是美国人所公认的第一个女伟人"，并重点提到亚丹女士的社会事业，即1889年在芝加哥发起的好尔厅（Hull House）（现译为赫尔宫协会），"它是她四十余年来，为扫除阶级，国际与种族间的隔膜与不平等而努力的大本营"；"第二个大成绩，是她对于世界和平的运动，而那个运动的具体表记，乃是瑞士日内瓦城的'妇女国际和平与自由联盟'（Women's International League For Peace and Freedom）。和平是人人所能说的，但女士的和平主张却与一般口头禅不同。第一，普通人大抵以战争为人类的天性，是一件积极的事，而和平乃是一个消极的主张。女士的意见却正与此相反。她相信，人类的所以战争乃是由于彼此的猜疑与恐惧，正是一个十分消极的心理状况。欲求这个状况的消灭，必须有一个积极的代替。这即是说，必和平主张有了积极性，方能希望消灭战争。在女士的心目中，这个积极性乃是人类的互通需要，俾一切的生命能得到养育。……第二，她不相信和平是可以用空言获得的，她说'和平不是一句空言，也

---

① 陈衡哲：《西洋史》，中国大百科全书出版社2011年版，六版序，第3页。
② 现译为珍妮·亚当斯。

不是一个抽象的教条',所以必须有人能去实行这个理想,方有成功的希望。第三,她相信,这个以养育人类为基本的和平主张的实行,乃是妇女们的天职与特权"。陈衡哲认为亚丹女士具有"大教主人格""女地神尔达(Erda),相信她是养育、保护与指导这愚蠢人类的慈母之神"。①

《西洋史》一书俯拾皆是的文化叙述让读者深切体会到西洋历史发展的内在精神脉络。陈衡哲十分看重文化发展的巅峰"文艺复兴"这一段历史,称之为"支配欧洲近代的历史"。② 在这一章中,陈衡哲开篇即指出"文艺复兴是欧洲中古和近古的一块大界石,历时数百年之久,延地半欧洲之广"。③ 剖析文艺复兴关联的几件大事:"(一)古学的复兴,(二)方言文学的产生,(三)艺术的复活与兴盛,(四)科学的兴起,(五)智识工具的改良。"④ 并逐一有重点地阐述其重要的实绩。陈衡哲还以表格形式展现文艺复兴在西欧各国产生的特殊结果。她在注释中,特地指出每一种特殊结果在一国产生后,其种子仍又分散到其他各国去。而这"足以证明文化的相互关系,及他在历史上所占的地位"。⑤ 作者在文尾指出,"诗人说得好,'落红不是无情物,化作春泥更护花'。上古的末年,西罗马帝国既遭蛮族的蹂躏,而罗马的文化,却并不曾以此忘其天职,结果是中古末年古文化的大复活。意大利的文艺复兴,又何尝是无情之物呢?他虽受了外来武力的摧残,化为泥土,但他却不曾因此绝了希望。这泥土怀着文化的种子,却跟着他的摧残者,走入了西欧各土,后来便在那里发芽展叶起来,为近代产生一个灿烂的文化。由此可知,武力的胜利在一时,文化的

---

① 陈衡哲:《衡哲散文集》,河北教育出版社 1994 年版,第 289—293 页。
② 陈衡哲:《西洋史》,中国大百科全书出版社 2011 年版,第 203 页。
③ 同上书,第 179 页。
④ 同上书,第 185 页。
⑤ 同上书,第 203—204 页。

胜利在永久，意大利所受的委屈，不过数百年，而他的文化史上功绩，却真是千古不朽的了"。①

重视历史演进中文化内涵的陈衡哲在专章探讨"文艺复兴"之后，还意犹未尽地指出，"文艺复兴是近代欧洲文化史上的一件大事，本书因限于篇幅，所以只能给以一章的地位。现在商务印书馆所编的《百科小丛书》中，有著者的《文艺复兴小史》一书。此书之结构是与本章相同的，但材料却增加了五分之二，所以它对于这件史迹的解释，亦能较为充分详尽。读者若能把它作为一种小参考，似乎也还值得"。② 她在撰写《文艺复兴小史》时谈及写作原因是："因为我今春编纂那本《西洋史》中的文艺复兴章时，曾处处感到不能尽意的苦痛。我曾极力的削足适履，去求减少他的篇幅，但结果仍得到了一个在一万三千字以外的长章；而我对于文艺复兴所欲说的话，却仍是未能尽其什一。"其实，陈衡哲还专门撰写了一系列有关文艺复兴的代表性人物和事迹，如《纪念但丁》《彼脱拉克与文艺复兴》等文章，足见她对于文化艺术的看重。

第二，科学的发达与文化的交流是历史发展的重要推动力，也是推动世界走向文化"一国化"的重要因素。陈衡哲认为"工业革命的最大原因，乃是十八世纪以后科学的发达，及他的应用于工业，所以科学又是十九世纪时一切史迹的中心点，也即是欧史所以世界化的更远更深的原因"。③ 在"科学的发达"的专节中，陈衡哲逐一详细地探讨科学的表征如天文学、数学、物理学、化学、生物学、地质学、医学、电学等的产生及影响，并得出结论，"近代的科学，直接的既已成为一切学问的基础，一

---

① 陈衡哲：《西洋史》，中国大百科全书出版社 2011 年版，第 204—205 页。
② 同上书，第 205 页。
③ 同上书，第 368—369 页。

切进步及人类谋求幸福的工具；间接的又靠了工业革命的势力，成为工业、商务，以及政治、社会，一切事业的原动力。他实是近代文化的中心点。不但如此，他又能不问宗教，不问民族，不问语言，不问天然或地理的限制，但知以真理赐予全世界的人类，所以科学又是一个可贵的国际势力"。① 在陈衡哲看来，"科学"具有跨宗教、跨民族、跨语言和跨国家的特征，是全人类谋求幸福的工具，既能够为各国普遍接受，也是社会发展的"原动力"。"科学"的这些特性，使它成为推动世界各国文化"一国化"的重要力量。"科学一项为能在最近的西洋史上发生重要的影响，因为我们已经看见，凡是近代文化的具体表征，如工业革命及效果，如民主主义，帝国主义等，都是科学兴盛后的结果，——直接或间接的。科学发达的最大影响，在一方面是把欧洲的历史世界化，是使欧洲的文化成为世界的公有品，为近代的文化开一个亘古未有的新形势。"②

陈衡哲在肯定科学推动世界历史进步的同时，她也敏锐地指出科学是一把"双刃剑"，"如此巨大的一个势力，又岂能无弊呢？物竞天择说的流为弱肉强食是一例；工业革命所产生的种种社会问题，又是一例；而因科学发达之故，物质文明的势力，尤能霸占近代西方的文化。物质文明固自有他的贡献，但种种残酷不幸的情势，如最近的战争方法及他的惨绝人寰的结果，却也未尝不是物质文明所赐的祸害。由此可知，一个工具的本身，实没有善恶的可言，免去恶果，而得善果的权力，却是完全操在运用这个工具的心情，脑力，及手腕之内的"。③ "因地球上人类言语风俗的不同，彼此了解的程度，尚在幼稚时代，又因军人政客及资本家的常欲利用

---

① 陈衡哲：《西洋史》，中国大百科全书出版社 2011 年版，第 372—373 页。
② 同上书，第 392 页。
③ 同上书，第 373 页。

及加增各种民族间的新仇旧怨，以为达到一己虚荣心及贸利心的目的，所以在又一方面，社会上靠了科学所得到的种种新组织及新势力，反有时为帝国主义所利用，成为人类互相残杀的最可怖的工具了。"而这种分裂科学的两种相反结果的势力现象，即现代文化的矛盾——帝国主义、国家主义、国际主义三股势力的冲突。国家主义可能导向国际主义的原因，在于若将他的自身"扩大，升高，涤净"，也有可能实现与国际主义合作，使这个近于理想的势力更容易实现。因而，现代文化的一个生死问题在于，国际主义与帝国主义势力的角力及未来胜负。陈衡哲特别指出作为与帝国主义相对抗的势力，国际主义是世界文化的一个最大希望，也是20世纪历史上一件最足荣耀之事，因为国际主义的目的，是在求人类的彼此了解及各国文化的成为世界的共产，它的工具与理想是世界的永久和平。叙述西洋史中的近世史，最容易挑动民族的感情，但陈衡哲是向往国际主义与世界和平的，所以她能充分肯定国家主义的贡献，同时又能平心静气地指出国际和平是人类自救的唯一道路。陈衡哲虽然没有提供一个终极的答案，但她关注并发现了这一历史趋势及重要表征，是极敏锐而有识见的。

除了"科学"之外，陈衡哲认为，文化交流也是实现世界"一国化"以及世界和平的重要手段。在《西洋史》中，文化的交流乃是贯穿全书的重要内容。在该书第一编的结论部分，陈衡哲指出，文化交流推动了上古历史的发展。这种观点渗透到书中的许多章节中。文化交流如何促进文化融合与世界和平？陈衡哲在《西洋史》中对此并未进行具体阐述，尤其是对于中国和西方的文化交流涉及很少。但是，她在主编《中国文化论集》一书中，通篇贯穿了文化交流、影响、渗透、对话关系的论述。如陈衡哲分析了近代中国现代化道路的三个阶段，其中，文化思想意识层面的症

过渡时代的"造桥"者

结，是先进智识者在向西方学习时寻找到中国之所以落后的根本原因。
"每一个思虑精深的中国人都对这样一个事实深信不疑，即：现代西方文
明包含有大量中国文化所缺少、但对于振兴民族必不可少的因素。"① 在陈
衡哲看来，中西文化的碰撞与交流，是互利共赢的，"历史证明，在工业
和艺术方面，欧美国家早已从中国的发明之中获益，而且时间将会证明，
中国有能力在更大的范围内做出更重要的贡献。这些潜在的贡献可能完全
是源自中国本土的，如艺术与文化、哲学与历史等领域的影响与启发，或
来自社会理论与实践领域，如中国对学问与教育的重视，通过全国上下对
士兵职业的蔑视而表现出来的传统的对战争的憎恶等。另外一些潜在的贡
献可能是中西文化融合的结果"。② 文化交流、融会可以创造出一种更先进
的共同文化，这种共同文化即可成为世界化的基础。

第三，在世界历史进程中，全球各国的发展道路是多元化的。《西洋
史》的最后一章《欧洲与世界》，对世界化/全球化前景做了勾勒。陈衡哲
写道："自十九世纪下半叶以后，欧洲历史的重心点，已由欧洲本土渐渐
移向世界，所以我们对于这时期中欧洲历史的注意点，也就侧重在他与世
界关系了。……十九世纪的欧洲历史，便成为世界化，而世界的历史，也
就不得不以欧洲为中心点了……19 世纪欧洲的文化，如民治主义等，也就
无限止地输入世界各国了，这也是助成欧史世界化的又一原因。"③（前面
提到"世界化"的第一原因是"工业革命"，笔者注）。然而，这一世界
化的格局，并不能遮盖全球各国，无大无小，都需要遵循其本国的发展个

① 陈衡哲主编：《中国文化论集》，王宪明、高继美译，福建教育出版社 2009 年版，第
257 页。
② 同上书，第 261 页。
③ 陈衡哲：《西洋史》，中国大百科全书出版社 2011 年版，第 368—369 页。

性与道路。谈到未来发展时，她认为各国应该"以己国对于文化的贡献，视为国家荣誉的标准者，于是他们便能以藏兵毁甲为发达国家个性的第一步骤了。这犹之高尚孤洁之士的不以富贵利禄而以一己的人格来作为生命成败的标准一样。他是在实际上可以成立的一个现象，并不是乌托邦家的梦想"。①

从某一角度来看，陈衡哲所写的欧洲史，不是"地理的欧洲"，而是"文化的欧洲"。② 所以，除了欧洲之外，该书还涉及了西亚、北非地区。按照作者的计划，该书还应包括"欧化"的美洲。由于篇幅所限，这本著作并未包含美洲部分。但是《西洋史》的讨论范围还不仅限于此，书中的许多论述涉及亚洲，并关注小国的发展及魅力。在"地理上的大发见及殖民地的竞争""列强政局的开始""一八四八年后的欧洲""欧洲与世界"等章节，对欧洲小国发展的关注及高度评价，认为北欧三国以及西班牙、葡萄牙、荷兰、比利时、瑞士等都在历史进程中有它们的位置和影响。"这三国（指瑞典、挪威和丹麦，笔者加）在近世欧洲政治上的地位，是很不足轻重的，但他们在文学上的贡献，却可以算是第一等。他们的文学，不但大大地影响了欧洲的思想界及人生观，并且已经越山超海地侵入我们的青年界了。挪威的易卜生（Ibsen），已成为我们的老朋友，不用说了，此外如瑞典的童话大家安得生（Andersen），戏剧家斯得林堡格（Strindberg），挪威戏剧家边生（Bjornson），丹麦的批评家白兰得斯（Brandes），都是不单属于一国一洲的人士，他们是应为全世界所公有的。"③

---

① 陈衡哲：《西洋史》，中国大百科全书出版社 2011 年版，第 393 页。
② 同上书，例言，第 8 页。
③ 同上书，第 364—365 页。

　　尽管各国的国情不同，在西方霸权面前，它们可以选择不同的应对方式和发展道路。对于中国来说，以日本和印度为代表的道路行不通，因为这两条是"歧路"，中国应该"凭着自己的天才"，"去创造一个新道路"。但遗憾的是，在陈衡哲所生活的时代，她看到的是中国"未能另自创出一条新道路"，而是正处于"彷徨"之中。她希望中国走出一条全新的道路，自己创造自己的命运。她认为自己创造自己的命运非常重要，这点在她的一篇寓言散文《运河与扬子江》中有所体现。这篇文章以大运河（命由他人创造）与扬子江（命由自我创造）作譬喻，陈衡哲借扬子江之口说出："你不懂得生命的意义。你的命，成也由人，毁也由人；我的命却是无人能毁的。"由此可见，她认为，日本和印度的道路都是列强强加的，是对外来势力的屈从，这样的命运"毁也由人"。

　　陈衡哲虽然提出了全球文化"一国化"的理想，但是在总结了欧洲及亚洲国家的历史变迁之后，她对亚洲国家的政治及社会发展道路进行了思考。在《西洋史》最后一章，她指出面对帝国主义列强的扩张，亚洲国家发展的三条道路："其一，是效法列强的武备以自救；其二，是因不肯效法而沦为列强的奴属；其三，是凭着自己的天才，另去创造一个新道路。第一类的代表，是日本；第二类的代表，是印度；而彷徨于这两条歧路之间，而又未能另自创出一条新道路者，则有我们的中国。"[1] 这一论述，既是对历史经验的总结，也是对亚洲现状的思考。因为现实是残酷的，19世纪末年欧洲列强瓜分非洲及侵夺亚洲土地的大概情形，非洲土人在列强瓜分他们土地时所受到的痛苦，而亚洲又何尝能避免这一"势力"的侵占？中国只有走出自己的道路，才能真正掌握自己的命运，成为自己的主人。

---

① 陈衡哲：《西洋史》，中国大百科全书出版社 2011 年版，第 385—386 页。

因此，在《西洋史》中，陈衡哲叙述的虽然是以西洋为主的世界史，但是她所思考的却是中国的命运和中国的发展道路。

第三节　"历史"合为时而著

克罗齐说："一切历史都是当代史。"一切历史陈述都不可避免地带有当下意识。陈衡哲编著《西洋史》的一大思想趋向即是与时代脉搏相应和，将现实感慨诉诸历史陈迹，希望最大限度地发挥经世致用功能。因此，《西洋史》不仅限于西洋各国，还体现了整体史的特点，尤其注重和中国的现实相联系。她认为，"我们的研究范围，虽然只以西洋各国为限，但无论那一部分人类的历史，都具有普通和特别的两个性质。特别的性质，是某种人，某国人，所专有的；普通的性质，是人类所共有的。所以我们研究了人类一部分的历史，不但可以了解那一部分的人类，并且可以了解自己的一部分"。[1] 以史为镜，借古鉴今，是陈衡哲研究史学的一大原动力。

撰写《西洋史》时正是军阀混战时期，上册"作于内战的四川"，下册"作于齐卢战争时的南京"，"都在枪声炮影中得来的"[2]，作者对社会局势特别关注。她在 1924 年 11 月 15 日给胡适的信中对时局表达了深深的担忧："我以为中国现在已自 civil war［内战］时代而进入 anarchy［安那其，无政府状态］时代；如不幸，或至沦入巴尔干的地位，为世界各国的

① 陈衡哲：《西洋史》，中国大百科全书出版社 2011 年版，第 11 页。
② 同上书，六版序，第 3 页。

大战场。所以我总觉得前途茫茫,如随盲人瞎马之后,不知要陷入什么深渊里去。我天天编书,但天天觉得所编的稿子,一定要被焚成灰烬,或撕成条子的。我真不能乐观,我眼见虎狼水火的侵犯全国人民而绝不能救助,我觉得惭愧而羞耻。"[①] 在这样的背景下撰写的历史教科书不能不带有反对帝国主义、挽救民族危亡的现实性。作者在序言中明确指出,"战争是一件可以避免的事。避免的方法虽不止一端,然揭穿武人政客的黑幕,揭穿他们愚弄人民的黑幕,却是重要方法的一个。运用这个方法的工具,当以历史为最有功效了"[②]。在下册的结论中她说:"帮助和平之神去打倒战争之神的一件事,实是现代全世界的人士所应负的一个最大的责任。"[③]在一定程度上突破了"欧洲中心论",从受压迫国家、被殖民地的角度思考世界历史,虽然她所写的是欧洲史,但她希望从中得到一种跨越民族和国家界限的普遍规律,这个规律适用于整个世界,中国当然也包含其中。因而,陈衡哲在世界历史趋势与国际格局探讨的重要题中之意即直指当下中国所处的世界大势,通过分析世界形势,来认识中国的问题。由此,在讲到新帝国主义的时候,她是站在中国的角度来看帝国主义,而不是站在欧洲的立场上叙述殖民扩张。

在书中,陈衡哲详细地梳理了地理大发现与殖民之间的关系,对于列强之间的殖民竞争,列强政局的开始做了翔实而清晰的勾勒。她对这一欧洲殖民的暴力历史充满了警惕。在讲到新帝国主义时,陈衡哲提到了中国,她写道:"新帝国主义最大的目标物,即是大宗的原料,投资的机会,及消耗盈余出品的商场,于是我们中国便成为他们最好的目的物了。原来

---

① 《胡适来往书信选》(上),中华书局 1979 年版,第 274 页。
② 陈衡哲:《西洋史》,中国大百科全书出版社 2011 年版,第 5 页。
③ 同上书,第 393 页。

我国的原料是最为丰富的，投资的机会是最为广大的，人民是不但繁庶，而且又是最能消耗'洋货'的，这岂不是列强资本家的乌托邦吗？"① 在谈到伴随地理大发现，葡萄牙、西班牙、法国、英国等疯狂地向外扩张与殖民，而欧洲各国殖民活动的结果是帝国主义的伏根，她指出："国际间的猜忌和竞争，本是欧洲列国成立后的一个普遍现象，但此时在那一群狗的中间，忽然又自天上抛来了一块又肥又大的鲜肉，于是他们便振作精神，大叫大闹起来，彼此的厮杀，就不免更加厉害了。因他们个个想去独占那一块肥肉，所以便产生了我们常听到的帝国主义。他的工具，是明抢暗夺，即是所谓殖民地的竞争；他的牺牲品，是那块肥肉，即是世界上的其余各国——我们中国亦在其内。"② 而在谈到工业革命后，欧洲列国对政权及土地的争夺，在海外殖民地的竞争日益加剧，在对 19 世纪末年欧洲列强瓜分非洲及侵夺亚洲土地的大概情形进行描述之后，她指出："我们看了他，便可以得到下面的几个结语。其一，是这个争夺的结果确曾满足了列强资本家的一部分的欲望。我们但看现在世界上所谓'洋货'的满坑满谷；但看贫弱国家如我国者是怎样的倚赖借贷外债度日及兴业的唯一道路；我们再看一看，列强的资本家是怎样的牺牲弱国，来达到他们贸利的目的的——如私运军火以助我国的内乱之类，——我们便可以明白列强资本家对于帝国主义是怎样的感谢了。"③

民国时期，挽救民族危亡、寻找民族自救道路一直是学者关心的议题。陈衡哲研究西洋历史时，她常联系中国的情况，努力探求救国之道。怎样在世界历史中勾显出中国历史的发展态势，把握时代发展的脉搏，这

① 陈衡哲：《西洋史》，中国大百科全书出版社 2011 年版，第 381 页。
② 同上书，第 271 页。
③ 同上书，第 384 页。

是陈衡哲最为关心的问题。因而，对于时代的关切与反思，成为陈衡哲求解现实问题，探寻答案的重要维度。陈衡哲站在国际主义的立场上，否定了某些军人、政客的帝国主义迷梦，她认为，面对帝国主义的侵犯，主张"在这个情形之下，亚洲的人民，却只有三条道路可走。其一，是效法列强的武备以自救；其二，是因不肯效法而沦为列强的奴隶；其三，是凭着自己的天才，另去创造一个新道路。第一类的代表，是日本；第二类的代表，是印度；而彷徨于这两条歧路之间，而又未能另自创出一条新道路者，则有我们的中国"。① 尤为可贵的是，她并不认为日本、印度的道路是适合中国的，并且怀有一种知识分子的使命感去探求新道路。"帝国主义是这样的来逼我们像日本一样的以武力自救了，我们果愿受他的命令，去以武力自救，为'卖灵魂以得帮国'之举呢？还是宁学印度的成为白人的奴属呢？还是在这同样丑恶的两条道途之外，我们的人士，能另去想出一条自尊而又能自救的新道途呢？这个新道途是可以找到的，但却不是容易找到的。我们如要躲懒，不愿努力，那么，我们还不如索性去抄抄日本或印度的现成药方，不必再想去做什么创造的事业，再想去为世界的文化负什么使命了。"② 而之后的历史恰恰证明日本在默武道路上越陷越深，并为之付出了惨重的代价。

《西洋史》一书的最后，陈衡哲再次表明自己反对战争，主张和平，反对帝国主义，呼吁国际主义的态度。"国际主义的目的，是在求人类的彼此了解，及各国文化的成为世界的共产；他的重要工具，是世界的永久和平。帝国主义的目的，则适与国际主义的相反，他是以增加人类的误解

---

① 陈衡哲：《西洋史》，中国大百科全书出版社 2011 年版，第 385—386 页。
② 同上书，第 386 页。

及怨仇为任务的；他的重要工具，是战争。所以这两个现代文化势力的竞争，即不啻是战争与和平的竞争。使国际主义而能战胜帝国主义，那么，和平的梦想，即可实现，人类的自救，亦将更有希望了。否则，若使帝国主义终于战胜国际主义，若使战争之神终于打倒了和平之神，那么，人类的前途，除了自杀之外，还有什么道路可走呢？"[1]

在陈衡哲的社会理想中，于政治、经济、军事等救国道路之上，还应有一条文化救国的道路，并以此作为精神上的引领。也即是说，她力图让中国文化以创造和贡献的姿态立足于世界文化领域，文化上的自立自强，是国家自立自强的真正标识。而要达到这个理想，以国际主义的视野进行中西文化交流是其重要途径。因此，她希望《西洋史》能帮助青年们，"去发达他们的国际观念，俾人类误解的机会可以减少，人类的谅解和同情，也可以日增一日。这个巨大的责任，历史的著者不过能尽百分之一，其余的九十九分，却都在一般引导青年们的教师身上。我现在谨以十二分的热忱和希望，把此书贡献于我们学界的引路者"[2]。陈衡哲这种超越民族、国家的宽广胸怀，展现了她博爱的人类意识。她在《自传》中，曾坦言中国留学生作为文化使者在中西文化交流与沟通中的使命："当我们进入太平洋时，欧洲已经战火熊熊了。耐人寻味的是，当整个世界将要将这场巨大的军事冲突改变时，中国的整个国民生活也将因为政府首次派遣女生留美而发生巨变。这是因为，和过去政府派到西方国家的许多年轻男子和特使不同，这些年轻的女孩不是被派到西方国家去建立政治或军事方面的关系。她们被委派去学习西方国家的文化。这种对文化的强调培养了

---

① 陈衡哲：《西洋史》，中国大百科全书出版社 2011 年版，第 393 页。
② 同上书，原序。

日后许多美丽的友情,最终在人们的心中——而不是在播种战争的政治领域,为一种无形但强大的联盟的建立撒下了种子。"① 那时,在陈衡哲的心里,就有一种强烈的愿景,期望中国学生赴国外学习,是一种中国融入世界的努力,爱国即是爱世界,爱同胞就是爱人类,国际主义的实现是一项更为长远的事业,但爱国意识却是首要的与必需的,因为理性、中和的国家意识是国际主义的基础,将中国对于世界文化的贡献视为国家荣誉的国家意识,更是实现国际主义的最佳养料,自觉而强烈的民族国家的使命感和责任感,是为中国文化在现代世界争得地位的根本推动力。以国际视野来反观中国处境,并且立志为中国文化复兴做出贡献,这是 20 世纪初期中国留学生的鲜明特征。作为现代知识女性,陈衡哲的世界胸怀与文化超越性,使她摒弃狭隘的民族主义、国家主义,大力呼吁国人在培育有爱国情怀的"国士"的同时,需要养成"世界士"的人格与品行;她呼吁人们要以"和平之神"去打倒"战争之神",她认为这是"现代全世界的人士所应负的一个最大的责任"。② 这些思想观念,无疑是振聋发聩、发人深省的。因为在当时民族主义情绪高涨的时代,在国家至上的语境中,陈衡哲的观点无疑是具有前瞻性和相当前卫的。当然,从当时中国社会的现实来看,这种论断也表明是不合时宜的,她自己也清楚这一点,她在谈到世界和平主义者亚丹女士时,发出一番感慨,并怀抱坚定的信念:"在中国现在所处的国际环境中,我们来颂扬一位和平运动家,初看上去,似乎有一点'泄气'的嫌疑。但亚丹女士的和平运动乃是国际间一个大理想的企望,它自有它的永久性,自有它的超乎此时与此地的不朽价值。我们不能

---

① 陈衡哲:《陈衡哲早年自传》,冯进译,安徽教育出版社 2006 年版,第 174—175 页。
② 陈衡哲:《西洋史》,中国大百科全书出版社 2011 年版,第 393 页。

为了眼前的困难，便把一切人类向上的梯级与目标，都抛到了臭水沟中去。并且对于国际理想的贡献，一个弱国也自有它可以努力的地方，只要它能保持得它自己人格的庄严，只要它能不因武力的微弱而促成它本身的堕落。"①

第四节　学术品格与笔致逸趣

《西洋史》是陈衡哲从事历史研究的代表性著作，具有独特的学术品格和笔法形构，主要表现在运用系统的史学思想观念、新的内容和新的编写方法，还包括内容的体例安排、小字加以注释说明、装帧形式等，都凸显了陈衡哲作为学问家著述的学术品格与作为女性作家的笔致逸趣。

首先，具有完整的史学观念体系，用以作为《西洋史》编撰的理论支撑。

陈衡哲对西洋历史的教学与研究有着非常深刻的认识与思考，形成了在当时具有较大开创性的史学观念与治史方法，并将之作为自己教学与研究的指导思想。"序言"中她构筑了完整的史学理论体系，全面地论述了历史研究的目的、研究历史的态度、历史的范围、史料的选择、史学的进化、历史的分期等思想理论。

如在谈到历史研究的态度时，陈衡哲指出历史的研究应将之放入其所发生的历史背景之中进行，不可以近人的眼光来认识古人的行为。在对欧洲的宗教改革与宗教革命的叙述中，更是体现了这一历史的研究态度。

---

① 陈衡哲：《衡哲散文集》，河北教育出版社 1994 年版，第 294 页。

"我们研究历史时,应该采取这个态度。成人的行为,决计不能与小儿一样;我们不曾因为成人不吸乳,便讥笑小儿的吸乳。历史也是如此,上古人和中古人的行为,在今人眼光中,有许多是奇怪可笑的,有许多是可骇的。比如中古人的焚烧异教徒,确是一件极残酷的行为;但我们若用历史的眼光去观察他,便能明白为什么有许多慈悲诚恳的教士,也不惜以这个惨刑施于异教徒的身上。因为历史家的态度,是要求了解一切过去和现在的现象的。比如他一方面不妨批评和责咎十字军的混乱乌合;另一方面却应该明白那时群众的心理,给他们以相当的同情。"研究历史的正当态度是要理解历史发展规律,设身处地明白那时群众的心理,给他们以相当的同情。"历史不是叫我们哭的,也不是叫我们笑的,乃是要求我们明白他的。我们研究历史时,应该采取这个态度。"这种"相当的同情""明白"的历史态度使陈衡哲能够回到历史现场,以客观、公允、理性作为价值判断的前提和基础。

陈衡哲认为历史的范围是广泛的,因为它是"人类全体的传记","拿破仑的事业固然是历史;法兰西乡下一个穷妇人的生活状况,也何尝不是历史"。但是,作为历史学家,我们又"决不能把所有人类在空间里和时间里的一切思想事业,都当作历史看待。我们须在那漫无限制的历史材料里,整理出一个历史来"。而在这个整理的过程中,人们是受到他的"历史的观念"的影响的。历史观念的不同,导致史家对史材取舍的标准不同,对史材取舍标准的不同,必然导致史书叙述的重点和对历史事件解释的不同。比如有些历史学家,认为历史就是已往的政治,从而在取材上就会集中于政府的文牍公案。又比如有些历史学家,是马克思主义唯物史观的信徒,他们在编写特洛伊城的历史时,就会坚定地认为,特洛伊战争的爆发和特洛伊城陷落的根本原因不是因为特洛伊王子拐走了希腊美人——海伦，而是因为特洛伊城与希腊在商业上产生的竞争和嫉妒。"这是一件危险的事"，因为历史的材料是无限的，"任凭你用哪一个观念，都可以得到一点材料来做凭证"。

谈到为什么要进行历史分期，陈衡哲指出，这完全是出于"便利的缘故"，而实际上"历史的性质，是贯一的，是继续不断的，他如一条大河，是首尾连接的，是不能分成段落的"。而如果一定要进行阶段划分的话，那么，"这个历史分段的地方，大约总是有一个，或是数个，较为重要的史迹的"。比如 476 年西罗马帝国的政变，被视为欧洲上古和中古的界限，而 14 世纪初年欧洲又发现许多表示中古末日的史迹。所以，中古与近古的界限，便安排在 321 年，意大利诗人但丁死的那一年。但是，应该明白，这些界限都是人为划分的，实质上，历史从来没有这么截然分明的段落，我们绝不能说，在 1321 年以前，欧洲的事事物物都是中古式的，到了 1321 年正月初一日的子时，人们忽然从中古的梦中醒过来，来过他们的现代生活。这是因为，"历史上的分期，正如昼夜的分期一样；中午确是白天，半夜确是夜间，但在那暮色苍茫，或是晨光曦微中，谁能指定哪一分钟属于夜间，哪一分钟属于白天呢？但这个模糊不明的苍灰天色，却又是划分昼夜的最好界线呵！我们明白了这一点，才可以应用历史上的分期"。[①] 依托于这一历史分期的认识，陈衡哲在《西洋史》中，遵循"自人类学明，而西洋历史不从埃及始；自生物学明，而人类的历史不从造物抟土为人始"这一思想观念，将西洋历史分为古代史（又为上古史、中古史）两编，和近代史三个历史时段。其中，上古史起于先史时代，终于 5

---

① 陈衡哲：《西洋史》，中国大百科全书出版社 2011 年版，第 13—14 页。

世纪西罗马帝国灭亡之时。中古史上承上古史，下逮 13 世纪末的文艺复兴。近代史起于文艺复兴，终于 1914 年的欧洲大战。

对于一直存有较大分歧的近代史起始界限的划分，陈衡哲自己有着明确的认识与划分标准。在《西洋史》中她对此做了详细的说明。陈衡哲指出，欧洲的上古历史和中古历史的分期是较为简单的，因为 476 年西罗马帝国灭亡是历史学家公认的中古史开始的时期，"我们现在也不妨沿用他"。但中古与近代的分界线就不是如此清楚明了了。已有的"1453 年（这一年土耳其人灭东罗马帝国）说"和"1492 年（哥伦布于该年发现美洲新大陆）说"，都不能很好地解决文艺复兴和它的两个"化态"——地理大发现和宗教改革的历史时期归属问题。因此，"我便把中古和近代的界线，提早了一二百年，把他放在第十四世纪的初年。那时文艺复兴的花，即已在意大利含苞待放，而近代的国家形势，社会制度，也适于这个时期间，长成羽翼，渐取中古的重要制度而代之了"。至于为什么要把 14 世纪初期作为欧洲近代史的起点，陈衡哲认为 14 世纪初年的欧洲产生了许多表示中古末日的史迹。

"第一，因为一三二一年，是意大利诗人但丁（Dante）死亡的年岁；而一二〇四（原文如此，若参照下文，当为一三〇四年——引者注）年，又是依洛司马（Erasmus）出世的一年。但丁是中古文化的结晶，同时也是近代文化的一个先锋，而依洛司马又是文艺复兴上升期的最好代表。所以用这个时期来结束中古的文化史，是最为切当的。第二，因为这个时候，适是教会的权力全盛将衰，国王的权力起而代之之际，而教皇的迁居法境，也是在一三〇五年开始的。教皇制度是中古文化的一个重要分子，他的衰落，自然就是中古文化衰落的表征。第三，因为十四世纪开始，西欧的列国，已经成立，已经能代替中古的封建制度，来维持适合的秩序了。而列国的对立，却是近代历史上的一件大事。十四世纪中叶，英法百年大战的开始，是日耳曼各民族建国以来第一个国际大战，也是近代国际混乱史的一个小影。第四，因为宗教改革，和大发见的两件事，虽然要到了十六世纪初年，才大显著；但在十四世纪时，已东现一芽，西抽一苗，随事随地，都可以找到他们势力的存在了。而孕育文艺复兴的各大学，到了十四世纪初年，也是质量与程度，双方并进，势力日盛一日。第五，因为城市的发达，以此时为最盛，而平民的参政权，也是在这个时候得到的。第六，各国方言的成为文学，也是近代文明的一件大事，而但丁即是第一个能运用方言，作为优美文学之人。十四世纪初年，《神曲》（*Divine Comedy*）的出现，实是近代文学史上的一个大纪 yuan。因此种种原因，所以我把十四世纪的初年，作为中古和近代的分界。我们若还必要找一个确定的日子，那么，一三〇四年依洛司马之生，一三〇五年教会的迁入法境，一三二一年但丁之死，一三四六年英法大战的开始，都是几个重要的日子。但其中尤以但丁之死，为最能结束中古的文化史。"陈衡哲在世界中古史分期问题上的这种见解（上限始于 476 年，下限为 14 世纪），明显有别于西方学者的传统观点。

《西洋史》的写作主线是人类文化的发展，这不仅表现在该书的整体写作上按照时序论述了希腊文化的精神（和谐与审美的态度及中庸的人生观）；中古的三种基本精神（出世观念、一尊观念和个人主义）；近代的文化精神中心（个性的表现）；最后分析了科学发达的影响（帝国主义和国际主义的冲突）。而且还表现在其各章各节的写作之中。如陈衡哲在该书的导言中即明确提出："我们所要研究的历史……是我们人类何以能从一个吃生肉的两足动物,变为一个代表现代文明的人";在描述"先史时代"的部分,这种史观表现得尤为明显,她先叙述了地球和生物的起源,接着简述了人类的始祖人猿分布和进化,最后是石器时代——西洋文明的萌芽,她的结论是:"人类的文化是他的需要和环境交迫出来的。"陈衡哲颇能将不易说明的理论和历史现象深入浅出地表达出来,与教科书的特点、功能相契合。

陈衡哲的史学理论观念与她对西方史学研究的吸收借鉴有关。尤其是当时比较盛行的美国新史学学派代表鲁滨逊新史学的影响。詹姆斯·哈威·鲁滨逊新史学以法国的米希勒、美国的鲁滨逊(James Harvey Robinson, 1863—1936)等人为代表,他们拒绝传统的政治史,表现出追求总体史的倾向,主张用综合的、多因素的眼光来解释和分析历史事实。① 在鲁滨逊的影响下,以哥伦比亚大学为大本营,形成了一个带有某种共同治学取向的史家群体,具有一定的史学派别性质,时人即有"鲁滨逊先生派""哥伦比亚史学派"之称。今人论著中多以"鲁滨逊新史学派"名之。②《新史学》(*The New History*, 1912)是鲁滨逊的一本重要的理论著作,1924 年由何炳松翻译的中文译本出版,在中国产生了较大的影响。③例如何炳松、陈衡哲、蒋廷黻、徐则陵、李飞生等学者,纷纷采用"鲁滨逊新史学派"编著的教科书或参考书,从而进一步扩大了这一学派在中国的影响。1920 年执教于北大历史系的陈衡哲指定预科学生阅读的历史参考

---

① 张广智、张广勇:《现代西方史学》,复旦大学出版社 1996 年版,第 158 页。
② 参见李孝迁《美国鲁滨逊新史学派在中国的回响(上)》,《东方论坛》2005 年第 6 期。
③ 何炳松(1890—1946),字柏丞,浙江金华人,曾留学美国,我国 20 世纪早期著名史学家,是我国最早进行外国史学理论译著的学者。除《外国史》外,还编写出版有《中古欧洲史》(1924 年)、《近代欧洲史》等著作;1924 年翻译出版美国著名历史学家鲁滨逊的《新史学》,首次在国内介绍和传播鲁滨逊的史学思想,引起较大反响。此外,他还结合外国史学理论著述编写有《历史研究法》《通史新义》等史学理论著作。

书籍中，即有鲁滨逊的《欧洲的历史读物》（*Readings in European History*），鲁滨逊和比尔德合著的《现代欧洲的历史读物》（*Readings in Modern European History*）、《现代欧洲的发展》（*The Development of Modern Europe*），海斯的《现代欧洲政治社会史》（*A Political and Social History of Modern Europe*），① 可见她对"新史学"的重视。陈衡哲倡导扩大历史研究范围，扩充研究的方法是鲁滨逊的一贯做法。她把研究范围扩大到其他领域，发展新方法，社会学、心理学、政治学、经济学等学科对历史研究的意义，扩大对历史进程的性质所持的看法。《西洋史》一书，充分吸纳了鲁滨逊新史学的理论与方法。在历史研究目的、历史研究范围、史料选择等方面都不同程度地受到新史学思想的影响，如在谈论历史研究的目的时，指出："我们所要研究的，不是某某皇帝的家谱，也不是武人政客的行述，乃是我们人类何以能从一个吃生肉的两足动物，变为一个代表现代文明的人。因为我们要研究这个人，所以不能不研究他的思想行为，和与他有关系的重要事物；所以不能不研究政治、工业、农业、文学、美术、科学、哲学，以及凡曾帮助他，或阻止他向前走的种种势力。我们不但要研究这些势力，并且还要了解他们的原因和效果。"② 而关于历史材料的选择，陈衡哲认为："我们深信，历史不是片面的，乃是全体的；选择历史材料的标准，不单是政治，也不单是经济或宗教，乃是政治，经济，宗教，以及凡百人类活动的总和。换一句话说，我们当把文化作为历史的骨髓。凡是助进文化，或是妨害文化的重大事迹和势力，都有历史的价值。这是这本历

---

① 《图书部典书课通告》，《北京大学日刊》中华民国九年十月六日，星期三，第三版，陈衡哲教授指定预科学生历史参考书籍；中华民国九年十月十一日，星期一，第二版，陈衡哲教授指定预科学生历史参考书籍：列了8部，其中排列前二的是鲁滨逊的著作。
② 陈衡哲：《西洋史》，中国大百科全书出版社 2011 年版，第 10 页。

史取材的标准。"① 既重视史料的搜集，又强调历史的解释；既要把历史学建立在坚实的史料基础之上，又提倡发挥主体的能动意识。看原始证据，用自己的眼睛去看，从中得出自己的结论。陈衡哲这种主张的依据是她的"史学的进化"理论。陈衡哲认为，"在西方学术界，史学是一件较新的学业。十九世纪以前历史的材料，是专靠一点历来相传的记载的；直到十九世纪中叶以后，方横充直升的扩大起来，横充是材料的加多，直升是时间的推进。"考古学的新发现（从地下发掘出的"古物和古文学"），使我们对上古埃及和两河流域的两大文化有了新的认识；生物学、地质学和古物学的发展，使我们对于先史时代又有了更进一步的认识。"因为近年来历史材料的增加，我们对于欧洲中古史的观念，不知道改变了多少。我们因此可以知道，不但未来的历史还在创造的程级中，并且我们对于以往历史的认识，也是愈求愈无涯的。"②

其次，注重史料，以史实为依托，突出史迹间因果关系，着力探索历史发展规律。

《西洋史》十分注重史料间的因果联系，对于史迹与史迹间的承续连接有较明晰的线索与脉络。她说本书所注重的："一为说明各种史迹的背景，一为史迹的因果，及彼此的相互影响，以求培养读者分析现代社会上各种现象的能力。若不求因果，但缕述某国某人，于某年征服某地，或其他类此的事实，那有什么意思呢?"③陈衡哲指出真正的历史不仅必须包括过去的事实，还要记述各种事件关系与其发生的原因及造成的结果。即研究历史要在研究事件与人物的联系后，进而发掘历史发展的规律。在《西

---

① 陈衡哲：《西洋史》，中国大百科全书出版社 2011 年版，第 12 页。
② 同上书，第 13 页。
③ 同上书，第 9 页。

洋史》六版的序言中，陈衡哲再次强调："因为一书的章节是各有各的意义，各有各的个性的；我们决不能为求整齐的缘故，去把史迹的个性牺牲，或把史流的衔续截断。所以在将本书的章目重排之前，曾将其中史迹的价值重新估过，并曾以一个更为适当的解释，给予那些史迹间的相互关系。这件工作在中古史中尤为明显。"①

综观《西洋史》，全书基本遵循事实、论点、论证、结论作为逻辑思路，以历史发生发展为清晰的脉络，以事实间的因果联系作为重心。陈衡哲在《西洋史》中注重各种客观历史发展的背景、因果关系及相互影响。在下册的编写中，她把六百年的近世史并作十个大题目，每一题目，她都注重史实的前因后果，使读者在纷繁的事实里面，时不时地还用小字、图表等穿插其间，力图对内容加以进一步深入的解释说明，用详细史料对相关问题进行考辨。如谈到十九世纪的一件大事，是劳动阶级要求与中等社会平分政权运动，它是新兴的民主主义的一个表征。接着作者用小字加以说明，什么是民主主义："近人有把民主主义的一个字直译作德谟克拉西者，他的来源，是希腊'民治'二字。但当时的所谓'民'，是以自由市民为限的，直到十九世纪工业革命的效果大著之后，这个'民'字的意义，才渐渐的推广起来。到了现在，他已不但能代表一切成年的男子，并且在许多先进国中，女子们也得受到这个'民'字的尊称了。"②书中有很多内容往往用小字加以注释说明，事实来历、原委、结果等。让读者对历史事实有较为全面、深入的了解与认识。陈衡哲善用辩证统一的思路，梳理史迹之间的因果联系，细致入微。如对于梅特涅政策的

① 陈衡哲：《西洋史》，中国大百科全书出版社 2011 年版，第 3—4 页。
② 同上书，第 345 页。

产生原因进行剖析，"一、梅特涅自身既是一个贵族，又眼见法国革命时暴民政治的情形，他对于革命的反感，当然便很深烈了。二、因为拿破仑曾右手持刀，左手擎着法国革命的旗帜，把欧洲的政界及社会扰乱蹂躏了十余年，于是法国革命的一个名辞，在当时人的心目中，便不啻等于武力主义。……因此，他们遂深信唯有靠了反革命的政策，唯有靠了那个不自由不平等的旧制度，欧洲始有重见和平的希望。"而这个"反革命政策"走向极端，矫枉过正，却违背了人民要求自由的潮流，因而，反而成为了梅特涅失败的原因之一。接着，陈衡哲还指出梅特涅失败的第二个原因，是"与拿破仑的失败相同的，即是忽视那个正在发达的国家观念。这个情形在意大利尤为显著"。第三个原因是"忽略那个正在势力日增的工业革命，因为这个革命的结果，正是打倒梅特涅威权的一个大武器"。[1]

又如《西洋史》"宗教革命"的两章，"法国革命"的一章，胡适认为是"全书中最有精彩的"。[2] 这里试以"宗教革命"为例，在"宗教革命前的欧洲"这一章里，作者首先逐一分析宗教革命的原因。"第一个原因是人民对于宗教观念的复活"；"第二个原因，是属于教会本身的。此时教会内部的腐败，已日益显著；而自教皇以下，个人道德的丧落，亦差不多不能笔之于书"；"第三个原因，是属于智识方面的。自希腊古学复兴后，批评和求真理的精神，遂渐侵入欧洲的思想界"；"第四个原因，是中古基督教的政治化。到了中古末年，列国已经兴起，政权自当物归原主；教会固然不愿，国君又岂肯舍？所以在反抗教会者之中，又加一个有力的

---

① 陈衡哲：《西洋史》，中国大百科全书出版社 2011 年版，第 340 页。
② 胡适：《介绍几部新出的史学书》，《胡适文集 10》，欧阳哲生编，北京大学出版社 2013 年版，第 701 页。

分子了"；"第五个原因，是教会的经济权。中古的教会，不但是独立的地主，并且可以不交国家的租税，而自己又可以任意剥削农民。"接着，对宗教革命的所在地，为何大都在欧洲的北部，又做了很有文学意味的分析："原来北欧民族的性情，本与南欧的拉丁族不同，所以文艺复兴的雨露，落在意大利地上时，便发出享乐人生的春花来；但他们落到北欧的土上时，却又培养出一林苍松古柏来了。这些老气横秋的松柏，当然是不能欣然微笑的。他们对于人生的观念，是十分庄严的。他们所欲研究的，是那个生死的大问题。于是他们便以宗教为发泄他们才华的惟一道路了。第二个原因，是此时北欧印刷术的盛行，因此《圣经》的流入民间，也是异常的迅速；而人民的诵读《圣经》，却是中古教会的一个致命伤。第三个原因，是因为北欧人不及南欧人的富于保守性质，所以宗教革命的潮流，也就特别的泛滥于欧洲的北部了。"

再次，识见敏锐，强调论从史出，力图在古今中外的多维视野中做客观公允的价值评判。

胡适在评价《西洋史》时，指出出版史学书方面的偏向，"今日最通行的西洋通史只是用西洋人眼光给西洋人做的通史；宗教史只是基督教某派的信徒做的西洋宗教史；哲学史只是某一学派的哲学家做的西洋哲学史"，若能"秉着公心"，"用公平的眼光，用自己的语言，重新叙述西洋的史实"，亦能有新的发现与创见。而陈衡哲在编写《西洋史》时，即"以东方人的眼光来治西洋史，脱离了西洋史家不自觉的成见，减少了宗教上与思想上的传统观念的权威，在叙述与解释的方面我们正多驰骋的余地"。[①] 陈衡哲深受

---

① 胡适：《介绍几部新出的史学书》，《胡适文集10》，欧阳哲生编，北京大学出版社2013年版，第701页。

中国传统文化的浸润，又接受系统的史学训练，具有史学家的睿智，让她能够在中西文化对比中观照历史。她认为，如果两个权力同时或者紧随相生，就避免不了冲突甚至战争。在谈及英法战争时，作者就一再强调这种观点，并且着重分析了之所以起冲突的原因。陈衡哲对于英法两国战争的总结，也非常精彩，如铲除了英国的佃奴制度、提升了英国的议会权利和专制政体、增强了法国的王权等。这些论断，在现在看来，也是令人刮目相看，深感佩服。又如客观公正地看待历史和世界，拥有国际主义精神，她一向主张和平，反对战争，呼吁国家之间的和平相处和共同发展。在她看来，帝国主义往往给人带来战争和破坏，导致仇恨与退步，而国际主义给人带来和平与美好，意味着世界和谐发展，人类共同进步，这是一种高瞻远瞩的定度。如果后者战胜前者，人类的和平与自救就能实现，否则，人类前景会一片黑暗，世界的发展会令人恐怖。对此，胡适也给予高度评价，他说："叙述西洋史近世史，最容易挑动民族的感情。陈女士是倾向国际主义与世界和平的人，所以他能充分赏识国家主义的贡献，同时又能平心静气地指出国际和平是人类自救的唯一道路。"① 她客观、公正、思辨、理性，总能透过现象看本质，对历史现象和历史规律有敏锐的洞察力。她的这种治史精神，令人崇敬。如关于拿破仑的覆亡原因，《西洋史》除了指出其对外穷兵黩武的关键因素外，还分析了经济的、心理的因素。陈衡哲指出，拿破仑"势力下的欧洲各国，与英国断绝商务上的交通。这便是所谓大陆的封禁（Continental Blockade）。但因此受到商业上损失的，却不止英国一国，所以拿破仑的仇敌，此时便更决心与他拼命了。这是拿

① 胡适：《介绍几部新出的史学书》，《胡适文集10》，欧阳哲生编，北京大学出版社2013年版，第702页。

破仑覆亡的一个经济原因。尚有一个大原因，是他的违背国家观念。原来
拿破仑的任意以欧洲各国分封他的戚友，及他在各国的聚敛和募兵，都是
违拂当时各国人民心理的事；所以他们起初虽尚忍受，后来却也渐渐觉
悟，陆陆续续的起来与他反抗了。"①

又如，陈衡哲特别注意到近代西方妇女运动的兴起，并对此进行了客
观的分析和评价。她指出："妇女运动的原动力也是从民主主义得来的，
他也是法国革命及工业革命的一个结果。"② 在阐述工业革命的结果和影响
时，她认为："靠了工厂制度的兴起，妇女已能获得经济的独立，靠了教
育的普及，妇女的智识与能力也日益增加了，所以女子在教育方面、经济
方面、职业方面、政事方面确已与男子争到了平等的地位。而其中尤以女
子参政权运动及获得为妇女运动得胜的最明显的标志。"③ 在论述工业革命
这一节内容时，陈衡哲在教科书的"小字部分"还就妇女问题做了进一步
的延伸与探讨，论述了她关于妇女解放问题的主张。陈衡哲将智识、能
力、人格与妇女自身解放紧密联系起来，指出了妇女问题最终解决的根本
途径，反映了她思考问题的睿智和深度。这也是陈衡哲人生经历的深刻总
结与真实反映。她在教科书中这样写道："人民常有把女子参政运动视为
女子运动的惟一事业者，这是一个大错误。女子参政固是妇女运动的一件
事，但他绝不足代表妇女运动的全部。这个理由很是简单的，因为，第
一，政治上的活动，不过是人生活动的一部分，他不但不能代表人生的一
切活动，并且不是人生活动的中心点。其二，参政权的争得……仍不过是
一件比较肤浅的事。妇女们如欲与男子们争到真正的平等，根本上尚以自

---

① 陈衡哲：《西洋史》，中国大百科全书出版社 2011 年版，第 336 页。
② 陈衡哲：《西洋史》，东方出版社 2007 年版，第 360 页。
③ 同上书，第 360—361 页。

己的智识的解放，能力的修养，及人格的提高为最重要。……所以热心此妇女运动者的最大责任，即是去帮助我们的青年姊妹，使她们能发挥她们个人的天才于最适当的道途，至于参政运动，却不过是这些道途中一罢了。"所阐发之言论，不仅引人深思，而且对我们还有一定的启发和借鉴意义。

最后，笔态意趣，灵动轻盈，善于以文学笔法作形象生动的历史叙述，富有吸引力与感染力。

胡适在序言中提道，"陈衡哲女士的《西洋史》是一部带有创作的野心的著作。在史料的方面她不能不倚赖西洋史家的供给。但在叙述与解释的方面，她确实做了一番精心结构的工夫。这部书可以说是中国治西史的学者给中国读者精心著述的第一部《西洋史》。在这一方面说，此书也是一部开山的作品。"① 这的确点中了陈衡哲《西洋史》一书较为突出的一个特征。事实上，《西洋史》最为突出的特征即是用文学的语言、笔法来撰写历史，力图将固定、板滞的历史叙写成一部"活的历史"，构造生动活泼、元气淋漓的"历史形象"图景。陈衡哲直言"要使真理与兴趣同时实现于读者的心中"。为此，她力求将"活的历史"与"幻想之神"相结合，以引起少年朋友们对于历史的兴趣。因而，该书并未局限于教科书的体例，而是要为一般读者提供"西洋历史的常识"。② 这也就难怪一部诞生于 20 年代枪声炮影中的中学历史教科书能够长期受到读者的追捧和青睐。作者深厚的西洋史专业素养和出众的文笔，不拘泥教科书体例的限制，使这部教材全然没有教科书的呆板和书卷气，而成为一部颇受欢迎的介绍和

---

① 胡适：《胡适文集 10》，欧阳哲生编，北京大学出版社 2013 年版，第 701 页。
② 陈衡哲：《西洋史》，中国大百科全书出版社 2011 年版，第 8 页。

评述西方历史的普及性读物。

陈衡哲指出历史教学的目的是要让学生通过对历史的学习，了解一点历史的真意义，以帮助青年们"去发达他们的国际观念"，从而减少人类发生误解的可能，实现"人类的谅解和同情"。那种注入式的教育，在历史教学上"尤为无益有害"。所以我们应当坚决反对它。"我编辑此书时，有一个重要的标鹄，便是要使真理与兴趣，同时实现于读书的心中。我既不敢将活的历史，灰埋尘封起来，把他变为死物，复不敢让幻想之神，将历史引诱到他的域内，去做他的恭顺奴隶。或者因此之故，我将不能见好于许多的专门历史家及专门文学家，但我若能藉此引起少年姊妹兄弟们对于历史的一点兴味，若能帮助我们了解一点历史的真意义，那我的目的也就达到了。"①

陈衡哲《西洋史》的特色在于，其文采和趣味相融，思想和创新并举。如在阐述文艺复兴是欧洲中古文化的一个反动，从人民内部中来寻找根源，作者这样写道：

中古之时，欧洲的人民，饱受了死亡流离的惨痛。政府与社会，均不能庇护人民，于是基督教会和他的出世观念，便成为人民的唯一宝筏了。后来社会秩序渐定，人民渐有余暇去运用他们的思想和感情，他们对于教会的出世观念，不免就发生了一种反动。当风狂雨骤之时，墙壁屋宇，固然是很好的；但如今却是风停雨止，又到了春光明媚，鸟语花香的时候了，他们还能甘心伏居在黑暗的屋子里吗？所以上古希腊罗马的入世观念，此时又重新受到群众的欢迎，做了他们

① 陈衡哲：《西洋史》，中国大百科全书出版社 2011 年版，第 6 页。

拆窗毁壁的好工具了。这是中古与近世分界的一个重要的关键；他是欧洲人民对于人生观的一个大变迁，便是历史家所说的"人的发见"。他是上古人生观的复活，中古人生观的致命伤，近世人生观的一个萌芽。文艺复兴所以能在历史上占一个重要的地位，根本上也是由于这个。①

文笔优美，文采飞扬，又不失严谨，用通俗易懂的语言传达理念化、概念化的内容。这样的行文风格使历史书籍具有了散文的美感。这里以人民教育出版社（以下简称人教版）《高中历史必修三》中关于"文艺复兴"的产生与陈衡哲《西洋史》关于"文艺复兴"的产生进行比较。

人教版《高中历史必修三》：

> 意大利是古代罗马的故乡，意大利人能够接触到大量的古代希腊罗马文化遗存，还有机会得到拜占庭帝国保留的古代希腊罗马文化典籍。于是，一些对宗教文化钳制思想不满的先进知识分子，在古代希腊罗马文化中找到了共鸣。他们通过欣赏、阐释古典文化充满人性的美，表达他们对现实生活的希望，从而掀起了一场思想解放运动。这场运动因为打着复兴古代希腊罗马文化的旗号，因而被人称为文艺复兴运动。实际上，文艺复兴时期的思想家们不是在提倡复古，只是借古代文化之名宣传新的资产阶级思想。

陈衡哲论述文艺复兴产生于意大利的主要原因有三个，其中一个是：

> 先论狭义的文艺复兴——即是文学艺术等的复兴。这个文艺复兴

---

① 陈衡哲：《西洋史》，中国大百科全书出版社 2011 年版，第 180 页。

的产生地，却是北部的意大利。这是什么原故呢？原来意大利本是上古文化的老家，罗马帝国虽曾亡于日耳曼蛮族之手，而人民对于他们祖先的遗业，却终是不能忘怀的。一棵大树虽经风雨的摧残，使他的种子飘摇零落；但春光一到，最先产生小树的地方，恐怕终还是在那棵大树的附近罢。这是文艺复兴所以产生于意大利的一个原因。①

又如谈到意大利虽受到异国侵犯与摧残，而其文化却不朽：

　　但是诗人说得好，"落红不是无情物，化作春泥更护花"。上古的末年，西罗马帝国既遭蛮族的蹂躏，而罗马的文化却并不曾因此忘其天职，结果是中古末年古文化的大复活。意大利的文艺复兴，又何尝是无情之物呢？他虽受了外来势力的摧残，化为泥土，但他却不曾因此绝了希望。这泥土怀着文化的种子，却跟着他的摧残者走入了西欧各土，后来便在那里发芽展叶起来，为近代产生一个灿烂的文化。由此可知，势力的胜利在一时，文化的胜利在永久。意大利所受的委曲不过数百年，而他在文化史上的功绩却真是千古不朽的了。②

比较上面两段文字对同一段历史的叙述，我们自然认为陈衡哲对于文艺复兴的解释更加晓畅。陈衡哲善用比喻、典故、诗词、俗语等，把复杂晦涩的历史概念用简单语句、通俗简洁地表现出来。如"中古与近世的分别，也可以用比喻来说明，中古的代表，比如是一个戴着面幕，关在小室中的干瘪僧侣；近世的代表，却是一个享受'现在'和'此地'之美的强健少年。前者的人生观是出世的；后者的人生观是入世的。前者是中古文

---

① 陈衡哲：《西洋史》，中国大百科全书出版社 2011 年版，第 183 页。
② 陈衡哲：《西洋史》下册，中国大百科全书出版社 2011 年版，第 204—205 页。

化的结晶，后者是希腊精神的复活，也就是近世文化的种子。"① 运用生动形象、富于生活色彩的词语，来表达深刻而难以理解的历史、事件，这对理解某些复杂的历史现象很有帮助。比如《西洋史》上册第三章，陈衡哲在叙述欧洲中古社会的宗教束缚时是这样描述的："总而言之，亘中古之世，宗教不啻是欧洲人生的惟一元素。他如天罗地网一样，任你高飞深蹈，出生入死，终休想逃出他的范围来。"又如她自己形容《西洋史》上册是"闲谈隔村张三李四家太上老祖的掌故"；下册是"讲本村现存长辈的事业和人品，他们的历史，是都与我们有密切的关系的。所以，上册所当避免的，是无精打采的干枯说话，此册所当避免的，却是左右祖的偏见"。②

在书中，用诗词名句帮助读者理解外国历史的变迁更是不胜枚举。如在叙述希腊因城邦的发展，社会发生了重大的变化。她这样描述：

> 此时国中的农民，因被贵族的欺凌，日益贫苦。有饭吃的变为穷人，穷人就卖田卖身，成为贵族的奴隶。但这个情形岂容长久？希腊的地势，本来是港湾罗布，交通便利，现在却成为那些农民的惟一生路了。于是走！走！走！他们有向东走的，有向南走的，也有向西走的。他们无论走到什么地方，都可以遇见他们同乡人的商站；他们便住了下来，把那些希腊商场变为希腊殖民地。国内贵族的压力愈大，农民离国的也愈多，而希腊的殖民地，因此也就布满了小亚细亚的东南岸、黑海的各岸以及地中海的北岸；而爱琴海及克里特岛就更不消说了。意大利的文化也是在此时下的种子；而那个在小亚细亚沿岸的

---

① 陈衡哲：《西洋史》，中国大百科全书出版社 2011 年版，第 182 页。
② 同上书，第 174 页。

爱奥尼亚（Ionia），又是与后来希腊的文化极有关系的。

通过形象的描述，告诉读者，城邦是失地农民迁徙而汇聚形成的，希腊文化也是在农民迁移的过程中传输的。经济、文化的发展与传播，进一步带来社会的变化。陈衡哲以一种文学家的笔法，简明扼要、生动有趣地介绍西洋史，将纵横交错的历史线索，国与国之间复杂的关系，梳理得一目了然。《西洋史》全书上下两册，每册10章，共20章。书中图文并茂，有精致的地图，自制的图表（上册表8、下册表13），用以辅助说明文字，使读者能在纷繁的事实里面忘不了一个大运动或大趋势。

当然，用文学色彩很浓的方法写历史著作是否合适，这也是见仁见智的。梁启超提倡"史学革命"时指出旧史学存在着"能铺叙而不能别裁；能因袭而不能创作"的弊病，由此导致了史学著作"难读、难别择、无感触"的困境，让读者难以从其中获得现实教益。胡适也指出"史学有两个方面：一方面是科学的，重在史料的搜集与整理；一方面是艺术的，重在史实的叙述与解释"。这也表明，对于历史的叙述与呈现，是可以有多元方式的。现代学术奠基者梁启超、胡适等提出了一种有情怀的创作剪裁与艺术化的叙述解释。以此来看，陈衡哲的《西洋史》无疑是一种有益的探索。其实，行文的文学化、文本的优美，得益于陈衡哲在收集、鉴别和组织史料方面独特的视角和品位，并能用优美的语言来驾驭这些史料用以叙述历史事实和撰写文章，剪裁有致，在本乎史实的基础上以一种创作的姿态进行历史的现代建构。陈衡哲的《西洋史》如胡适所言是"一部开山的作品"，她以中国人的视角写西方人的历史，没有受到西方文化观念的裁制，同时在风气初开的中国学术研究领域，陈衡哲得以在《西洋史》的著述中着力于在叙述和解释的层面上做一番精心结构的尝试，不仅将自我融注其中，更形成一种自由洒脱、娓娓动听的评述风格。

对陈衡哲而言，创作一部有情怀、有意味的《西洋史》，乃是她的自我期许："我编辑此书时，有一个重要的标鹄，便是要使真理与兴趣，同时实现于读者的心中。我既不敢将活的历史，灰埋尘封起来，把他变为死物，复不敢让幻想之神，将历史引诱到他的域内，去做他的恭顺奴隶。或者因此之故，我将不能见好于许多的专门历史家及专门文学家，但我若能藉此引起少年姊妹兄弟们对于历史的一点兴味，若能帮助我们了解一点历史的真实意义，那我的目的也就达到了。"① 以兴趣激发真理的探求，以文学丰富历史的表现，这是同时身为作家的陈衡哲在历史著述中的独特追求。这种追求首先表现为散发着著者本真体验的叙述风格和温润流畅的叙述语言。其实，历史叙述并不排斥诗意想象的存在，并且形象化的语言会让历史叙述更加清晰显豁，进而更加深入人心。在叙述宗教革命时，陈衡哲以生动的譬喻将宗教革命的发生原因描述的精彩纷呈：

> 教会的实力，本只是一个基督教义。它如小小的一颗明珠，本来是应该让它自由发光的。可恨此时它已是不但重锦袭裹，被他的收藏家埋藏起来；并且那个收藏家，又是匣外加匣，造巨屋，筑围城的去把它看守着，致使一般人士不见明珠的光华，但见一个围城重重，厚壁坚墙的巨堡；堡外所见的，是守卒卫兵的横行肆虐。所以宗教革命的意义，不谙便是这个拆城毁壁的事业。国王欲取回本来属于他们的城砖屋瓦，人民要挥走那般如狼如虎的守卒，信徒又要看一看那光华久藏的明珠。于是一声高呼，群众立集，虽各怀各的目的，但他们的

---

① 陈衡哲：《西洋史》，中国大百科全书出版社 2011 年版，第 6 页。

摩拳擦掌，却是一致的。他们的共同目的，乃是在拆毁这个巨堡。因此之故，宗教革命的范围便如是其广大，位置便如是其重要，影响便如是其深远了。①

书中立论坚实，论证严谨，阐述形象生动而不板滞、枯燥。在分析论证中处处显露出文学才情。比如，陈衡哲论述日耳曼争战不断的原因有政治的、宗教的、社会革命性质等方面，而各个方面内部也有许多不同的目的和利害冲突。比如论宗教战争的原因与性质时指出：

> 路德教徒便视加尔文教为邪教，加尔文教徒也不能与路德教徒合作。因为他们所争的，并不是信教自由的原理，所以结果仍不过是入主出奴，以一个新威权，来代替一个旧威权罢了。这个不明原理，但顾利害的入主出奴的愚笨行为，在历史上的例子极多：以路德的教义作为金科玉律，来代替那个中古式的基督教义是一例；中古末年，一般人士以亚里士多德来代《圣经》，作为思想学术的标准，也是一例；十八世纪末年，法国革命时，毁神弃教，而以理智为至高无上之神，举国之人，崇拜之一如上帝，又是一例。总之，自身为奴隶时，便日思反叛，待一得自由，成为主人时，则又立刻以反叛为大逆不道了。身体上的自由如此，精神和思想上的自由，又何尝不是如此？不然，为什么一群高唱言论自由，思想自由的青年，遇着一个他们所不喜欢的外国人来演讲，便要立刻板起了面孔，下逐客令呢？历史所给我们的教训，如是如是！②

---

① 陈衡哲：《西洋史》，中国大百科全书出版社 2011 年版，第 235 页。
② 同上书，第 253 页。

这一观点彰显出作为历史学家的深刻洞察力和远见卓识，立论严谨，概说精辟。她善于透过复杂散乱的历史现象，抓住本质特征，既表现出其深邃的理论素养，又展露了异常活跃的形象思维能力。朱维之编《陈衡哲散文选集》，选取了《西洋史》中的若干章节内容，题为《历史小品》十则，他说"这样的历史插曲，在作者看来，可算是历史随感或历史小品。在她的《西洋史》中随处可以看到这样的小品文或历史随感。例如上册的末尾处《纪念但丁》，本来是一篇独立的散文。……可以看出这位历史学家兼文学作家的散文特色"。①

《西洋史》因其思想之境界而具有史学之品位。孙郁曾在中国工人出版社 2013 年版的出版推荐序中说："她懂得用历史的眼光看待事物，既考虑宗教的因素，也顾及民族和地理的成分，还能从经济学和艺术史的角度打量问题。"可以说，深厚的史学造诣融合极高的文学修养，成就了《西洋史》的鲜明特色。而这也是《西洋史》能够逾越时空，至今仍焕发着生命力的根本原因吧。

---

① 朱维之编：《陈衡哲散文选集》，百花文艺出版社 2009 年版，第 27 页。

第三章 《小雨点》：新文苑的迎春花

第一节 《小雨点》结集出版及动因

1924—1927 年的国民革命对其后新文学的发展格局影响甚巨。北洋政府的政局动荡和国立八校的欠薪风波，[①] 致使大批文人作家纷纷离京南下。1926 年年底，徐志摩、闻一多、赵太侔、余上沅、梁实秋、饶孟侃等新月社同人也辗转向上海迁移。在上海，徐志摩与因庚款事宜刚从日本取道回国的胡适重逢，而潘光旦、张禹九、刘英士等也从海外归来，故友新交齐聚上海，为他们创办同人书店和杂志带来契机："在那混乱的年代里，上海确有很多方面可以使它成为一处吸引人的栖身之处。也许最重要的是，上海的外国租界可为有独立思想的人提供避难所。而且，一方面上海较北

---

① "国立八校"是：国立北京大学、师范、女师范、医科、农科、工科、法政、女子八校。蔡元培：《十五年来我国大学教育之进步》，《申报》1926 年 10 月 10 日"国庆纪念增刊"，收入《蔡元培全集》第 5 卷，浙江教育出版社 1997 年版，第 411—414 页。蔡在文中称为国立八校，后来又增了国立艺专，故北京又有国立九校之说。

京距新政府的所在地更近,一方面上海也比北京更易接触来去海外的人,它还是中国最大的出版业中心。"① 当时,一些有经济条件的文化社团,常常倾向于成立同人性质的出版机构。这些中小型的同人书局,不仅担负着发行自己社团刊物的功能,也为其同人著作的出版提供了很大便利,它有益于开辟同人自己的言论阵地,也有助于为知识分子群体交往提供场所。事实上,对新月派来说,新月书店十分重要。叶公超对此曾说道:"谈'新月'的活动,固然以《新月》杂志为主,书店也不能忘记。"② 新月书店于 1927 年 7 月 1 日于上海创办。在 1927 年 6 月 27 日、28 日《申报》上连续刊登的《新月书店启事》中写道:"我们许多朋友,有的写了书没有适当的地方印行,有的搁了笔已经好久了。要鼓励出版事业,我们发起组织新月书店,一方面印书,一方面代售。预备出版的书,都经过严格的审查,贩来代售的书,也经过郑重的考虑。如果因此能在教育和文化上有点贡献,那就是我们的荣幸了。"③ 这表达了新月同人希望拥有属于自己言论阵地的想法。他们开办新月书店,既为同人提供出版便利,更想积极涉入当时的文化领域。在启事文末,署名发起人有胡适、徐志摩、宋春舫、徐新六、张歆海、吴德生、张禹九、余上沅等。④ 这中间,胡适是领袖人物,说明他在新月书店创办时所起的作用,也反映了新月同人对胡适大名的借重。

陈衡哲对于新月书店是非常熟悉的。新月书店开办时的工作人员有四

---

① [美]格里德:《胡适与中国的文艺复兴——中国革命中的自由主义(1917—1937)》,江苏人民出版社 1995 年版,第 242 页。

② 叶公超演讲,周锦笔记,《关于新月》,《联合报》1980 年 8 月 6 日,收入程新编《港台·国外谈中国现代文学作家》,四川文艺出版社 1986 年版,第 161 页。

③ 此启事刊登于 1927 年 6 月 27 日、28 日《申报》。转引自陈子善《关于新月派的史料》,《二十世纪中国文学史论》,王晓明主编,上海东方出版中心 1997 年版,第 211—212 页。

④ 参见 1927 年 6 月 27 日、28 日《申报》所刊《新月启示》。

个人：经理余上沅、会计陈衡粹、出版兼校对蒋家佐、发行谢家裕。① 其中，经理余上沅是陈衡哲的妹夫，会计陈衡粹是其妹妹。新月书店当时就设在余上沅所租房子的楼下。而新月书店的股东和主要人物如胡适、徐志摩等人也都是她很好的朋友。所以书店一开张他们便积极地向陈衡哲约稿。而此时陈衡哲已怀有身孕，在家待产。朋友的约稿与她计划整理近十年来诗文的想法不谋而合。当她将自己的这一想法告诉任鸿隽后，任鸿隽大力支持，这使陈衡哲下定决心整理出版自己的作品。很快，她便把自己的诗作寄给胡适。由于陈衡哲写的新诗尚不足以出一本诗集，因此她在选诗的时候也收入了一些旧体诗。有些诗虽然写得很好，比如当年那首让胡适、任鸿隽、杨杏佛等人都自叹弗如的《月》诗等。但因为是旧体，胡适觉得不太合适。所以在看了陈衡哲的诗集之后，尽管他很欣赏其中的一些诗篇，但还是建议她不要出版。不过在给陈衡哲的信中，胡适仍然很认真地提出了自己的意见。收到信后的陈衡哲虽然对自己的诗集不能出版有点遗憾，但还是很感谢胡适的建议。在给胡适的回信里，她表示了对胡适的感谢，同时她说自己的写作只是为了表现自我的感受而不是为了传达某种观念或是模仿某一流派：

> 承你告我关于诗集的事，使我非常的感谢。你批评我的诗的意见，我完全同意。但我还有一点要说的，那就是我的做诗——以至于做小说、文章，和其他一切为的是 expresion 而不是 impression。所以所做的东西，都是偏重于自己的温省，而不甚能得到技艺上的完成。这固然是一个大缺点——虽然我也不承认，我的诗是没有一首有艺术

---

① 谢家籍：《我记忆中的新月书店》，《古旧书讯》1983 年第 1 期。

上的价值的——但我总觉得他们当不曾失去天然的风韵，和那野草闲花一样的丰韵。他们都是我心底里发出来的真声。我应该宝贵他们，把他们付印出卖，似乎心中尚有些抱歉呢。

这不是我偏袒自己的作品，这真正是告诉你我是怎样的喜欢有一个收回付印的机会。一个人的作品，只要于自己能有价值，本不必求得大家的赞许。这在他种的文章容许不如是，但像诗那样 interisely personal 的东西，都实有这样的情形。你以为怎样?[①]

出版诗集的计划虽未如愿，但出版小说集的计划却进展顺利。陈衡哲选了自己十年来所写的十篇小说，准备出版。从 1917 年在《留美学生季报》上发表的《一日》开始，陈衡哲陆续在《新青年》《努力周报》《小说月报》《东方杂志》《现代评论》等刊物上发表了许多白话小说、散文、诗歌、戏剧等文学作品，当然也有论文和随笔。此次她选了十篇，编成第一本小说集。它们分别是《小雨点》《一日》《波儿》《老夫妻》《巫峡里的一个女子》《孟哥哥》《西风》《洛绮思的问题》《运河与扬子江》和《一支扣针的古事》。由于将小说集命名为《小雨点》，所以将这篇同名小说放在整个集子的最前面，其余各篇都是依照发表的时间先后顺序排列。

1928 年 4 月，上海新月书店出版陈衡哲短篇小说集《小雨点》，书前有《胡序》（胡适作）、《任序》（任鸿隽作）和《自序》，由陈衡哲的妹妹陈衡粹设计绘制封面（图 3 – 1、图 3 – 2、图 3 – 3、图 3 – 4）。

---

① 陈衡哲 1927 年 10 月 24 日致胡适的信，参见耿云志主编《胡适遗稿及秘藏书信 36》，黄山书社 1994 年版，第 500—501 页。

图3-1 短篇小说集《小雨点》

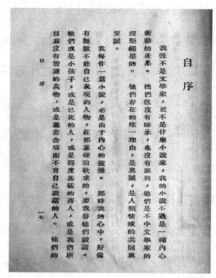

图3-2 《小雨点·自序》

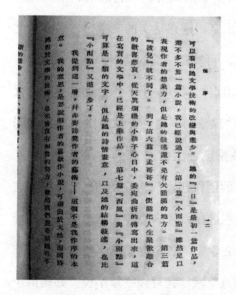

图3-3 《小雨点·任序》

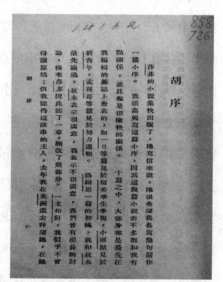

图3-4 《小雨点·胡序》

　　胡适在序言里回顾了自己与陈衡哲、任鸿隽"三个朋友"之间的文字因缘。尤其提出在美国留学时白话文论战以及陈衡哲对他的同情与支持。

他高度肯定了陈衡哲的白话文学创作。指出当自己与任鸿隽、杨杏佛等朋友还在讨论新文学问题的时候，陈衡哲已经开始用白话做文学了。所以胡适认为这种劈山开路的行为是注定应该被文学史大写一笔的。他将陈衡哲的这本小说集看作"作者十二年中援助新文学运动的一部分努力"，① 肯定其对新文学发展的重要意义。任鸿隽则继续不避"台内喝彩"的嫌疑，在序言中大赞妻子的"文学天才"。同时他也重温了与陈衡哲相识相知的过程，并且对集子里面的每一篇小说都进行了点评。任鸿隽也敏锐地指出陈衡哲在文学技术的改变与进步。他说："《一日》是最初的一篇作品，差不多不算是一篇小说，我已经说过了。第一篇《小雨点》虽然是以表现作者的想象力，但是她的叙述还不免有欠圆满的地方。第三篇《波儿》就不同了。到了第六篇《孟哥哥》，便能把人生聚散离合的欢喜悲哀，从天真烂漫的小孩子心目中，委宛曲折的传写出来，这在写实的文学中，已经是上乘作品。第七篇《西风》与《小雨点》可算是一类的文字，但是她的诗情画意，以及她的结构叙述，也比《小雨点》又进一步了。"② 而对于陈衡哲小说中所表现出来的"感觉的敏锐""深挚的同情心"以及"对于人生问题的见解"，任鸿隽在序言中也特别提醒读者注意。

陈衡哲自己则在序言中告白自己的创作初衷与内在动力，"既不是文学家，更不是什么小说家，我的小说不过是一种内心冲动的产品。他们既没有师承，也没有派别，他们是不中文学家的规矩绳墨的。他们存在的唯一理由，是真诚，是人类情感的共同与至诚。我每做一篇小说，必是由于内心的被扰。那时我的心中，好像有无数不能自己表现的人物，在那里硬

---

① 陈衡哲：《小雨点·胡序》，《小雨点》，新月书店 1928 年版，第 7 页。
② 同上书，第 12—13 页。

迫软求的，要我替他们说话。他们或是小孩子，或是已死的人，或是程度甚低的苦人，或是我们所目为没有知识的万物，或是蕴苦含痛而不肯自己说话的人。他们的种类虽多，性质虽杂，但他们的喜怒哀乐却都是十分诚恳的。他们求我，追我，搅扰我，使得我寝食不安，必待我把他们的志意情感，一一的表达出来之后，才让我恢复自由！他们是我作小说的唯一动机。他们来时，我一月可作数篇，他们若不来，我可以三年不写几字。这个搅扰我的势力，便是我所说的人类情感的共同与至诚。"①

《小雨点》出版后不久，他们的儿子任以安于 5 月 31 日呱呱坠地了。儿子的到来让陈衡哲和任鸿隽非常欣喜。而小说集《小雨点》在出版后引起的热烈反响也使陈衡哲备受鼓舞。由于有胡适、任鸿隽作序，再加上陈衡哲本人也是名噪一时的"中国第一女教授"，因此出版之后反响强烈，迅速售罄。1930 年 3 月新月书店又再版《小雨点》，读者依然热度不减。这本小说集所带来的反响，大大鼓舞了陈衡哲在文学创作方面继续努力的信心。她甚至对自身进行反思，认为自己其实并不适合做学问，决计要"改行"做一个文学家。1930 年 7 月 9 日，在给胡适的信中，她写道："我现在决计'改行'了。我近一二年来，已深刻的觉悟到我的缺少做学者的天分（我的家中曾有过文学家及艺术家，并且人数很多。但不曾有过大学问家），虽然历史的教训于我也有极大的益处。但这条错路使我现在弄到两头不着落，也是我的生命中甚可悔憾的一件事。幸现在已有觉悟，或尚来得及去研究一点我所心爱的文艺。此时因身体不好，及孩子幼小的缘故，当然只能做一点休养的工夫。但三四年之后，我必做成一部长篇小说，假使我对于诗词的研究不能成功到能使我出一本满意的诗集的地步。

---

① 陈衡哲：《小雨点·自序》，《小雨点》，新月书店 1928 年版，第 17—18 页。

你的意见是怎样?"①

陈衡哲做了十余年的学者和教授,而今忽然发现自己此前的种种努力原来只是为了实现小时候父母想把自己培养成学问家的梦想,这使她觉得丢弃了心爱的文艺,而去学历史,似乎有点遗憾。不过,此时她在文艺上的成就也足可令她感到欣慰。

第二节 《小雨点》的思想内容

陈衡哲小说题材范围较广,从身边的校园生活到现实生活,从个人生活体验到社会百态,从人情人性之思到客观物象,她用小说去关心现实社会人生,表达对自由、个性的讴歌,对个体生命价值与人生意义的执着追求。文本中蕴含的表现"人类情感的共同与至诚",使其作品呈现出丰富的思想内容。

首先,关注现实,展现生活中或艰辛或温情的种种情状,凸显陈衡哲对于社会人生的观察和世态人情冷暖的了悟。在小说作品中,关注、聚焦普通人的现实生存状况,选择日常生活中的琐事,以此反观社会历史中普通人的生存镜像,凸显作家的人道主义情怀。《波儿》描写的是波儿一家贫困窘迫的生活。波儿身患重病,终日躺在床上。她却恨自己不能帮助母亲康登太太操持家务。波儿妹妹爱伦娜"已经十五岁,却远和七八岁的孩子差不多",每天帮着干家务活,她收到乡下姑母的邀请去游玩,却因家务繁重而放弃。波儿的弟弟赫克托是一个"又黑又瘦又长的少年",在木

---

① 耿云志主编:《胡适遗稿及秘藏书信36》,黄山书社1994年版,第217—218页。

行里做工。她们都有音乐天赋，因为家里穷困而没有机会上学接受教育。她们放弃了童年所有的快乐，做着粗笨的体力活儿养活自己。小说富有温情的是尽管这一家人生活十分艰苦，但他们却相亲相爱。姐弟妹三人的互相关心以及为母亲分忧解难，展现了苦涩人生中的温暖。作者说："这篇中的情节，有一半是我亲眼看见的，我因受了它的感动，所以禁不住要来替波儿这一家人说两句话。"①《波儿》是一篇忠实的生活记录，作者同情波儿一家的辛酸生活，也为人物之间的温情深受感动。小说贴合实际，展现了苦涩人生中温馨而美好的日常故事，彰显了强烈的悲悯情怀。

陈衡哲善于从普通人的生活情状的描写中，书写琐碎中的温情，艰辛中的乐趣。《老夫妻》刻画了一对美国年老夫妇的生活晚景。小说没有写他们两人是如何同甘共苦，相濡以沫的，而是描写生活中的一个片段，展露出他们在平淡的生活中，虽有误会、摩擦、矛盾，但却情深义重。如小说一开头写生活的琐碎、家务的繁重，老太公抱怨："大概我终年终日，是不应该有一刻儿休息的。"老太婆也接着回嘴说："不错不错，这句话是我常对自己说的。我说：'我自从嫁了这个亨利华伦，简直可以说没有休息一天。一家八口，烧洗缝补，哪一件不是我一人做的？'现在孩子们都大了，他们也不要我了……"② 生活的操劳，使老太公和老太婆两人时常互相指责抱怨，然而，隔壁寡妇的到来使情节出现反转。邻居寡妇说："好了好了，华伦太太，我丈夫没有死的时候，我也常常如此。现在我想起从前我们两口儿怄气的情形，觉得已经和在天上一样，更不要说起我们说笑快乐的情形了。"③ 这一番话使老太婆、老太公都幡然醒悟，尽释了怨

---

① 陈衡哲：《小雨点》，新月书店 1928 年版，第 39 页。
② 同上书，第 50 页。
③ 同上书，第 51 页。

怼。故事波澜不惊，真实素朴，有浓厚的生活气息，文笔真实生动。

《巫峡里的一个女子》取材于进川经过巫峡时的见闻，是一篇带有传奇色彩的现实主义作品。"传奇"是因为是日常生活中的"反常"事件。然而这一"反常"却反证了人们在逼仄的环境下生活的艰难与不易。小说写一个贫苦的女子，不堪婆婆的虐待，跟丈夫和儿子一起逃到深山峡谷里隐居度日。一家人开荒种地、吃野果、猎禽兽，虽然生活极其艰苦，但因为没有了婆婆的打骂，所以过得十分快乐。她的丈夫隔段时间下山偷些东西回来改善生活。但是，有一次下山却再也没有回来，女子只好独自与儿子居住在山中。儿子长大后，女子也不敢让他下山，怕儿子同丈夫一样，一去不回。文学史上对这篇小说的评价并不高，朱维之认为"作者有意把它当小说来写的，那就是《巫峡里的一个女子》，但她失败了"。[①] 认为小说在情节、人物的安排多有不合理之处。陈衡哲自己对这篇小说情节的虚实也存在疑虑，在商务印书馆重印《小雨点》时，她将这篇小说删去了。后来，1935 年 12 月，当她跟随任川大校长的任鸿隽再次经过三峡时，陈衡哲认真地观察四处情形，以证实当年自己的观感。当她再次看到了高峰上那个挂布帘的山洞，看到了峭壁上仍然有人耕种的情景，方才确信自己没有看错。她才觉得自己当初写的那篇小说仍然有一点"写实的价值"。彼时，当有质疑这部小说"失真"时，陈衡哲指出，"社会上有些问题，初看似乎没什么价值，但仔细研究起来，却是和大局极有关系的"，[②] 以表明自己的态度。

总之，小说集以平民生活为表现对象，展示他们的生存状况，基于一

---

① 朱维之编:《陈衡哲散文选集》，百花文艺出版社 2004 年版，第 2 页。
② 陈衡哲:《关于〈努力〉的一个问题》，《努力周报》1922 年 8 月 13 日第 15 版。

种底层的平民关怀角度去审视与理解普通老百姓的喜怒哀乐。她的作品可贵之处在于让貌似平凡普通的凡人细事，折射出情感的珍贵、庄严和美好。

其次，肯定人的尊严，探索生命的价值和人生的意义。《小雨点》描绘了"小雨点"在大自然的一系列历程，期间遇到风伯伯、热心的泥沼、宽厚的河伯伯、慈爱的海公公、干枯的青莲花、脾气暴躁而善良的死池。作品描绘了这些拟人化物象在自在状态下的自持、坦然，尤其是透过"小雨点"来揭示个体虽然微小，然而却甘愿冒生命危险解救青莲花。而"小雨点"也在这种牺牲和奉献之中展现出它的伟大与生命的价值。《西风》这一寓言小说，通过拟人和象征的技法抒写人生的奉献、生命的意义。月亮儿、西风时时到污浊的下界给苦恼中的人们以宽慰、爱与快乐。月亮说："我宁愿牺牲了红枫谷里的快乐，常常下去看看他们，想利用我这一点的爱力，去洗涤洗涤他们的心胸，并且陪伴陪伴那比较高尚一点的人们的孤寂。"① 西风受了月亮的感化，它也在这歌声中听到了人们的苦恼，更在歌声中领悟到来自内心的召唤，一种使命感油然而生。西风最后终于带着秋叶、秋花、秋云、秋水飞到人间，慰藉一个幽怨苦恼的少女。之后，西风更是不时地到下界去引领那些陷入困境中的人们到红枫谷中。

《运河与扬子江》传达出陈衡哲对积极奋斗精神的歌颂："奋斗的辛苦啊！筋断骨折；奋斗的悲痛啊，心摧肺裂；奋斗的快乐啊！打倒了阻力，羞退了讥笑，征服了疑惑。痛苦的安慰，从火山的烈焰中，采取生活的真谛！泪是酸的，血是红的，生命的奋斗是彻底的！生命的奋斗是彻底的，

---

① 陈衡哲：《小雨点》，新月书店 1928 年版，第 82 页。

奋斗来的生命是美丽的!"① 扬子江一路凿穿了蜀山,打平了峭岩尖石,它的命运是奋斗来的;而运河的生命是人们给的,"成也由人,毁也由人"。② 文中赞美了扬子江的"造命"精神,鼓舞人们克服困难,高扬个性人格、奋发向上的创造力量,散发出"五四"昂扬奋进的勃勃生气。值得一提的是,由商务印书馆再版的小说集《小雨点》删去了《巫峡里的一个女子》,增补了《老柏与野蔷薇》。它是陈衡哲最晚发表的作品,同是探讨生命意义的文本。如果说《运河与扬子江》是"安命"与"造命"的追索,那么《老柏与野蔷薇》则是对生命长度和生命厚度的叩问。《老柏与野蔷薇》提出了人生难以完满的问题。老柏树自叹不能开花,没有风韵,不如野蔷薇的美丽、柔媚;野蔷薇自叹渺小脆弱,不如老柏树的伟大、坚贞。从表层看来,小说似乎是在通过二者的对话探讨一个尺有所短寸有所长的哲学命题,但是陈衡哲把它放在生命意义的形而上层面进行深度挖掘。"百年老树的槎枒,/不如妙曼的草花;/草花完成了生命的意义,/老树的缺憾终身无补期。"③ 小说借此赞叹野蔷薇短暂却富有价值的生命历程。钱杏邨评价陈衡哲说:"她能在作品中暗示积极的人生见解,以及创作关于问题的小说。"她"不仅在人生问题上较之其他女作家有更深切的研究,就是在文学本身的认识上——所谓文学的社会使命的认识上,也比其他一般的女作家深刻得多"。④

再次,对自由、诗意理想家园的追寻与构建。荷尔德林的诗句"充满劳绩,但人诗意地/栖居在这片大地上",经由海德格尔不无溢美的阐释,

① 陈衡哲:《小雨点》,新月书店1928年版,第134页。
② 同上书,第133页。
③ 陈衡哲:《老柏与野蔷薇》,《一支扣针的故事》,北方文艺出版社2014年版,第6页。
④ 钱杏邨:《关于陈衡哲创作的考察》,黄人影编:《当代中国女作家论》,上海书店1985年版,第251—252页。

已广为人知。可以说，"诗意地栖居"是人类永恒的梦想，也是根植于现实的追求。陈衡哲在小说《西风》中以一个有别于日常庸常、纷扰世俗的诗意空间：红枫谷，以此作为一种诗意的存在方式。在"红枫谷"这个环境中，人与自然物象，彼此相契，相融为一。小说中月亮儿、西风等拟人化的各种大自然物象，揭示了自然与人的零距离。作为有限个体的人如"哭泣的男子""小姑娘"等在超越者（月亮儿、西风）的引领之下获得精神的洗礼，并终于超越俗世。

陈衡哲认为对世俗纷扰的"下界"加以救赎的方式就是回归自然，恢复灵性，关注心灵，最后达到自我精神的净化和升华。小姑娘在红枫谷中忘却人世间的痛苦而体验到一种自由真淳，感受着大自然的抚慰。在大自然的慰藉下，小姑娘的痛苦消释了，她重新快乐起来。在陈衡哲笔下，"诗意"在本质上是对苦难的超越。因而，"月亮儿"作为自然的化身、超越者形象到庸俗的下界施以温情，使"哭泣的男子"感受到了自然的灵性，从而重新充满生命的活力。"西风"近乎是"神"的导引，引领苦闷、烦恼的"小姑娘"摆脱世俗，而步入一个诗意、自由的空间。作者这样写道：

> 从此以后，那少女便在红枫谷里住下。她终日与谷中的居民嬉戏，真好像回到了自己的老家一样。居民之中，她最喜欢的，除了西风以外，却要算是那枫树上的叶儿了。她觉得他们是秋光的最好代表。凡是秋天的声音颜色，诗情梦境，都很完全的藏在那长不盈寸的小小红叶之中。她有时和他们在空山之中，扑飞赛跑；有时把他们携回卧室，插入瓶中，放入杯里，挂在壁间，藏在床内。她常笑对她的朋友说道："看呵，这么多的枫叶！我差不多要做这个谷里的王后了！"

她又喜欢在那暮色苍茫，万籁悄寂的时候，独坐在路旁的一块石头上，看苹果一个个的从树上落下，落到那铺满了野菊花的地上去。谷内的松鼠很多，起初他们是很怕她的，但不久也就和她相熟了；他们常常抱着偷来的榛子儿，走到她的面前来，对着她剥食。那块石头的右边，是一条小涧，涧边开着许多木芙蓉，有红的，也有白的；他们常映着那淡弱的夕阳，在水中荡漾。那少女置身在这样丰盛清丽的秋色之中，常常忘了时刻；直待到那涧水里的芙蓉影子，渐渐成为模糊一团，星光渐渐在水面上闪烁起来，她才恍然于夜色已深，只得快快的回家睡觉。①

在这里，作者让自然充当神灵的角色，和人心产生感应。自然的灵性化解了世俗人的悲伤，从烦扰、痛苦中解脱出来。世人因此能恢复身上的灵性，消除内心的痛苦与不安，恢复心灵的自由和宁静。小说的独特处在于塑造自然万物所具有的人性魅力，表现其人格化自然的灵韵上。小说纯净，明秀的色彩和品质，呈现出独特的美感。

《西风》是陈衡哲于 1924 年 9 月 3 日作于南京，时战云密布，值直系军阀齐燮元与皖系军阀卢永祥爆发恶战。由于深感社会的动荡，人民的流离，而"想把清丽的秋色逐出人间去"，向往一片宁静的国土，作品中"红枫谷"便是理想所在。她在对现实的体悟中，试图构建出一个理想的精神乌托邦。

除了《西风》，还有其他作品如《小雨点》《孟哥哥》等，都试图以童话的轻灵、寓言的启示及童真童趣来疏离现实具体问题而抵达对人生的

---

① 陈衡哲：《小雨点》，新月书店 1928 年版，第 97 页。

超越性思考，从而形成"五四"时期一种独特的文学样式。陈衡哲在作品中提出人生的苦难问题，但她的问题书写不同于冰心、庐隐。冰心、庐隐、冯沅君的问题小说较贴近现实，而陈衡哲的作品虽源于生活，但却以超越姿态来构筑诗意与自由的精神世界。作者笔下的"红枫谷"，即是一种可以回归本真、自我，回到被日常遮蔽的精神地带。因而，陈衡哲是一位在新文学开拓期具有独特意义的作家，她的这一价值追求弥足珍贵。

最后，婚恋家庭问题，也是陈衡哲小说创作中关注的一个重要问题。妇女问题是"五四"时期文学创作的主题之一，恋爱自由，婚姻自主，妇女人格独立和教育问题成为社会普遍关心的话题。陈衡哲小说关注女性解放，尤其对女性独立、事业与家庭等问题做了个性化思考，代表性作品如《洛绮思的问题》《一只扣针的故事》，都是从女性视角出发，深入剖析现代女性事业与家庭、女性人格独立、女性命运等问题，陈衡哲也因此成为现代女性主义文学写作范型的先驱。

1924 年，陈衡哲一篇题为《洛绮思的问题》的小说载于《小说月报》的 10 月刊号上。这篇小说叙述了哲学教授瓦德与洛绮思相爱三年后宣告订婚。可是，订婚半个多月后，洛绮思担忧结婚后生儿育女妨碍她的学问事业，提出解除婚约，她说："结婚的一件事，实是女子的一个大问题。你们男子结了婚，至多不过加上一点经济上的担负，于你们的学问事业，是没有什么妨害的。至于女子结婚之后，情形便不同了：家务的主持，儿童的保护及教育，那一样是别人能够代劳的？"① "你从前不是常常说过，学问和事业，是人生最好的伴侣吗？你知道我是一个野心极大的女子——虽

---

① 陈衡哲：《小雨点》，新月书店 1928 年版，第 106 页。

然我并没有什么虚荣心。但我若是结了婚，我的前途便将生出无数阻力了。"① 瓦德虽然很伤心，但仍然遵从洛绮思的意见，解除了他们的婚约。此后，瓦德另娶了一位中学的体操教员。而年逾四十的洛绮思功成名就，成为一所名大学的哲学教授，并有了国际的声誉，她的著作被译成多国文字。"她少年时的梦想，她少年时的野心和希望，此时都已变成事实。她的学业，也真能做她的良好伴侣。"② 然而此时，她却时常做已结婚的梦。每每从梦中醒来，不禁惆怅万分，深感人生的遗憾与欠缺：

> 有一天，她正又坐在廊下正这样痴痴的想着，猛抬头看见对面的一带青山，浴着夕阳的反照，金紫相间，彩色万变，说不尽的奇伟美丽。她对着那青山注视了许久，心中忽然如有所悟，她觉得那山也和她的生命一样，总还欠缺了一点什么。她记得她从前在离山数十里的地方，曾见过一个明丽的小湖，那时她曾深惜这两个湖山，不能同在一处，去相成一个美丽的风景，以致安于山的，便得不着水的和乐同安闲，安于水的，便须失却山的巍峨同秀峻。她想到这里，更觉慨然有感于中，以为这是天公有意给她的一个暗示了。③

"安于山"与"安于水"的矛盾，"山"与"水"不能兼容的纠结，使洛绮思深感痛苦。陈衡哲揭示了知识女性在家庭与事业之间的两难，而洛绮思所经历的无奈抉择与灵魂的思索、煎熬在文中展现的触目惊心。在《洛绮思的问题》写作完稿后，任鸿隽敏锐地指出，"至于《洛绮思的问题》，我相信不是洛绮思个人的问题，乃是现今时代一切有教育女子的问

---

① 陈衡哲：《小雨点》，新月书店1928年版，第107页。
② 同上书，第123页。
③ 同上书，第128页。

题。这个问题，在外国已经发见多久了，可是在我国尚不见有人提及。但这个问题，迟早总是要来的，总是要解决的。作者此刻把她提出，我相信很值得大家的注意"。① 任鸿隽提到这个"问题"即是女性面临的婚姻家庭与事业志趣的矛盾。"五四"新文化运动以来，妇女的地位明显提高，对于妇女权利的关注与妇女争取自由问题的关注渐渐步入议程。早期的"五四"一代的作家作品中已经有不少是对这个问题的关注，鲁迅的《伤逝》就是其中一例。同样是知识女性的子君选择了家庭，然而却遭到了抛弃；而洛绮思选择了事业，却不得不忍受单身的缺憾。如何在事业与家庭之间加以平衡，这的确是一个棘手的问题。不过把这个问题提到社会理想的普遍意义上的女作家，陈衡哲算是最重要的一位了。正如贺玉波在《中国现代女作家》一文中指出陈衡哲道德意识题材的作品"能够利用难于解决的问题，而作成问题小说。从这点看来，我们可以得知作者对于西洋文学是极有心得的"。朱维之评论说："《洛绮思的问题》比较接近于小说，可以称为问题小说。用讲故事的方式，讲述自己对知识分子妇女的婚姻问题。"其实，作为女性"造命"成功的典型，陈衡哲为了自我价值实现付出了艰辛的努力，可以说她是有切身的经验体会的。任鸿隽评价这篇小说有陈衡哲的"真经验在内"，胡适说她："个性浸入文章"，② 的确如此。在其他文章中，陈衡哲从女性兼具个性与女性双重人格出发，提倡妇女争取独立、自由权利，在追求平等的基础上各司其职，"女子们要求得到一个发展个性与天才的机会，一个与男子平等的机会"。③ 同时，陈衡哲对妇女解放的思索结合了女性和家庭的特点，女子应该保持女性化，强调女性

① 陈衡哲：《小雨点·任序》，《小雨点》，新月书店 1928 年版，第 14 页。
② 耿云志主编：《胡适遗稿及秘藏书信 26》，黄山书社 1994 年影印本，第 105 页。
③ 陈衡哲：《妇女问题的根本谈》，《衡哲散文集》，河北教育出版社 1994 年版，第 132 页。

在家庭生活中无可取代的地位与职责,尤其是以家庭为职业并不为耻,而对于天才女子而言,如果能够兼及家庭与事业的"双重职业",是最完满的人生。陈衡哲提出这个问题,体现出她对女性在家庭与事业问题上的深刻思考。

小说《一支扣针的古事》①讲述一位卓越的模范母亲西克夫人的感人故事,探讨女性的母爱与爱情,生活道德原则与个性自由、情爱的实现与社会性之间的关系。"我"到朋友海伦的姑母西克夫人家里做客,见到了西克夫人,她除了自己的三个孩子外,家里还时常有其他少年们来玩耍、居住。大家都叫西克夫人"妈妈"。而西克夫人"真配做一个模范母亲","不论是美国人或是外国人,凡是到她这里来的青年,都叫她做妈妈。他们不但叫她做妈妈,他们的爱她敬她,也真和自己的母亲差不多。"②然而,这样一位看似快乐的模范母亲却有着难以言说的情感困扰。西克夫人是一位寡妇,她年轻时是位人格和才学都让人倾倒的美丽姑娘,西克先生和他的朋友勿兰克同时爱上了她。勿兰克因为不愿妨害与西克"五六年的友谊"而只好压抑自己的感情。西克死后,勿兰克又不愿使她的"爱儿爱女,感受到分毫的窘困"再一次错过了姻缘,勿兰克为她终身未娶。而钟情于勿兰克的西克夫人因为母爱牺牲了两性之爱,没有再婚,只是佩戴着勿兰克在她 14 岁时赠送她的爱情信物——耶鲁大学的金质扣针。勿兰克逝世后,他遗赠给西克夫人一笔巨款,足有 100 多万金元,而西克夫人则将这笔巨款全部捐给了全国的医院。无疑,这是一个美丽而伤感的爱情故事。

----

① 原名《一支扣针的古事》后改名为《一支扣针的故事》,署名:莎菲,《现代评论》,1926 年 第5卷 第106期,第12—17 页。

② 陈衡哲:《小雨点》,新月书店 1928 年版,第 138 页。

胡适说："《一支扣针》我似乎不曾得读原稿；但我认得这故事的主人，去年我在美洲还去拜望她，在她家里谈了半天。"（《小雨点》胡序）小说中令人震撼的是展露了主人公间那种爱而不能、爱而不得的情感困境，展现了世俗道德与人性欲望、社会规训与个性自由难以两全的痛苦。在西克夫人，"她为了这个母爱，这个从她的儿女推广到他人的儿女的母爱，可以牺牲其余一切的一切，虽然有许多牺牲也是十分痛苦的。"[①] "痛苦的牺牲"是西克夫人的切身体验，是对自己情感的克制与压抑，为通行的社会规则、道德领地而做出让步与牺牲，尽管这是非常痛苦的，然而她无能为力。她以外在道德审判与自我责任编织成一张牢不可破的罗网，直至孩子们成家立业，一个个离她而去，而她的晚年疾病缠身，孤独地走向生命的终点。"那样一位才华无比的女子，那样一位理想的母亲，竟像泡影一样的，轻轻的消逝了。"[②]

西克夫人对扣针的珍视，象征着一种纯粹的精神爱恋。陈衡哲在爱情与母职的探讨上，显然是极度赞扬西克夫人的伟大母爱和牺牲精神的，但是诚如勿兰克所言："母爱是一件神圣的事。但你我的爱又何尝不神圣？承你重视那支扣针，使我感泣。我的最敬爱的，你也能那样的爱怜赠送你那支扣针的人吗？"这种来自心灵深处的呐喊，是震撼人心的情感"宣言"。作为朋友，勿兰克从欧洲到美洲来看望西克夫人时，却有着心照不宣的认同：勿兰克只能住旅馆，以避人闲言碎语。在这里，道德的挟制是根深蒂固的，小说以理智克制情感的带有教徒式的规训，来成全世俗道德伦理。对于这种精神、情爱的自我"清洁"现象，孟悦、戴锦华在《浮出

---

① 陈衡哲：《小雨点》，新月书店 1928 年版，第 140 页。
② 同上书，第 150 页。

历史地表》一书中，认为"五四"女性对两性关系的思考是以传统文学的"淫"为参照系的，在爱情描写中女作家处于无语言状态，只得夸大精神恋爱的神圣性而别于传统文学中女性作为性欲对象化的处理方式。这是一种观照的维度，然而，却从另一个侧面提示我们超拔、神圣的"精神恋爱"，却是有违人性的。这也揭示了妇女的个性解放，仍然是一个未竟的现代性命题。

第三节 《小雨点》的艺术特征

在"五四"时代的小说家中，陈衡哲是最早创作白话小说的女作家。她在胡适倡导"文学改良"之初就有了实际的创作，这也奠定了她在新文学史中的重要地位。她的小说并不多，但很有特色，主要表现在以下几个方面。

一 截取生活横断面，生动传神

作为一种叙事手法，横断面的描写即是从长过程中截取一个片段、场面，或提取事物的某个侧面、人物之间的某一冲突，来铺排故事情节，传达核心题旨。横断面的叙事手法，是一种高度浓缩的情节结构模式，它如同打开一个小小的窗口来看大千世界，景致纷呈，摇曳多姿。陈衡哲善于运用这一横断面的艺术手法，她往往从生活的横断面作为切入点，以素描方式展现生活百态与人情冷暖。《波儿》[①] 是一篇情文并茂的作品，小说从

① 《波儿》1920 年 10 月发表在《新青年》第 8 卷第 3 号。

重病垂死的少女波儿切入，写了寡居的康登太太与三个子女互助互爱的生活。孩子们都尽所能地去减轻母亲的劳累，母亲却总想自己多干些活，好使儿女们多休息。生活的艰辛，亲情之爱，这为"悲凉"的生活注入了暖色。为了传达这一核心思想，小说特地截取了康登太太和三个儿女的晚间生活场景，通过人物对话，展示了康登太太一家人为了生计而承受的超负荷劳作。小说开篇写重病躺在床上的波儿，却在记挂着自己的弟弟妹妹。尽管现实残酷，但人与人之间的相互关爱却使生活充盈着一种温暖与明媚的光彩。

《老夫妻》主要叙写一天的晚餐前后片段，展现了一对年迈夫妇琐碎但不失温情的日常生活。老太婆、老太公原本因琐事生气，后来因寡妇的一番劝解，两个人和好，一起吃晚餐，老太婆精心做了老太公最爱吃的苹果点心，老太公回忆起30多年前到老太婆家里时吃同样的点心的场景，深有感触。作品文字平实，但写得真实、朴素、感情饱满，充盈着一股动人的暖流。《一日》选取美国女子大学的新生在宿舍中从早晨到晚上一天的琐屑生活情形，以学生学习生活的几个重要事件串联起全篇。其中，学生的赖床、争分夺秒复习应付考试、监舍长寻找新生、生动具体的上课情形、教务长对差生采取的措施、外国学生对中国的好奇、学说中国话，以及青年会收取捐款等事件，生动再现学生紧张又快活，自由又有压力的生活。全篇富有生活气息，如贝田午餐为了节省时间而带吃食进图书馆学习；又如上午的课室中，米儿博士上课，一上场，米儿老师要大家写作业，大家高度紧张，精心准备，但最后老师只要卡儿把答案读出来大家评论，只需巴德一个人提交作业。大家虚惊一场。陈衡哲曾谈到，《一日》"它既无结构，亦无目的，所以只能算是一种白描，不能算为小说。但他的描写是很忠诚的,又因为它是我初次的人情描写,所以觉得应该把它保存起来"。①

二 描绘细节,情真意切

短篇小说是一种比较短小精悍的文体,它要做到言简意赅,以少胜多,就必须具有很强的概括力,善于抓住典型事件,通过细节描写表现思想题旨,塑造人物。陈衡哲擅长捕捉细微的情绪流动。对生活细部的揭示、对人物内心的洞悉上,都细针密缕,颇见功力。其细节描绘的特点主要体现在以下几点。一是典型性,能抓住最具代表性的细节、场景来塑造人物,展现人物性格,或用以说明某种现象或问题;二是生动性,绘声绘色,形象可感;三是情感性,在细节中饱含细腻丰富的感情色彩,富有感染力。

陈衡哲善于绘声绘色描摹人物情感的微妙变化,并以此推动情节发展。《洛绮思的问题》采用线性叙述,其中还运用信件这一最具私语、独白性的艺术手法描摹主人公的内心世界。对于洛绮思在事业与婚姻之间的矛盾心理做精细描绘。如描写洛绮思这一核心人物,陈衡哲十分注意运用典型细节去表现人物的个性、人格和精神状况。洛绮思倾心追求学问知识而放弃了与瓦德的婚约。但是,当洛绮思知道瓦德结婚时,心里却掀起了大波澜,小说这样写道:

> 洛绮思得到瓦德结婚消息的时候,心中未免有些不舒服,对于瓦德也未免有些怨怼和失望。但她是一位哲学家,又是深有心理研

---

① 陈衡哲:《一日》,《一支扣针的故事》,北方文艺出版社 2014 年版,第 130 页。

究的人，所以不久便把这一件事，阐悟得晶莹透澈。此时她不但不责怪瓦德的无情，并且反觉得自己对不住他，以为他若不曾和她有过这番先乐后悲的经验，又何至于急不择偶，去和一位与他志行学问绝不相类的女子结婚呢？但她究竟不知道瓦德此时的心是怎样，或者他已不愿意再与她通信了罢。然她又不能不睬他；她思之又思，遂决意用老友的态度，写了一封贺信给他，并诚心的祝望他们两人将来的幸福。[①]

小说细描洛绮思与瓦德已约定保持纯洁的"友谊"，然而洛绮思得知瓦德结婚后心中却仍"有些不舒服"，"有些怨怼和失望"。这一细微的心理活动的刻画，展现陈衡哲对"心灵的辩证法"熟稔于心，善于对人物情感层累作用之下的艺术张力做精细地描摹。情感自古以来都是难以言说的，是如此微妙、复杂而又多变，而陈衡哲却察人以微，揭示了人心、人性之深处，实是洞见过人。其实，小说刻画人物心理的精深，堪称一绝，人物的思想心理活动犹如一场场精彩的"演剧"，下面拟录几段。小说写当洛绮思功成名就之后，却总觉得生命似乎缺了什么：

> 但她的以往可容她反悔吗？她明明知道，她做那个梦的时候，若非在她学业已成之后，她在梦中的感觉，也就决不会那么和谐、那么完美的。她将听了那个梦鬼的劝告，重去做一做那个梦吗？照理想方面看来，这似乎是一个极好的办法。但是重做这个梦，也许有个条件呵！那梦中的金银花，不妨永远开放，永远香馨，但她自己园中的金银花，却是不待秋风之来，便要零落凋谢的。减去了金银花的香味，

---

① 陈衡哲：《小雨点》，新月书店 1928 年版，第 116—117 页。

那梦还有什么意思呢?①

洛绮思心中这一"神圣的秘密",展现了人作为"矛盾共同体"的深邃复杂。此情可追忆,人们总是按照现实法则来生存。因而,精神世界多了灵魂的挣扎、抗争与诗性的回味。陈衡哲对于人物情感的张力叙述还表现在小说的男主人公瓦德的心理活动。瓦德是享誉海内外的哲学教授,与其弟子洛绮思相恋并订婚,在参加学术年会时,"饱受了他的朋友们的羡慕和祝贺,因此他的心中愈加得意。他想,自从我认识了洛绮思之后,才知道除了学问之外,人生还有别的意味呢。"当洛绮思为了事业而放弃婚约时,瓦德受到的打击"像梦境了,或者他真是在做梦罢"。后来,他虽结婚了,但却抹不掉洛绮思的身影,为了不伤害现任妻子和前任恋人的心灵,他将真实的情愫埋藏心底,因而小说中出现了瓦德写给洛绮思的两封不同措辞的信。第一封信写道:

> 有许多我的朋友们,以为我应该找一个志同道合的人来做终身的伴侣。我岂不愿如此,但是,洛绮思,天上的天鹅,是轻易不到人间来的。这一层不用我说了,你当能比我更为明白。
>
> 我不愿对于我的妻子有不满意的说话,但我又怎能欺骗自己,说我的梦想是实现了呢?我既娶了妻子,自当尽我丈夫的责任,但我心中总有一角之地,是不能给她的。那一角之中,藏着无限的过去的悲欢,无限天堂地狱的色相。我常趁无人时,把他打开,细味一回,伤心一回,让他把我的心狠狠的揉搓一回,又把他关闭了。这是我的第二个世界,谁也不许偷窥的。它是一个神秘的世界,他能碎我的心,

---

① 陈衡哲:《小雨点》,新月书店 1928 年版,第 127—128 页。

但我是情愿的；他有魔力能使我贪恋那个又苦又酸的泉水，胜于一切世俗的甘泉。

我的朋友，请你恕我的乱言。我实愿有一个人，来与我同游这个世界。我怎敢希望这个人是你呢？但你却是这个世界的创造者，没有你便没有他，所以他是纯洁的，出世的，不染尘滓的。

我不多写了，我要求你明白，瓦德虽然结了婚，但他不曾因此关闭了他的心；尤其是对于洛绮思，他的心是永远开放着的。①

这是一封缠绵、哀怨的信，甚至可说是向恋人表白的"情书"，是瓦德最深最隐秘的内心世界，是他最真实、最深切的内心活动。然而囿于现实，瓦德又不得不写了另外一封信。于是，在小说中又有一封"冠冕堂皇"的、外交辞令式的信：

瓦德结婚了！承你相贺极感。他是该受你这个贺意的，但他也值得受你的恕谅和悲悯。……我祝你永远像天空的飞鸟，云栖霞宿，前程无疆。我愿你他日的成就，能使你这个教师和老友惭愧。请你记着，他对于你的敬爱，是永不会改变的。在你翱翔的途程中，若有需他帮助的地方，请你随时使他知道，因为这是他生命中的一个最大的希望和快乐。②

前一封信署名是"我永远是你的，瓦德。"后一封信则署"你的忠诚的朋友，瓦德。"这不得不说作家在洞察、拿捏、表达情感时高超的领悟力与艺术表现力。陈衡哲在传达人之常"情"时的艺术功力可见一斑。因

---

① 陈衡哲：《小雨点》，新月书店1928年版，第118—119页。
② 同上书，第121—122页。

而，当洛绮思得到这封信后：

> 又是感慨，又是喜悦：她一方面深怜瓦德，一方面又庆幸他们两人的友谊，可以从此继续不断。因为他们此时的交情，真像经过火炼的赤金一样，是什么杂质都没有的了。他们自知已是没有嫌疑可避，除了切磋学问，勉励人格之外，在他们两人中间，是没有别的关系可以发生的了。但他们的朋友们怎能明白这个呢？他们但见瓦德和洛绮思的交情，又经过了一个变化，他们但觉得从前的迷雾，更深一重罢了。①

《巫峡里的一个女子》在人物的心理刻画上也是直击人心，富有穿透力。如写为了维持生计，丈夫下山寻找粮食和日用物品。妻子的心理：

> 他要下坡了，她心里觉得很难过，觉得要哭。她自己也不免奇怪起来。他们从前也曾常常分离的，为什么这一回觉得那样悲伤呢？她觉得他若走了，她就成为一个孤身了，孤身的生活，是从来没有经过的，从前至少还有一个打她骂她的婆婆和她同住着。她此刻差不多情愿被她的婆婆打骂，不愿一人独居在荒山中了。

> 但他终于下坡了，下去，下去。他愈变愈小了，看不见了。不，看得见的。那下面远远的一点黑子，不是她的丈夫吗？但那个黑子终于看不见了。于是她哭着，抱着她的儿子，回到那个洞里去。那洞里多么冷呵，多么黑暗呵！为什么她从前不曾觉得呢？到了晚上，她更怕了。她又怕鬼来要她的命，又怕野兽来吃她的儿子。她紧紧的抱着他，坐了一夜，到了天明，才合了一合眼。但是一合眼，便看见无数

---

① 陈衡哲：《小雨点》，新月书店 1928 年版，第 122—123 页。

的恶鬼饿兽，把她骇得叫不出声来，睁开眼睛看看，又不见了。

她这样的过了三天，看看她的丈夫还是不回来。但她也渐渐的惯了，不像前几天那么怕了。①

这里细腻地描摹出"她"在山洞里的孤独与恐惧。又如小说写丈夫始终没有回来，"她"和儿子两人在山洞里生活：

是的，她在那巫峡里的荒山中，已经过了五年了。她的儿子是已经八岁了，她的丈夫是已经不见了四年半了。峡外的生活，峡外的世界，她已经记不得；就是记得，也不过是些梦境罢了。她有时看看山下的河，仿佛看得见船只。她想那些船上难道真的有人吗？世界上除了她和她的儿子以外，难道还有别的人吗？但是她又模糊记得，她从前也曾和别的人同住过，走出屋外，还有邻居呢，还有卖什物的人呢。这真奇怪，难道她从前真的过过这样的生活吗？难道她曾经在平地上住过吗？她的儿子不能信，她自己也不能信。②

而这种"不能信"的恍惚，正生动地展现了女子的孤寂、清冷、与世隔绝的生活。这一段心理刻画，呈现出鲜活的人生经验。而小说结局的悬念，也传达出作家深切的同情与悲感。可以说，尽管这篇小说在《小雨点》再版时被置换成了另一作品，但就其艺术性而言，在"五四"时期女作家的众多妇女题材作品中都称得上是较为成功的。

陈衡哲不仅在塑造人物时善于运用细节描绘，而且，在描写客观物象时，也同样注意在细节刻画上下功夫，以此来推进故事情节的发展。如

① 陈衡哲：《小雨点》，新月书店1928年版，第61—62页。
② 同上书，第64页。

《一支扣针的故事》以"我"到朋友海伦的姑母西克夫人家里做客，家里每天欢歌笑语。但紧接着出现一个紧张的场景，每天都别在西克夫人衣服上的扣针丢失了，全家都紧张恐慌，女仆们都极力声明自己的无辜。西克夫人心里极为焦急，但却强自镇定。后来，西克夫人才告诉"我"扣针的来历：

> "真是不幸的很"，西克夫人在汽车里这样对我说，"你知道吗，这支扣针是我十四岁时，一位正在耶路读书的朋友送给我的。"她说到这里，便把两眼向车窗外望着，似乎是在回忆什么似的，又似乎是在避免我的眼光。隔了一会，她才叹了一口气，说道，"他已死了五年了，这位赠我那支扣针的朋友！"①

这一典型细节，展现了一个事实，即从西克夫人焦急神情推断出这支扣针与西克夫人之间"有一种特别的关系"。揭示西克夫人内心深处对于扣针的格外珍爱。同时，这一细节也反证了西克夫人所说的"痛苦的牺牲"的真正意义。小说中运用倒叙、悬念等艺术手法，使人物性格、故事情节像剥洋葱一样一点一点地揭露出来，使叙事一波三折，韵味无穷。

小说《小雨点》中，小雨点原本住在紫山上面的云里，有一天被一阵风卷到了地面上，它原本很恐惧，害怕，还动不动就哭。可是当青莲花需要小雨点来复活时，小雨点非常勇敢地接受了请求。青莲花把小雨点吸到了她的液管里去。而受了雨露的青莲花忽然变得美丽丰满，在风中摇摆，散发着淡淡的花香。路过的一个小女孩摘取了青莲花戴在她自己的头发上。但是到了晚上，女孩子又不喜欢青莲花了，她把青莲花丢弃在园子

---

① 陈衡哲：《小雨点》，新月书店1928年版，第142—143页。

里。青莲花知道自己这次真要死了，她告诉了小雨点自己的经历。小雨点着急了，说"青莲花，青莲花！快快的不要死，我愿意再让你把我吸到你的液管里去"。但是青莲花已经听不见它了。这一细节，呈现出小雨点的勇敢、爱与奉献。《西风》中赞赏"西风"的高洁、爱心，是污浊尘世中的清新剂、是生命活力的助推力。没有西风，一切都是停滞的、凝固的、僵化的。

他一路想着，不觉已经走出了他的芙蓉穴。忽见穴的两旁，站满了红黄的落叶。他们正向穴口观望，悲嗟叹息。此时见西风走了出来，不觉齐声欢呼，一拥上前，把他围住，苦苦的要求他，仍把他们带到下界去。

西风见了这个情形，又惊又喜，便立刻答应了他们的要求。只听得呼吼一声，霎时间，红叶与黄叶，漫空弥谷，蹁跹回翔，转展的直向下界飞去了。

西风把叶儿们送到了人间，正在徘徊观望，想去找找月亮儿，忽见方才从红枫谷里流下的涧水，正停住在一个田畔，凝思不动。他看见了西风，不觉喜逐颜开，对西风道：

"西风哥，你看我可笑不可笑呢？我自从到了下界之后，竟停住不能再流了。你肯把我推动一下吗？"

西风于是走近涧边，只把那涧水轻轻的一推，说也奇怪，那秋水便如复活了一样，跳跃欢欣，奔流向大河去了。

但西风因心中挂念着月亮儿，此时不免又抬头向天上张望。猛然间，只见那从红枫谷里飞下来的白云，正呆呆的挂在半天里，愁眉不展的在那里发急呢。

"怎么!"西风不觉好笑的发问,"你也不中用了吗?"

白云涨红了脸,迟疑了半晌,才答道:"惭愧惭愧!我们红枫谷里的居民,除了蝴蝶之外,一到下界,便都像了这里的人民,成为废物了。"

于是西风纵身一跃,腾入了白云深处,他向白云吹了一口气。只见纤云片片,轻盈皎洁,立刻荡漾于青天碧山之间,回复了他们活泼的原状。

西风叹了一口气,便在一座满挂薜荔的岩下,坐了下来。他此时不暇再想那少女和月亮儿了,他只觉得白云红叶们的可怜;他的心竟为着他没有自主能力的同伴,充满了无限的悲哀。①

这一细节,表明"西风"对于世间万物复苏、活力的意义。对于红黄的落叶、涧水、白云等给予生命的复活。这里"西风"犹如生命的酵母,升腾着生命的活力。

《老夫妻》中的一个典型细节是老夫妻在争吵后吃晚餐,老太婆给老太公做了美味的苹果点心,而这一细节,使老夫妻瞬时回忆起30多年前的一天,老太公到老太婆家里拜访。小说这样写道:

老太婆取出了一块苹果做的点心,放在老太公的座位面前。

老太公,(自房中走出,见点心)"这是那里来的?"

老太婆,"这是我今天为了你做的。"

老太公,"爱娜,你可记得三十多年前的那一天,我到你家里去看你,你把这个点心给我吃的情形吗?"

---

① 陈衡哲:《小雨点》,新月书店1928年版,第89—91页。

老太婆，"怎的不记得，你那天差不多把碟子都吃下去呢。"

老太公，（且吃点心且说）"这个点心，也和那天的差不多，不过碟子是我自己的，我舍不得把他吃下去罢了！"

老太公说着，两个人忍不住都笑起来了。①

这里，苹果点心成为夫妻恩爱的见证，是两人相濡以沫的情感映照。作者抓住了这一细节，并加以提升，使其成为小说情节中的画龙点睛之笔。

陈衡哲善于在绘声绘色的描摹中，为人物情感的微妙变化，情节的流动做映衬，真可谓"此处无声胜有声"。《波儿》的一个细节是"外面的天色很暗了，波儿的房中，却还没有灯火"。从"天色很暗"，到房中"却还没有灯火"这一细节表明，康登太太家里的俭省，也同时透露了这个家庭极为贫困。而贫困的生活重压、长期得不到休息与营养品的补给，使康登太太的三个孩子都发育不良，尤其大孩子波儿早已疾病缠身，重病在床。小说写医生说如要医好，只有一个法子："除非把波儿送到乡下去，一点闲事都不管，尽量的休息和吃顶好的东西。"而这种疗法对于一个挣扎在贫病交加的孤寡家庭来说，却如天方夜谭，是不可能实现的奢望。波儿弟弟赫克托"又黑又瘦又高"的少年，妹妹爱伦娜虽然已经 15 岁，却和七八岁的孩子差不多。小说中写全家都瞒着波儿有病不能医的真相，但其实波儿早已知晓，她不为自己的生命即将消殒而悲痛，反而记挂着家人：

波儿此时叹着气，声音极微的对着赫克托说："赫克托，我自己也知道，我这个病是不易好的。不过我若死了，家里更没有人赚钱，

---

① 陈衡哲：《小雨点》，新月书店 1928 年版，第 52—53 页。

真要苦你一人了。"

赫克托哭了,爱伦娜也哭。

波儿忍泪说道:"快点不要这个样子,给妈妈听见了,害她心里难过。爱伦娜,你且不必告诉妈妈,说我已经知道医生的话了。你理会得我的意思吗?"

爱伦娜正要开口,忽听见康登太太在房门外低声唤赫克托,赫克托拭泪走出。爱伦娜取了她妈妈的衣服,且缝且唱。波儿闭眼微笑听着。停了一会,她似乎睡着了;爱伦娜却仍旧唱着,一面缝他妈妈的衣服。①

小说篇幅虽短,但这种真情流淌的细节比比皆是。陈衡哲的小说,在自然景物、人物来历等笔墨篇幅不多,而是善于用典型细节来揭示核心题旨、塑造人物性格、渲染情感。陈衡哲具有一般女性作家所特有的丰富细腻的内心世界,她的小说重心落在白描上,以素描式的风格呈现人物、讲述故事。她在小说中的情节设置,多源于日常生活的小事,她作品的可贵之处在于让平凡普通的凡人细事,折射出情感的珍贵、庄严和美好。这是她对人生的期望、对生活的感悟、对温情主义的赞颂,更是理想生存样态的呼唤。

三 构思精巧,诗意盎然

陈衡哲善于精心构思,不但章法整饬,讲求结构,而且,小说语言清逸隽永,善于营造诗境,抒情意味浓厚。《一日》是陈衡哲进行白话文创

---

① 陈衡哲:《小雨点》,新月书店 1928 年版,第 47—48 页。

作之时的"最初的试作"，她用简洁隽永的笔墨刻画了美国女子大学大一新生的校园生活。小说塑造了一大批人物，情节繁杂却描写简单，将大量人物和情节容纳在短小篇幅中。陈衡哲在"著者按"提道，"一国之风俗习尚，惟于琐处能见其真。而美国女子大学之日常情形，又多为吾国人所欲知而未能者"。① 陈衡哲还谈到自己是以"潘萨校中身历目击之种种琐节"（潘萨即瓦沙大学）来作此文的。显然，陈衡哲的《一日》是其身边琐事的真实描绘，"非有贬褒之意存于其间也"。② 《老夫妻》截取一对老夫妻生活的横断面，以某日傍晚两人从争吵到和解的场景入笔，目的是务求"经济""明白"。值得称道的还有《洛绮思的问题》，这是陈衡哲的一篇艺术技巧圆熟之作，其高明之处在于，透过"洛绮思"这一个体的问题映射出时代的问题，乃至现代性的问题，"这一个"洛绮思因而具有了典型性。作者为了达到这一目的，精心构思，材料选用、剪裁谨严，情节往往思虑再三，反复斟酌、酝酿。在这一写作过程中，精益求精的陈衡哲，不仅把《洛绮思的问题》初稿给"第一读者"任鸿隽阅读，还给胡适写了三封长信专门探讨文章的情节结构、人物形象塑造以及语言表达等。③ 事实上，小说《洛绮思的问题》的最初原貌，读者已无法看到。据胡适1928年3月21日为陈衡哲作品集《小雨点》作序时所说，小说在发表时已有较大改动，且改动的原因来自胡适。胡适说道：《洛绮思》一篇的初稿，我和叔永最先读过，叔永表示很满意，我表示不很满意，我们曾有很长的讨论，后来莎菲因此添了一章，删改了几部分。胡适与陈衡哲的讨论，有

① 陈衡哲：《一日》，《留美学生季报》1917年第4卷第2期，第63页。
② 同上。
③ 参见沈卫威《〈洛绮思的问题〉的作者告白——关于陈衡哲致胡适的三封信》，《河南大学学报》（社会科学版）1999年第2期。

陈的信可见，但胡适原信已无法获得。从陈信的解说中，仅可见胡适的部分意见。陈衡哲在给胡适的信件中，特地谈到了自己的创作构思："'她的问题'的主要分子，乃在第二及第四段，换言之，即是'安于山呢'？还是'安于水呢'的一个问题。因此我在这篇小说中，不得不分出一个宾主：第二及四段为主，第一及三段为宾。故在第二段，曾用对谈的方法，把这个'问题'讨论到彻底；在第四段，也曾用心理的写法，把他的惆怅，曲曲写出。"① 陈衡哲为了突出主人公洛绮思的问题，即婚姻与事业的矛盾，而对其他人物、枝节问题进行压缩，在主宾的结构上重新进行编排。"因为第三段即在宾位，也还容受得一点具体的写法，只要不过于吃紧罢了。……但在这篇小说中，第三段总以居宾位为是，我们若把那个'柏拉图式的友谊'写得太 ideal［理想，完美］，又怎能衬得出后来的惆怅呢？因为这个友谊不能免她的惆怅，所以生出她的这个大问题。这是这篇小说的宗干，其余都是枝叶了。"陈衡哲为了突出女主人公洛绮思，而对瓦德及他的新夫人篇幅很少。就此，她进行了说明，在给胡适的信中说："这大概是因为我对于洛绮思太注意了，遂不知不觉的疏忽了其余的人物。还有一层，这小说的主人翁既是女子，而作者又是一个女子，所以对于男子心理的描写，容有不公平之处（叔永也说我的瓦德有点虎头蛇尾），这是我应向瓦德道歉的。但我实不敢承认我是有意把他'写低'（新夫人是宾之又宾，说不到抑扬上去）。但看第二段上他们两个辩论时的瓦德，你就知道我曾把他写得十分高尚纯洁，十分的刻（克）己为人，即此一端，已足见瓦德并不是一个平常的男子了。对于

① 陈衡哲致胡适的三封信收入耿云志主编《胡适遗稿及秘藏书信》（手稿），黄山书社1994年影印本，第26册，第105—119页。

他娶一本无关系的女子为妻，本来并无贬义，况且也是事实。我的 model
在她的朋友娶妻之后，仍是日日盼望他的来信，也是瓦德人格不错的一
证。但我甚感谢你的评语，因为我因此尤觉得第三段改作的必要。无论
或照你的意思，删去一章，把他写得轻淡些；或照我十二日之信所说的，
把他写得再具体些——无论如何做法，我总当尽力把'抑'瓦德的嫌疑
及痕迹消灭去，以谢你的一番评论。"陈衡哲也吸取了胡适的意见，将
"抑"男主人公瓦德的内容进行删除，而增添的内容以展现瓦德的高洁
品行。因而小说中呈现瓦德写三封信给洛绮思来剖白自己的情思，则显
得意味深长了。

同时，陈衡哲为了展现女性在现实中遭遇的情感困境，难以两全的
切肤之痛。因而，在情节安排，尤其是细节处理如瓦德婚后写给洛绮思
的两封不同措辞的信、洛绮思的白日一"梦"等安排，是极为巧妙，颇
费匠心的。在写给胡适的信中，陈衡哲指出："这篇小说的难做处，在
他的一个矛盾的地方：洛绮思一方面与瓦德做好朋友，而一方面又感到
身世之孤寂。……还有一层，他们两人的友谊，你说我的 title［题目、
标题］是太 emphatic［强调的］了。其实友谊尽自金坚玉洁，尽自一百
分的'柏拉图式'，而惆怅仍不妨如故。虽洛绮思已老，而情感则并不
因老而减少，情感如此，惆怅便不能免。此节我以为凡是富于情感的女
子都能领会得，但你与叔永都是男子，我怎能使你们领会呢？总而言之，
这件事是长篇小说的材料，若要把他写为短篇，只有牺牲一点；因为短
篇小说中有了两个主人翁，似乎便要软弱无力了。你以为如何？"① 可以

---

① 以上参见耿云志主编《胡适遗稿及秘藏书信（手稿）》第 26 册，黄山书社 1994 年影印
本，第 105—119 页。

看出，陈衡哲在材料的挪用、择取、艺术表现手法等方面颇为讲究。她以"问题"为中心来安排小说的主次结构，"问题"的表现和讨论正是小说的着力点所在。这样的创作方式是学者思维对文学创作过程某种程度的影响。不过，最后发表的小说中理念的阐释已然融入流畅的叙述和诗化的描写中，这或许应该是胡适评语"太抽象"之后，陈衡哲进行有意识修改的效果。

《一支扣针的故事》同样是一篇优秀的作品。小说叙述西克夫人在丈夫去世后为了履行抚育子女的责任而放弃再次拥有爱情的机会，赞颂了母职的神圣。然而，作者的深刻之处在于勾勒了人物为了神圣责任而舍弃爱情的心理纠结。因而，小说富有情感的张力和丰盈的审美意味。虽然这篇小说没有《洛绮思的问题》层次分明的逻辑结构，但是鲜明的问题意识还是串联在文本之中。小说在叙述这个故事时进行了两次延宕，小说开始即设置了多个悬念，为什么西克夫人对扣针如此珍爱；西克夫人与勿兰克相互爱慕，但为什么嫁给了西克先生；西克先生过世后，为什么西克夫人未能再嫁给勿兰克；孀居的西克夫人与勿兰克有无交往等疑问。针对这些问题，小说在结尾以海伦把年轻时勿兰克给西克夫人的信件，转寄给"我"，"我"转译其中的三封信附在文尾，一个个疑团随即解开。这样的小说结构有波澜、悬置，引人入胜，具有可读性。其实，材料如何剪裁，陈衡哲在这一篇小说中的处理无疑是较为成功的。如果小说将西克夫人与西克先生、勿兰克早年的交往情形、西克夫人与西克婚后场景，以及西克逝世十余年间的生活细节，等等诸如此类情节逐一叙述，那就是陪衬拖带太多，而且琐屑芜杂，连不成一气。所以作者并没有按部就班，一一罗列交代，而是从最重要的部分，极力渲染西克夫人如何体现母爱写起；至于西克夫人对于勿兰克的情感，也没有具体地叙写，而只是从典型细节：扣针的丢失与急切的寻找，来表明西克夫人对勿兰克忠贞不渝的爱，及其长期以来被压抑的"痛苦的牺牲"。而勿兰克对于西克夫人的尊重和爱，表现了他对她始终如一的深情。小说还通过勿兰克早年写给西克夫人的信的形式，表达他的心理情感。深情之人，心自温润而柔软。勿兰克的信中字字句句彰显了他对西克夫人的情深义重。小说采取私密的信件形式，不仅生动地展现人物思想性格、情感世界，在结构上也显得更为流畅，情节相续逻辑清晰。朱维之评论道："《老夫妻》和《一支扣针的故事》都是真人真生活，琐事中几个镜头的记录，这两篇可说是自己身边琐事的延伸，作者善于把朋友或熟人生活中选择特殊的镜头，来写成作品，这对老夫妻的简单镜头，代表他们的日常生活，有说有笑，有怄气，有欢乐，互相体谅，关照，克制中寻求幽默。通篇读来像一篇抒情的笔记，显示对一位可敬可爱的母性的纪念。"①

文学是语言的艺术，短篇小说与其他的文学样式一样，是一种语言的艺术。陈衡哲十分注意语言的锤炼，讲究作品的语词文采。她创作小说，力求做到精练、含蓄、富有诗意。如《西风》中的红枫谷景象：

那少女又道："听说红枫谷中十分美丽，十分自由，也是真的吗？"

月亮儿道："不错，是真的。我们的谷里，冬天有白雪，春天有红花，夏天更是绿树成荫，鲜明圆润。但谷中最可爱的时候，却要算是秋天了。"

---

① 朱维之编：《陈衡哲散文选集》，百花文艺出版社2004年版，第7页。

西风忍不住插嘴说道："那秋天的红枫谷呵！秋天如镜，秋花缤纷，山果累累，点缀着幽山旷野。蝴蝶儿，黄叶儿，红叶儿，他们终日的蹁跹飞舞。……"

那少女便问道："你们便住在这些地方吗？"

西风指着月亮儿道："她住的地方叫做桂宫，我住的是一个芙蓉穴，蝴蝶和秋虫儿住的地方叫做蓼花塘，涧水儿的家是在薜荔谷，红叶和黄叶的家在野菊圃。这些地方都是属于红枫谷的，独有那白云是随处翱翔，不拘于一个地方。"

那少女听了，不觉浑身颤动，和触了电气一般，她含泪说道："啊呀，这就是我的老家呵！我日夜所梦想的，便是这个地方，却不料它就是你们的红枫谷。"①

这里写出了红枫谷春、夏、秋、冬一年四季缤纷的景致，凸显了自由和美。陈衡哲善于捕捉平庸生活中的诗意意象，将其"化腐朽为神奇"，在日常物象中提炼出情致妙趣。她相信自然界一切生物同人一样具有细腻的感觉和灵魂，可以看一看她对自然风物拟人化的命名，如红枫谷、桂宫、芙蓉穴、蓼花塘、薜荔谷、野葡圃等，白雪、绿树、红花、黄叶、红叶、白云等，精巧洗练，将动与静、声与色、视与听，人的主观感觉与客观印象，融合在一起，营造诗境，构筑诗情画意的审美空间。在这篇小说中，陈衡哲脱离了理性的规束，而像是一个热爱幻想的理想主义者，以夸张的想象和强烈的主观抒情将一个红枫谷描写得如世外桃源般美丽。

---

① 陈衡哲：《小雨点》，新月书店1928年版，第93页。

用客观景致来映衬人物心理及推进情节发展，这一艺术手法运用也极为精妙。如在《洛绮思的问题》中，瓦德与洛绮思在商谈解除婚约的夜晚，两人情感到了剑拔弩张，最为紧张激烈的时刻，小说却突然出现了诗情画意的景致描绘：

> 洛绮思低下头去，很惭愧的答道："瓦德，我真对不住你，我应该先把这个问题细细的想过，再回答你前次的要求的。"
>
> 此时瓦德也不由自主的把头低了下去。他执着洛绮思的手，凄然说道："洛绮思，我的爱你，我的崇拜你，便是为着你是一个非常的女子；若是为了我的缘故，致使你的希望不能达到，那是我万万不能忍受的。你应该知道我并不是那样自私的人。若能于你有益，我是什么痛苦都肯领受，什么牺牲都能担当。……"
>
> 瓦德说到这里，觉得喉咙里有物梗着，再也说不下去了。他又看看洛绮思，只见她已泣成了一团。此时园中的星光，更加明朗了。在星光之下，可以看见许多蝙蝠，来往飞绕，有时还有几个火萤，在草地上扑飞着。墙角上的金银花，却轻轻的放出他的香味，送到他们两人的身旁来。他们在这个静寂而神秘的夏夜中，正不知道坐了多少时候。他们各人想着各人的心事，差不多忘记凉露侵肌了。后来还是瓦德先醒过来，站起来说道："夜深了，我们回去罢，今天的谈判已经够了。"①

这一小说中的叙事情节，看似有点突兀，然则在刻画情感流动、情绪舒展方面却犹如抛物线一般富有美感，达到了优美、动人的艺术效果。

---

① 陈衡哲：《小雨点》，新月书店 1928 年版，第 109—111 页。

　　陈衡哲在进行小说创作时，还善于运用拟人、排比、比喻、对比、想象、象征等修辞手法，使作品文采斐然，现出生气与个性。如寓言体小说《小雨点》《西风》《运河与扬子江》等运用拟人、比喻、象征等手法，展现人生哲理与审美理想。大自然中的客观物像小雨点、青莲花、风伯伯、西风、运河、扬子江、月亮儿、蝴蝶儿、白云等，会说话，有情感，有心理活动，有动作。《小雨点》的故事并不复杂，它讲述的是小雨点的游历和冒险，他和泥沼、涧水哥哥、河伯伯到海公公那里去游玩，回家时又碰到一朵将要枯萎的青莲花，为了救青莲花，小雨点甘愿让青莲花将自己吸进液管里，后来由太阳公公将他送回了家。就是这样一段经历，经过作者充分的艺术加工，创造了一个个生动的形象。作者抓住物性的同时，将其人格化，赋予其生命和性格。如和蔼可亲的海公公，诚实而平易近人的河伯伯，一个个活灵活现、呼之欲出。陈漱渝先生在《云霞出海曙，辉映半边天》一文中就坦陈："我对新文学的最初兴趣是由两位女作家激发的——一位是陈衡哲，另一位是谢冰心。"而陈衡哲就是靠着她的《小雨点》打动了当时还是儿童的陈漱渝。① "小雨点"这一形象之所以深入人心，是和作者的精心塑造分不开的。可见，作者在赋予一个形象诸多优点的同时，仍不忘以人性的完整作为考虑对象。如"小雨点"原本是习以为常的自然之物，但作者赋予丰富的联想与想象，加以人格化、生命化。让"小雨点"到"泥沼""涧水哥哥"和"河伯伯"，到"大海"做客，本身就是一种既真实又大胆的想象，海纳百川，这是大自然的规律，而作者却将此想象成"做客"，既新奇又美妙。《小雨点》采用的基本上是短句，语句简单，用词清丽，以儿

---

　　① 陈漱渝：《云霞出海曙，辉映半边天》，人大复印资料《现当代文学》2001年第5期。

童化的语调，娓娓道来，富有童趣。

《西风》的语言清丽明爽，蕴含着中国现代小说的诗化、散文化的美学风格。更值得一提的则是陈衡哲在小说中以唱咏的形式歌颂自由和理想：

> 西风此时已经醒了过来，当月亮儿说话时，他恍惚听见有一阵轻幽的歌声，从桂花香中透过来。他再听时，只听得唱道：
>
> 西风兮西风，
>
> 为我吹绿叶兮使成黄；
>
> 西风兮西风，
>
> 为我驱去盛夏之繁光，
>
> 为我澄清秋水兮，
>
> 为我吹来薜荔之幽香。
>
> 红尘混浊不可以居兮，
>
> 仰高天而怅望；
>
> 愿身为自由之鸟兮，
>
> 旁云雾而翱翔；
>
> 愿身为凄冷之西风兮，
>
> 携魂梦以回故乡。
>
> 西风觉得这个歌声，和上次的笛声一样，竟把他深藏心底的哀怨欢乐，一一的叫了出来；而且这个歌声的力量，似乎比那笛声还要利害些。此时他竟把月亮儿都忘了，兀自呆呆的听着。隔了好一会，他才记起了月亮儿，但是她已经不见了，只有那歌声的余韵，还在他的心中缠着。

　　　　此时西风对于下界的厌恶心，不觉已变为思慕心。①

　　这一对离骚体的模仿，赋予了小说以独特的审美意韵。

　　《孟哥哥》中描绘了儿童玩耍时的心理与场景，"孟哥哥的家里有一个大花园，花园后面，还有一个更大的菜园。景妹妹每到外婆家去的时候，孟哥哥是一定要同她到后园的池塘边去钓鱼的。钓鱼的竿子和钩子，一共有两份，都是孟哥哥历年来辛苦经营所得的。景妹妹要来的时候，孟哥哥必要先去捉了许多虫子和苍蝇，预备来做鱼饵。他做此事的时候，免不得要求山哥哥的帮助。山哥哥比他还大一岁，比他要狡猾些。他看见孟弟弟去捉苍蝇就知道景妹妹要来了。他也不去说穿他。等到明天，或是当日的下午，景妹妹果然来了。孟哥哥趁着无人看见的时候，就把她悄悄的叫到后园的池塘边去钓鱼"。② 这一场景，富有童真、童趣。在行文方面，作者打破了传统的小说观念，少故事，少人物行动，不注重时代环境描写，偏重于主观抒情，这种格局比起传统小说的叙述方式，无疑是一个发展。另外，注意心理刻画和细节描写。如《孟哥哥》摹写景妹妹对孟哥哥无猜的情谊，她"不大懂得"妈妈说的话的意思，如妈妈告诫她，"再过几年，你也不应该常常同孟哥哥在一块顽耍了"，还自以为是长大了要读书，没有时间玩耍。天真未凿的童心，自然无法理解一位传统母亲的细腻周全，而一味按自己的心思去想，写得真切感人。

　　在"五四"时期，现代短篇小说究竟应该怎样写还是一个引起探讨的话题。胡适曾对短篇小说下过这样的定义："短篇小说是用最经济的文学手段，描写事实中最精彩的一段，或一方面，而使人充分满意的文章。"

---

① 陈衡哲：《小雨点》，新月书店 1928 年版，第 87—88 页。
② 陈衡哲：《一支扣针的故事》，北方文艺出版社 2015 年版，第 110 页。

（《论短篇小说》）司马长风认为如果将"事实"二字改为"人生"，把"充分满意"改为"有所共鸣"则可看为是现代短篇小说的定义。（司马长风《中国新文学史》）。陈衡哲的短篇小说集《小雨点》的社会性和时代氛围较其他五四女作家要淡一些，"生的苦闷"也较弱。但作品作为早期探讨的产物，其艺术形式上的开创性还是值得关注的。《波儿》《老夫妻》近乎是一个对话体小说，简洁精练。但是由于人物是在生活化的语言中去展示她们的不幸与困苦的，所以作家的观点也自然地隐藏在人物的对话之中；在《巫峡里的一个女子》中，作者在较短的篇幅里以第三者的角度冷静地为我们叙述了一个农村妇女的艰苦生活；《洛绮思的问题》《一支扣针的故事》精彩纷呈的心理描写；《孟哥哥》的细腻委婉等，比之当时文坛流行的观念化的"问题小说"确实值得我们重视。任鸿隽在为《小雨点》作的序中认为陈衡哲的创作具有三个特点：技巧获得了相当的成功；作品中表现了锐敏的感觉；作者对人生问题有很好的见解。作为陈衡哲的丈夫兼"知音"，任鸿隽虽然不免有"台内唱彩"之嫌，但关于陈衡哲小说创作中的三个特征的确是切中其根本的。作为"五四"新文化运动初期的开拓者，陈衡哲以独特的思想和艺术形式为我们提供了一个了解现代小说发展的窗口。阎纯德在《陈衡哲及其小雨点》中写道："当中国新文学还在襁褓之中的时候，陈衡哲作为女作家之林的第一个战士，先于冰心和庐隐踏过时代的风暴，用那支才华横生之笔，为新文学呐喊助威，她的创作不多，但那珍贵的《小雨点》，却似及时雨一般，预示了新文学丰收季节的到来。"他还呼吁："中国新文学已经跋涉了六十多年，如果我们要建立光辉的里程碑的话，那么这纪念碑上，也应该写下这个被人们遗忘的名字——陈衡哲！"

第四章　太平洋国际学会及
《中国文化论集》

第一节　会议概况及陈衡哲的与会

太平洋国际学会（Institute of Pacific Relations）成立于 1925 年 7 月，总部最初设在檀香山，后来迁到纽约。在中国一开始被称为"太平洋国交讨论会"，[①] 太平洋国际学会是一个由关心太平洋地区政治、经济、文化、外交等问题的知识界和商界人士组成的非政府的民间学术组织。[②] 由美国和檀香山的基督教青年会及一些学者、实业家发起，"以研究太平洋各民族之状况，促进太平洋各国之邦交"为宗旨，虽名义上为非政

---

① 有关内容参见欧阳军喜、李明《1930 年代中国知识分子对中国文化的认识与想象——以陈衡哲主编的〈中国文化论集〉为例》，《东南大学学报》（哲学社会科学版）2005 年第 6 期。

② 有关太平洋国际学会的历史与活动，可参见 John N. Thomas, *The Institute of Pacific Relations: Asian scholars and American politics*,（Seattle, University of Washington Press, 1974）; John K. Fairbank, William L. Holland and the IPR in Historical Perspective, *Pacific Affairs*, Vol. 52, No. 4, 1979; Paul F. Hooper, The Institute of Pacific Relations and the Origins of the Asian and Pacific studies, *Pacific Affairs*, Vol. 61, No. 1, 1988。

府组织，实颇见各国合纵连横之角力。与会各国均成立分会，最多的时候在美国、加拿大、日本、中国、菲律宾、苏联（时间很短）、澳大利亚、新西兰、英国、法国、荷兰、印度、巴基斯坦、印度尼西亚设有 14 个分会。1947 年以后，太平洋学会不断受到有关"亲共"的指控，1952 年又被美国参议院指控为应对"丢失中国"负责。学会也因此失去了合作者和财政援助，只好于 1960 年宣布解散，前后共存在了 35 年。学会每两年召开一次会议。议题多围绕文化问题、教育的发展、宗教与传教事业、种族接触、土著、社会生活与风俗方面。在中国，这一会议的组织、参与等诸项事务，是由中华基督教青年会来承办的。中国分会 1931 年有会员 105 人，执行委员 15 人，胡适为执委会委员长，中国太平洋国际学会成员有：丁文江、蔡元培、陶孟和、王云五、陈衡哲、任鸿隽、朱经农、黄炎培、黄郛、唐绍仪、张伯苓、林语堂、蒋梦麟、宋美龄、宋子文、孔祥熙、吴经熊、丁文江、潘光旦等，多为中国一流的名儒时俊。陈衡哲于 1927 年、1929 年、1931 年、1933 年连续四次作为中国代表出席太平洋国际学会召开的年会。这四次会议地点分别是在檀香山、日本京都、中国上海、加拿大班夫。

1927 年 7 月 15—29 日，太平洋国际学会在檀香山火奴鲁鲁（Honolu-lu）举办第二次年会，陈衡哲是第一次参加太平洋国际学会年会。其实，早在 1925 年会议筹备工作在国内展开时，陈衡哲、任鸿隽、蒋梦麟都积极参与了筹备工作，而陈衡哲也担任了提案委员，与张君劢、方椒伯、张东荪、陈立廷等人一起负责提案委员会"人种平等股"的工作，① 并于 5 月

---

① 张静：《国民外交的一次尝试——中国加入太平洋国际学会之前前后后》，《近代中国研究》2009 年 6 月。

26 日确定了参会的中国代表名单。总名额为 12 人，其中，女代表 2 人。身为提案委员又精通英语的陈衡哲本有希望被选为代表参会，可是那时她已身怀六甲，即将临盆，因而未能成行。等到 1927 年推选第二届会议代表时，陈衡哲顺利当选，她认真准备提案，准备在会上进行讨论。陈衡哲向大会提交的是有关中国文化的论文，题目是《中国民族的文化特性》。①8 月，陈衡哲撰写《太平洋国交会议记略》发表在《现代评论》第 6 卷 142 期。文章介绍了太平洋国交会的性质、目的以及中国的代表情况，指出"太平洋国交会本是太平洋海岸各国的青年会所发起的一个会议。他的目的是想靠了各国代表对太平洋国际间各种问题的讨论彼此能将误解驱除，以求得到解决此问题的共同方法"。②

　　1929 年，第三届太平洋国际学会年会在日本京都举行。中国支部决定由陈衡哲参会。但由于正式的邀请函发得比较晚，使陈衡哲觉得没有太多的时间做议题的准备。令陈衡哲焦心的还有家中琐务和孩子们的照看问题，由于任鸿隽在中基会事务繁忙，经常外出，所以，她想让任鸿隽的三姐任心一来帮忙。9 月 8 日，给任心一的信中她说：

　　　　今秋日本之会，我十分想去，但家中太没有人了，小孩子不放心。你如肯先来，俾得我能得到一点自由，那真是感激极了。万一你一时走不开，锡三能先来吗？听说她有陪你来此的意思，那何不早来一两月，帮我一点忙呢？你将来来时，有叔永同行，也不患寂寞。她也认得我五妹，大家也很方便，她今年也有 20 岁了罢，当可以帮我看看家了。我希望你和她，或二人中的一人，在我这样需要

① 参见刘驭万编《最近太平洋问题》，中国太平洋国际学会印行 1932 年版，第 226 页。
② 陈衡哲：《太平洋国交会议记略》，《现代评论》1927 年第 6 卷第 142 期。

人帮忙的时候，能不使我失望。锡三如决定与你同来，那她似乎更不妨早来一点，以便我可以到日本去，这于她似乎没有一点害处，你说是不是？①

陈衡哲在信中是如此急切地恳求任心一或任锡三能够前来相帮，以便她能安心到日本参会，足见她对会议的重视，以及一个女性既想要参与社会事务，同时又要顾全家庭的两难。

1929 年的这次会议，备受国内人士关注，"舆论叮嘱他们'为四万万人民争生存，其责任实为重大'，要'不辱使命'，'以慰国人之望'"。会上围绕东北问题代表们进行了激烈的讨论，对于皇姑屯事件，中国代表余日章在开幕之日就针对事件对日本政府提出指责，引起一名日本代表的反对。② 会议还就"机器时代与传统文化"进行了专题讨论，有四个圆桌会议同时讨论这一问题，讨论涉及四个方面。（一）工业和科学的发展在哪些方面又在多大程度上会不可避免地导致传统文化的消亡？（二）工业时代带来的基本变化是什么？（三）我们应该追求一种什么样的建筑、行为方式、艺术？什么样的社会伦理观、婚姻家庭观和宗教观？（四）实现这些观念和理想之前我们应该做什么？③ 此后有关中国文化与东西方文明之间关系的问题越来越受到学会的关注。但在京都会议上，有关中国文化的材料不多，真正科学的研究更少。为使外国代表了解当代中国的文化，增进西方对当代中国文化的认识，中国分会感到有必要对中国文化进行研究，以保证 1931 年的会议上能对中国文化问题

---

① 参见《任鸿隽陈衡哲家书》，商务印书馆 2007 年版，第 100—101 页。
② 张静：《国民外交与学术研究——中国太平洋国际学会的基本活动及其工作重心的转移（1925—1933）》，《社会科学研究》2006 年第 4 期。
③ 参见 Elizabeth Green, Kyoto trends, *Pacific Affairs*, Vol. 3, No. 1, Jan. 1930。

进行富有成效的讨论。为此,中国代表团计划出版一本《中国文化论文集》(*Symposium on Chinese Culture*),并决定由陈衡哲牵头,负责统筹、组稿、编写这本关于中国文化的专题集。在《中国文化论集》的"编者前言"中,陈衡哲陈述了自己编书的动因、目的以及重点。她说"这本微不足道的文化研究论文集,源自太平洋关系协会1929年在京都召开的一次圆桌讨论会。会期共11天,却有3天用来讨论文化问题,这确实是一个非常慷慨的时间安排。但令人遗憾的是,可作为科学研究基础的资料极少,涉及中国文化时尤其如此。中国代表团的同事深感欲使1931年的讨论会更有效,必须实实在在地做一些工作,结果大家议定准备召开一次中国文化研讨会,而编辑这一非常有趣的论文集的任务就偶然性地落到了我的肩上"。

图4-1　太平洋国际学会第四届年会合影(1931年)

1931年10月21日至11月2日,太平洋国际学会第四次年会如期召开,原本会议地点定于杭州,"不料,到5月下旬的时候,北平、南京、天津、杭州等地都出现了反太平洋国际学会的言论,有人甚至宣称,若太平洋国际学会在杭州开会,将有'忠实党员及高丽革命青年,组织铁血团,携手枪炸弹赴大会助兴'"。[①] 然而,此届大会原经国民政府核准,并

---

① 欧阳军喜:《胡适与太平洋国际学会——兼论现代中国自由主义的两难处境》,《安徽史学》2006年第1期。

早已通知各国代表，如出尔反尔擅自取消，无疑有碍国家信誉和国际观瞻。所以大会筹委会一面派主任干事陈立廷赴北平、刘驭万副主任干事赴杭州向新闻界解释事实真相，一面按原定计划照常进行筹备工作。可是，解释归解释，反对仍反对。七月、八月两个月，全国各报纸登满了抗议太平洋国际学会在中国开会的宣言和警告，依那时形势看，会议似乎只有流产一途了。

此事甚至惊动了当时国民政府的最高层，蒋介石在 9 月 9 日南京中央纪念周讲话中，特地就这次大会说了这样一段话：

> 太平洋国际协会应国民政府之约，将在杭州举行会议。本党同志间有不明真相者，倡议反对。吾人如果要说国民外交，则此次会议关于我国国民外交就有很大的影响，其关于党部及政府之信仰关系尤深。……此次在华开会，其发动固多出于青年会中人，惟正式邀约则系出之政府。政府之为此，实欲联络国际间之感情，且借以宣传我国之不平等地位。……甚盼各同志考察太平洋国际协会之性质而加以研究，勿为反对派宣传所利用，盲从妄动以自暴露其弱点，徒为他人所讥笑也。①

由于蒋介石亲自出来解说，京、津、沪、杭等各报纸关于太平洋国际学会大会的激烈言论忽然偃旗息鼓，并且各地反对的信息也很快销声匿迹。然而，九一八事变爆发，会议再次面临取消的危险，"上海的太平洋代表则提出，除非日方代表立即退出会议，否则中国领导人不会参

---

① 刘驭万编：《最近太平洋问题》，中国太平洋国际学会 1932 年版，第 2 页。

加会议"。① 后经中国支部代表胡适、颜惠庆、陈衡哲等几经周旋，"最终同意按照原计划如期开会。不过为了减少中日冲突起见，会议地点由杭州为上海。会议的议程也作了相应的调整"。② 陈衡哲在出席太平洋国际会议上海会议代表前，《中国文化论文集》由太平洋国际学会中国理事会联合在上海出版，并提交给了在上海举行的太平洋关系协会第四次年会。这本由陈衡哲主编的书，转发到各国代表手中，引起了强烈反响。

第五届太平洋国际学会会议于 1933 年 8 月 14 日至 28 日在加拿大旅游胜地班夫（Banff）举行。胡适为中国代表团团长，陈衡哲亦为中国代表之一。陈衡哲并非因胡适才能参与这次班夫会议，她已是参会的"三朝元老"了。班夫会议中，陈衡哲登记的身份是：教育领袖，作家，《独立评论》编辑，太平洋国际学会 1927 年、1929 年、1931 年会员，前北京大学欧洲史教授。1933 年 3 月 22 日《申报》载"胡适之谈话"，与会名单中尚有任鸿隽，除胡适外，其余各代表"正考虑之中"。结果，名单中实权派人物翁文灏、陶孟和、张伯苓、何廉、任鸿隽、周诒春、丁文江竟一个未去。中国代表团倒是创下了一项纪录，与会代表 137 人，妇女一共 15 名，中国便占了其中 3 员。除陈衡哲外，其余二人为金陵女子文理学院院长吴贻芳（已参加 1929 年京都年会）和中国银行研究部主任张肖梅（此人次年与中国银行行长张嘉傲的九弟张嘉铸结婚）。经济学家陈岱孙这届会议受邀在场（非中国代表团团员）。③ 本次年会中讨论的问题，有三个大纲："其一是经济的冲突与管辖，其二是国际调协的工具，其三是教育问题。

---

① 《胡适日记全编 6（1931—1937）》，曹伯言整理，安徽教育出版社 2001 年版，第 158 页。
② 欧阳军喜：《胡适与太平洋国际学会——兼论现代中国自由主义的两难处境》，《安徽史学》2006 年第 1 期。
③ 参见韩颖《〈水调歌头〉"同心朋友"究为谁？——胡适、陈衡哲 1933 年北美行踪考》，《现代中文学刊》2013 年第 3 期。

以这个会程与上数次的会程比较，似乎已能由表入里，渐渐的讲到国际间的根本问题了。"①

在参加班夫会议之前，陈衡哲开始反思这个会议越来越政治化的倾向，特地在《独立评论》上发表题名为《太平洋国际学会》的文章，这篇文章先是廓清一般人对于太平洋国际会议性质认识不明，而导致期望太大，以致失望也甚。陈衡哲指出："我也是对于她有相当的不满意的，但我却不忍过分责备及她的分子——国家或个人。因为我深知道，这个学会的性质不过是限于交换意见，而意见的交换又是一件微渺的事体，谁都是不容易断定她的失败或成功的。因此，我对于这个学会，便向来不曾存过多大的奢望，所以也很少失望。"但陈衡哲同时指出这一学会存在的意义，"我们应该知道，在许多驱除国际间障碍的努力中，这个学会也自有她的一席地。至于能否成功，却又另是一个问题。……我说这句话，并不是替太平洋国际学会辩护，不过是要证明，在现代国际情势之下，国家主义的势力尚不肯对于国际的势力作些微让步的时候，所有国际会议与机关所能做的事，亦不过是一些拔除蓁莽的工作而已。至于铺路造桥，植树建屋之类的种种之建设工作，现在恐怕都还做不到。但是我们若不先把山中的蓁莽扫除干净，一切的建设工作也就无从下手的。我们明白了这个意思，则对于太平洋国际学会以及其他一切的国际会议与机关，自然便不会有过分的期望，赞美，或咒诅了"。陈衡哲还就学会的"学"的意义进行了深入阐述，她说："因为它所讨论的问题，虽然大多数是关于国际政治的，但只有讨论，没有决议，更说不上执行的权力。它的主要工作，仍在研究，及学说意见的交换。在这两方面，

---

① 《太平洋国际学会》，署名为衡哲，《独立评论》第 60 号，1933 年 7 月 23 日。

她的成绩是很不错。她所出版的种种参考品（Data Papers），有许多是研究太平洋各种问题所不能缺的好材料。"陈衡哲在文章中还表达了自己的忧虑，即"自一九廿七年以后，政治问题尤成为屡次会议的中心点。最初注意的政治问题，是治外法权，关税自主，和租界的收回。在讨论这几个问题时，英帝国主义是中国的最大对象。但一九廿九年以后，东三省问题又成为全会的注意点，而日本也就代替了英帝国，成为中国方面辩论的对象了。今年四省沦亡，政治的重心点，不知道又将转到那一方。写到这里，真不免百感交集了。"① 她强调学术研究、交流的层面，呼吁人们以平常心看待这个学会。但是，也表现出对于会议政治化倾向的关切，尤其是当时东北四省沦亡，如何与日本辩论也使陈衡哲颇为忧虑与担心。"因为讨论的中心点大抵在国际政治方面，故每届会议时，大家虽然明明知道所讨论的没有实际效力，但会场中的空气，却总是那样的紧张。一九二七年的会比较要和缓一点，但一九二九年在西京开会时，各国代表间的空气便紧张起来了。最大的原因，是因为会程的特别注意点是那个东三省问题，而日本又是那一届会议的东道主人。前年在上海开会时，正在九一八事变之后，而东道主恰又是中国，故情形更为紧迫，冲突的危险也更大。悬想今年之会，正在中国失去东北四省之后，不但空气的紧张要较前更甚，恐怕还有许多意外的纠葛要发生，而成为本会的一个试金石呢。"② 尽管在参加会议之前，陈衡哲给大众舆论打了预防针，但事实上在会后，国内舆论还是对学会表现出极大关注与愤慨，有人甚至指责太平洋国际学会是"代表帝国主义的'学者'藉以麻醉民

---

① 《太平洋国际学会》，署名为衡哲，《独立评论》第 60 号，1933 年 7 月 23 日。
② 同上。

众的组织"。①

　　会议结束后，陈衡哲又一次重游了加拿大，并且还同胡适一起重返母校瓦沙大学。这是她 1920 年离开后第一次再访美国，心情难掩激动，"九月二十六日的上午，我与胡先生在车站会齐了，一同乘车到柏城去。火车是沿着赫贞河走的，这路我已不知走过了多少次数，闭了眼睛也能认得！那时正值初秋，对岸山上的秋色，正在欲放未放之间。这熟悉的景色，尤其是在西风黄叶学子归巢的时候，引起了我不少的'乡思'——对于曾在读书四年的第二故乡的乡思"。瓦沙的马校长派夫人亲自开车来迎接陈衡哲和胡适。安顿下来后，在美广为人知，被视为参与并对国事有影响力之人物的胡适应邀作了演讲。在胡适演讲之前，马校长特地向来听讲的师生们介绍了陈衡哲，说"今天我们学校回来了一位女儿，我要你们认得她"。校长的口气"分明是一位祖母对于她的回家的孙女说话时的口气，含着的是热忱与得意"。这让陈衡哲格外感动。而之后校方的一系列热情周全的行程安排，也让陈衡哲感到"莫大的荣宠与纪念"。②

　　陈衡哲此次出行，在加拿大和美国共逗留了三个月，10 月底回国。③对于陈衡哲来说，意义非同寻常。对于这次经历，她回国后受邀在燕京大学作了《重游北美的几点感想》的演讲，还撰写《回到母校去》等文章详细记述了自己的见闻与感想。"这个短时期的旅行虽是十分匆匆，但因为它所给我的经验与闻见，都是反映在一个六年留学的背景之上的，故它们

---

　　① 周宪文：《毫无生气之第五届太平洋学会》，转引自欧阳军喜《抗战前后中国知识分子对日外交立场之演变——以中国太平洋学会为例》，《史学月刊》2005 年第 10 期。
　　② 陈衡哲：《回到母校去》，《衡哲散文集》，河北教育出版社 1994 年版，第 380、381 页。
　　③ 参见杨同生《陈衡哲年谱》，《中国文学研究》1991 年第 3 期。

在我意识中所留的印象，似乎也就有点特别意味了。"①

参加太平洋国际学会这一国际级别的会议，对于学者而言，不仅仅是开拓国际视野、增长见识、接收新信息、参与国际教育文化问题思考，而且，通过参会与发言，还彰显出一种身份、话语权及国际地位。事实上，从陈衡哲积极参与太平洋国际学会的四次会议来看，作为中国代表，她每次都严谨认真地做好扎实的前期准备工作，都是带着思考、议题前往参会的，彰显出作为中国知识分子关心世界大势与文化走向的使命感与责任感。尤为人所敬佩的是她倾力承担主编《中国文化论集》（图4-2）的任务，从酝酿、选题、邀请专家写稿，其中的艰辛不言而喻。正如时任中国太平洋国际学会秘书长陈立廷写的序言中所言："编辑者是能干的陈衡哲女士"，"陈女士在与来自不同领域的公认的权威们的合作下，非常成功地展现出了目前的中国，使读者熟悉无可辩驳的事实与实际的成就。因此之故，她非常值得感谢，本会感谢她承担起策划本书的重任，祝贺她成功地从那些不轻易答应写稿的人那里拿到稿子。"确实，《中国文化论集》的作者几乎涵盖了当时中国文化各个领域的一流学者，他们都是从自己的领域出发，"阐述自己对于中国文化之理解，其论述之精彩，与见解之独到、深刻，某些方面，观点，其高度今人仍难以企及；因此，从某种意义上讲，这是一部别开生面的中国文化史，于今而言，其所具有的文化与历史价值都不容低估"。②

---

① 《重游北美的几点感想——在燕京大学演讲》，《衡哲散文集》，河北教育出版社1994年版，第367页。

② 陈衡哲主编：《中国文化论集：1930年代中国知识分子对中国文化的认识与想象》，王宪明、高继美译，福建教育出版社2009年版。

图 4 - 2　《中国文化论集》中文版

第二节　《中国文化论集》的编辑思路与总体架构

　　陈衡哲在《中国文化论集》的"编者前言"中指出："无论是本编者还是本书各文的作者的目的，都不是提供一部中国文化史。……本书的目的只是向读者提供一幅中国当代文化的素描画，重点突出其变动的方面。不过，在有些论文中，为了更好地理解所涉及的问题，提供简要的历史背景是必要的，另一方面，有些作者愿意把历史方面作为他们所探讨的问题的核心。"陈衡哲指出，全书内容力图达到的预期目的是，向世人，尤其是西方读者表明:"一、中国文化始终是处于变化之中;二、西方文化过去一直在向中国人的生活中渗透,现在也仍是如此,没有办法逃避;三、中国传统文化离开西方文化的帮助,不足以解决大量因与西方文化的接触而产生的问题。"①

可以看出陈衡哲主编全书以及各文作者的思路与重心,即是围绕某一题域,加以历史背景介绍,重点论述这一题域的"变动的方面"。在这一总体思路的主导下,全书虽然没有强调"意见一致或风格统一",但也"是有其原则"。这从全书各文的体例、结构安排得以见出。比如书中李济撰写的"第十一章 考古学",按照历史背景、中间过渡阶段、近期的研究工作、展望未来作为文章体例;秉志、胡先骕撰写的"第十二章 生物科学",其体例是生物学实验室及研究所的发展、近年来的活动、研究机遇、展望未来;朱经农写的"第十三章 中国教育",写 1928 年之前的改革、南京国民政府管制下的教育、未来 20 年教育计划;曾宝荪撰写的"第十六章 中国妇女的过去与现在",都是以历史背景介绍作为逻辑基础,探讨重点问题的发展流变,当代的现状特征,以及对未来发展走向的展望。文章视野开阔,历史与逻辑并重,显示出深厚的学术素养与关怀现实社会的情怀。

由于陈衡哲心目中的"读者"是西方人,因此该书主要围绕西方流传的有关中国文化的几个观念展开,其中特别批评了西方关于中国文化"停滞不变""保守排外""缺乏宗教情感"三个观念。她在编选《中国文化论集》中所有编辑思路和内容选择方面,都贯穿着这几个问题。全书内容

---

① 陈衡哲主编:《中国文化论集:1930 年代中国知识分子对中国文化的认识与想象》,王宪明、高继美译,福建教育出版社 2009 年版,第 253 页。

丰富广博，共分 18 章，第一章 中国如何获得其文明（丁文江）、第二章中国历史上的宗教与哲学（胡适）、第三章 绘画与书法（蔡元培）、第四章 音乐（赵元任）、第五章 建筑——以北京城的演进为基础的历史概述（朱启钤）、第六章 戏剧（余上沅）、第七章 文艺复兴（胡适）、第八章 科学之引进中国及其发展（任永叔）、第九章 古生物学（A. W. 葛利普）、第十章 中国地质学（翁文灏）、第十一章 考古学（李济）、第十二章 生物科学（秉志、胡先骕）、第十三章 中国教育（朱经农）、第十四章 农业（冯锐）、第十五章 工业（何廉）、第十六章 中国妇女的过去与现在（曾宝荪）、第十七章 社会变迁（陶孟和）、第十八章 结论（陈衡哲）。可见，全书涵盖工业、农业、教育、考古、地质、历史、宗教、哲学、文艺等多个学科。作者系当时中国各领域的一流学者与文化名家。其中大多是中国太平洋国际学会的成员，如胡适、蔡元培、丁文江、陶孟和、任鸿隽、陈衡哲等。

关于"中国文化停滞不变，并且缺乏自我更生的能力"这一论断，是自黑格尔以来西方思想界对中国文化的基本认识。黑格尔一反启蒙运动时期西人对中国文化的赞美，把中国看作一个"永不变动的单一"，认为"中国很早就已经进展到它今日的情状，但是因为客观的存在和主观运动之间仍然缺少一种对峙，所以无从发生任何变化，一种终古如此的固定的东西代替了一种真正的历史的东西"。① 此后，停滞不变成了中国文化和中国社会的基本特征。直到 1930—1931 年间英国伦敦大学经济史家托尼（R. H. Tawney）受太平洋国际学会及国联的委托，来中国进行调查研究，在他随后发表的调查报告中，关于中国社会和中国文化，他的结论仍然是

---

① 黑格尔：《历史哲学》，王造时译，上海书店出版社 1999 年版，第 123 页。

一种类似于黑格尔的声音。他说:"一直到昨日为止,中国是在中国自己的轨道上行动,既未影响西洋,也未受西洋的影响。一部分因为中国之长期孤立,一部分因为中国自己的文明基础异常安定,另一部分是由于西洋在十九世纪继承了科学和技术的新财产之结果,所以,中国最近的历史之景色显得缩短了。当西洋还不知道那些根本的生活技术的时候,中国已经精通了某些根本的生活技术。当西洋用木犁耕作的时候,中国的农民已经用铁犁耕作,而当西洋已经用钢犁耕作的时候,他们还是继续用铁犁耕作——中国,好象这种情形一个样,早已把经济制度和社会组织之一种型式达于一种高的水平线了,可是不会感悟到去改良它或是去革除它之需要。"① 托尼的观点,代表了 20 世纪 30 年代西方世界对中国的认识。这种认识显然是秉承了黑格尔以来的传统,这种认识传统影响到了后来西方史家关于中国的历史编纂。各种各样的谈论中国的著作中都充满了这种论调。例如韦尔士在他的《世界史纲》中写道:"中国文明在公元〔七〕世纪已经到了顶点了。唐朝就是中国文明成就最高的时代。虽然它还能慢慢地、稳健地在安南传布,又传入柬埔寨,……从此以后一千年里,除了这些地域的进展之外,使中国文明值得记入这部史纲的不多。"胡适后来对此进行了批驳,他指出:"绝没有一个中国停滞住不动一千年之久,唐代的文明也绝不是中国文明成就最高的时代。……而是好几个世纪的不断进步的开始。"②

《中国文化论集》的作者们重点驳斥了这种论调。丁文江在回顾了整个中国文明的发展史后指出,中国文明一直缓慢但持续地发展着。如古代

① 陶内:《中国之农业与工业》,陶振誉编译,正中书局 1937 年版。
② 参见胡适《中国近一千年是停滞不进步吗?》,《胡适文集》(12),欧阳哲生编,北京大学出版社 1998 年版,第 98 页。

王权的演变、土地占有、政府官员的选拔、军队的组织、中国货币的发展、文学的演进与大众教育的传播、中国制造陶器的历史来说明中国文明是不断地在缓慢地进展。他认为："中国文明是 4000 年以来文化努力累积的产物，其生长当然是缓慢的，且不止一次被打断，但她从来没有丧失其生命力，而且从总体上说，比其他地方，譬如说近代欧洲的进化，更具连续性。此外，虽然中国大多数时间里都与比自己优秀或与自己平等的文化相互隔绝，但是，一旦能够保证足够长时间的直接接触，她会尽取外国文化中值得学习的优秀成分，而且一旦学到手之后，她总会在这些新的文化成分之上打上自己创造力的烙印。那些无知的传教士和商人所发出的有关中国人极端顽固保守、退步的指责，是毫无根据的。也让她那些近年来抑郁的子孙们，从古代东方寻找想象力的智慧，从历史中获取些微教训，沿着其最优秀的祖先们的足迹，勇敢地迈向自由的新路，最终寻出一条挽救民族的道路，不仅从政治上加入国际大家庭，而且也要从文化上加入国际大家庭之中，因为适应工业文明所造成的这种新的难以驾驭的文明，是我们民族自救的唯一道路。"① 陶孟和撰写的第十七章"社会变迁"，分引言、物质条件、社会结构、思想和理想四个层面来探讨中国自近代以来经历的巨大变迁与性质。他着重从社会变化的角度驳斥了有关中国停滞不变的论调。陶孟和指出："近年来中国发生了巨大变化，这种变化无论就其本身而言，还是就世界历史而言都是空前的。可以肯定的说，这种变化几乎完全是在与现代欧洲文化接触中所发生的，这种文化不同于她自己的文化，因为它是对其前身，即古代希腊与罗马文明的一个全新的发展。当然，中

---

① 陈衡哲主编：《中国文化论集：1930 年代中国知识分子对中国文化的认识与想象》，王宪明、高继美译，福建教育出版社 2009 年版，第 16 页。

国与欧洲诸国之间的接触已经进行了数个世纪，但是，特别自马可·波罗以来，此种接触的规模愈来愈大。"① 他指出，就像地球上其他种族一样，中国人在过去的数个世纪中生活和思想都经历了很大的变化。尽管这些变化可能被打上那个宽泛而无意义的"东方"（Oriental）印记，并可能被认为与西方国家在历史上的变化相比是无足轻重的。然而不可否认的是，其中有些变化，比如佛教的输入及唐宋时期文化的巨大进步，对中国人的社会生活产生了深远的影响。而近代东西文化接触以来中国的变化更是巨大。在过去的几十年间，中国一直致力于在政治上建立一个现代国家，经济上努力调整以适应世界经济，教育上努力训练民众使之成为符合现代要求的公民。中国的社会经济秩序也在这一过程中得以改变，一些新的制度和观念出现了，而另一些旧的道德原则和行为准则消失了。陶孟和把过去几十年中国社会的变迁历史概括为"把欧洲文化嫁接到中国文化的过程"。并指出"在特定的条件下，这个过程是不可避免的"。② 足见其识见不同凡响。这也即是说世界性、现代化的浪潮是不可回避的世界历史大势，任何国家或民族都必须直面的重大课题。陈衡哲则从理论上说明中国不变说是站不住脚的。她说，对于人类历史的研究者来说，没有什么文化可以保持绝对静止，它总是会有某种形式的变化。差别就在于："当变化是温和而缓慢时，其外表是平衡的；但当变化剧烈而迅速时，则其变化连最为粗心的人也能觉察到。"③ 进化与革命只是同一历史进程的两种不同表述而已，中国文化也不例外。

---

① 陈衡哲主编：《中国文化论集：1930 年代中国知识分子对中国文化的认识与想象》，王宪明、高继美译，福建教育出版社 2009 年版，第 243 页。
② 同上书，第 244 页。
③ 同上书，第 253 页。

与"中国文化停滞不变"相连的另一种论调，是中国文化"保守排外"说。这种观念的产生可能与中国人民对外国商人和传教士的强烈抵制有关，特别是 19 世纪后半叶，西方挟其工业革命后的技术优势，对中国发动一连串的侵略战争，遭到中国人民的强烈抵抗，这进一步强化了西方关于中国文化保守排外的观念。针对这种观点，丁文江指出，古代中国的天文、历法、宗教都曾受外来的影响。16 世纪后，越来越强烈地感受到了欧洲的影响。17、18 世纪的中国学者在考据中就运用了传教士所带来的科学方法。"在文化方面，中国始终不断受到邻国的启发和补充。在此过程中，她总是想方设法同化这些外来的成分并以自己的方式对之加以发展。如果不能同化，则一般放弃。铸造青铜器的方法肯定不是中国人自己发明的，但青铜艺术的动机则基本上是中国自己的。周人引进了星期制，但两百多年以后，星期制就被淘汰。木星周期计时制的命运也是如此。汉朝人引进了玻璃，但从不自己制造。相反，外来的东西启发他们把釉施加到陶器上，从而发明陶瓷。佛教征服中国看起来很彻底，但禅宗完全是中国化的产物，后来道家窃取其仪式，新儒家窃取其哲学。毋庸置疑，中国数学和天文学的绝大部分都来自外国，但是，它们都被进一步改造、发展，以至于难以觉察出其真正来源。来到中国的外国人，不管是佛教徒还是伊斯兰教徒，一般都被同化，甚至耶稣会士也无法逃避这样的命运。任何人只要读一读汤若望和南怀仁留下的官方档案，看一看郎世宁的画作，都很难意识到他们是外国人。正是此种同化力和适应力使得中国文明的发展进程充满活力，与美索不达米亚和埃及文明有着极大不同。"[1] 丁文江认为那些传

---

① 陈衡哲主编：《中国文化论集：1930 年代中国知识分子对中国文化的认识与想象》，王宪明、高继美译，福建教育出版社 2009 年版，第 16 页。

教士和商人指责中国文化保守和退化是完全没有根据的。

任鸿隽以中国对西方科学的主动介绍和引进为例来证明中国文化并不排斥外来文化。他说，现代科学是西方的产物，古代中国虽有许多对科学有用的记载，但那不是现代意义上的科学。"我们没有理由说科学完全不适合中国人的头脑。实际上，中国人一旦学会了如何欣赏科学真理的性质并获得了科学的方法，科学就会雨后春笋一样发展起来。这并非是胡乱猜想，最近数十年来某些科学学科在中国的迅速发展完全证实了这一点。"[①]任鸿隽回顾了西方科学与东方思想发生接触时的情况。中国对西方科学的介绍可以追溯到 17 世纪初，那时徐光启翻译了许多西方科学的著作。但中国人对西方科学的真正觉醒是在 19 世纪后半叶，中国在经历了几次战败的痛苦之后，认识到科学与武器弹药不是同义词，于是决心把科学引入教育体系之中。此后，科学教育便在全国普及开来，1903 年，由皇室颁布的上谕中所发布的指导各级学校的学堂章程中，科学与读经取得了同样的地位，并在大学、中小学校开设科学相关课程，如数学、物理、化学、天文学等。"从那时起，教育系统与课程设置均经过数次变化，但科学却始终在上升而不是在下降。注意到下述事实是非常有趣的，即：在西方，教育者和科学家们为了给科学在学校课程体系中赢得一席之地而不得不拼搏奋斗，而在中国这里，学校课程之中设立科学却是理所当然之事。这种天赐之机从根本上说可能对科学的发展不一定有利，但是这至少说明，我们是用正确的精神来欢迎科学。"[②] 而科学事业的发展，也直接给中国人民的思想、经济和道德生活带来巨大的影响。所以，"当坚船利炮似乎代表着西

---

① 陈衡哲主编：《中国文化论集：1930 年代中国知识分子对中国文化的认识与想象》，王宪明、高继美译，福建教育出版社 2009 年版，第 110 页。
② 同上书，第 112 页。

学的时候，我们对之并无多大兴趣，但是，当科学的真正意义开始展现在我们眼前的时候，我们便迫不及待地要获得它。从热爱真理到国际头脑，中间只有一步之遥。这两点使得不同国家的人民之间相互交换知识并提倡国际合作成为可能。在这一方面，科学已经在许多国家的人民中间一再表现出其有效性，我们坚信，中国也不会例外"。① 陈衡哲说从远古时代起，中国文化就一直不能避免外来的影响，外来文化引起各种变化。她形象地作比喻说，现代中国文化就像扬子江的中游，上游的数千条河流已经汇入其中，有些甚至本身就像扬子江一样伟大，一样生动活泼。因此，大江到了中游以后，早已是一种大杂烩，只保留极少一部分源头之水，尽管大江从来未失去其连续性和统一性。②

西方还流传这样一种关于中国文化的观点，就是认为中国文化缺少宗教情感。中国人在已开化的种族中是最少宗教性的。这种看法也是出自来华的西方传教士。清乾隆以后，清政府曾多次发布传教禁令，各地教案不断，增加了传教士在华传教的困难。加之传教士总是企图在孔子的学说中"找到基督启示的真理"而不得，因而对中国文化做出恶意的批评和宣传。③ 其中一点就是宣称中国人缺乏宗教情感，中国哲学是没有受到宗教影响的哲学。针对这点，胡适指出从历史上看，有两大宗教在中国历史上起了很大作用。一个是佛教，另一个就是中国教（Siniticism）。这是中国人自己的宗教，它的形成可以追溯到很远，后来形成墨家、儒家和道家。中国人也可以有很高的宗教情感，在某个时期，中国对宗教是如此狂热，

① 陈衡哲主编：《中国文化论集：1930年代中国知识分子对中国文化的认识与想象》，王宪明、高继美译，福建教育出版社2009年版，第115页。
② 同上书，第254页。
③ 方豪：《中国文化对西方的影响》，《方豪六十自定稿（下册）》，台湾学生书局1963年版，第1466—1473页。

以至于许多僧侣和尼姑愿意自焚作为献身佛教的最高形式。中国哲学常常被不同时期的宗教发展所制约，以至于如果不把宗教一起研究，中国思想史也就不能得到正确的理解。胡适更进一步指出，今天的中国不像世界其他种族那样显得有宗教性，那是因为中国的思想家们，中国的伏尔泰和赫胥黎很久以前已经努力与宗教作过斗争。"如果中国迄今未能实现真正的人文主义文明，那只是因为中国思想的理性主义和人文主义倾向已经不止一次地受挫于强大的宗教力量。"① 胡适对中国宗教和哲学之间的互动关系作一历史的梳理。从佛教传入，中国哲学史和宗教史的演变史作为线索，分析了佛教在中国赢得拥护的原因以及与中国哲学思想体系格格不入的地方。分析了同与异。他说："佛教来得恰逢其时，当时中国的主要思想家正在专心致力于老子和庄子的自然主义和虚无主义的思考之中，这就很容易跟佛教的虚无主义哲学结合在一起，尤其是龙树学派的空宗哲学。当佛教成功地解除了知识分子的武装时，就确保了其对中国的征服。至于普通老百姓，时机也是有利的。这是道教活跃的时期，所有大乘佛教的壮观的仪式、礼拜、咒语以及魔法都被人们作为更辉煌更壮丽的宗教活动而欣然接受。公元 300 年之后不久，定居在中国北部的野蛮人起来公开反叛，懦弱的晋朝不能应付形势，整个中国北部很快就被野蛮人占领，他们建立多个王国并相互争战。汉族王朝迁至南京，并建立了南朝，一直持续到 589 年被隋朝占领为止。南北战乱破坏也是促使许多人转向佛教寺庙寻求避难和精神安慰的重要因素。佛教和尚可免除所有捐税、劳役。他们属于靠化缘生存的阶级。当时受难的人口聚焦到此，

---

① 陈衡哲主编：《中国文化论集：1930 年代中国知识分子对中国文化的认识与想象》，王宪明、高继美译，福建教育出版社 2009 年版，第 18 页。

使得佛教成为几个世纪中最大最有影响力的宗教。"胡适指出虽然佛教的化缘体系、严格的禁欲主义和自我牺牲形式与中国人文传统不相融合。"然而它却是最能打动人心的宗教思想和实践体系。中国人从来没有见过此类东西。正如谚语所说，'小巫见大巫'，承认她惨败。中国被迷惑了，被挫败了，被征服了。"①

丁文江在谈到宗教的影响时，这样写道："帝国建立后，征服中亚，建立起与西方世界的直接联系，文化交流遂成为经常之事。葡萄酒、紫苜蓿、大夏马、波斯玻璃等都只不过是来自伊朗世界的一些例证。这些交流最终导致了印度佛教的传入。它最初仅限于宗教，但到公元2世纪后半期，经文开始被翻译成中文。公元3世纪初，中国人首次获准出家当和尚。蛮族占领北方地区毫无疑问地促成了儒家反佛势力的解体。鸠摩罗什（Ku-marajiva）于5世纪来到西安府，大约在同一时间，中国著名的僧人法显和尚前往印度。与佛教一同传来的还有希腊—印度雕塑艺术，云冈、龙门两地的辉煌的塑像就是希腊—印度雕塑艺术影响的结晶。与汉代了无趣味、呆板的艺术相比，唐代辉煌的文学艺术成就很大程度上应归功于佛教的启发，尽管这其中也有同样在中国享有宗教自由的祆教、摩尼教、伊斯兰教、逊尼派基督教的贡献。对于西方读者来说，玄奘是再熟悉不过了，这里无需再作赘述。""佛教对唐朝以后的中国的影响，无论如何估计都不为过。"②

《中国文化论集》中的各篇文章都是针对西人关于中国文化种种误解所进行的学理上的反驳。"从思想史的角度看，则反映了中国自由主义知识分子在面对西人时对中国文化的认识和想象，也可以视作中国自由主义

<hr/>

① 陈衡哲主编：《中国文化论集：1930年代中国知识分子对中国文化的认识与想象》，王宪明、高继美译，福建教育出版社2009年版，第33—34页。
② 同上书，第13—14页。

知识分子在西方文化霸权下对西方强势话语所作出的一种反应。"① 中国知识分子为中国文化所作的辩护,本质上不在于为中国文化争取一个对等的地位,而是为了消除西方世界对中国文化的轻蔑态度,使中国文化能更好地融入西方世界。陈衡哲在《结论》中指出,各篇文章的作者力图通过对变化之中的中国文化的基本要素的梳理与描述,向人们表明:"一、中国文化始终是处于变化之中;二、西方文化过去一直在向中国人的生活中渗透,现在也仍是如此,没有办法逃避;三、中国传统文化离开西方文化的帮助,不足以解决大量因与西方文化的接触而产生的问题。"② 综观全书的17 个专题论述,这一目的可以说是顺利达到。而且,全书所传达的信息远远超过其本身的预期。《中国文化论集》某种程度上体现了现代中国知识分子对中国文化的认识与想象,彰显出现代中国知识分子关心国事、心系民族复兴的爱国情怀。

第三节 陈衡哲对中西文化碰撞下"大混乱"的认识与思考

关于中西文化关系问题,在近现代诸多学者有过相当深刻透辟的论述。③ 围绕中西文化的冲突,以及中国文化的出路,主要的争论焦点集中

---

① 欧阳军喜、李明:《1930 年代中国知识分子对中国文化的认识与想象——以陈衡哲主编的〈中国文化论集〉为例》,《东南大学学报》(哲学社会科学版) 2005 年第 6 期。

② 陈衡哲主编:《中国文化论集:1930 年代中国知识分子对中国文化的认识与想象》,王宪明、高继美译,福建教育出版社 2009 年版,第 253 页。

③ 参见罗荣渠主编《从"西化"到现代化——五四以来有关中国的文化趋向和发展道路论争文选》(上、中、下),黄山书社 2008 年版;焦润明《中国现代文化论争》,社会科学文献出版社 2012 年版。

在是中国本位还是全盘西化问题。在这些论争中，有三个基本要点值得注意："第一，由于崇尚近现代欧美文明已成为一种主流文化价值观，所以，反对吸收西方文化的声音极其微弱，极端排外的呼声几乎没有。第二，文化论争的双方对于近现代以来具有'普世'性和共识性的西方事物，均采取接受态度，只是在如何吸收、怎样吸收的方式和方法上存在分歧，展开论争。如'西化'和'全盘西化'派之间的论争，就较为典型地反映了这一特点。第三，论争双方的分歧，既有对于近现代西方核心价值观解读上的差异性论争，也存在着如何吸收西方文化才能使民族根本利益最大化的认识差异上的论争。"[①] "实质就是在中国走现代化道路的过程中，是'全盘'接受外来文化，还是以中国为本位为主体地进行选择性吸收的问题。……要不要吸收欧美文明已不再成为问题，争论的焦点是如何吸收及吸收的方式。这也是自洋务运动以来横亘在中国人面前的核心问题。"[②]

身在中西文化冲突的论争旋涡中，陈衡哲又是如何认识与看待这一问题的呢？在《中国文化论集》中，由于着眼于"目前中国经历的巨大变化"，[③] 因而陈衡哲基于此"变化"作为立论的基础，指出中国文化并非停滞不前，也并非保守排外的，她说："从远古时代起，中国文化就一直不能避免外来的影响，外来文化引起了此种或彼种变化。现代中国文化犹如扬子江中游。在其上游，早已有数千条大大小小的河流涌入其中，有些甚至本身就像扬子江一样伟大，一样生动活泼。因此，大江到了中游以后，

---

① 焦润明主编：《中国现代文化论争》，社会科学文献出版社2012年版，第14—15页。

② 同上书，第16—17页。

③ 陈衡哲主编：《中国文化论集：1930年代中国知识分子对中国文化的认识与想象》，王宪明、高继美译，福建教育出版社2009年版，"序言"。

早已是一种大杂烩，只保留了极少一部分源头之水，尽管这条大江从来也没有丧失过其连续性与完整性。中国文化的情形正是如此，她目前正经受着来自欧美的文化的侵袭。"① 随着外来文化对中国文化的冲击以及由此产生的结果，大量的问题也应运而生。而这些问题的产生并非始于今日，而是从19世纪中期中国屡次战败，被迫打开国门的时候开始。是在1900年义和团及随之而来的列强的侵侮之后，中国的先进知识分子"真正意识到其国家所面临的大量迫切问题的严重性与复杂性"。陈衡哲接着从历史的角度梳理了近现代中国现代化进程的三个阶段，指出"他们开始认识到，无论是单纯地按西法来组建军队、海军，还是政治改革本身，都不足以彻底挽救中国的危亡。他们看到，在政治结构之下，有着大量其他结构，要想上层结构能够保持平安，必须首先对这些下层结构进行改造、重建。由此，中国的青年一代，包括妇女，开始涌往欧美，接受艺术、科学、哲学、文学、历史、社会科学、医学、教育以及政治、法律等各个领域的教育。这一政策实施的结果，就是中国年青一代的男男女女对西方文化的真正意义更加熟悉、认识更加深入"。

陈衡哲接着指出当前面临着：人口过多、妇女与家庭、道德标准等几大问题。② 在阐述人口过多问题时，陈衡哲首先从历史维度梳理人口过多的社会心理、人生观等原因，认为中国人的心理不愿过细区分人口数量与质量，以为中国这样的农业国家一定需要大量人口，男人的天职就是生儿育女，无节制地生儿育女。此外，根本原因是从道德文化领域即中国人生观即"不孝有三，无后为大"为代表。"应该指出，这并非一个空洞的教

① 陈衡哲主编：《中国文化论集：1930年代中国知识分子对中国文化的认识与想象》，王宪明、高继海译，福建教育出版社2009年版，第254页。
② 同上书，第257—260页。

条，而是中华民族数千年来最为重要的道德力量之一，其势力如此之大，就连乞丐也怕断后！"陈衡哲指出解决这一问题的最大关键，是"中国心理的变化，人生观的革命，……只有它才是让外力引起变化的先决条件。而正是西方文化不仅把中国从睡梦中惊醒，而且还将为中国提供解决这类问题的科学武器"。① 接着提到东西之间的比较，"应该大大感谢西方文化，正是它促使中国认识到疯狂竞赛生育后代的荒唐性。现在，中国有史以来第一次意识到，人民的幸福与国家的繁荣不一定依靠人口众多，也不一定要把生育后代作为男人的最高道德标准。……多么了不起的启发！多么伟大的革命！"

关于妇女与家庭问题，以及中国人思想观念的变化，陈衡哲从东西文明比较开始，以西方文化对中国文化的冲击作为关节点，力证中国文化积极吸取外来文化。作为今日中国所面临的重要道德问题的事例，由中国社会中家庭观念的变化所引起的部分妇女问题是最为典型的。陈衡哲指出中国家庭的几大特征，第一是"像是一个微型的国家，而不像一个西方意义上的家庭，在这个微型国家中，最高统治者或者是男性的家长，或者是女性的家长，下设有儿子、女儿以及女婿等机构，其下又有辈分更低的女婿、孙子、孙女以及 N 次方的亲戚等。它拥有其他类的国家所拥有的一切，如阴谋、外交、叛国等。在这样的政府中，妇女若不是天生的或受过良好训练的政治家，是很难找到一个高尚的位置的，不管她多么有教养，也不管她多么高尚。原因在于，中国的家庭就是一部机器，一个系统，个体成员只是这部机器中的螺丝钉，他们不是为了自己而存在，而是为了整

____

① 陈衡哲主编：《中国文化论集：1930 年代中国知识分子对中国文化的认识与想象》，王宪明、高继美译，福建教育出版社 2009 年版，第 258 页。

个机器而存在"。第二是"中国的家庭是一种机构，在此机构中，人们的宗教情感可以充分表达出来"。第三是构成中国家庭精神的，不是丈夫与妻子之间的爱情，而是所有成员相互之间的责任。性爱在中国家庭中确实有一定地位，但绝不是最重要的，它从属于父母与儿女、兄弟与姐妹等之间的道德义务，所以，"一旦一个男人作为儿子或兄弟的义务与对于妻子的爱发生冲突时，牺牲的总是后者"。①

作者接着指出西方文化如何传入中国，打破了固有的家庭生活格局与思想支柱。"现在西方文化传进来了，它宣称建立于爱情基础之上的小家庭的正确性，认为男女有权作为个人生活在一起，它嘲讽中国人对于通过男性继承的家谱的重视，它带来了工业革命所产出的新社会经济结构。这最后一个因素是对中国大家庭制度的一个重大解体力量，因为后者的起源与合法性都在封建的农业社会，而工业革命正迅速把此种社会改变为一种以个人自由和个人责任为基础的社会。"② 陈衡哲也清醒地看到这一思想革命，并非"毕其功于一役"一蹴而就，一劳永逸，"这些解体的和毁灭的力量，但是斗争还一定会继续。因为中国的家庭就像欧洲中世纪的教会一样，掠夺了个人无数的珍贵财产，宗教革命时，这些个人向教会要求收回自己的财产权，中国的家庭也是如此。从情感上说，年轻人要求有恋爱权、婚姻权，这在大家族制度下常常是被牺牲的对象；从经济上看，家庭成员要求作为个人去工作的权利，原来一个男人要对所有的兄弟乃至堂兄弟的孩子、孤儿之类负责，现在他要求从此种经济束缚下解放出来；从思想上说，儿女质问父亲何以有权把他（她）们当作从属物一样对待，因

---

① 陈衡哲主编：《中国文化论集：1930 年代中国知识分子对中国文化的认识与想象》，王宪明、高继美译，福建教育出版社 2009 年版，第 258—259 页。

② 同上书，第 259 页。

为他（她）们觉得父亲对他们有权利，同时也有义务。一场战争一下子要解决这么多问题，那么，中国的妇女问题、婚姻问题、家庭问题的性质就会比欧美同类问题更加复杂，这又有何惊奇？之所以如此，全起因于这样一个事实：与西方文化中的任何国家相比，中国的家庭在国家中处于一个非常不同的地位。"①

关于道德标准问题。陈衡哲指出原有的标准已经黯然失色，而新的标准又没有诞生。如何借鉴西方国家的道德标准成为问题，而且更为复杂的是中国原有的道德标准系统根深蒂固，即使借来的西方道德标准也并非一大"法宝"，其自身也正经历着严峻的考验。陈衡哲以婚姻与家庭为例，指出中国青年男女在要求自由恋爱与结婚过程中碰到的种种困扰。"这一问题绝不像西方人士所想象的那样简单，而且它已经给年轻中国人造成了足够大的混乱与痛苦，尽管在中国争取道德自由的过程中这是一种必不可免的代价。但是，现在中国的青年男女被人告知，他们所追求的尚不全面，欧美的青年男女现在已经在要求恋爱与结婚权不受任何上帝或法律或社会制裁的干扰。我们难道不能轻易看出，中国年轻人发现自己陷入何等道德混乱之中，特别是婚前贞洁与婚后节欲在中国一直被认为是妇女的最高美德？'饿死事小，失节事大'，中国人这样告诫其妇女，800 年来中国的妇女也是这样顺从这些告诫的。考虑到中华民族的这种道德背景，再考虑到面对今日欧美国家的问题将来同样也会面对中国，那么，中国青年男女所进行的道德斗争将会是令人迷惑的、剧烈的、深透的、不遗余力甚至

---

① 陈衡哲主编：《中国文化论集：1930 年代中国知识分子对中国文化的认识与想象》，王宪明、高继美译，福建教育出版社 2009 年版，第 260 页。

是永恒的，这难道还有什么惊奇？"① 面对上述问题，陈衡哲进而提出了自己的思考，即如何在文化的"大混乱"中寻找"正确的引导和明确的方向感"，以此作为解决中国文化受西方文化侵袭时及带来的大量问题和解决方法、路径。

陈衡哲关于中西文化的表述及立场，有几点值得注意。

第一，陈衡哲没有使用欧化、或西化、或中国本位等概念，而是突出现代化这个新概念来重建中国文化或实现中国的文艺复兴。"所谓西方物质文明，只不过是当代历史的产物，是文艺复兴后期科学发现的结果，而文艺复兴本身不过是对于中世纪欧洲文明中的来世观的反动而已。就连文艺复兴源头的希腊文明，也与现代西方文明不同，因为当时的生活方式几乎与工业革命前的欧洲完全相同，与今天的中国相差无几。因此，说到底，西方文明和东方文明差异的界限，与其说是空间的，不如说是时间的。因此，中国真正需要的与其说是西化，不如说是使其人民现代化。"② 陈衡哲认为："从文化上来解决中国问题的趋势，可以称作中国在西方文化影响下觉醒的第三阶段。西方文化在政治、经济上的成功，使中国相信，自己必须在更基本的问题上、在更广大的范围内使自己现代化，这在19世纪时是连做梦也想不到的。虽然没有几个中国人愿意承认中国文化总体上不如现代西方文化，但是，每一个思虑精深的中国人都对这样一个事实深信不疑，即：现代西方文明包含有大量中国文化所缺少、但对于振兴民族必不可少的因素。"③ 陈衡哲抛开了当时纠缠不清的关于中国文化是姓

---

① 陈衡哲主编：《中国文化论集：1930年代中国知识分子对中国文化的认识与想象》，王宪明、高继美译，福建教育出版社2009年版，第260—261页。
② 同上书，第254页。
③ 同上书，第257页。

"中"，姓"西"抑或"中体西用"等问题，而是直达靶心，指出当下中国文化所面临的即是现代化问题，彰显出"盘根错节，乃见利器"的锐敏和独到的识见。这也从根本上肯定了西方文化对中国文化的现代转型所具有的意义。

第二，陈衡哲的文化立场是不卑不亢的。陈衡哲以历史学家的宏阔历史视野，认为中国文化的现代化转型，是一个历史的现象和产物。西方现代文化（或工业文明、物质文明）的产生、发展、转型、演变是具有世界性意义的大变革，世界上任何国家都无法保持孤立或是避免受其影响。"它带有这样一种力量，不仅中国全然不了解，几百年前就连西方自己也不知晓。因为，一两百年前，当工业革命震惊其人民时，欧洲所面对的不正与中国所面对的情况相同吗？它不也是因为兼具解体与解放作用的工业革命而苦尽甜来吗？不正是因为工业化的力量，欧洲国家的家庭解体了，妇女却解放了吗？美国多少有些例外，但那不是因为它是白种民族，而是因为从文化意义上说，它是我们这个地球上非常年轻的一个成员。时间是一个比空间更狡猾的恶棍。中国文化与欧美文化之分若说是空间的，不如说是时间的。当时机一到，中国文化就受到这种从前侵袭过欧洲和美国的工业文明的侵袭。没有办法逃避，特别是交通手段的迅速变革，使得世界上任何国家都无法保持孤立，不光物质上如此，从文化意义上亦是如此。"[1] 这样的论断进一步推导，即是西方文明与东方文明差异的界线，不是空间、环境、种族或国别的问题，而是时间先后的问题。那么，她其实有意识或无意识间推倒了关于先进与落后、野蛮与文明等带有强烈

---

[1] 陈衡哲主编：《中国文化论集：1930 年代中国知识分子对中国文化的认识与想象》，王宪明、高继美译，福建教育出版社 2009 年版，第 254 页。

歧视意义的二元对立价值判断，而只是从理论上认识到了这一所谓先进与落后、野蛮与文明的区别。这一观点在当时无疑是较为前卫和大胆的。

同时，陈衡哲的不卑不亢的态度，使她注意到了中国文化向西方文化学习、采纳的"取"部分，同时也挖掘了中国文化"予"的成就。她说："历史证明，在工业和艺术方面，欧美国家早已从中国的发明之中获益，而且时间将会证明，中国有能力在更大的范围内做出更重要的贡献。这些潜在的贡献可能完全是源自中国本土的，如艺术与文化、哲学与历史等领域的影响与启发，或来自社会理论与实践领域，如中国对学问与教育的重视，通过全国上下对士兵职业的蔑视而表现出来的传统的对战争的憎恶等。另外一些潜在的贡献可能是中西文化融合的结果，如本书其他章节中所提到的科学方面的成果等。"① 当然，陈衡哲指出要使中国更为强大，对世界做出更大的贡献有其基本的条件，即"圆满解决中国最为迫切的问题"，比如内战结束、土匪消失，贫穷、疾病、无知减少，以及"各个领域中潜在的学者、科学家、艺术家、政治家及社会领袖都能够找到一种有利的发展环境来施展其才华"，当中国达到上述条件时，那么，"中国就真正走上了文化大国之路，不仅为了中国自己，同时也为了答谢她曾经学习过的世界各国文化"。②

第三，陈衡哲认识到了西方文化从古至今一直向中国文化渗透，无法逃避。既然没有办法逃避，唯一需要做的就是"从外来文化中选取那些有助于帮助她解决自己所面对的众多问题的武器以及在此过程中表现出的能力"，也即是说："中国目前的最大任务，就在于她能明智地、有

---

① 陈衡哲主编：《中国文化论集：1930年代中国知识分子对中国文化的认识与想象》，王宪明，高继美译，福建教育出版社2009年版，第261—262页。
② 同上书，第262页。

意识地努力解决其众多的问题。"① 陈衡哲重点探讨人口过多、妇女与家庭、道德标准等问题，揭示了中国所面临问题的复杂性和多样性，因为这些问题具有典型性，"它们也表明了中国正在变化中的文化呈现出一种多么混乱无序的状态，几乎人类活动和思想的每一处领域都处于混乱之中。同时，它们也表明，仅仅依靠原有的中国文化已经不足以应对目前的局势。尽管历史迫使我们在混乱状态下应抱乐观态度，因为所有伟大的文明不都是大乱之后的产物吗？希腊文明是波斯战争以后诞生的，现代欧洲文明是在中世纪以后诞生的，中国汉唐文明是经过长期的内战以后形成的。然而，如果没有正确的引导和明确的方向感，从大混乱中即将诞生的新文化可能将使中国付出沉重的代价"。陈衡哲进而指出需要"正确的引导和明确的方向感"，即是"对局势进行理智的控制。像我们从前那样拒绝西方文化肯定是笨蛋，但是盲目地采用和模仿同样也是傻瓜"，正如她在论述原有的道德标准已经黯然失色，而新的标准又没有诞生时，怎么办呢？这时，"有人也许会问：'为什么不采纳西方的？'哎！道德标准又不是时装，即使在时装的世界里，适合巴黎时髦女郎的时装，不一定适合北京的小姐。此外，即使可以进口西方国家的道德标准，也应考虑我们应该进口什么？因为在欧美国家，道德标准也是在变化的，而且变化非常剧烈。欧洲文化中的青年男女本身也面临着巨大的道德问题，其混乱与痛苦程度，丝毫不比我们的问题逊色，他们的问题最终也会入侵我们的文化，使得我们本已十分复杂的问题变得更

---

① 陈衡哲主编：《中国文化论集：1930 年代中国知识分子对中国文化的认识与想象》，王宪明、高继美译，福建教育出版社 2009 年版，第 254—255 页。

加复杂"。① 陈衡哲认识到本土传统的独有样态，以及外来文化与本土文化传统的差异，并清醒地认识到即使是外来文化自身，也不是一成不变的，也正经历着内在的裂变。因此，正如18世纪启蒙思想家们所呼吁的："要充分运用你的理性"，要以"理性"来认识和破解现实难题。因为"在找到任何解决问题的途径之前，一定要考虑到人民的性情、其社会环境、文化背景、其特别欲求等。这就是我所说的从变化中的文化混乱中有意识地找出一个正确的方向，这也就是我所说的根据中国的根本需要正确地选择和采纳西方的文化。"② 陈衡哲从辩证唯物主义历史观的角度出发，既不故步自封，也不崇洋媚外，而是根据中国文化语境的特殊性与"根本需要"，正确地选择和采纳西方文化，其走"中国特色文化"道路的现代性方案已经呼之欲出。

陈衡哲不卑不亢的文化姿态和关怀意识令人敬佩。她思考如何从中西文化碰撞的"大混乱"中寻求突围，以及提出了构建现代"新文化"的思想规划与基本纲领，她的终极目标指向是实现中国文化的现代化。当然，由于时代的局限，在"破"之后，怎么"立"的问题仍是模糊不清，这也是现代中国知识分子在探讨问题时的通病，只负责"诊断"，却不管"疗治"。作为过渡时代的陈衡哲，我们也不能求全责备，要求她必须要开出具体"药方"。

第四，陈衡哲指出中国文化的复兴，既要学习西方文化，更要在中西文化的融会贯通中，去发明新知。这是中国知识界面对西方文化的强势冲击时，所做出的一种调整。陈衡哲认识到，中国文化要想融入现代

---

① 陈衡哲主编：《中国文化论集：1930年代中国知识分子对中国文化的认识与想象》，王宪明、高继美译，福建教育出版社2009年版，第260页。
② 同上书，第261页。

世界，首先要清除西方知识界的偏见和误解，在她的文化辩护中，她并不避讳中国文化的不足，坦承中国传统文化仅靠自身已经难以解决诸多现代问题，而且西方文化中包含了一些中国文化所不具备却又是中国复兴所必需的一些因素，因而中国文化不仅一直在求变求新，并且还会以开放的姿态向西方学习。当中国知识界面对西方文化霸权下的西方强势话语时，历史证明故步自封与趋附盲从都不足取，在对等平台之上的沟通与交流才是真正的应对之道，这种沟通、对话的态度在今天仍然值得记取与借鉴。

总之，陈衡哲在《中国文化论集》前言中说，该书的目的是给读者提供一幅中国文化的生动图像，而"不是提供一部中国文化史"。但以今日之视角，本书却不失为一部别开生面的中国文化史。而从思想史角度，更是典型反映了中国知识分子在西方的参照下对中国文化的认识和想象。陈衡哲从整体上对中国文化发展的描述是准确恰当的，这种开阔与宽容的文化视野，来自对西方文化的深度洞察，来自对传统文化的切实领悟，同时，在其表述中展现出一种自尊而不自大的文化心态，而这正是中西文化交流中理性、健全的态度。

第五章 《陈衡哲早年自传》：危流之争与知识女性成长史

第一节 "给史家做材料，给文学开生路"

　　1935 年，45 岁的陈衡哲，已经著作等身，功成名就，声望愈显。这一年对于陈衡哲而言，有着特殊的意义。因为她出版了自传《一个年轻中国女孩的自传》（*Autobiography of A Chinese Young Girl*），用的笔名是陈南华（Chen Nan - hua）。虽然用的是笔名，但书中的某些章节对圈内人来说完全一目了然。全书用英文撰写，中译本迟至 2006 年才由安徽教育出版社刊行。[①] 这本自传，其最初预想的阅读对象是在欧洲和在美国的好友，事实上其阅读者和影响远超出其预期。陈衡哲在成书之后，不仅将书分送诸亲好友，包括她在美国的母校瓦沙大学和芝加哥大学的师友，而且将其中的部分章节用中文发表在当时颇为畅销的《东方杂志》《现代评

[①] 《一个年轻中国女孩的自传》中译本是于 2006 年由哥伦比亚大学教授冯进翻译，题名改为《陈衡哲早年自传》，安徽教育出版社出版。

论》等刊物上。陈衡哲这一自传很
像胡适的《四十自述》，只是从出生
写到赴美留学为止。共分 15 章，第
一章，以"扬子江与大运河"作为
开篇，展露出为了追求理想、实现
自我而奋斗不息的精神气质；第二、
三章介绍家世背景；第四、五章介
绍早年的教育和环境，塑造陈衡哲
人生道路上的重要人物；第六、七、
八、九章叙述了离开家门、父母四
处求学的艰难历程；第十、十一章
叙述在女子医学院毕业后，陈衡哲

图 5−1 《陈衡哲早年自传》

抗婚；第十二章，写抗婚之后到常熟与姑母在一起。第十三、十四章是专
题性质，关于中国家庭与婚姻的认识以及对于 1911 年辛亥革命的记述。最
后一章是写从做家庭教师到出国留学，着重叙写了因经济原因而去乡间教
书，参加庚款留美考试的曲折过程。

　　陈衡哲在自传的"前言"中，袒露了自己撰写传记的动因及其目的。
在"前言"结尾谈到写自传的直接触发点，提到中国和外国朋友给予的灵
感和鼓励，以及在写作过程中朋友们给予的宝贵建议和忠告。[①] 其中，中
国的朋友很自然地让人联想"我们三个朋友"之一的胡适。留美七年，深
受西方传记文学的影响与启发的胡适，"因为深深的感觉中国最缺乏传记

---

　　① 陈衡哲：《陈衡哲早年自传》，冯进译，安徽教育出版社 2006 年版，第 5 页。

的文学，所以到处劝我的老辈朋友写他们的自传"，[1] 胡适还身体力行实行他的主张。早在 1930 年，胡适就陆续写作并在《新月》月刊上发表自己的自传，后来结集为《四十自述》，1933 年由上海亚东图书馆出版。胡适在《四十自述》中，以时间为序，从母亲的订婚写起，写自己的家庭，在家乡受到的教育，上海的读书生活，一直写到 1910 年参加庚款留美考试。在《〈四十自述〉自序》中，胡适鼓吹写自传的目的很明确，"为的是希望社会上做过一番事业的人也会赤裸裸的记载他们的生活，给史家做材料，给文学开生路"。[2] 他还打算从他生活的"四十年中挑出十来个比较有趣味的题目，用每个题目来写一篇小说式的文字"[3] 以便探索自传文学的新路子。胡适不仅自己写自传，还鼓吹一众朋友撰写自传，包括林长民、梁启超、蔡元培、陈独秀、熊希龄等，自然也包括"同心朋友"陈衡哲。胡适对自传的倾心与努力，从一个侧面也表明作为好友，陈衡哲肯定会受其影响。事实上，在胡适等"五四"新文化人的摇旗呐喊之下，当时的文坛已渐渐形成写作自传的风气，任鸿隽、沈从文、巴金、庐隐、谢冰莹、瞿秋白以及林语堂等作家也纷纷推出自己的自传。20 世纪 30 年代，上海第一出版社开始出版"自传丛书"，其中包括《从文自传》《资平自传》《庐隐自传》《钦文自传》《女兵自传》《巴金自传》等，报纸杂志也推出不少作家的短篇自传，这是现代作家自传的首次集中亮相，将自传之风推向了高潮。

　　当然，除了好友胡适等人的极力鼓动之外，陈衡哲也有她自己的考虑

---

[1]　胡适:《介绍几部新出的史学书》,《胡适文集 1》, 欧阳哲生编, 北京大学出版社 2013 年版, 第 25 页。

[2]　同上书, 第 27 页。

[3]　同上书, 第 26 页。

和用意，即"曾经是那些经历过民国成立前后剧烈的文化和社会矛盾，并且试图在旋涡中掌握自己命运的人们中的一员。因此，我的早年生活可以被看作一个标本，它揭示了危流之争中一个生命的痛楚与欢愉。也正因为这个原因，本书不记载客厅生活的高雅艺术或花前月下浪漫柔情。在与险恶的环境进行殊死较量时，生命无法顾及装饰，它唯一专注的只能是它自身的未来和命运。"① 基于此，陈衡哲认为写自传的目的有两个。一是向西方国家展现"我们自己的国家和民众，特别是我们这些亲眼目睹、或亲身经历这个矛盾时代的起伏动荡的一群人。……我试图描绘中国的本来面目，既不虚饰它的长处也不夸张它的短处"。因为这个原因，这本书强调的不是壮观雄伟或耸人听闻的事物，而是司空见惯的大众人情。这是因为本书希望刻画的不是一个国家的外表，而是它的内在性格及其种种表现。二是，深感"近年来无论在中国还是在世界上，民众解放尤其是女性解放的车轮正在倒退"。重温这一历史事实是因为她写作这本自传时社会上文化保守势力抬头，面对这股逆流，陈衡哲力图再次表明以史为鉴的珍贵。陈衡哲感到当年"那些最基本的人权"是他们那一代人如何历尽千辛万苦才争取到的，必要并以此来为"中国人，尤其是中国女人"在 30 年代后期岌岌可危的基本权利振臂一呼。②

从某个层面而言，现代自传者都是在这种中西文化、新旧思想的交融冲突中进行自我认识和自我建构的。在风云激荡的特殊时代，它一开始就带有复杂的价值取向和写作目标，这也从根本上决定了其复杂的特征与多元的格局。陈衡哲在自传中将自己定位为时代的"见证人""亲历者"，有

---

① 陈衡哲：《陈衡哲早年自传》，冯进译，安徽教育出版社 2006 年版，第 4 页。
② 同上书，第 14 页。

责任、有使命为他人、为年轻的一代提供启示与镜鉴，"本书关注的不是过去，而是将来，一个能够避免重复过去的错误的将来"。对于一个在她自己的儿童和少女时代付出过上述代价又曾目睹她的长辈和逆来顺受的亲戚被迫为旧习俗、旧观念做出牺牲的人，她自然会怀着极大的忧惧和不安审视任何历史倒退的倾向。对她来说，要是她自己或她认识的人在早年生活中经历过的挣扎现在在年轻一代的生命中重现，那不啻是故意杀人，尤其因为现在这样的挣扎能够比在她那个年代更轻易更有效地避免，从而能让年轻一代节省他们的精力去从事更伟大更高贵的救国救民的工作。陈衡哲还以中国古谚"毒蛇噬臂，壮士断腕"的勇气和决心，热切呼吁改变现状，以待新生。

第二节　危流之争与士志于道

1840 年鸦片战争爆发后，中国社会出现"三千年未有之变局"，没有哪个词语比"变局"更能概括从 1840 年到 1949 年百年来的近现代中国社会情状。这期间中国经历了一系列重大的历史事件——第一次鸦片战争、第二次鸦片战争、太平天国运动、洋务运动、甲午中日战争、戊戌变法、八国联军侵华、辛亥革命、五四运动、抗日战争、国共内战，以及与此相连的更具体而广泛的社会生活的全方位变化，呈渐进式摧毁着岌岌可危的中华帝国并推进着现代性中国的生成。[1] 这一时期"是中国思想文化由传

---

[1] 现代化是指以工业化为发端，涉及政治、经济、文化、精神等方方面面的整体性的社会变迁，它是从传统社会向现代社会的转变过程，偏重于指称中国社会现代进程的经济和政治制度层面不同；"现代性"偏重于指称中国社会现代进程的文化价值体系层面。

统过渡到现代，承前启后的关键时代。无论是思想知识的传播媒介，或者思想的内容，均有突破性的巨变"。① "转型时代是一个危机的时代。1895年以后，外患内乱，战乱频仍。同时，中国传统的基本政治社会结构也开始解体。这方面最显著的危机当然是传统政治秩序在转型时代由动摇而崩溃，这个在中国维持数千年的政治秩序一旦瓦解，使得中国人在政治社会上失去重心和方向，自然产生思想上极大的混乱与虚脱。……政治秩序的危机正好像是一座大冰山露在水面的尖端，潜在水面下尚有更深更广泛的文化思想危机。"② 对于清醒而有追求的国人而言，这种处于历史转型旋涡中的艰难处境，使他们所经历的思想、心灵的裂变格外触目惊心，那种直面现实、投身斗争的社会责任感和历史使命感呼之欲出。近代史学者袁伟时指出："历史无法割断。百年苦难无非是无可抗拒的历史趋势与中国历史积垢的冲突。死的拖住活的，方生与未死反复搏斗。"③ 鲁迅1927年12月7日写《〈尘影〉·题辞》时，对大时代进程曾有如下的感受：

> 在我自己，觉得中国现在是一个进向大时代的时代。但这所谓大，并不一定指可以由此得生，而也可以由此得死。
>
> 许多为爱的献身者，已经由此得死。在其先，玩着意中而且意外的血的游戏，以愉快和满意，以及单是好看和热闹，赠给身在局内而旁观的人们；但同时也给若干人以重压。
>
> 这重压除去的时候，不是死，就是生。这才是大时代。
>
> 在异性中看见爱，在百合花中看见天堂，在拾煤渣的老妇人的魂

---

① 张灏：《张灏自选集》，上海教育出版社2002年版，第109页。
② 张灏：《幽暗意识与民主传统》，新星出版社2010年版，第140页。
③ 原载《瞭望》周刊2011年8月15日，第46—48页。

灵中看见拜金主义,世界现在常为受机关枪拥护的仁义所治理,在此时此地听到这样的消息,我委实身心舒服,如喝好酒。然而《尘影》所赍来的,却是重压。①

沧桑之变,似在瞬间。这一塌陷、陆沉式的生死体验,从一个侧面反映出国人所走过的精神裂变之路。事实上,鸦片战争以后,中国的知识精英被迫走向传统与现代、中与西、新与旧的十字路口,不得不"睁了眼看"。在他们凝视西方并观照自我的过程中,几千年来天朝帝国子民的文化优势心态面临着从未有过的挑战。"儒道互补"式的传统文化心理结构被逐渐解构,整个社会陷入普遍的认同危机。"过渡人"作为对转型时期社会的人的称呼,是社会学者冷纳(Daniel Lerner)在"传统人"与"现代人"之间设定的概念。由于"一方面,他既不生活在传统世界里,也不生活在现代世界里;另一方面,他既生活在传统的世界里,也生活在现代的世界里"。② 这类人处在传统社会与现代社会的交叉地带,既不是严格意义的"传统人",也不是严格意义的"现代人",但又同时兼有传统与现代的某些文化心理和人格意识,导致"他们所面临的最大问题是'认同'的问题"。③

在"天崩地裂"式的社会巨变中,如何认识自我、寻找自我、发现自我和建构自我,成为迫切需要认识并解决的问题。陈衡哲在自传中通过对人生经历,尤其是童年受教、少年求学的原生态的描摹,向我们展示作为一个生命个体,她执着、坚韧的理想追求以及所经历的思想、心

---

① 鲁迅:《〈尘影〉题辞》,《而已集》,人民文学出版社1973年版,第113页。
② 金耀基:《从传统到现代》,中国人民大学出版社1999年版,第78页。
③ 同上书,第82页。

灵的激荡与蜕变。这一心路历程构成了自传中浓墨重彩的一笔。事实上，"自传集中体现了中国现代知识分子，尤其是知识女性在中国社会转型、文化现代化过程中的经历。她在自传中巧妙地运用了对个体生命感悟的叙述为读者营造了一种糅合了中西、古今文化传统的现代经历。……也就是说，陈衡哲自传的现代性正在于她荟萃了和她自身所处的时间空间密不可分的各种经验来创造一个独特的叙事文本，并由此来建立自己的现代人身份以及参与中国文化现代化建设的资格。从这一方面来看，陈衡哲的自传也体现了中国一代知识分子，特别是知识女性，在中国文化现代化进程中、在中国文化交错影响下的矛盾挣扎，体现了中国一代知识分子身上这种现代身份的悖论"。[1] 作为"过渡人"，置身于"国民可生可死、可剥可复、可奴可主、可瘠可肥"[2] 的过渡时代，陈衡哲开启了作为现代知识女性身份的自我重塑之路。而这一过程，无疑是一个浴火重生、凤凰涅槃的艰难过程。

陈衡哲出身书香门第，仕宦家族，她的上一代，是"一门科甲而又讲新学的湖南衡山世家"。[3] 陈衡哲的祖辈、父辈皆是典型的传统士大夫，她从小就受到深厚的传统士大夫家族文化的熏陶，对士大夫阶层的理想人格与精神追求有着相契于心的认同。在陈衡哲身上，使我们看到了中国现代知识分子与封建时代的士阶层精神上的联系。"士志于道"的文化传统源远流长，孔子最早规定了"士"是基本价值的维护者，他说："士志于道"（《论语·里仁》），之后孟子所说的"士尚志"（《孟子·尽心上》）、曾参

---

① 陈衡哲：《陈衡哲早年自传》，冯进译，安徽教育出版社2006年版，第12页。
② 张枬、王忍之编：《辛亥革命前十年间时论选集》第1卷上，生活·读书·新知三联书店1960年版，第6页。
③ 程靖宇：《敬怀莎菲女士陈衡哲教授》，《传记文学》（香港）1979年第35卷第2期，第97页。

的"仁以为己任"、范仲淹的"以天下为己任"、张载的"为天地立心，为生民立命，为往圣继绝学，为万世开太平"等表述，揭示了"士"具有修己以敬、以天下为己任、不治而议论等具体表现。著名美籍华裔学者余英时（1930—　）指出，"文化和思想的传承与创新自始至终都是士的中心任务"。① 从某个角度而言，传统的"士"之人格精神，构成了陈衡哲理想追求的心理原型与精神资源。陈衡哲她把对知识学问的追求作为最高的生命境界和人生信念，将中国文化传统中的修身立德、著书立说作为一生的宏旨，追求一种纯粹的学问人生，矢志不渝。

陈衡哲聪慧过人，个性卓异。小时候"不是立志要穿比别人更漂亮的衣服之类，而是希望别人觉得我聪明、在学业上有前途"。② 由于陈衡哲早慧，深得其父母喜爱，对她另眼相待，在父母对她进行的特殊教育中，培养的目标即是成为"学问家"。③ 而从她之后的求学经历可以看出，她对自我人生道路和人生理想的设计和规划，始终都是致力于"成为大学问家的事实"。④ 13 岁时，陈衡哲做出一个人生最重要的决定：外出求学。而这一强烈的愿望是受两件事促发，一是当时在中国知识界享有盛誉的梁启超的影响；二是三舅告诉她的，当时远远超出她日常生活范围的欧美国家和民族的有趣故事，⑤ 这两件事为她的知性发展指明了道路，于是她把知性发展方面的全部渴望凝聚在一件事上："进学校"，学做西方的独立女子，成为她那时生命中的唯一梦想。

---

① 参见孙勇才《士志于道：余英时与中国知识分子文化传统特征研究》，《求索》2006 年第 9 期。
② 陈衡哲：《陈衡哲早年自传》，冯进译，安徽教育出版社 2006 年版，第 8 页。
③ 同上书，第 33 页。
④ 同上。
⑤ 同上书，第 44 页。

　　然而，当陈衡哲 13 岁外出求学时，却并非如想象中的简单。19 世纪末 20 世纪初，女校虽然已经有了一定的数量和规模，但"女子无才便是德"的封建思想仍然根深蒂固，女性求学需要付出极大的勇气和努力，她们的求学之路也异常的艰难坎坷。1907 年以前的中国，女学教育并不合法。因为千百年来，中国女性是属于家内的。中国历史上现代意义的女学生——不是请私塾先生进入家庭，也不是名士文人在家中收的女弟子，并不是自古就有。最早，她们出现在外国传教士开办的教会女校中。有资料可查的中国人自办的第一所女校出现在 1898 年。虽然 1903 年清政府颁布的《奏定学堂章程》承认"蒙养院及家庭教育，尤为豫教之厚"，但却坚持"惟中国男女之辩甚谨，少年女子断不宜令其结队入学，流行街市，且不宜多读西书，误学外国习俗，致自行择配之渐，长蔑视父母夫婿之风"，女学之无弊者，唯有家庭教育。家庭教育的说法，实质上指出了章程制定者对女性教育的这种定位，即女学堂只不过是家庭教育的一种。在民间力量的不断推动下，1907 年 3 月，清政府颁布了中国历史上第一个女学堂章程——《学部奏定女子小学堂章程》和《学部奏定女子师范学堂章程》。依章程的说法，女子教育的目的是培养"知守礼法"的贤妻良母，女子教育的最高机构是女子师范学堂而非大学，女子教育没有中学和实业学堂，而且女子师范学堂和小学堂的修业年限也比男校各少一年。现在看来，这个章程当然有诸多不尽如人意处，但女子教育受到官方认可这一层却意义重大。它意味着清政府正式承认女学的合法地位。辛亥革命促进了教育制度的变革。民国建立之初，教育部颁布各种学校章程，即"壬子癸丑学制"，该学制淘汰两性双轨制，规定初等小学可男女同学，可设立女子中学，女子师范和高等师范，女校不另立系统。1922年，教育部公布《新学制系统改革令》，真正建立男女平等的单轨教育体制，女性享受平等教育的机会大大提高。自此之后，尤其是1911年民国政府成立后，接受学校教育的女性越来越多，数量远远大于十年前。官办的师范学堂由政府出资，为女学生提供学习费用，现代女作家庐隐、冯沅君、苏雪林、石评梅、丁玲等，都曾经以师范女校学生的身份获得过资助。到了1922年至1923年间，中国的两所女子高等学校——北京女高师和燕京女大培养出了中国第一代女大学生。政府也开始资助青年女性出国留学，她们在日本、美国、英国学习医学、师范、艺术史、文学等。很显然，这些进入高等学府就读的青年女性，比普通的家内女性或中等师范的女校学生获得了更多进入社会领域、成为社会人的机会——中国现代文学史上第一代女作家陈衡哲、冰心、庐隐、冯沅君、苏雪林、凌叔华等人，几乎都是来自这一群体。[1] 事实上进学校，意味着女孩子不再仅仅是父亲的女儿，而是成为社会的一员，这意味着她们不再仅仅被视作官太太、少奶奶的候选人，也意味着她们将从一个家庭女性变成一个有独立意志的社会女性。这样的身份转换，对于20世纪20年代的女孩子而言，意义重大。

陈衡哲在入学年龄时，"那时候新式学校刚刚兴起，虽然它们开始时数量有限，机构也简陋不全，但它们为后来学校教育的发展开辟了道路。而且，它们是新生进步事物的象征，是从外国传来的机构模式。这些'学校'显然满足了当时青年男女追求知识发展的心理需求，因为他们爱冒险的头脑永远搜寻着遥远新鲜的事物"。[2] 进学校上学成为陈衡哲最为迫切

---

① 参见张莉《近代女子教育与一代女作家的浮现》，《中国教育报》2007年11月30日。
② 陈衡哲：《陈衡哲早年自传》，冯进译，安徽教育出版社2006年版，第55页。

的愿望。而一直鼓励并帮助她实现这一愿望的是她的三舅庄蕴宽。他先是安排陈衡哲到广州，后来又到上海。1911 年，对于陈衡哲来说同样也是一个重要的时期，就在废帝制、开民国之声渐起的时代氛围中，她顺应历史潮流，成为一个坚定的文化救国论者，并奠定了她以学问人生的重要奋斗方向。三舅的引领与启发，以及梁启超、谭嗣同等维新者的思想学说，使陈衡哲心中燃起了学术救国的理想，"维新运动者不但为我本来就燃烧的冒险精神火上加油，而且为我的知性发展指明了道路。但知性发展需要必要的工具。也就是说，为实现我的志向，我需要接受教育以获取必要的知识和训练。"①

女子教育是在救亡图存的历史背景下发展起来的，有许多女性是抱着做中国贞德或中国罗兰夫人的理想进入学校的。陈衡哲也曾经有过这一向往。然而，当1911 年辛亥革命爆发，很多年轻女孩参了军，组织了"女子敢死队"，陈衡哲却拒绝参加。因为，"在那些年里我的想法有了很大的变化，我已经相信女人不适合成为战士。我觉得军旅生涯只会让女人变得残酷又庸俗，而战士的角色对女人来说充其量只是一种暴殄天物的、破烂性的角色。因为那时候，我已经立志投身于对学问的追求，我唯一的愿望是能出国亲身研究西方的文化和生活"。② 于是"在举国皆狂的时期，我却不知不觉地长成了一个头脑冷静、不抱任何幻想的女子"。③ 对于这一思想变化，陈衡哲后来分析："从想象自己骑白马，穿白袍，举白旗的激情到想象自己伏案读书笔耕的冷静心态，我的志向前后当然发生了很大的变化，但这也是个自然的变化。我曾提到我家属于士大夫阶级，同世界上任

① 陈衡哲：《陈衡哲早年自传》，冯进译，安徽教育出版社 2006 年版，第 55 页。
② 同上书，第 49—50 页。
③ 同上书，第 161 页。

何地方的任何阶级一样，这个阶级有自己的自负和偏见。比如，士大夫阶级总自豪自己这个阶级提供了国家的所有智囊，而中国人对于知识界的领袖几乎有一种天生的尊敬。而且，士大夫阶级总把学问上的成就和个人品德看得比什么都重，并且对也好错也罢都以此为标准来判断人。"[①] 事实证明，尽管此时她对以后具体从事的职业还处于模糊状态，但是，不可否认的是，她已经确立了努力的方向，这里她首次明确地阐明女性投身政治革命的适应性问题。这种对于女性身份的定位，以及她的文化认同的反思可以说一直延续，成为她思考成熟后的重要观念并作为她一生的行为准则，即"做你想做的，做你能做的"[②]。

《自传》中，女性知识分子成长的主题，集中而又典型地反映了时代过渡期，女性解放、女性命运的曲折道路。作为追求知识女性道路的陈衡哲，她的生命根基、思想渊源来自儒家传统，但是这并没有妨碍她作为现代知识分子身份的确立，这使得她既延续了儒家"士"的精神，又发展了"士"的精神。最重要的变化在于剥离了中国传统士大夫"学而优则仕"的人生道路选择而代之以现代知识分子"志于学"身份的确立，既有鲜明的现代意识，又有强烈的社会责任感。从某种意义上说，陈衡哲的人生道路也表明，她以独立的姿态，成为人类基本价值，如正义、公平、理性等的维护者和推动者。她一方面根据这些基本价值来批判社会上一切不合理的现象，另一方面则努力推动这些价值的充分实现。也即是说，她所走的人生道路即是"志于学"，力图以知识学问来影响世道人心，推进社会的改良。

---

① 陈衡哲：《陈衡哲早年自传》，冯进译，安徽教育出版社2006年版，第50页。
② 陈衡哲：《妇女与职业》，《衡哲散文集》，河北教育出版社1994年版，第105页。

第三节 "自我"想象的叙事特征

一 个人叙事与历史叙事的结合

陈衡哲在《自传》前言中说："我写这本自传的动机不是为了展示自我。当然自我在本书中是显而易见的，可是我只把它当作一面镜子，以反映这个自我从属的时代和社会以及它力图挣脱它们的禁锢的挣扎。"[①] 显然，陈衡哲试图通过自传写作行为认识自我和历史的关系，建构时代危流之中一代知识女性的惊心动魄的成长史。从这种意义上而言，陈衡哲这一写作历史、专题的探讨，实际上即是对自我身份的确定和建构过程。而当作家贯穿这一自我身份确认与大历史书写的同构的叙述，就不得不借助于独特的叙事手法，《自传》突出表现在个人叙事与历史叙事的有机结合。

作家善以精细的艺术手法，挖掘自己的心灵历程，呈现出个性鲜明、形象生动的抒情主人公形象。借助一些内心独白、抒情、评论等来展现自我，突出主体性。"自我"在书中仿如串珠的线，作为全书的整体逻辑结构。陈衡哲的自传叙写了从她出生到 1914 年扬帆去国其间的事件，集中描绘自己怎样成长为一个自立自决的现代知识女性。为此，陈衡哲采取生命史叙述与横向专题的论述相结合的形式。《自传》以《扬子江与大运河——一个寓言式的序曲》作为第一章，视野开阔，用扬子江和大运河的对话作为序曲，大运河的命运是人造的，扬子江的生命是自造的，她以扬

[①] 陈衡哲：《陈衡哲早年自传》，冯进译，安徽教育出版社 2006 年版，第 5 页。

子江自比，充满了"造命"的自信和快乐。从这一题名可以看出，自我"造命"，不仅仅具有寄托其思想和志趣的意义，更意味着她对自身存在价值及重要性的凸显和肯定。而陈衡哲在"造命"过程，所经历的丰富曲折的心灵震颤与精神搏斗，构成了《自传》中最富有个性色彩的内容。

《自传》叙写一个知识女性如何追求个性解放，自我价值实现的过程，反映了过渡时代女性自立自决的艰难。因而，展现传主自身隐曲微妙的复杂心理，是不可或缺的重要部分。如当陈衡哲知道全家要搬迁至父亲任职的四川时，她内心再三权衡，当她打算离开父母，独自踏上求学之路时的犹疑与恐惧："上海对我来说是个地理上和心理上的交叉路口。我是该跟着母亲去成都，在那儿当个官家小姐，过上舒适甚至奢侈的生活呢，还是该离开母亲和弟妹，离开舒适自在的生活，踏上未知的道路去做个流浪者呢？"[1] 又如《自传》中写陈衡哲不满于上海女子中西医学校，可是又无路可走的悲哀与无奈。"要是我离开这个学校，又能去哪儿呢？去家人居住的四川成都？那我为什么从前要冒犯父亲不肯早回去呢？我又从中得到了什么？去广州？舅舅对我一两年前拒绝他亲自教育我的慷慨好义、不愿留在他家，现在却一事无成地回去会怎么想？转学吗？谁又会帮我解决实际的经济方面的问题呢？本来就对我不满的父亲难道不会更不愿出钱？如果父亲停止了经济方面的资助，舅舅看到我缺乏耐心还会愿意帮我吗？我怎么才能让他相信医学院内外的种种荒谬绝伦的事？他和父亲不会认为我每过几个月就要转学呢？"[2] 这一段话连用了 12 个问句，问题步步相连，句句惊心，展露陈衡哲复杂曲折的内心世界，向我们展现了那一代人在追求

---

① 陈衡哲：《陈衡哲早年自传》，冯进译，安徽教育出版社 2006 年版，第 68—69 页。
② 同上书，第 110 页。

个性解放，自我实现的价值理想时，所遭遇的前途渺茫，立身何处的困惑与迷惘，而这也增强了作品中传主作为时代"标本"的典型性意义。如在乡下当家庭教师，对未来的困惑、憧憬，交织着失望与希望的痛苦，"虽然我从来没把这个工作看成是长久之计，我还是认真快乐地做事，同时也盼望着能有什么事情发生为我带来一个更有希望的未来，尽管我有时候也嘲笑自己相信奇迹的天真"。"虽然这个工作暂且解决了我基本的经济问题，它并没能指点我如何实现在文艺方面发展的志向，而这个志向仍然是我生命中炽热燃烧着的中心。因为我实际上并不相信奇迹，我常常心情忧郁，几乎失去了对自己的信心和生活下去的勇气。我这样活着到底为什么？这种生活和父母包办的婚姻生活有什么两样？当然，我现在独立生活，不必像我在上海医学院见到的年轻母亲那样生孩子。但是，我要追求的不是某种事物的不存在，而是我漂泊人间若许年、孜孜不倦寻求的某种确定、正面的东西。我又找到了什么？"[①]

陈衡哲在自我剖析中获得勇气与力量，在母亲和她的姐妹即将坐蒸汽船从上海去离武昌最近的港口，全家人将要离开汉口的前一晚，陈衡哲和姐姐、姐夫一起到船舱里向母亲告别，陈衡哲心情很难过，离别在即，滚烫的泪水顺着脸颊淌下来。陈衡哲哭了一夜，但这样的情绪不可能持续太久。她安慰自己说："目前的情况不正是我自己造成的吗？我不是已经开始攀登通向我向往的理想天堂的阶梯了吗？既然没有人强迫我选择这条路，那我为什么不为自己的胜利感到高兴呢？我为什么不享受这来之不易的自由呢？"果然，这种心理安慰使陈衡哲的心绪平复了不少。当她和姐姐、姐夫三个人坐着一条现代化的蒸汽船从上海去广州时，陈衡哲发现自

---

① 陈衡哲：《陈衡哲早年自传》，冯进译，安徽教育出版社 2006 年版，第 166—167 页。

已跟从不晕船的姐夫一样适合航海。发自内心的喜悦让她对未来充满动力和信心。"天是那么宽，海是那么广，它们似乎象征了我的未来。我像天空中的鸟一样自由，像水中的鱼一样自由，像无边无际的天空和水面一样自由。"① 海阔凭鱼跃，天高任鸟飞。未来在向她召唤，等着她去一展身手。陈衡哲在最后关头还是毫不犹豫地选择了那条心之向往的道路。

陈衡哲还善于在《自传》中以"后来者"的心态对自己当时所处的环境、心境及选择做理性的分析，如17岁时陈衡哲抵抗父亲的包办婚姻，尽管母亲告诉她单身的阿姨、表姐们的故事，夸大她们古怪的行为和孤独的生活，并且把婚姻说得很有吸引力。然而陈衡哲坚定自己不想结婚的念头。多年以后，陈衡哲剖析自己当时不婚的原因："第一，我希望能保持自由以便实现自己在知识界发展的志向，但我所认识的已婚女子没有人能享受多少自由。第二，我见过太多分娩的不正常状态，所以根本不想亲身经历。第三，我无法忍受和一个陌生人结婚，但我早年所受的教育和环境的影响都让我无法想象自己能选择丈夫而又不自轻自贱。这种内心的挣扎无疑是当时年轻人理智上的信仰和感情上的保守相互冲突的症状。因为那些年轻人虽然拥有渴望爱情与自由的心灵，他们也可能在知识方面解放自己，但在内心深处他们害怕甚至羞于选择背叛传统的道路。幸运的是，我在那个人生阶段因为上述原因对爱情和婚姻漠不关心，所以终生不婚的决心轻易地战胜了一般年轻女孩对感情满足的渴望。"② 因此，陈衡哲向母亲表明永远不想结婚说的完全是实话。母亲听了很伤心，可是也很无奈。可以说，陈衡哲在不断地反思中达到了

---

① 陈衡哲：《陈衡哲早年自传》，冯进译，安徽教育出版社2006年版，第71页。
② 同上书，第127页。

自我完善与超越。如在辛亥革命风暴中，作者认识的几个女孩子加入"女子敢死队"或"女子北伐军"，陈衡哲对她们此举的明智性和成功的把握相当怀疑。她们想说服她加入她们的行列，但陈衡哲不愿改变自己的主意。她们开始责难陈衡哲，说她"不爱国"，叫她"冷血动物"，并坚决地与她断绝来往。陈衡哲听到这样的侮辱当然是难以忍受。尽管如此，她还是坚定不移，"我从那种进退两难的境地和内心的挣扎中得到的是更加坚定的人生目标和对自己实现这些目标的自信"。[①] 这种理性分析能力和自我解剖精神，拷问自我心灵，是陈衡哲真实的心路，展现了作为筚路蓝缕的开拓者的艰辛。

《自传》不仅着眼于"自我"的叙写，而且，还在于将"自我"的成长史编织进大历史的图景中，注重外在历史背景及重大历史的记录。作者将个人对历史的体验与历史的变动相交融，展现作者广阔的视野与从容驾驭的叙述才能。《自传》叙写了家族的兴衰史，同时也描述动荡不安的局势、辛亥革命前后普通老百姓艰难困苦的生活、"五四"浪潮对人们思想、对中国社会生活的冲击，如第14章开辟专章叙写辛亥革命这一重大的历史事件，作者通过大量篇幅讲述辛亥革命爆发的前奏，到革命爆发民众的反应、革命之后的结果等。又如第13章，是写关于中国家庭与婚姻的话题，在对历史的思考中，融入亲身经历以及家族成员的生活史、婚恋史，展现传统中国家庭的图景，尤其是封建的婚姻制度、宗法制观念、传宗接代的各种封建思想对个体的压抑与扼杀。从这些叙述中，我们可以清晰地看到封建家族制度的弊端，旧思想、旧观念残害人性，以及晚清以降国人思想观念的变迁。而大历史的宏大"故事"无不烙印在个体生命的情感体验

---

① 陈衡哲：《陈衡哲早年自传》，冯进译，安徽教育出版社2006年版，第162页。

中。如陈衡哲写寄住在常熟姑母家，及即将发生的命运转折，这样写道：

> 我在姑母家平静度日的那几年中国正在发生巨大的变化，因为这
> 些变化，我的人生也随之改变。中国发生的变化是 1911 年的革命和由
> 此造成的多方面的巨大后果，我人生的变化是我有了能去美国读书的
> 机会，这本身是革命带来的对教育的一般态度和对女子的特定态度变
> 化的结果。我将在本书的最后两章中叙述这两个重大事件。但在此之
> 前，我需要先谈谈中国的家庭和婚姻，以便展示它们内在的道理和在
> 社会上的地位。①

"自我"的定位无疑需要借助历史的支撑，而明确自己在历史上的位
置，首先需要对所在的时代、历史有着基本的了解。因而，对"我的世
界"的描摹显得格外重要。因为，这是认识、理解"我"的思想、行为、
人格、精神、命运不可或缺的钥匙。

《自传》一共 15 章，除了"第一章　扬子江与大运河"作为卒章显志
的标志外，其余各章基本按照时序讲述作者的生平、家庭、事迹。而唯独
第 13 章"关于中国家庭与婚姻的小知识"，第 14 章"1911 年的革命"的
安排显得突兀。表层来看，两章内容、五分之一的篇幅与传主生平并无紧
密关联。不过，这也从另一个角度折射出陈衡哲的成长背景、思想渊源。
如对传统道德的反思、封建家庭的审视以及时代风潮的思考，构成陈衡哲
对外面世界的观察的重要维度。《自传》中"关于中国家庭与婚姻的小知
识"是陈衡哲对中国传统文化的反思与批判。陈衡哲大胆揭露传统旧式家
庭和封建婚姻制度导致的悲剧，指出现在的复古浪潮的危害性和迷惑性，

---

① 陈衡哲：《陈衡哲早年自传》，冯进译，安徽教育出版社 2006 年版，第 141—142 页。

提出要警惕这一旧思想、旧观念的倒流。她说："最近，不但从视大家庭为最好的制度并衷心支持它的保守势力的圈子里，而且更令人难以相信的是，从有些年轻中国男子（但请注意：不是中国女子）以及中国旧文化的崇拜者的口中，都传出了对旧式大家庭的日益响亮的赞歌。那些急于赞赏中国旧文化的朋友忽视了我国所谓的'灿烂的精神文明'是以巨大的人的牺牲为代价换取的。虽然我们文化中的有的因素无疑需要保存，但对这个文化的所有成分无条件地支持只会给我们民族的未来带来危险。因此，虽然我们西方朋友对中国文化的同情和仰慕必然受到每个有头脑的中国人的感激，但他们只有更好地认识这个文化'双刃之剑'的性质，才能避免'盲目的爱'通常会带来的悲剧：即，他们的好意和爱反而成了承受这些美丽感情者的负担和阻力。"① 陈衡哲指出国人应该理性对待中国传统文化，对传统文化的"双刃之剑"性质，即是要认识到传统文化中精华与糟粕混杂、积极与消极并存，正确的态度是"取其精华，去其糟粕"，坚持全面、辩证的眼光看待传统文化。

根据陈衡哲的意图，她不仅要使自己的自传成为个体的生命史，而且要把自己的自传作为社会、历史的记录。也即是说多棱镜地审视历史、时代与传统，在大历史中思考自我。把个人的命运放到国家、民族的命运中去体验、思考、叙述；把时代的风雨和自身的追求、喜忧糅在一起去认识、回味、描绘。以 1911 年的革命为专章，陈衡哲详细描述了辛亥革命前后整个社会的动荡，以及这一革命事件对自身命运的影响。她在《自传》中以专章专节来论述革命风暴来临时人们的种种表现。革命风暴时社会情形的一个横切面，在形象而生动的表述中，充满了作家热切的希望和对局

---

① 陈衡哲：《陈衡哲早年自传》，冯进译，安徽教育出版社 2006 年版，第 150 页。

势的密切关注。是"希望能亲眼目睹正在发生的大事件"。作为革命风潮的见证者，对于辛亥革命，作者这样写当时的情形：

> 我清楚地记得那儿每个中国人的激动兴奋。我一个表哥每天都骑着自行车到城里的中国辖区打听最新进展，因为那时候事情的发展既多又快。有一天，我们见到他匆匆赶回来告诉我们上海也起义了，因为他看到江南水师附近（几年前我曾在魏表哥家度过我在上海的第一个新年的地方）的驻军在右臂系上了白布，象征着他们已经加入革命，宣告独立了。[1]

这一场景，是作家对革命风暴的具体描绘，真实生动。讲述了人们被革命风暴席卷并随之而来的惊慌失措的情形，仿佛能观其形、闻其声，整个场景都涌动着作家强烈的情感体验。而关于这一事件对于自己的影响，她说：

> 我在姑母家平静度日的那几年中国正在发生巨大的变化，因为这些变化，我的人生也随之改变。中国发生的变化是1911年的革命和由此造成的多方面的巨大后果，我人生的变化是我有了能去美国读书的机会，这本身是革命带来的对教育的一般态度和对女子的特定态度变化的结果。[2]

以"我"为线索表现时代，而"我"不是一个局外的旁观者，是一个所有事件的思想、情感参与者。传主的思想流动和具体事件、历史现象一起，为时代宏阔的历史画卷，增添了一抹生命与活力。因而，其表现时代

---

[1] 陈衡哲：《陈衡哲早年自传》，冯进译，安徽教育出版社2006年版，第160—161页。
[2] 同上书，第142页。

的特点显示独特，既是写眼见的事实，内心的感受，时代的大潮，也写个人的所见所感，表现波澜起伏的主客观世界。可见，陈衡哲记录的目的只是想把真实的"历史"在自传文学中展开，实现个人乃至社会在历史的真实中穿行，实现个人叙事与历史叙事的有机结合。

陈衡哲的这部《自传》没有脸谱化，而是彰显"这一个"的特色，这是《自传》的可贵之处。陈衡哲身上的过渡时代知识分子的历史重负，她对传统家庭的温情与体贴、对旧思想、旧观念的反叛、追求理想路途中的坚韧与脆弱、个性解放的勇敢与苦恼、旧婚姻制度的决绝态度等，构成陈衡哲作为民国时期这"一代人"女性奋斗史与命运史的独特风景。从这个层面而言，陈衡哲的《自传》没有为"自我"做拔高的艺术处理抑或以"造神"姿态叙史，而是保持了个体成长历程中的丰富性、立体性，呈现出一位具有人情味的知识女性形象，《自传》因而显得格外真实、感人。

二 "自我"实录与记忆滤化

自传是当下对过去的一种回忆，而叙述中不自觉地会渗入作者当下的心境与立场。事实上，"任何一个自述者，都愿意而且必定从'最好的角度'来描述自己。在漫长岁月中选择某一时刻、在无数事件中凸显某些情景，都不是无缘无故的。即使是那些最具自我反省意识的自述者，其追溯过去，也受制于今日的生存处境与文化追求。因此，其记录下来的'事实'，可能是真的；但被有意无意筛选掉的，同样也是真的。而且，并非所有的'事实'都能完整地呈现，思想学说的精微之处，便难以用言语传达。更何况'叙述'中包含'诠释'，而诠释的框架只能属于'今日之我'。像胡适那样'思想前后一致'，晚年自述时'没有进步'，对于自叙传的写作来说，反而是件好事。绝大部分自述者，则是立足于当下，重新结构历史并阐述自己。""'今日之我'的处境，必定影响'今日之我'的心情与自我评价。其'自述'，因而不可能只是'事实'。"①

陈衡哲力图把自传当成再现历史风云的一面镜子，既然是"镜子"，立意作为一个"标本"，因而，自传基本上是按照事实进行叙述。陈衡哲说书中"提到的人名和地名基本都是真实的，除了以下出于特殊考虑的几个例外。两个建立医学院的医生的名字我用'X'和'Y'代替，以便能更自由地批评那个学校本身。我前往留学的美国大学的名字也是代称，因为如果用它的真名就等于揭露我自己的名字。我名字的后半部分也是笔名，因为我写这本自传的动机不是为了展示自我。当然自我在本书中是显而易见的，可是我只把当作一面镜子，以反映这个自我从属的时代和社会以及它力图挣脱它们的禁梏的挣扎。"②《自传》中谨严的历史叙述，认真严肃的写作态度，力图提供史实，以史为镜，"实际上是把自己描绘成了同龄人的代言人，把自己的经历当作反映中国文化现代化进程中普遍经历的典型"。③ 因而，陈衡哲在《自传》中介绍自己的生平、家世、童年、少年求学的经历，关于中国传统家庭的看法、辛亥革命的爆发及结果等方面，都是据实而来，没有加以伪饰。而作品中所展现的陈衡哲一系列思想和行动的转变过程，也彰显出"戒浮泛""存真"的意图。

不过，这一"存真"的愿望，只是相对而言，在具体的细节表述中，作者或有意或无意地对"往事"加以过滤。其一，是作者在《自传》中对

---

① 陈平原：《中国现代学术之建立：以章太炎、胡适之为中心》，北京大学出版社 2010 年版，第 362 页。

② 陈衡哲：《陈衡哲早年自传》，冯进译，安徽教育出版社 2006 年版，第 5 页。

③ 同上书，第 15 页。

上海中西医学院读预科时叙述与事实存在反差。①《自传》叙述了作者对上海中西医学院的教师、教学内容、方式不满，尤其与西医教师张竹君（1876—1964）的关系非常紧张。② 在她的叙述中，这位张小姐，"精力充沛，可是华而不实，缺乏一个领导者所必要的坚忍不拔的性格。"③ "Z小姐是个好恶极端的人，不幸的我成了她爱恨的牺牲品。她高兴的时候，我是神童，她生气的时候，我是班上的害群之马，她会把学校发生的一切不寻常的事说成是我的责任，不管是谁打破了一件名贵的瓷器还是谁在她花瓶里插了朵漂亮的花。某天她会代表学校发给我一个金表，奖励我的功课做得好，第二天她又会因为我胆敢不听话跟她顶嘴威胁要开除我。"④ 在这一讲述中，陈衡哲对张小姐并无好感。而事实上，作者认真刻苦、成绩优异，得到张小姐的赞赏，在学校里被视为"神童"。在重要的场合如结业典礼、社会活动往往作为学生代表发言。其二，记忆与事实不符还表现在，作者在上海女子中西医学院读了三年预科之后又读了两年正科，在这所学校一共学习了五年时间，而不是她在《自传》中所说的三年。因而，她其实有两次毕业，即预科和正科的毕业。其三，作者还将在常熟时学习世界语的经历"抹除"。以上三个经历被忽略，其动因究竟是什么？背后潜藏着作者什么样的心态呢？

北京大学陈平原教授指出："至于追忆往事时的自我分析与自我反省，不只牵涉到是否'真实可信'，更与其所能达到的境界、所能实现的价值

---

① 关于陈衡哲在上海女子中西医学院读了五年书、在常熟参加世界语会的经历，参见黄湘金《陈衡哲早年史迹考索》，《中国现代文学研究丛刊》2015年第5期。
② 张竹君（1876—1964），民国社会活动家和医生，辛亥革命先驱，中国第一位女西医，开辟了女界办医院之先河，中国赤十字会创始人，被誉为"中国第一位南丁格尔""女界梁启超"。在《自传》中作者以"Z"小姐相称。
③ 陈衡哲：《陈衡哲早年自传》，冯进译，安徽教育出版社2006年版，第103页。
④ 同上书，第107—108页。

密切相关。"① 以此来看，在陈衡哲记忆中被"过滤""遗忘"的经历与事实，对于陈衡哲而言，这一段经历是否毫无"意义"？或者说，在她看来，这一经历与她想在《自传》中展现的时代"标本"的身份塑造存在疏离。作为《自传》的译者，冯进说："在诠释陈衡哲自传的独特文学价值，提到两个重要前提：第一，译者认为自传作为一种文学样式可以也应该被解读，读者大可不必将传主的每个字都奉为无上真理。其实，自传的趣味正在于这种亦真亦幻的模糊性：这并不是说传主有意撒谎，而是说任何一种主观的叙述都有自己的视角，因此，也就只能代表从这个角度看到的'事实'。这就意味着，第二，下文中谈的是文本方面的是非巧拙。虽然传主的生平经历当然影响了自传。写什么和怎么写，但译者在此所关注的不是为陈衡哲的一生功过盖棺定论，而是作为读者我们能从中领悟到什么。至于译者的解读是否可信，读者看过自传后可以自己下结论。"② 其实，陈衡哲写这部《自传》时，运用笔名写作，以及涉及人员加以代称等，都表明她有意地与现时拉开距离。而这与她当时的心境、思想、地位、环境有密切关系。最为表层而直接的原因是陈衡哲对学医没有兴趣，她多次声称"本来就不想学医"，③ 并在上海女子中西医学院的"痛苦"经历，使她"当时下定决心，不管以后学什么做什么，总之一定要跟医学完全无关！"但由于当时可以合适陈衡哲上学的学校非常少，使她别无选择，只好委曲求全，去读与她意愿不符的学校与专业。这种内外不一致的行为，用她自己的解释即是"因为我那时候还没意识到这个学校教学方式的荒谬，我不

---

① 陈平原：《中国现代学术之建立：以章太炎、胡适之为中心》，北京大学出版社 2010 年版，第 364 页。

② 陈衡哲：《陈衡哲早年自传》，冯进译，安徽教育出版社 2006 年版，第 12—13 页。

③ 同上书，第 109 页。

希望被开除，所以我能做的就是随大流，我的同学去哪里，我就去哪里"。① 那么，似乎可以以此推断，她不喜欢学医是真实的。而争取成绩卓著则是争强好胜的个性使然。这种身心分离，乃至痛苦的经历是一种心理的创伤。这当然是传主所不愿触碰的敏感地带。

事实上，陈衡哲在追求价值实现的过程中，冲破重重阻碍去上学、入什么的学校、学业完成之后能够做什么，始终是她需要思考的重要问题。当陈衡哲百般容忍医学院的不科学、不合理的学习生活，当她以为毕业即可在社会上施展才华时，现实却是无情的打击。她的预科、正科两次毕业都意味着失业。她第一次毕业后回了四川成都，经历誓死抗婚，一年之后重新回到上海，此时她与父亲达成协议，父亲明确告诉她"如果上学，每月给四十元接济，如果不上则一分都不给"。而在当时，她唯一能去的只有重新回到那个她所"憎恶"的医学院。第二次正科毕业，她面临的还是同样的结果：失业，无路可走。对此，她有一种痛彻心扉的挫败感，"对我这样一个虚荣心和傲气十足的有理想的年轻女孩，三舅的信任和关心反而让我更难告诉他我的失败，更难说出我生活的真相。我甚至怕去见他，虽然常州离常熟很近。我想象他会对我说：'什么？你的人生就是这样吗？全面失败，没有未来？'"② 姑母对闲居在常熟的陈衡哲说："你是龙困浅滩，暂且栖身。"③ 陈衡哲既然自标甚高，更可见出她对自己前途的失望与悲观。鲁迅先生曾经说过："人生最苦痛的是梦醒了无路可走。"因而，对于这一段"灰色"经历，这当然是陈衡哲不愿再提及的隐痛。当她在35岁功成名就时重新审视、回忆、打捞那段医学院学习生活的时候，她的心

---

① 陈衡哲：《陈衡哲早年自传》，冯进译，安徽教育出版社 2006 年版，第 108 页。
② 同上书，第 139 页。
③ 同上书，第 168 页。

境是复杂的,有着难以名状的无奈。其实,在那段经历中,我们看到了女性解放、走出家庭、走进学校、走向社会,是何其艰巨、繁难的现代性工程。

受过近代新式学校教育的陈衡哲,自1905—1908年医学院预科毕业后回成都在家待业1年;无奈于1909年再到医学院就读,于1911年正科毕业,到她1914年赴美留学,这期间都是待业状态。可以想见心气甚高的陈衡哲忍受了多大的压力和重负。而这种"失业"与当时社会经济发展、社会环境、思想观念、女性自身素质、女子职业教育、社会职业范围、数量等因素密切相关。事实上,五四运动以前,广大妇女并没有实际上的职业平等权。北京政府颁布的《暂行民律草案》规定:"妻之行为能力,不属于日常家事之行为,须经夫之允许方有效力。放在职业上,妻须得夫之允许,方能独立从事一种或数种营业。"女性就业权受到一定的限制。在法律限制之下,当时的女性职业一般仅限于体力劳动的范畴,如女工、女佣等职业。脑力劳动领域面向女性的岗位极少,像小学女教员、女护士、女新闻工作者等,社会需求量有限。至于高层次的专业性较强的职业,如女律师、女法官等,一般女性更无缘涉足。1916年司法部的《修正律师暂行章程》规定,律师必须是"中华民国之人民年满二十岁以上之男子",明文把女子排除在外。直到30年代初期,国家也确认了妇女的职业平等权,南京国民政府颁行了《中华民国民法》规定:"已成年;满20周岁;或虽未成年而已结婚,并有独立处理自己事务的判断力及认识力,即具备完全行为能力。"这就等于正式承认了妇女从事社会职业和实业活动的权利。妇女在法律上有了就业的权利,加之社会经济的进步和女子教育的发展以及妇女运动的推进,使中国女性就业状况在 20 世纪二三十年代呈现出新的局面，妇女已涉足社会大部分职业，越来越多的知识女性走向了社会，在学校、政府机关、银行、医院、商店、海关、铁路等部门谋得固定的职业。①

可见，在"五四"之前，陈衡哲确实感到读书无用，前途暗淡。女性解放道路的坎坷、曲折，在时代变革中无可避免的命数：怪圈。陈衡哲张扬个性，反抗礼教，勇敢地迈向社会，但最终却是回归原点。路在何方的困惑与迷惘困扰着她："我曾和父母达成协议，我在家住一年然后回上海。我曾希望一年时间足够我发现自己能做什么。但一年很快过去了，我还是没发现自己该怎么办。"② 不过，幸运的是，在常熟寄居姑母家时，她获得了强大的精神动力。而这缘起却是她偶然的生了一场大病，姑母对其精心照料使其得以康复。陈衡哲深情地说："不但在身体上恢复了健康，而且在精神上也摆脱了我生命中最黑暗的那几年感受的强烈的抑郁。我亲爱的三舅一次对我说：'你得知道人对于生命有三种态度：安命，怨命，和造命。我相信你能创造自己的命运，也希望你从小就有造命的态度'。他的话给我留下了深刻的印象，也让我在很多次的逆境中保持自信。但最近几年我连遭挫折，开始丧失信心。我不再相信自己能够造命，甚至觉得跟生活斗争毫无意义。我能从这种精神上的病态中康复靠的完全是姑母的爱和信任。"③ 从这一细节，我们可以看出，一直有着近乎"超人"意志的陈衡哲，在人生的低谷，对于前途未卜的深怀忧虑，折射出她在自我"造命"的历程中，思想深处的彷徨与犹疑，可贵的是，她从未退却或是放弃。事实上，陈衡哲她们这一代女性，与自己的上辈相比，最幸运之处是她们欣

---

① 参见阮珍珍《1912—1937 年知识女性职业状况考察》，硕士学位论文，河南大学，2008 年。
② 陈衡哲：《陈衡哲早年自传》，冯进译，安徽教育出版社 2006 年版，第 129 页。
③ 同上书，第 140 页。

逢其时，恰好赶上了女子教育在中国的发端与推广，她们可以经由女校从闺阁走向他乡甚至是异国。我们看到，陈衡哲的精彩人生，起步于上海女子中西医学院，而陈德懿只能感叹自己"少年失学"。从这个意义上说，陈衡哲想努力修正的这一段生活，正是她破茧化蝶前值得浓墨重彩的成长岁月。① 当然，从艺术传达的角度来看，陈衡哲传记中将医学院、常熟时期的经历经过"诗"与"真"的模糊化处理，其意味深长之处在于传达出当时她的真实心理与生存困境，折射其灵魂深处的犹疑与彷徨。因而，这一艺术处理，也构成了陈衡哲成为个体生命复杂性、丰富性的生动写照。

三 文史相及的审美特征

陈衡哲的《自传》，思想通达，文字雅致，情感充沛，具有文史结合的特征。作为个体经历过的历史，需要"务求其真"，而作为传记文学，需要"力求其美"。在文本中，陈衡哲将自己生平事迹记述翔实，生动地再现了作者从出生至留美前这一段的生平史迹与精神面貌。同时，又以其生花妙笔达到了"文学"的高度，彰显出陈衡哲的叙事才能。

第一，运用生动的语言和行动细节点染，展露了传主与其他人物之间的关系。细节通常指细微处的描写，如人物的一种表情、一个动作或几句话。通过对"细节"的追忆与描写，鲜活地呈现出特定的历史场景。而这种"历史再现"，能让读者更真切地感受到"活的历史"。如对于长辈、"师友"的追忆是陈衡哲自传中颇具感情色彩的部分，例如对姑母的追忆中，叙述了姑母在作者一次生病时给予的无微不至的照料：

---

① 参见黄湘金《陈衡哲早年史迹考索》，《中国现代文学研究丛刊》2015 年第 5 期。

有一次我得疟疾，整整过了两个月才完全康复。在那两个月里，姑母不但像母亲在我十一岁得伤寒时那样照顾我，而且还担任了我的医生和饮食学家。在我康复时期她特地给我做的各种美味又容易消化的食物简直让我希望自己再生病。

就这样，我不但在身体上恢复了健康，而且在精神上也摆脱了我生命中最黑暗的那几年感受的强烈的忧郁。①

这类鲜活的细节性史料，不仅使我们看到了具体历史场景，感受到姑母在作者人生的黑暗期给予的特别关照和爱护，而且展现了姑母的善意、深情与爱。

陈衡哲讲究叙事的真实性、趣味性和可读性。如写母亲性情温婉，忍受一切委屈和不平。传记中以母亲定亲时发生的一件事来表明传统女性应该遵守的妇德。

她订亲的那天打扮得漂漂亮亮，可是只能被迫呆在她家隐蔽的一间小屋里，以免她看见来送彩礼的未来婆家的人或被他们看到。她是个聪明的孩子，知道这样做的道理，所以尽管外头客人欢声笑语，她却默不作声。她一整天都呆在那间小屋里，而且努力摆出羞涩的样子。有个馋嘴的婢女就趁机作乱了。事情是这样发生的。两家除了珠宝绸缎等等正式彩礼以外，还互赠了不少小食盒，里面装着糖果、蜜饯、水果、坚果、莲心等等，叫做"多生贵子果"，其中一部分分给那天来道贺的客人共享。剩下那些"多生果"收起来放在我母亲呆的小屋里。那个馋嘴的婢女走进来，吃了又吃，直到她撑得再也吃不下

---

① 陈衡哲：《陈衡哲早年自传》，冯进译，安徽教育出版社 2006 年版，第 139—140 页。

了。接着她又用自己的围裙拿了一大包吃食回房去了。要是在平时，她一定不敢在小姐面前放肆，可是她知道那天母亲不能责骂她也不能制止她。否则，那个婢女就会用手指刮着脸皮对母亲说："哟，我们小姐为婆家的'多生果'操心呢！哈，哈，哈！"那可就有损母亲遵循礼数规矩的形象了。所以，母亲看着那个婢女偷嘴却一声不响，但事情还没完。①

当外祖母晚上发现"多生果"只剩下一点儿询问那个婢女时，婢女撒谎说是陈衡哲的母亲吃的，陈衡哲的母亲并不辩解。而真相是在十年以后才知道的。这一段叙述文字平实，事件起因后果都一一叙述清楚，但并非就是一堆枯燥材料和抽象论述，而是善于从大量琐细生活的史料中，披沙拣金，择取最能传达人物性格特征的场景、细节，将其放在文本中，安置妥帖。

可见，鲜活呈现历史场景的细节，往往能无声胜有声，比抽象分析和论说更有价值。如陈衡哲写三舅对自己的关心。舅舅虽然工作繁忙，但每天都准时回家给她讲课：

> 每天下午，他骑着马赶回家，把我叫到书房，从前面提到的课本里教一课书，接着查看我的书法，要是时间来得及，他告诉我一些中外时事，然后骑着马赶回他的指挥部，有时候连舅母给他准备的点心都来不及吃。舅母常常对他的行为发笑，她对我说："你不知道你在他心里多重要！你来之前，他下午从不回家。"我虽然小，可也不至于笨得不被博闻强记的舅舅的一片爱心所感动，我在心中发誓我一定

---

① 陈衡哲：《陈衡哲早年自传》，冯进译，安徽教育出版社2006年版，第17—19页。

不辜负他的期望，要为自己创造一个对得起他爱心的人生。①

细微处见真情，这些都是很感人的人生"细节"。作者写到自己的感激，认为那是她童年时期最快乐的时光。"虽然二十年过去了，我仍然怀着感激和快乐的心情回顾我在舅舅家的那一年生活。在那收获巨大的一年里，我学到了很多书本上的和人世间的东西。因此，这个我的第二个家成了连接我童年时代的家和广大世界的最好纽带：在自己家我可以像小孩子一样，而在舅舅家生活让我对自己的行为更负责；但舅舅家比我即将投身的广大世界柔和很多，人性化得多，因为它充满了无限的爱情。要是没有在舅舅家这一年的准备，我到现在都不敢想象当我后来小小年纪独自面对世界时会发生什么。"②

历史细节的生动展示在《自传》中比比皆是，如在入川途中，陈衡哲受到坏人的偷窃和侮辱时，她据理力争，毫不畏惧，从宜昌到万县的船上，她也遭到船主的欺侮，那船主常常趁她睡觉后翻动她的行李，把所有的水果罐头、鱼干和肉干、糖果和几件衣服都偷走了。他们不但不承认，船主的母亲恼羞成怒，对陈衡哲进行无理谩骂。幸好陈衡哲沉着冷静，声称要离开这条船，并向官府告发他们走私。这才使船主一家赔礼道歉，之后饮食也大为改善，再没有偷窃的事件发生。陈衡哲回忆这段经历时说："从应付船上人和那个在宜昌威胁我的男仆的经历中我也学到了很好的经验，即永远别在一条狂吠的狗面前示弱，保持坚决自信的态度，仿佛你是他们的女王，那样他们威胁的危险决不会真的实现。就这样我学会了无

---

① 陈衡哲：《陈衡哲早年自传》，冯进译，安徽教育出版社 2006 年版，第 78 页。
② 同上书，第 85—86 页。

畏，在人生道路上凭着这个武器独行多年，我还没碰到带来真正灾难的威胁。"① 显示出作者不畏强暴和保持尊严的可贵，呈现了真切而鲜活的历史场景。

第二，材料翔实，文字平实，采用散文的形式和手法，娓娓道来。第一章"扬子江与大运河"，将自己的思想、志趣、人生的追求等，用隐喻的方式表达出来，语言灵动清丽，摇曳多姿，富有诗情画意，引起读者的阅读兴味。

又如在第二章，"如烟往事"，陈衡哲记叙七岁时第一次坐船的愉悦经历。

> 这个经历让我在以后的生活中学会欣赏大洋里的水和天空中的云的诗意和美丽。它让我喜欢航行，不管我坐的是太平洋上的巨大航船还是中国小溪上的一艘小船。对我来说，自然是神奇的，比任何大城市的百老汇和第五大街更神奇。显然，我的血管里仍然流动着我山中祖先的野性的血！②

这一段描述，笔墨从容，语言精美，富有画面感和诗意。

叙述、描写、抒情与议论等多种表现手法并用，在叙述某一事件的来龙去脉时，会不自觉地插入一段议论或是抒情性的话语。如文中叙述母亲在经济方面的才能。

> 父亲从不愿为家庭的开支问题操心，他通常把他挣的钱全交给母亲，只留一小部分供他在书店、古玩店的消遣——这些至今仍然是他

---

① 陈衡哲：《陈衡哲早年自传》，冯进译，安徽教育出版社 2006 年版，第 119 页。
② 同上书，第 15 页。

最爱光顾的地方。不管他一月挣一千块也好还是一年挣十块也罢，他决不操心。因此怎么保证一家大小衣食无缺就成了母亲的责任。我从没见过她因为金钱问题跟父亲闹纠纷，她也从不曾要父亲给她买首饰或衣服。所以我至今仍然认为一个女子向丈夫索要钱物十分庸俗，仍然相信一个女人应当克己奉人。①

这一段写父母间的默契，母亲的理财方式与勤俭持家，最后一句跳出原来的叙述逻辑，而生发出的评论，与前面语句衔接自然，具有说服力。

第三，忠实于史实本身。陈衡哲的传记基本的和主要的事件、情节，表达人物重要思想观点的对话，还有不少细节，都是有根据的。但是，因为借用了文学写作中的散文笔调，使自传又不能不突破编年史的格局，对史料进行必要的加工，并且按照小说的结构要求重新进行编排。某些事例发生的时间和地点做了适当的调整。比如在人与事之间的关系上做了某些灵活的处理，或在基本史料的基础上，有所补充、改写，甚至虚构，这大概就是传记的基本"章法"。其基本的手法是对历史事件的选择与艺术处理、情节上的故事性，甚至传奇性，使传记增添吸引力。如写第十章"赴川之旅"，极力渲染赴川途中惊险的遭遇，给传记平添几分小说意味。时年17岁的陈衡哲在参加完医学院预科的毕业典礼之后，只打点少许行李，就动身前往成都的家。她一路跋山涉水，历经水路山川的险峻，还有人心的险恶。首先是遭遇恶仆的威胁，这个仆人是三舅在江苏的旧仆，当两人走到宜昌，按照计划，父亲会派一个仆人来迎接陈衡哲，补充旅费。所以，当她们到了宜昌住在一个客店，派那个江苏仆人去打听消息，没想到

---

① 陈衡哲：《陈衡哲早年自传》，冯进译，安徽教育出版社2006年版，第27页。

父亲派来接她的仆人还没有到。三舅的仆人竟变得无礼起来，意图要榨取更多的钱。幸亏父亲派来的仆人及时赶到才使她脱离窘境。

> 我们一行共九人。从万县到成都的路是全省的主要干道，因为当时时局太平，没有人想过在这条行人频繁的路上会有什么危险。我们每天大约走一百里路，凌晨出发，傍晚在小客店投宿。那时候是冬天，小客店又冷又脏又不舒服。但整个旅程满足了我的冒险欲，所以我不在意其中不愉快的部分。但是，在家乡流传的民间故事中，客人常常在这种客店被暗杀。这条路上据说有很多这样的"黑店"，有时候客人的尸体来不及掩埋，就藏在床下。虽然我庆幸自己不像有钱人，行李也很少，但我也不愿意冒险，特别是因为我总是一个人住，正举的房间离得很远。我知道我得自己处理这个问题，所以每天晚上睡觉前，我都会点上蜡烛照照床底下藏着什么，我心里又害怕又激动，但我咬紧牙关，住客店的十四天里每天都坚持这样做。结果当然证明关于"黑店"的传说都是无稽之谈。①

这些"故事"，在作者脑海中呈现时，场面完整，且充满活力与生趣，有惊无险。这样的精彩段落、传奇故事在《自传》中有较多的呈现，如1911年辛亥革命的前奏，孙中山领导的革命运动风起云涌，要救中国，就必须推翻清政府。而在清廷做官的三舅又是开明的官员，面临着复杂的形势。于是，就发生了这样带有传奇色彩的"故事"：

> 当我住在廉州的时候，注意到他常常会派密使处理一些舅母和我都完全不知内情的公务。很多年以后，我才知道因为舅舅统率一万士

---

① 陈衡哲：《陈衡哲早年自传》，冯进译，安徽教育出版社2006年版，第119—120页。

兵驻扎在革命活动频繁的边疆，而由此地通过安南逃亡国外又特别容易，广东的巡抚或广西的总督常常会命令他去逮捕革命党领袖。但思想开明的他非常同情革命党，所以他不仅不逮捕革命党人，反而常帮助他们逃亡。有一次资深革命党领袖黄兴经过舅舅驻军和控制的地区，舅舅接到密令立刻活捉他。他受命后表示立即执行，实际上却马上秘密派人送信和钱给黄兴，让他立刻从安南逃亡！确信黄兴已经安全脱险之后，他才调兵遣将，虚张声势地在他的管辖区进行彻底搜查，让大家都知道庄统领正在追捕一个十恶不赦的革命党大头目！①

作者叙述了革命党人如何被清廷缉拿，在三舅掩护下，保护革命党人黄兴出逃。"故事"独具匠心。革命党的事业赢得三舅这样传统士大夫的同情和支持，叙事平实，场面紧张，情节惊心动魄。这一场景的叙述，既展现了三舅的进步开明形象，又在艺术上增强了自传的可读性和趣味性。

陈衡哲受过系统的史学训练，又具有深厚的文学素养。因而能够以独特思考来理解和认识传记中所涉及的时代和人物，以理性的历史逻辑去叙述时代和人物的关系。她将个体的经历、体验、命运交织于宏阔的历史背景，将大时代与个体的成长相融会。同时，陈衡哲又巧妙运用叙事、抒情、议论、描写等多种表达方式，使传记生气勃勃，富有强烈的感染力。

---

① 陈衡哲：《陈衡哲早年自传》，冯进译，安徽教育出版社 2006 年版，第 155—156 页。

第六章 《川行琐记》：立意在审美，
旨归在启蒙

　　陈衡哲虽然性格刚直，但行文却理性、公允，张弛有度。一向"我手写我口"的陈衡哲，在 1936 年 3 月、4 月和 6 月在胡适主编的《独立评论》上发表了《川行琐记》四封"公信"，却掀起轩然大波。陈衡哲成为众矢之的，受到众多人的围攻、笔伐征讨，声势之巨、影响之大，以至成为轰动一时的文坛事件。而这一事件对于当事人陈衡哲，却成为她心底难以言说的痛楚与遗憾。

第一节　《川行琐记》文本还原

　　四川大学（图 6 - 1）成立后，校务由省政府整理大学委员会代行。1932 年 2 月，经张澜（1872—1955）①推荐，国民政府任命王兆荣为首任

---

　　① 张澜，字表方，汉族，四川南充人（今西充县莲池乡人）。清末秀才。中国民主革命家。1941 年参加发起中国民主政团同盟（1944 年改为中国民主同盟），任中国民主同盟主席。1949 年9 月出席中国人民政治协商会议，当选为中央人民政府副主席，1954 年当选全国人大常委会副委员长、全国政协副主席。著有《说仁说义》《四勉一戒》和《墨子贵义》等。

图 6-1 国立四川大学

校长。王上任后，为提高教学质量和学术水平做了不懈的努力，但因经费等问题不易解决，使他心力交瘁，最终于 1935 年 8 月辞职。随后，国民政府任命任鸿隽为四川大学校长，因校务亟待处理，教育部要求任鸿隽在国民政府的正式任命下达之前先行到校视事。① 9 月 2 日，任鸿隽飞抵成都正式上任，参加新学期的开学典礼，并发表讲话，处理学校事务。之后他返回北平搬家。11 月 26 日，任鸿隽、陈衡哲、任以书、任以安离开北平，一同前往成都。大女儿任以都 14 岁，留在北平，成为培华女校的寄宿学生。早在 1928 年，国民政府就任命任鸿隽为四川省政府委员兼教育厅厅长，但任鸿隽都婉言谢绝了。这次出任四川大学校长，用他的话来说，是因为国难当头，"乃不得不奉命驰驱"。② 的确如此，任以都以为"这和他

① 参见智效民《任鸿隽与四川大学》，《文史月刊》2015 年第 6 期。
② 任鸿隽：《科学救国之梦——任鸿隽文存》，中国人民大学出版社 2014 年版，第 687 页。

图 6 - 2 《任以都先生访问纪录》

立身处世的原则有关。在家里，他就常告诉我们'相信什么原则，就要尽力做去。'既然当时中国与日本终将一战，势不可免，亟须建设大后方，以为抗战根本，基于民族大义，对于政府的托付自然不容推辞"①（图6-2）。

其实，作为四川人，任鸿隽还是希望能够为四川尽心出力的，早在1919年和1922年他曾两次提议四川筹备大学，虽得到四川省议会和教育界的支持，但终因经费不足而使提议搁置。1931年，他回四川考察成都大学，希

望四川的文化能与世界潮流并驾齐驱。而此时，国民政府拟将四川作为民族复兴的根据地，对川大格外重视。当时的四川在蒋介石的策划和刘湘的经营下，为了阻止红军西进或北上，取消了原来的防区制，并决定经费由中央直接划拨，从而使学校经费有了保证。对于任鸿隽的到来，当地舆论也好评如潮，认为任鸿隽是我国学术界少有的人才，他入主川大，是四川教育界的福音，也会给四川文化带来转机。上任后，他明确提出四川大学的两大目标和三大使命。两大目标是实现"现代化"和"国立化"，三大使命是输入世界知识、建设西南文化中心、担负民族复兴责任。"他一心一意，殚精竭虑，积极整顿校务，举凡制定课程、加速建设等等工作齐头

---

① 张朋园：《任以都先生访问纪录》，台湾"中研院"近代史研究所1993年版，第88页。

并进，务期以三五年之努力，将四川大学建设成为一所优秀的高等学府。"① 这些措施使得四川大学在短期内 "有了较迅速的发展，学校生气蓬勃，各方面的工作都有了较大的推进。这种情况，是和任鸿隽入主川大，在办学工作中做了艰苦努力分不开的"②。

对于任鸿隽担任四川大学校长，陈衡哲是非常支持的。她虽然未在学校任教，但也参与了一些事务。当时川大的学生社团纷纷涌现，她担任了史学研究会的名誉指导，并且演讲史学研究的方法，指导学生开展历史研究。此外，为了纪念刚刚去世的三舅，她还拿出稿费，设立了"庄蕴宽奖学金"，以鼓励优秀学子求学的热情。这是四川大学设立的首个奖学金。"成都的学生对这样一位知名学者，教育家的到来抱欢迎态度。常有青年登门求见，陈衡哲亦乐于与之交谈……她还经常在四川大学、女青年会等处对青年发表演说。"③ 此外，陈衡哲还积极撰写文章表达自己的所见所闻。经过一段时间的生活，她发现四川还是如多年前自己来川时一样的闭塞落后。"他们刚到成都，便有许多不认识的人一窝蜂跑到他们住的地方来，说要看博士，问他们看什么博士呀？他们就回答说来看女博士。"这让陈衡哲啼笑皆非，"因为她并没有拿到博士学位，就算拿到了，女博士又有什么了不起呢？"④ 陈衡哲觉得有必要将自己的观察写下来。于是在她到达成都一个多月后，便将自己此次进川的观感写成《川行琐记》之一《自北平到成都》，并以公信的方式发表在1936年3月1日的《独立评论》第190号上（图6-3），向朋友们报告

---

① 陈衡哲：《陈衡哲早年自传》，冯进译，安徽教育出版社2006年版，第238页。
② 四川大学校史编写组编：《四川大学史稿》，四川大学出版社1985年版，第177页。
③ 张静：《陈衡哲三进四川——兼论〈川行琐记〉事件》，《中国社会科学院近代史研究所青年学术论坛（2007）》，社会科学文献出版社2009年版，第530页。
④ 张明园：《任以都先生访问纪录》，台湾"中研院"近代史研究所1993年版，第89页。

自己一家此次来川的经历。之后她又陆续写了《川行琐记》之二《四川的"二云"》（载1936年4月5日《独立评论》第195号，图6－4）；之三《成都的春》（载1936年6月28日《独立评论》第207号，图6－5）；之四《归途》（发表在1936年8月30日的《独立评论》216号，图6－6）。第一篇与第二篇间隔时间一个月，第二、三、四篇分别间隔两个月左右。

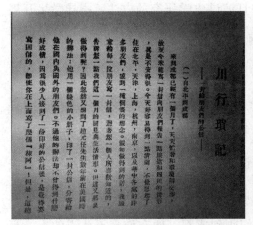 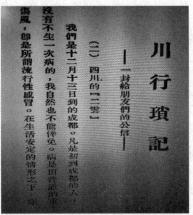

图6－3 《川行琐记》之一　　　　图6－4 《川行琐记》之二
　　　《自北平到成都》　　　　　　　《四川的"二云"》

 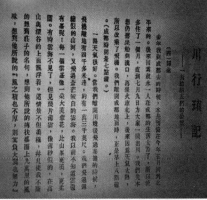

图6－5 《川行琐记》之三《成都的春》　　图6－6 《川行琐记》之四《归途》

《从北平到成都》主要记述一家四口人从北平到成都的经过，叙述沿途的风景、见闻，"从宜昌到重庆，是川江中风景最好的一段，从前没有轮船的时候，也是川江中最险的一段。我们一路看峡中的风景，但见满山红树，秋色丰盛。""经过三峡时，天气突然放晴，和暖得也像晚秋天气。此峡我已走过四次，这是第五次，任君是第十次了；但我们却仍是百看不厌"，"以书和以安第一次见到江边笔直陡峭高耸入云的岩壁，吃惊地张大了嘴巴，但随即又欢呼雀跃起来。稚嫩的童声传出来，碰到岩壁又返回来，在峡谷中久久回荡。"可是，30 年代的川江风景并不处处美丽，"我们又看到了正被大火烧着的一大排茅屋，被水打破的木船，以及寒江上的钓鱼翁等等，……还看到一只民生公司打破的轮船，横搁在一个石滩上，好像一个死尸。"文章重点写对四川的初步感想：一是许多机关的真能现代化。二是四川社会上有智识的领袖们待我们太好太至诚了。三是一个受过教育的女子，在四川的教育界中——自重庆到成都都一例都如此——似乎能不成问题的以她自己的资格来与社会相见。这让陈衡哲有点出乎意料，她说："因为若把四川女子的平均程度和中国其他各地的女子平均程度比较，恐怕不见得有占倒什么胜利的希望。但一般社会对于一个站在自己两只脚上的女子，却能不把她当做站在丈夫肩膀上的女子看待。这一层在中国许多大都会中，却似乎还不能，或不愿做到。这个社会意识的最明显的表现，是以一个女子自己的资格来招待她，是以一个女子自己的名姓来称呼她；使她能感到不单单在做一个附属品。"①

《四川的"二云"》作者先是提到由于旅途颠簸，到达成都后，患上

---

① 陈衡哲：《川行琐记》之一《从北平到成都》，《独立评论》1936 年第 190 号。

了流行性感冒，生活条件艰苦，因为行李没有运到，被褥不舒服，衣服不暖和，大人小孩子都冻得缩颈弓背。房子窗间尽是缝隙，地板透风，室中除一个小火盆外，没有取暖用具。为了安一个能够取暖的小火炉，走遍成都城，才高价买到一个北平早已不太用的花盆式火炉。可是安起来十分麻烦，还不能解决问题。那安装工人的低素质与高要价，也令她吃惊。进而得出结论，"凡是初到成都的人，没有不生一次病的"。她从成都的冷说到四川阳光的稀少，竟然统计了三个月里阳光出现的数量和质量。据这个统计，"在成都住的人，平均每隔十五天才能见到有热力的阳光一次，每隔四十五天才能见到一次照耀终日的太阳。"这个冬天，使她对四川的印象很不好。"四川的阳光不但在量的方面不够，即在质的方面也恐怕没有多少杀菌的力量。"说"因为阳光无精打采，一切生物也无精打采，水果甜得不够味，鸡蛋没有蛋味，兰花都香得没味"。而最令陈衡哲愤懑的是四川的两大病源，一是军阀，二是鸦片。她从四川的云天云地、重云密雾说到四川几乎无处不在的烟毒。说四川可以改名为"二云省"。她最恨鸦片，对于政府的禁烟不止，十分反感，也恨国人对鸦片的沉迷。当时四川的烟毒，在全国算严重的，为害几与军阀齐名。四川的烟害令陈衡哲心惊。她说："国人用国货的一件事，似乎只有在鸦片的一件产物上能做到彻底的地步。但是，军阀的迫种鸦片，以及他们在'刀头上舐血吃'的种种政策，却是天下老鸦一般黑。……人民呢，自然也是宁吃黑饭，不吃白饭。自宜昌到成都，枯皮包着瘦骨的行尸走肉，我真看见了不少。"社会风气也极败坏，"在别的地方，妾的来源不外三处，那便是：丫头、娼妓和贫苦女孩子。在四川，有许多阔人的所谓'太太'却是女学生，而有些女学生也绝对不以做妾为耻"。

甚至信奉"宁为将军妾，不作平人妻"的现象，陈衡哲也进行了批评，并且她"希望四川女学生中优秀的，能想个法子来洗一洗这个耻辱"。最后陈衡哲开出药方来疗治川人的"鸦片人生观"。

《成都的春——一封给朋友的公信》，是继《四川的"二云"》时隔两个月之后写的文章。在文中，陈衡哲写了两个月中的生活情形和种种见闻。其中以公信的形式向读者诸友汇报了四件事，成都春天的来临；搬到新的房子；听飞机到来时的惊惧与喜悦。此外，还讲到作者对四川病源之军阀与内战的感受。在文中，作者精心描摹了春天来临时的景致，"那一天是二月十一日。到了四月一日，我们跑到院子中一看，呵，红的山茶，白的蔷薇，黄的迎春，各色各种的桃杏海棠，以及颤巍巍花山似的白玉兰，紫玉兰，都锦簇似的铺满了一个小小的园子。我有点不信我的眼睛，心想，难道天公也在给我们玩什么'愚人节'？但接连九天的晴好天气，证明了春天真正的来临"。作者还兴味盎然地描述成都的风俗，即花会、姑姑筵，"去看会的人拥挤极了，除了成都的绅士外，还有头上包着白布的乡下人，有自西藏来的红喇嘛，有自松理茂等处来的'蛮子'。他们纷纷扰扰，又叫又嚷，走路不知道方向，也不循着直线，常常有人直对着你的身上走来，好像是一个门洞似的！我到此方悟人山人海的意义"。由于经过一段时间的观察和思考，陈衡哲对四川的黑暗之源：军阀和内战，有了更深一层的感悟。如果说上一封公信中作者采用的是正面论据来力证军阀的黑暗，那么在这一篇文章中，则采用反面的例证来表明没有军阀侵扰的地方人民安居乐业的太平景象。作者讲述一个离成都40里路的新都。刚到新都时，"我们立刻感到道路的整洁与平坦。……看到了城墙四周的桂树，是那样的整齐有力；看到了公园中的道路，是那样的清洁；又看到了路上的人民，似乎都是知礼守法的；我们真有点惊讶了"。"后来我们找到了一个贩卖糖食的老人了解到新都在民国 1936 年中，城内不曾遭到一次战争。"作者这才恍然大悟，原来是没有战争侵扰，才使人们安居乐业。

在这一封公信的撰写过程中，上一封《四川的"二云"》已引起一些人士的关注，并开始出现指责与批评的声音。因此，在这一篇文章中，陈衡哲就读者引发的批评声做了回应。她说："我在第二公信中所说的话，我敢立誓，没有不是有真凭实据的。（我每次在信中提及的，说什么的某某朋友，说什么的某某四川朋友，也都是有血有肉的人物，绝对不是我凭空想出来的。有对于这些朋友们怀疑到他们的存在的，不妨写信来问我，我可以把一位一位的名字都说给你听。您如愿意，我还可以把一位一位都介绍给你认识，好不好）。"就外界传闻"看不起四川人"之类的指责，陈衡哲在文章中直接回答，"痛心则有之，看不起则吾岂敢？""我也决不敢文过。要是我对于四川的批评有失实的地方，那岂不是一件最好的事？我个人冒了造谣的罪名，却证实了四川文化程度的高尚，和社会的优良，这真是一件大大可喜之事呀！"在这第三封信中，作者提到了为什么前两封公信没有提到四川大学的原因。以及读者怀疑其所说的"充军生活"。陈衡哲指出"我们这一匹（批）人在此的最大困难，却也并不尽在物质的环境上。虽然我们对于有些情形，有时也感到难受；但一想到现在正在被人吃，或吃他人之肉的四川灾民，想到了四川内地人民的流离困苦，我们也就怀着一颗惭愧的心，自动地去和环境妥协了。比如对于地震是受惯了；饮用臭水沟和茅厕的总汇流出的所谓'回龙水'；成都三、五点请吃饭不合理的时间；是理发总是剪得怪模怪样的，不像本人。也已习惯；以及成都的日用小器具匮乏的妥协"。①

《川行琐记》系列中的最后一篇是《归途》，作于1936年8月22日。这篇文章并没有直接写《四川的"二云"》如何受诘难、批评，也未进行反驳。而是叙写出川的原因、心情，笔墨看似平静如水。如果单独阅读这一篇文章几乎看不出就在上一两个月，作者正是四面楚歌，饱受困扰的痕迹。然而，如果联系上下语境，尤其是《四川的"二云"》所引发的"地震"，仍可在字里行间发现较为明确的情感态度与立场。耐人寻味的是，陈衡哲在文章中讲了两个"故事"，一个是在睡梦中，有一老者给她讲了一个故事：一个村庄有钱的寡妇，被同村一个土豪明火执仗霸占了，并且所有的财产、儿女、家宅、奴仆等都归于土豪的掌握。一开始寡妇还时常哭泣，但不久两人生儿育女，也渐渐生活习惯了。"还可以说是和谐调协得很"。而慢慢地整个村庄"都已为她的首领所感化，所慑服。他们至多背着他和他的人，窃窃私议一两件不关痛痒的事；至于一村的人格，风纪，道义，以及其他无量无数我们认为人类精神生命所寄托的条件，却是谁也不愿来管那闲事，谁也不能那么傻！"但是，有一个"爱管闲事的人"却是傻的。当他问明了那土豪与寡妇的结合经过，不觉大怒起来，说："岂有此理！我们非叫那寡妇和那土豪离婚不可！她不是你们村中的大族吗？我们非叫她的家庭恢复她从前的名望，地位，财产，与势力不可。我虽然不是此村的人，但我们不都是一国的人吗？我当仁不让，非去替那寡妇打抱不平不可！"可结果是那寡妇命

---

① 陈衡哲：《川行琐记》之三《成都的春——一封给朋友的公信》，《独立评论》，1936年第207号。

仆人对他拳脚相向，"那爱管闲事的人起初尚是莫名其妙，直怔着。慢慢的，他才觉悟到那是什么样的一个境地。虽然他胸中仍不免有点不了解，他的脚却不由自主的离了地。他向那寡妇鞠了一个躬，说了一句，'打搅了，对不起！'然后抱着一颗充满着哀怜与悲痛的心，走出了那土豪的门第。他到此方明白，原来那寡妇已成为那土豪的一位理想的配偶了。也不能不佩服她的聪明，经过二十多年的勉强结合，竟能变为这样一对和谐的夫妇！"那位老者说完了这个故事，说："凡有爱管闲事的嫌疑的人，都应该知道这个故事！"接着，陈衡哲讲了另一个故事加以表明自己的态度。舅舅有一天看一个孩子吃地上的羊屎。他去阻止，但孩子的父亲却跑出大门对他进行谩骂。"孩子吃羊屎，关你什么事，要你惹他哭？他是我的孩子，就是他吃羊屎，也用不着你过路人来管。"最后，作者对老者说："我们那时都很幼稚，当然一点也不懂得什么叫做'不屑与小人计较'的那种态度。所以听母亲说到这里时，都忍不住问母亲道，'为什么舅舅不打那不讲理的人呢？'母亲说，'舅舅是一位受过教育的君子人，他哪能和一个无知小人较短长？因为你们应该知道，一个受过教育者的最重要的品性，第一是自尊。他不能让一个在泥里打滚的人，把他也拉到泥里去。'当时我们听到了这个教育，心中都很不以为然，很幼稚的想着，假如一个人受过教育便应该忍受横逆，那还不如干脆的不受教育吧。可是，到了三十年之后的今日，我却真懂得母亲的意思了。不但懂得，而且对于她的这个伟大的教训，我也就感到很大的欣幸，欣幸在幼小的时候，便有一位好母亲，给我披上这样一套'道德上的甲胄！'"那老者听了反问，那您的舅舅大约从此不再管闲事了吧？可是关于这一事。陈衡哲深情地写道："我并不相信一味不管闲事是一个值得奖励的态度。我常想，社会上的许多罪恶，不尽是坏人的责任。好人不管闲事，不能不说也是罪恶只有加增，没有减少的一个主要原因。比如说吧，那吃羊屎的孩子的父亲虽是那样横暴，但一个社会对于那孩子，不也负有保护的责任？那社会那能便袖手不管，一任那愚暴的人去教导他将来的主人翁——即是那孩子?"这种受侮辱、恐吓、质疑，仍然持包容、积极、乐观、继续地"管闲事"的态度，展现了陈衡哲的胸襟和大爱。

如果说《川行琐记》之一《自北平到成都》主要记述一家进四川的经过，那么到了《四川的"二云"》，描述的大多是四川封闭落后、民风败坏，反思四川民不聊生的根源：军阀与鸦片。《成都的春》主要是描绘成都花团锦簇、生机盎然的春天景致，以及针对上一篇文章《四川的"二云"》引起的批评进行了回应。《川行琐记》的第四篇《归途》，描写了离开四川坐飞机时的观感，但叙写重心放在作者表达自己的写作立场，借故事的形式和盘托出。可以明显地感觉到，由于受到文字的围攻乃至人格的中伤，陈衡哲试图在文章中表明自己的立场，即使身受侮辱、诽谤，但仍然不辞使命，不惮于做改良的前驱。

第二节 《川行琐记》事件始末

1936 年夏，陈衡哲《川行琐记》（以下简称"《川》文"）在文坛引起关注，尤其是在省内外川人中激起了一场大的风波。这场事件的参与者和关注者大抵以川人为主，前前后后持续时间大约近两个月。风波起自南京。6月2日，南京《新民报》"地方"版突然转载了《川》文第二篇《四川的"二云"》，① 并用大号字加上了"她说四川女生不以作妾为耻/她说四川的鸡蛋没有蛋味"的副标题。据编者说，这是因为该报收到了一位川籍读者的来稿，对陈文表示不满。转载陈文是为了"方便读者理解陈女士观察四川的错误"。之后，该报又连载了《川》文其他两篇，并发表了一系列旅居在外的四川人对陈衡哲的批评文章。

6月20日，主要的"讨伐战场"转到了成都。当地发行量最大的报纸《新新新闻》增刊的专栏作家"棉花匠"在他负责的栏目"七嘴八舌"中首先对陈衡哲发难，对陈衡哲的《川》文提出批判："陈先生写这篇文章的时候，是才到四川不久。以一个妇女来到四川，而且又拖儿带女，奉行的是贤妻良母的职务，要想在短时间内，观察四川的社会情形，以至于天文地理。我觉得陈先生似乎草率了一点。"他针对陈衡哲所说的"二云"，尤其是鸦片烟云，辩驳道："四川的烟民自然很多。可是，据我们知道，陈先生来川的时候，四川的烟民已经在减少了。陈先生偏要以过去的事实，以短时间的天象，来罗织四川的罪状，使外省人得到了一个黑暗地狱的印象。"他表示，"陈先生看不惯四川的现象，一定不能再住下去了"。② "棉花匠"虽然批评陈衡哲的文章，但把主因归结为陈太"草率"，措辞也较温和。他也承认陈所说并非虚构，但强调那都是"过去的事实"，并指出，之所以不满意那篇文章，是因为陈的描述使"外省人"对四川产生了不好的印象。6月26日，《新新新闻》的另一位专栏作者"乡坝老"在他的专栏"老实话"中说《川》文的第二篇"从第一节到第四节我以为陈

---

① 陈《川》文中说四川有"二云"，是指天上的乌云和人间的鸦片烟云。
② 棉花匠：《一定不能再住下去》，《新新新闻》（本市增刊）1936年6月20日第1版。

女士完全不是写的四川，却□□把他自己活活描写出来了。描写出来他是一位天人"，"再换一句话来说，他是未来中国的代表女性，要等到物质享受发展到最高峰的未来中国出现的时候——不管美国来发展，日本来发展都可以——他才能够移住。"① 此处所说1—4节大致内容是，到成都后，陈衡哲生了病。"在生活安定的情形下，你只要吃一片安斯辟零，洗一个热水澡，裹着棉被睡一夜"就好了。可是在成都，除了"安斯辟零"之外，其他几件事是"做不到的"。好不容易买了个在北京早已过时的小火炉，又没有匠人会安，而阳光又特别稀少。比起后文的有些文字（"坏事全国都有，四川来得特别"），这几段其实算不上什么。"乡坝老"表示："《独立评论》敝老看过它创刊的几期后，便赌咒永远不看了。"原本没看过陈文，但是"南京的读者，写信来责问敝老，为甚么不将陈女士的大作痛加批评，词语严厉，并随时个剪附南京《新民报》转载一篇（原文如此——引者），教我细读"。他是先听说陈衡哲侮辱川人，然后再来读陈文的。因此，还未读到值得生气的地方，就已经发现了陈的"人格"有问题。"乡坝老"说，他在成都费了很大的力气也没有找到《独立评论》。因而，其摘句式阅读所得出的结论有待考量。

畅销报纸的专栏作者尚且如此，一般人更可想象。多数成都读者是在7月5日《复兴日报》或6日《新新新闻》开始连载陈文以后才读到全文的。因此，多无机会了解陈在第一篇《自北平到成都》，以及公信之三《成都的春》等文章中对四川的赞美之词。如说重庆"许多机关真能现代化""一个受过教育的女子，在四川的教育界中——自重庆到成都一例都如此——似乎能不成问题的以她自己的资格来与社会相见"，而"这一层

---

① 乡坝老：《读读陈衡哲女士的〈川行琐记〉》，《新新新闻》1936年6月26日第16版。

在中国许多大都会中，却似乎还不能，或不愿做到"，以及四川"无论高山低谷，都是水肥土润，田陌整齐"，并因此想见了"四川农民的辛勤"。若他们是从头读起，愤怒或不至太深。更重要的是，《新晚报》的大字副标题已经改变了陈的原话："再说纳妾。这自然是中国的一个腐败制度，决不是四川所独有的。但四川的情形却另不同。在别的地方，妾的来源不外三处，那便是：丫头、娼妓和贫苦的女孩子。在四川，有许多阔人的所谓'太太'却是女学生，而有些女学生也绝对不以做妾为耻。""有些"二字要紧。但是，批评文章都受了《新晚报》的影响，有意无意地"忽视"了这个关键词。陈衡哲一向以救国为己任，决想不到自己对四川物质条件的批评被人视为"洋化"。一位女生讽刺陈"真不愧是在外国去跑了一次，学了点洋皮毛的女人"，是在"当阔太太闹洋架子"。[1] 另一位作者则批评陈"数典忘祖"，"炫耀我坐飞机，我乘过汽车，我住的洋房，我用的外国火炉，我又呼仆而使侍"。[2] 萧参说："四川再'原始性发达'，国是最爱的！尤其是爱用国货的。"而陈给四川人"开的药方"，"五样中就有两样系外国货"。一位作者尖锐地说："十分洋气的陈博士，对我们国家民族的贡献就是要中国洋化"，可是，"像这样的洋化，只有殖民地化"。[3]

这篇文章又是以给"朋友们""公信"的名义发表在同人刊物上。这都不免使人觉得陈带有"圈子"气。而这又使不少无法进入这一"圈子"的非主流或非上层的读书人感到"你们"和"我们"的分界。一位自称"军人"实际上是军校学生的旅外川人程天杰评论说，陈衡哲的话，"只

---

① 念慈：《读〈四川的"二云"〉后》，《新民报》1936 年 7 月 7 日第 3 版。
② 朱巨圣：《致陈衡哲女士的一封书》，《新新新闻》1936 年 7 月 6 日第 11 版。
③ 吉爱黎：《〈川行琐记〉中的陈衡哲》，《复兴日报》1936 年 7 月 8 日第 4 版。

有"胡适才相信，还把它刊登出来。① "乡坝老"自称根本不看《独立评论》，也表示对胡适、陈衡哲这些上层知识分子的不满。如果说开始的言论还带有"对事不对人"的色彩，用语也还客气的话，后来的论者则集中在陈本人身上，措辞更是变得刻薄起来。随着批陈的声浪甚嚣尘上，曾经因"文坛画虎录"而引起轩然大波的陈衡哲、胡适、任鸿隽三人之间的关系也再次被翻了出来，开始在陈衡哲的私生活上做文章，并且被用作攻击她的致命武器。当时社会上谣传陈爱慕胡适，因嫁胡不成，才嫁了任。6月29日"乡坝老"在《鄙视老百姓》一文中，将此事拿了出来，暗示陈是"恨乌及屋"："或者因不喜欢与某川人结合，待木已成舟，然后向全川父老昆弟姊妹泻愤耶？抑别有所指欤！"四川省立女子职业学校（以下简称"女职校"）初级化工科学生胡季珊在《新新新闻》"中学生"一栏发表《敬致陈衡哲女士》，文中说："老实说，要吃够甜味的水果，有蛋味的鸡蛋，嗅香味浓的兰花，这才是姨太太闹的臭架子。我总不相信吃了海水的人，也会崇拜偶像。想做白话文祖师（指胡适———引者注）的如夫人，祖师看不起，又出让给冒牌许由（指任鸿隽———引者注）。自己却做了玩物，还来骂人，丑死，羞也不羞？"② 关于陈、任、胡的关系，社会上虽有很多流言，但成年人语多避讳，"中学生"因"童言无忌"，用语便极刻薄。不过，胡季珊文字虽俗却辣，似非中学生手笔，背后当有"高手"参与。文章发表后，事件再起波澜。7月5日，《新新新闻》以外的成都各大报纸都刊登了一篇署名胡季珊的"启事"，声称文章是被人"借名"所作。而第二天的《新新新闻》又报道了胡季珊的"启事"是在学校当

---

① 程天杰：《〈川行琐记〉读后感》，《新民报》1936年7月8日第3版。
② 胡季珊：《敬致陈衡哲女士》，《新新新闻》1936年6月29日第11版。

局的高压之下写成的消息，与此同时还刊登了胡的又一篇"启事"，也说自己的前一篇启事是在学校当局强迫所作。说女职校"派其事务主任施某来本报强迫声明胡季珊女士文系窃名"，复"于今日在本市报纸刊登抹煞胡女士人格不惜一并包办之声明启事，其自外于川人，漠视该校学生，莫此为甚"。①

直到7月中旬，陈衡哲成为以《新新新闻》为主的一些成都报刊的重点讨伐对象，每天都有相关文章或消息发表，"批判"程度也不断升级。7月5日，《新新新闻》宣称，"本报接到对陈衡哲女士污辱全川质问文，直到昨夜，已达五百七十余件"。② 其中陈衡哲对四川物质条件落后的描述成了对她进行批判的焦点之一。可知反响之"热烈"。不少论者异口同声地指出，陈写《川》文距她来川时间甚短，就"妄下断语"，表明她原本就对川人心存偏见。高中生萧参写给陈的一封公开信说："你之尽量搜□四川的坏处，未始不是□叫人'改过迁善'的意思，但却言中有刺，处处都在讥刺着四川。这却叫我怀疑你的叫人'改过迁善'的态度，而想着你是在嫉恨着四川，对四川没有怀着'友好'的意思。既然是戴了有色眼镜，也就处处见到不好的一面。"③ 一位署名"两极"的作者摘抄了陈文的一些段落，证明陈对四川的"花""鸡蛋""孩子""西药房""浴室""阳光""云""社会""文化""女生""成都人"乃至"四川两字""都不满意"，可知陈偏见极深。"两极"特意强调陈的文章发表在"外省出版的《独立评论》上"，暗示陈不是四川的净友，本是存心诋毁。④ 陈文提到四川有

---

① 乡坝老：《女职校当局注意》，《新新新闻》1936年7月5日第16版。
② 同上。
③ 萧参：《给陈衡哲的一封信》，《新新新闻》1936年6月25日第11版。
④ 两极：《陈衡哲果逃席耶》，《新新新闻》1936年7月10日第7版。

"女生作妾"的现象，尤令妇女界反感。不少作者都要求陈衡哲"拿证据来"。7月8日，华阳妇女协会召开紧急会议，提出《川》文已经构成了"诽谤罪"，是对四川妇女的污蔑，并且致函各县的妇女协会、各校女生参加诉讼。①

6月底始，就不断有人威胁要以"侮辱川人"的名义将陈衡哲告上法庭。7月以后，事情越闹越大。7月5日，此前一直保持沉默的《复兴日报》也加入了批陈的行列，开始连载《川》文。（编者按：陈衡哲在《独立评论》上发表了《川行琐记》后，颇引起省内外川人的反感）《复兴日报》的专栏作家"佛公"评论道："我想，这事竟出之于与胡适之派的自由主义者论战中，是充分暴露了所谓民主政治者，是资产阶级的政治独裁，是实用主义学者的思想统制。"陈文"是一篇有力的反动的文化批判。因为《独立评论》是宣传美国资本主义的好人政府的喇叭。换言之，陈衡哲的《川行琐记》，不是湖南女子眼中的四川，而是美帝国御用学者眼中的中国"，也就是"文化领域中的汉奸"。② 这段话总结了不少人文章中的内容并加以系统化和"升华"，故"佛公"很是得意，在接下来的两篇文章中再次提醒大家："我们倘若是检讨陈衡哲的社会的和民族的意识，那旁及于其'朋友们，是很有必要的。所以，我认为，批判陈衡哲就应该批判《独立评论》。因为，他们是一个思想的集体。"此事"不仅是陈衡哲个人的没落，而是胡适派实用主义者的哲学破产"。③ 比起一般的"批判"来，"佛公"的立意仿佛要"深入"得多。但是，此事本起源于乡土观念，最容易打动人、最快见效的办法还是站在"川人的立场"上说话。

---

① 《新新新闻》1936年7月9—10日。
② 佛公：《文章公案》，《复兴日报》1936年7月7日第4版。
③ 佛公：《实用主义宣告破产》，《复兴日报》1936年7月9日第4版。

"乡坝老"在报纸上对省女职校的批判就强调该校当局"屈服强权",自外于川人:"我们到底不知女职校是四川办的呢,抑是陈女士私有?是用四川人的钱呢,抑是陈女士自掏腰包?是以四川教育厅为上司呢,抑当奉陈女士为上司?"① 而《复兴日报》同期发表的不少批判文章,用字下流,格调极低,其实也只是满足了出自"川人的立场"上的"自尊心"。"佛公"把批判的焦点由陈衡哲一个人扩大为整个"《独立评论》派",确是一部分参战者心态的反映。首先被卷入其中的"《独立评论》派"成员当然是任鸿隽。7月7日"乡坝老"在文章中"声明":"本报之批评之质问,完全是对事不对人,而且只是对文,只是对《川行琐记》而发挥意见,始终没涉及陈女士令夫任君。……本报这种光明磊落的态度,是值得大家认识的。"② 所谓"值得认识"者,是因为其时已经出现了"涉及任君"的言论。

事实上,就在同期《新新新闻》上发表的李思纯(哲生)的《评〈川行琐记〉》一文,就将二人相提并论。李首先质问:"陈女士所指诸短处,为四川所独有,而各省除四川外,有完全无短处可指耶?则我固有证据,以明其不然。陈女士何以独苛责四川?"李说这是因为陈具有"殖民地中仅受肤浅欧化之洋奴故态"。即是说,陈虽处处显得"洋化",其实只得其表皮而已。这里另有一层背景:李思纯是法国留学生。欧洲人一向认为美国文化"肤浅",中国的留欧学生也受此影响,看不起任、陈这样的留美学生。李进而开始质疑陈的"学者"地位:"平心论之,陈女士生平仅而[有]高中历史教科书一部。若编教科书者便为学者,则上海各书局

---

① 乡坝老:《请女职校当局拿话来说》,《新新新闻》1936 年 7 月 6 日第 16 版。
② 乡坝老:《请七千万人公开讨论》,《新新新闻》1936 年 7 月 7 日第 16 版。

之学者遍矣。" "即陈女士尊夫任先生，其《科学家列传》与《科学通论》，今之教员学生，凡中英文精通者，皆能为之。任先生若为学者，亦尚须更有较高深之贡献，社会乃承认，遑论陈女士耶?"① 李思纯质疑陈、任的学者身份，意在瓦解二人在学术界与教育界的影响力，与当时一般社会人士的关注点显然有异。7月7日，《新新新闻》再次报道川省法律界人士正在研究《川》文违法之处。律师谢伯川主张提起公诉，并自愿作为发起人，各留省学会也纷纷发表宣言反陈。当时还有人传言任鸿隽在陈的催促下，要求四川省政府和公安局查封报馆。一时间，批判陈衡哲破坏言论自由成为不少文章的主题。这种思想"围剿"、人身攻击，对主张言论自由的陈来说，无疑是一重大打击，让陈衡哲对四川彻底绝望了。在这种情况下，7月9日，任鸿隽一家离开了成都。而随着她的离开，"围剿"之声也渐息。

风波发生后，陈衡哲未发一言。1936年8月9日和16日，任鸿隽分别写了《四川问题的又一面》和《关于〈川行琐记〉的几句话》两篇文章，发表在《独立评论》第214号、215号上。对《川行琐记》事件进行回应。胡适把这两篇文章发在《独立评论》的显要位置。《四川问题的又一面》还放在头篇（三篇《川》文都是放在各期的篇末位置发表的），表明他对任、陈的支持。在《关于〈川行琐记〉的几句话》文章中，任鸿隽指出为避免误会，"一部分川人对于《川行琐记》的攻击，我们分析起来，约可分为五类：（一）是对于天然状况的辩护；（二）是否认各人身历的经验；（三）不肯承认自己的短处；（四）不明作者的用意；（五）是故意断章取义，舞文弄墨，以期挑拨读者的恶感"。接着，任鸿隽针对每一类举

---

① 李思纯：《评〈川行琐记〉》，《新新新闻》1936年7月7日第11版。

一两件实例加以说明。任鸿隽说讳疾忌医，"正是民族复兴的大阻碍"，呼吁川人正视批评，革除弊病，只有这样才有将四川建设成"民族复兴根据地"的希望。文章还重点提出自己的质疑，"陈衡哲女士此次到四川游历，发表了几封致朋友的公开信，总名之曰《川行琐记》。她的目的只在记载个人的经历与观察。……不幸的很，她的第二次公开信发表以后，竟引起了许多无谓的纠扰，最奇怪的，是成都的几个报纸，竟把这件事当作当今无上的重要问题，每日连篇累牍的攻击不已，自己著论不够，还要假造外面学生们的来信；讨论问题不已，还不惜捏造黑白以污蔑个人的人格。这种行为，使人不能不疑心他们是别有作用"。① 事实上，任鸿隽所说"别有用心"的猜测并非空口无凭。这一《川》文事件的引爆绝非陈衡哲的一两篇文章所引起的那么简单，其背后有着深层的复杂原因。表面上来看，文章触及四川黑暗腐败的"痛处"，令川人脸上无光。众多的批判只是集中在她的《川行琐记》之二《四川的"二云"》，而对《川行琐记》之一《自北平到成都》和发表于6月28日的《川行琐记》之三《成都的春》绝口不提。当然也许是由于《成都的春》发表比较晚，成都方面尚未看到。但《川行琐记》之一对四川积极方面的描写被忽略，却并非一个意外。对陈衡哲的"围剿"一方面跟报纸有意误导，专挑《四川的"二云"》转载煽动川人狭隘的乡土情绪对其进行批判有关，另一方面也跟任鸿隽在四川大学推行改革、新聘大批教授到四川大学任教触及一些人的利益有关。而视任鸿隽为"中央人"的四川当局也正好借机对任鸿隽进行打压。所以，导致《川行琐记》事件愈演愈烈，一发不可收拾，到了要上法庭的地步。

---

① 《关于〈川行琐记〉的几句话》，《独立评论》第215号，署名为叔永。

可见，利益纠葛是《川》文事件的轴心，① 其实质是"地方观念和国家观念的冲突"。②

任鸿隽自 1935 年 8 月经国民政府委任为川大校长以来，对校政进行了大刀阔斧的改革，如努力扩大四川大学的生源，在平、津、京、沪、广东、陕西等地设立考场，扩大招生范围；组织进行课程整顿，调整人才的培养模式；改进学校设备，积极筹建新校舍，并且从全国各地延聘著名教授到四川大学任教等。这些改革一定会触及多方面的利益，而利益往往是矛盾的根源。矛盾激化的导火索是 1936 年新学年任鸿隽进行的新的人事改革一事。《四川大学史稿》载 1935 年到 1936 年间："高层职员川籍人士由 80% 大幅下降到 39%，教员中川籍人士由 72% 下降为 59%，外省人数超过了本省人。"③ 任氏延请大量外地有名望的学者充实本校师资，显然是为了打破川大多是川人任教的局面，以防止学术"近亲繁殖"。又实行新学期重发聘书措施，没收到聘书的教师自然属于淘汰或"失业"行列。此举必定触犯当地一部分人的利益。1936 年 8 月 2 日，四川旅京同乡会在中央大学召开第二届会员大会，到会者达 400 余人，会议通过了"纠正陈衡哲、警告任叔永"的要案，④ 作为对四川大学一些教授的声援。8 月 6 日，旅京同乡会理、监事联席会又通过决议，委托傅况鳞、邓季惺两律师代表

① 此内容主要参考王东杰文章《地方观念和国家观念的冲突与互助：1936 年〈川行琐记〉风波》，《四川大学学报》2004 年第 1 期；智效民《任鸿隽与四川大学》，《文史月刊》2015 年第 6 期；宋桂梅《任鸿隽任职四川大学始末（1935 年 8 月—1937 年 6 月）》，《兰台世界》2012 年 7 月上旬。

② 王东杰：《地方观念和国家观念的冲突与互助：1936 年〈川行琐记〉风波》，《四川大学学报》2004 年第 1 期。

③ 《四川大学史稿》编审委员编：《四川大学史稿》（第 1 卷），四川大学出版社 2006 年版，第 158 页。

④ 《中央日报》1936 年 8 月 3 日第 3 版。

该会具控陈衡哲"侮辱川人之罪"。[①] 此风波背后也有四川地方军政势力的运作，而这又与其时四川地方实力派与国民政府的暗斗有关。任鸿隽任川大校长后，除了被主流知识分子们称为"四川杰出人物"的建设厅厅长卢作孚以外，与地方上其他官员接触甚少。更重要的是，任从20年代起就不断地批评四川军人拥兵自重，缺乏国家观念。1933年，任还在一篇文章中明确建议国民政府"用国法军法"，对"四川军阀""严格以惩"。[②] 事实上，强调"统一"是那时诸多知识分子的共识。他们多属自由主义者，言论立场同中央政府时有出入，对中央和国民党批评甚力，但拥护国民政府的态度则极为鲜明。以《独立评论》派而言，从1933年年底到1935年底，先后有吴景超、蒋廷黻、胡适、翁文灏、傅斯年等人参加到如何统一的讨论中来。虽然关于统一的具体途径，他们各有不同见解，或主武，或主文，但其拥护统一的态度则是一致的。同属自由主义派的《大公报》也在此一时期提出中央集权的建议。[③] 而任鸿隽也的确得到了国民政府和蒋介石的大力支持，蒋答应亲自"主持"川大的校舍改建计划，并在成都、南京数度接见任鸿隽。

任鸿隽的大女儿任以都提到，任鸿隽在川大"一直受到地方势力的抵制，原先的那一派不满，以为家父是中央政府派来的、是蒋介石的人，称之为'中央人'，因而千方百计，极力杯葛，明里、暗里都给他带来不少麻烦和困扰"。[④] 当时还在川大读书的吴天墀先生也说，蒋介石委托任鸿隽

① 《新民报》1936年8月7日第5版。
② 叔永：《四川军阀的出路》，《独立评论》1933年11月5日第75号。
③ 贾晓慧：《〈大公报〉与中国20世纪30年代的现代化运动》，《近代史研究》2001年第6期。
④ 《任以都先生访问纪录》，《陈衡哲早年自传》，冯进译，安徽教育出版社2006年版，第238页。

为校长后，表示在经济上支持任。因此，当地军阀刘湘对任鸿隽有防范之心，二人相处不融洽。任办事，刘不合作。刘湘亦认为陈衡哲的《川行琐记》是反对四川的。物理学家魏时珍曾向闵震东先生谈道：任鸿隽"正筹新建校舍，广招贤才的时候，不幸招致地方军阀、土劣的嫉视，适因其夫人陈衡哲对川中军阀暴政以及社会风气，时有指责，不留情面。于是上下纠结，动用小报文痞自称'乡坝老'之类记者，利用成都《新新新闻》版面，连续多次登载短文，对任先生夫妇大肆攻击，甚至人身诋毁，近于下流。一个本地大学校长受到如此污蔑、揶揄，任先生十分气愤，但上面无人制止；地方当局的军阀刘湘正好以此报复任先生不向他低头拜望之耻，还在南京大施伎俩、鼓噪，说他纵容夫人陈衡哲侮辱四川，借此排挤、打击任氏。任先生才愤而辞职"。①

《川行琐记》风波对任、陈打击甚大。由于陈衡哲坚持让任鸿隽辞职，虽然有行政院、教育部和四川省政府去电慰留，以及胡适、王世杰、翁文灏、张颐等好友规劝，任最终还是在1937年辞去川大校长职务。不管怎样，从这一事件，也可以看出任鸿隽对于妻子的百般呵护。当初结婚的时候任鸿隽承诺要做一面屏风，站在陈衡哲和社会之间，为中国供奉和培养一位天才女子。而今他果然兑现自己的诺言，为了妻子牺牲自己的事业，尽管他是那么看重自己在四川大学的事业。他毕竟是四川人，多年以来他一直想在四川做点事业。可惜的是三次入川，都是满怀希望前去，带着失望而回。在《五十自述》中任鸿隽写道："使吾生当承平之世，得尸位一基金会之执行领袖，目击所创办之教育文化事业，继长增高，日就发达，

① 闵枕涛（闵震东）：《回忆魏时珍先生二三事》，《魏时珍先生纪念文集（自印本）》，1993年版，第192页。

亦可以自慰余年。顾自民国二十年秋'九一八'事件发生，全国命运忽然入于惊涛骇浪之中而莫知所措。吾乃自计，中基会之事业既已规模大备，此后虽有润色，后贤其必优为。内地鄙塞之乡，其有待于吾人之努力，必且较大都市之文化事业十百倍之。于是民国二十四年秋政府以四川大学校长见征，余遂毅然辞去中基会事务而就川大校长。""虽以意外事故，使吾不能不拂衣而去，然吾窃欲以此两年工作殿吾五十年之生命而自慰焉。"①大女儿任以都说："我想家父离开四川多少是有点遗憾，虽然他从来没有对我们表示过，但我设身处地来假想，倘若我抱着一腔热切的期望，想要建设一番事情，结果却不欢而散，自然也会感到很失望。但他始终不谈这件事，只是淡淡地说，事情既然到这个地步，我们所能做的就这么多，以后就让他们接着办罢！"②

第三节　陈衡哲写作命意与立场

陈衡哲作于 1936 年 2 月 1 日的《川行琐记》之一《自北平到成都》中，开篇即点明自己动手写《川行琐记》系列文章的原因，她说："来到成都已经有一个月了，天天忙着和环境办交涉，故至今未能写一封信向朋友们报告一点旅途和四川的情形，真是不安得很。今天好容易得到一点清闲，不觉想起了住在北平，天津，上海，杭州，南京，以及华中各处的许多朋友们，感到一种惆怅的想念。假如做得到的话，我愿意给

---

① 任鸿隽：《五十自述》，《任鸿隽卷》，樊洪业、潘涛、王勇忠编，中国人民大学出版社 2014 年版，第 428、429 页。

② 陈衡哲：《陈衡哲早年自传》，冯进译，安徽教育出版社 2006 年版，第 240 页。

每一位朋友写一封信，凭着您一个人所喜欢知道的，告诉您一点我们这一个月的闻见与生活情形。但这又那里做得到呢？因此忽然又想到了赵元任先生数年前在美国时的办法：他用一个绿色的小册子，印了一封公信，分寄给他在国内与国外的朋友们。不过他的办法却不曾得到什么好成绩，因为很少人接到了一份印好的公信后，是觉得要写回信的，即使你在上面写了几个'槺阿'！但是，这总不失为一个没有法子中的一个好法子，似乎是值得再来试验一下的。""一封给朋友们的公信""目的只在记载个人的经历与观察"。可见，陈衡哲的写作本意是以对四川人民生活的观察作为创作的素材，以书写自己真实的见闻、生活体验为核心的文学创作。

从文体而言，《川》文系列，应该属于带记游与时评性质的散文。文章中有明确的时间、地点、过程、环境的烘托，风物的描绘，其中夹杂着人物、对话，以及动人的故事。从文本来看，写得生气灵动，文字清隽，文格高逸。如《从北平到成都》详细叙述全家人进四川的经过，"我们坐的是平汉路的二等车，两个大人和两个小孩正好占满了一间房子，也还舒服。车子走了整整三十六个小时，在廿八日晚上的十时半，我们便到汉口了。……我们要乘的是民生公司的民权船，但因为天寒水浅，须在宜昌换船，不能直达重庆。民权船是在三十日上午开行的，在船上发见了张伯苓先生，他也是到四川去的。还有一位郭凤鸣女士"；还写到路上怡人的景致，"从宜昌到重庆，是川江中风景最好的一段，从前没有轮船的时候，也是川江中最险的一段。我们一路看峡中的风景，但见满山红树，秋色丰盛"。陈衡哲写道："经过三峡时，天气突然放晴，和暖得也像晚秋天气。此峡我已走过四次，这是第五次，任君是第十次了；但我们却仍是百看不厌。"文章中描述吃辣椒的经历，也是活灵活现，妙趣横生。陈衡哲与四川朋友吃饭，其中有一道菜是牛肉，上面布满了辣椒油，陈觉得很辣，但四川朋友却觉得一点不辣，只是像涂了"西红柿油"。

《成都的春》写成都的风景、民俗，场面描写疏阔，笔致清逸。如写成都的花，"成都春天最大的贡献，是花。在我所到过的地方，我没有看见有一处是有这样质量并茂的花季的。也没有看见花是那样的容易侍候，一点也不要麻烦人工的。有一天，我把小园中所折来和朋友们所送我的各种花，插到了三个瓶子中去，数一数，整整十六种——其中最特别的，是一朵含苞过冬的月季花，她有点像那还过魂来的杜丽娘；还有一朵硕果仅存的白梅花，她又有点像一位老姑母在和她的年轻侄女们赛美。这十六种花的聚会，大约是在四月五号的那一天。现在已是春到蔷薇的时候，花世界的蓬勃，就更不用说了。加上每日清晨从林中送来的各种娇脆的鸟语，真使我感到成都花鸟精神的美丽，和她们生活力的伟大。因此我又想，假如这一份天地的精华，不钟于草木花鸟，而种到了中华民族的人民身上，中国的强盛还有疑问吗？"文中还写自己与朋友逛花会的情景，妙趣横生。"会期在阴历一月，我们也曾应过朋友的邀请，去过两三次。土产可怜得很，差可喜的，有梁山县的细竹帘，各地的粗细竹篾做的篓筐，以及蜀地特产的各色夏布。至于那藉以名会的花，却反退到了实位，不见得有什么特色。去看会的人拥挤极了，除了成都的绅士外，还有头上包着白布的乡下人，有自西藏来的红喇嘛，有自松理茂等处来的'蛮子'。他们纷纷扰扰，又叫又嚷，走路不知道方向，也不循着直线，常常有人直对着你的身上走来，好像是一个门洞似的！我到此方悟人山人海的意义。"

《归途》一文的景观描写也很精彩，如写坐飞机时所看到的蓝天白云的景致及产生的联想，"一路天气很好。当我们离开川境后飞过秦岭的时候，飞机离地有四千多米远，约有一万三千英尺。我们飞过锦绣似的山河，又飞过苍茫皎白的云海。我以前不知道云还有峰呢！每一个云峰像一朵大芙蓉花，比山峰更美，更柔圆。有时云海不见了，但见几片薄云，像薄纱似的，在高山与深谷的上面飘浮着。这情景不但美极，并且使我不断的想到庄子的名句，想到他所说的抟扶摇而上九万里的风味，想到他所说的'风之积也不厚，则其负大翼也无力'的哲理。我一方面感到精神上的轻松愉快，一种脱离热臭的地面而上升到云霄的愉快；一方面又惋惜那位绝顶天才的古哲——庄周——竟不能亲身经验到他那敏锐想象力所暗示给他的那个超世绝俗的境界！"文章笔调清远，观察细微，描摹生动，彰显出陈衡哲圆熟的散文创作技巧，可以说四篇《川》文皆是美文。

当然，《川》文的可贵之处在于，它不仅仅以风物景致描摹、观人察物的细腻等，而在于在文章中贯穿作者强烈的文化启蒙情怀。也即是说，陈衡哲写作《川》文是立意在审美，旨归在启蒙。她力图通过文艺创作来揭示问题，促进革新。陈衡哲说："我们都是中国人，我决不敢以恶意来批评四川；我也不是喜欢作笼统话的人，说四川这不好，那不行。但我的良心却也不许我作阿谀取悦之言，说什么四川是天国呀，四川人民是中华民族的精华呀！我觉得廿五年来军阀恶政治的结果，不但使住在四川的人个个走投无路，并且在道德方面，在人生观方面，也似乎发生了许多不幸的影响。一个社会愈混乱，愈没有法纪，那么，那社会原始人性也一定愈加发达。因为若不如此，一个人便非被逼死不可了——或是身体上的逼迫，或是心灵上的创痛，她的煎熬促死的力量是一样的。这可悲的情形，在中国到处都有一点。但在四川却更为显著。"① "我之所能努力的——无论是对四川的青年，或是对于全国——仍不过是一支笔，一张嘴，和一颗忠诚的心。真是渺弱得很呵。四川的大症结，其实还在政治和社会意识的两方面。什么大学教育，什么经济改造，还不是要根据在这两根柱石之上？政治的改造不在我们权力之内，暂且不说；社会意识的改造，却能说不是教育界的责任吗？这意识是陶铸人格的一个大力量；故除非我们能根本的把她改造过，什么努力都是不但没用，而且立刻会被社会的丑意识所利用的。所以我再说，希望大家都来工作，各门各种的人才四川都缺少，但最缺少的，还是那真牌的社会工作人员——即是我第二公信中所开药方中主药之一。一木不能成林，一人不能成事，仅仅靠了几个教育机关，也是不够做到民族复兴的地步的。江苏有句俗话，叫做'拼死吃河豚'。因为河豚虽有时可以毒死人，但它的味道太好了，有些贪口欲人是受不了它的引诱的。说到四川的朋友时，我不禁又想起了好几件有河豚那样滋味的说话，我这个贪写的人，也有些忍受不住要把它们写在这里了，虽然明知河豚是很危险的。……我现在把这几件故事写完了，也说'直言至快也，挨骂至痛也，直言挨骂，痛快痛快！'"②

在《川》文中，陈衡哲从生活起居说到成都的气候，从人文风物到民风民俗，从鸦片盛行到当地军阀恶政，从社会意识到女性解放，理性的观

---

① 陈衡哲：《川行琐记》公信之二《四川的"二云"》，《独立评论》1936 年 4 月 5 日第195 号。

② 陈衡哲：《川行琐记》公信之三《成都的春》，《独立评论》1936 年 6 月 28 日第 207 号。

察，纯客观的叙述，再加上文艺的修辞，有的语词、比喻可能有点失当、夸张，但总体而言无伤大雅，但竟惹来如此大规模的文诛笔伐，真是出乎意料。《川行琐记》从性质而言属于文化批判类型。陈衡哲从民族复兴的立场出发，以诤友的身份，对四川的瘤疾痛加针砭。她批判军阀、烟毒，讽谏纳妾，鄙视虚伪，痛斥庸俗堕落等。其中，对于青年的正确引导，使他们具有奋进向上的精神，健康正当的志趣，是她最为关注的，她始终在思考："用什么法子可以使一班清白的少女们能永远保持她们的自尊心，和发展她们的能力与人格呢？"在北平时，她曾试办过一个"少女星期日茶会"，在成都，她同样热衷于同女学生们交往谈天，聆听她们的问题，给予合理的建议。

或许，陈衡哲在行文中率性直言，以至授人以柄，但是她建设四川这个民族复兴大后方的初衷是不容置疑的。她写于 1937 年 3 月的《亚丹女士小传（1860—1935）——一位救世者的人格》中，描述了亚丹女士受到报界误解和侮辱时，仍然本着良心与责任，坚持自己信念的不屈品格。不同的事件，相同的境遇，相同的心情，这段描述或许可以作为陈衡哲对此次《川行琐记》风波的回应。亚丹女士说：

> 我深刻的感到社会上对于我的误解与毁谤，差不多自悲自怜了，这是人性所能堕落的最低的一个坑。……群众的力量是那样的大，我们不但抵抗不住，并且觉得不自然，我们差不多想加入那人类的遇弱队里去了……但是，这样的社会侮辱，这样的成为无价值的嘲骂的目的物，这样的濒于失败的境地，尚比良心上的谴责为容易担任。假使我们因为畏惧侮辱的缘故，对于我们缩短战争的工作，有一分的怠懈，我们良心上的谴责，是要比任何外来的嘲骂为难受

的。……我们的这样做,并不是为了求人众的谅解,因为我们久已绝了这样的希望;我们但希望靠了我们的努力,我们仍能去改变一下那不幸的事体……①

关于亚丹女士,陈衡哲有过这样的评价:"在那无量功业的背后,却有一个一贯的动机,那便是亚丹女士的悲天悯人博爱精神。这精神是她五十余年来一切伟大事业的原动力,是她生命的精华,也是她对于人类的最大贡献。我们对于亚丹女士的成功,固然有无量的钦佩;但更值得我们的崇拜的,却是她的精神,她的伟大的人格。她一生的努力,即使都归于失败,而这个人格的存在,即足以使她不朽。"② 愚陋社会的冷漠正折射出一个伟大的人品。不过,面对非议,坚持自我是需要非凡的毅力与勇气的。陈衡哲的选择是培植道德的勇气,因为它能使人们不以流俗的毁誉为一己成败的标准。她面对外界的侮辱、攻击、毁谤时,却依然不悔,坚持理想,其人格与境界是难能可贵,值得崇敬的。

在受到"众数"的排斥、打压时,能够坚守立场,保持清醒,是见出一个真正知识分子本色。陈衡哲始终坚持以良知为标准,虽然这样做不免要受到"摧残"。在理想与现实断裂的过渡时代,学者的使命正是架设起一座通往未来的桥梁,但是他们却首先需要克服"无桥可渡"所带来的种种失望与痛苦,需要以批判精神为建设工作扫清障碍,更要承受敢说敢做所带来的毁谤和迫害,需要为了真理去承受"大人物狡猾地隐藏起来的仇恨、愚蠢人发出的无谓微笑和短见人耸肩表示怜悯的举动",这些正是学者的使命,学者的担当。毋庸讳言,我们需要一种智性的声音,保持着一

---

① 陈衡哲:《亚丹女士小传》,《衡哲散文集》,河北教育出版社1994年版,第295页。
② 同上书,第289—290页。

种不屈的锐气。从陈衡哲身上，我们鲜明地看到了中国公共知识分子的良知和责任感，特别是针砭时弊的勇气与智识。但同时，我们更加真切地感受到，由于 30 年代，战争频仍、政治混乱，难以为公共知识分子的使命担当提供基本条件和宽广的舞台。因而，如斯铎曼先生、亚丹女士，以及背负污名的陈衡哲等清醒的知识精英，并非人群中的大多数，然而，社会需要这些"少数"，需要智性的声音。

第七章 《衡哲散文集》：社会问题及其解答

第一节 陈衡哲社会观概述

1938 年，陈衡哲从自己在 20 年代所写的一百几十篇社会评论式的散文和杂文中精选 52 篇结集为《衡哲散文集》，分上、下两册，由上海开明书店出版。其中的篇章有 30 篇发表在《独立评论》等刊物。《独立评论》是 20 世纪 30 年代影响最大的一份政论性刊物。由胡适、蒋廷黻、丁文江、翁文灏、任鸿隽、陈衡哲、吴宓等人共同创办。该刊创刊于 1932 年 5 月，于 1937 年 7 月 25 日停刊，共计出版 244 期，刊载各类文章 1309 篇；其销售点分布于中国各大城市。据蒋廷黻回忆，《独立评论》第一期发行了 2000 本，第二期发行了 3000 本，一年之内达到了 8000 本，两年后增至 1.5 万本。①《独立评论》以"独立精神"为创刊理念，内容涉及国家建设中政治、经济、社会、文化等方方面面，在当时产生了积极广泛的影响。

---

① 参见周宝江《〈独立评论〉中的社会问题论》，硕士学位论文，南开大学，2011 年。

关注当时中国的各种社会问题并探求解决之道是《独立评论》的重要内容。正如胡适在《独立评论》创刊号"引言"中所说的"我们不期望有完全一致的主张，只期望各人都根据自己的知识，用公平的态度，来研究中国当前的问题。我们现在发起这个刊物，想把我们几个人的意见随时公布出来，做一种引子，引起社会上的注意和讨论。"① 《独立评论》对当时涉及中国前途命运的各种社会问题，如农村贫困、教育落后等做了大量探讨。九一八事变之后，日本扶植"伪满洲国"，中国的知识界大多感到一场深重的民族危机已经开始，出于对国家前途命运的深深担忧，他们积极探索各种可能的切实救国之道。

作为《独立评论》的创立者和主笔之一，陈衡哲积极地就"鸦片公卖""妇女问题""教育问题"等当时的社会热点问题进行反思，发表自己的看法，积极地建言献策，鼓吹社会改造事业。在《衡哲散文集》前言中作者提到自己出版的原因是："近年来常有识与不识的青年们，写信或当面问我，对于某某问题的意见。这些问题有时是属于社会的，有时是关于青年的教育或修养的，有时是属于妇女的。因近年来对于这类的问题，也曾常常发表过个人的感想；因此便拟躲懒，想用那些已经写出而至今仍未改变的意见，去答复青年朋友们的询问。这是我印行这本小集子的唯一理由。"②

《衡哲散文集》分五编：第一编"通论"，所论甚广，直击现实社会热点问题，饱含一腔爱国情怀。如《清华大学与国耻》《所谓〈日本和平〉》《论鸦片公卖》《国难所奠定的复兴基石》《适应环境与改造环境》等；第

① 胡适：《独立评论·引言》，《独立评论》1932 年 5 月 22 日第 1 号。
② 陈衡哲：《衡哲散文集》，河北教育出版社 1994 年版，第 1 页。

二编"妇女问题",主要论述妇女解放、女子教育、妇女与职业、两性问题等,如《妇女与职业》《复古与独裁势力下妇女的立场》《妇女参政问题的实际方面》《国难与知识界的妇女》《妇女问题的根本谈》等;第三编"教育与青年问题",有《对于儿童教育的一个意见》《救救中学生》《心理康健与民族的活力》《国家教育与国际教育》《"父母之命"与自由结婚》等专题篇目;第四编为传记为主的记事写人散文,如《居里夫人小传》《哀悼居里夫人》《亚丹女士小传》《纪念一位老姑母》,以及自传《我幼时求学的经过》等,其中有世界名人尤其是杰出女性人物如居里夫人、亚丹女士,也有文艺界杰出人士的传记,如《亚波拉与爱洛绮丝》《纪念但丁》《彼脱拉克与文艺复兴》等;第五编"记游",是她到美国、加拿大、北戴河的游记散文。如《重游北美的几点感想》《回到母校去》《从北平飞到太原》《北戴河一周游记》《再游北戴河》《加拿大露营记》。

陈衡哲视野开阔,见解独特,笔法矫健,在其散文中,触及社会诸多问题,并力图通过各种举措对社会加以改良。总而言之,陈衡哲独到的社会观、思想大致体现在以下四个方面。

第一,康健人格为个性解放的真谛。在陈衡哲的思想学说中,"最根本的是人格的修养"。[①] 以个人坚贞的人格修养为主药,通过合理渐进的疗救方式,来实现祛除这些社会大溃疮的疗救目的。在这个疗救方案中,最根本的一剂良药便是人格的修养。无论是针对社会政治问题、教育问题、女性解放问题还是文化建设问题,陈衡哲都将培养自尊坚贞的人格作为首要的与基本的解决措施。"我们努力的目的虽然不止一样,但我以为人格

---

① 陈衡哲:《清华大学与国耻——清华大学二十二周年纪念日演说词》,《衡哲散文集》1994年版,第17页。

的修养，却是最为根本的。假使一个人的人格站不住，那么，无论他有多深的学问，多大的才能，多强的体魄，也不过如考虑添了翅膀，只能加添他的祸国殃民的能力，是讲不到洗刷国耻的。在现代的社会中，这样的有翅考虑是举眼即有。""讲到人格的修养，我以为，没有比孟老夫子的三句话说得更为切实，更为高明的了。他说：'富贵不能淫，贫贱不能移，威武不能屈。'我现在再替他加上一句，'大名不能惑'，因为为了求名的缘故，一个人把他的人格堕落的，也未尝没有。"她认为要做到这"四不"，便须做到一个更根本的条件便是忘我。贪钱、贪名、贪权位，无非是因为先把自己做了人生的中心点。① 她说："我们做人尽责的最有力的工具，是我们的人格与能力。"② "我希望我们能憬然于我们所处地位的危险，与我们所负责任的重大，至少能堂堂正正，光明磊落的做一个人。"③ "在人格一方面，我们至少应懂得解放的真谛。因为真正的解放是恰与放纵相反的：它是一件自内向外的行为，是心理与人格方面的解除桎梏；它所希求的，也不是浅薄的享乐，而是志愿的吃苦。故一个真正解放了的女子，必是受过相当教育，明了世界大势，有充分的常识，独立的能力，与自尊的人格的。"④

陈衡哲认为妇女要在社会上有作为，比如参政问题，首要的是，"我们在得到一把利刃之先，最好还要先把运用它的能力练习好"。而首要的即是自身人格的锻造与自身解放，"不但是妇女参政问题中的一个最中心

---

① 陈衡哲：《清华大学与国耻——清华大学二十二周年纪念日演说词》，《衡哲散文集》1994年版，第17页。

② 陈衡哲：《复古与独裁势力下妇女的立场》，《衡哲散文集》，河北教育出版社1994年版，第73页。

③ 陈衡哲：《国难与知识界的妇女》，《衡哲散文集》，河北教育出版社1994年版，第91页。

④ 陈衡哲：《复古与独裁势力下妇女的立场》，《衡哲散文集》，河北教育出版社1994年版，第74页。

最基本的条件，并且也是凡百妇女活动的一个先决问题"。① 陈衡哲明确地指出，个人没有自立、自强的人格，谈救国是一种奢望。"比如救溺，总要自己能游水，方能说到救人。自己还不能游水，就要跳下水去救一个垂溺的人，恐怕那人还没有死，你自己先就死了，这叫做愚忠，是很可以不必的。"② 因此，问题的关键在于个人个性的发展，使自己强大，具备康健、负责任的人格，这样才能在个人自由与社会发展之间达到平衡，实现良性循环。

第二，个人、社会与国家的关系。关于个人、社会、国家的关系，陈衡哲认为："一个国家与一个人一样，是不能单独存在的。世界譬如社会，国家譬如个人，欲求个人的平安与幸福，必当从社会着手；亦惟在平安与有幸福的社会里，才能找到个人的平安与幸福。这个人我互相倚赖的公例，在历史上是随处可以找到的。人我的关系既是相赖而非相毁，那么损他利己的爱国观念，还有存在的价值吗？我们不当为'爱国'的两个字，另下一个更为广大，更为适宜的定义吗？"③ "分子生存于全体，全体生存于分子。"④ 陈衡哲首先强调的是个人与社会相统一，同时，陈衡哲辩证地看待个人与环境（社会）的关系。陈衡哲指出，"一个人是不能不与社会发生关系的，……我们应当取一个怎样的态度呢？我觉得我们对于社会，是有了解它的义务的。因为我们的目的，既在把它洗涤，把它提高，那么，除去了解与同情，我们又怎能帮它的忙呢？但同时，我们又不当轻易与它同化。关于这一点，法国的科学家，居里先生，说得最好。他说，

---

① 陈衡哲：《衡哲散文集》1994 年，第 83 页。
② 陈衡哲：《答一位少年女朋友》，《衡哲散文集》，河北教育出版社 1994 年版，第 96 页。
③ 陈衡哲：《国家教育与国际教育》，《衡哲散文集》，河北教育出版社 1994 年版，第 243 页。
④ 同上书，第 244 页。

'要是一个人的让步太少了，他必得受到摧残；要是让步太多了，他又成为一个没有骨气之人，他将看不起他自己'"。① 陈衡哲指出我们对于社会，似乎也应该取这个态度。而我们让步的多少，却又应该看它对于我们人格的影响，因为那是我们立身处世的唯一与不变的标准。这样，即使我们因为让步太少而受到压迫，而至于丧失朋友，甚至丧失生命，我们至少总做了一点开路的工作，使继我们而起的人，知道哪里是站得住脚的，哪条路是可以走的，虽然我们不能自身走到目的地。也即是说，如果社会是优良的，与个体发展是相协调的，个体就要适应社会；相反，如果社会是残害个体的，个体则应该反抗。陈衡哲引用杜威的言论："假如个性的发展，是与社会的势力——即是环境——在一条线上，那么，个性便可得到解放而去做创造的努力了。"（见一九三〇年三月，《新共和报》，《杜威论个性》)② 陈衡哲指出杜威的论断是正确的，因而，她相信唯有能帮助我们个性的发展，使它能在创造方面去努力的社会势力，方是良好的环境，方值得我们的适应与服从。

陈衡哲谈到青年需应对与一般社会同流合污的引诱。她说，我们需要"一点道德上的勇气，俾我们能不以流俗的毁誉为一己成败的标准，能不以无价值的毁谤为一个正直社会的真正意志。……一个人到渐近中年时，最容易犯那妥协太多的毛病；虽然在青年的时代，他的毛病常在标异而不在妥协。……我们若肯放平了眼睛去看一看社会，便将看见，有许多人——尤其是女子——是因为不能到处追逐无聊的生活，而受到恶意的批

---

① 陈衡哲：《清华大学与国耻——清华大学二十二周年纪念日演说词》，《衡哲散文集》，河北教育出版社 1994 年版，第 18 页。

② 陈衡哲：《适应环境与改造环境》，《衡哲散文集》，河北教育出版社 1994 年版，第 48—49 页。

评，以至于被目为怪物的。故一个人在青年时代，便应该培植一点道德上的勇气，俾将来受到同流合污的引诱时，能不至于立刻投降到那社会的浑浊环境里去。这样，你虽不免要受到'摧残'，但却不至于看不起你自己了"。① 陈衡哲的个人与社会观是一种基于健全个人与社会的统一观，她反对独善的个人主义，也否定唯社会是从，而是强调健全的个人主义和社会环境的和谐共存。社会是一个共同体，与个体的关系应是良性、互益的。有康健的个体，有健全的社会，国家民族才会有改良进步的希望。即社会、国家的进步与发展始终是以个人的健全与发展为前提的。

第三，反狭隘的国家观念，倡导国际主义。陈衡哲对"国际主义"立场与世界和平有着热切的向往。"国际主义"是 20 世纪出现的新的文化现象，"超越于国家主义及民主主义之上"。国际主义在政治上的表现有海牙的和平会和欧洲的国际联盟，在社会上的表现有各种国际学术和慈善事业，如洛氏基金团、卡诺基基金会、诺贝尔奖等。陈衡哲满怀希望地指出，虽然这些国际主义运动"尚处在萌芽时代，但他们实是世界文化的一个最大希望，也即是二十世纪历史上一件最足自荣之事"。② "国际主义的目的，是在求人类的彼此了解，及各国文化的成为世界的共产。"③ 陈衡哲还指出，国际主义的重要工具，"是世界的永久和平"，这与帝国主义的目的完全相反，帝国主义是以增加人类的误解及怨仇为任务的，他的重要工具是战争。如果国际主义战胜帝国主义，和平的梦想就可以实现，人类的自救也有希望了，但如果帝国主义战胜国际主义，那么人类的前途只能导

---

① 陈衡哲：《青年的修养问题——天津"青年生活指导周"讲演稿》，《衡哲散文集》，河北教育出版社 1994 年版，第 269—270 页。
② 陈衡哲：《西洋史》，中国大百科全书出版社 2011 年版，第 390 页。
③ 同上书，第 393 页。

向自杀。"所以帮助和平之神去打倒战争之神的一件事，实是现代全世界的人士所应负的一个最大的责任。"这一观念无疑是超前的，展现了陈衡哲作为现代知识分子的正义感和人道主义情怀。

陈衡哲还对国家主义与国际主义的关系进行辨析，认为："国家主义与国际主义是不是立于相反的地位的？是的，若使国家主义是等于损人利己的爱国观念，那么他与国际主义当然是相反的了。换句话说，若使人们以侵犯他国为爱国，以武力的优胜为国家兴盛的标准，以'万物之上有德意志'，'是与不是吾祖国也'的一类论调，为制造国魂的工具；那么国家主义国际主义真将不能并立了。"① 陈衡哲指出国家观念不应如此狭窄，国家与国际的关系是相辅相成的。因为，当今世界一个国家与一个人一样，是不能单独存在的。"世界譬如社会，国家譬如个人，欲求个人的平安与幸福，必当从社会着手；亦惟在平安与有幸福的社会里，才能找到个人的平安与幸福。这个人我互相倚赖的公例，在历史上是随处可以找到的。人我的关系既是相赖而非相毁，那么损他利己的爱国观念，还有存在的价值吗？我们不当为'爱国'的两个字，另下一个更为广大，更为适宜的定义吗？"陈衡哲还深刻地认识到，既然我们要摒弃狭窄的国家观念，那么，在国际主义之下，能否保有国家个性的问题，也即是说，国际主义之下国家的生命与个性如何保存。陈衡哲的看法是"第一，一国的个性是一件复产品，不是纯产品。第二，这个产品是分得开的。第三，这个产品中的优良分子，是值得保存和培养的，而其中的恶劣分子，却是应该'投畀豺虎'的。若使国际主义能为一国的个性培植它的优良分子，而消灭它的恶

---

① 陈衡哲：《国家教育与国际教育》，《衡哲散文集》，河北教育出版社 1994 年版，第 242—243 页。

劣分子；那么国际主义的存在真是世界各国之大幸了"。① 陈衡哲认为国际主义有特别的益处，即保存和培养优良分子，消灭恶劣分子，并深信国际主义是能为各国尽这个巨大的责任的。陈衡哲相信"我们若承认历史上人我互赖的公例，我们若以学问艺术为国家个性的最美丽的表现，我们便能明白，为什么国家主义是应该建筑于国际主义的基础之上了。所以国家主义与国际主义的关系，是相辅相成的，不是相反相毁的"。②

关于国家教育与国际教育，陈衡哲认为："实是将来世界文化的两翼，是缺一不可的。我们靠了国家教育，可以使一国的人民更有自觉心，更有向上心，更能了解己国在世界上的地位，更能努力的去求己国的优良个性的实现，俾得在世界文化上有所尽力，有所贡献。我们靠了国际教育，可以使全世界的人民都发生一种互助的观念，使他们明白人类一体的原理，使他们能把他们的爱国心扩大，升高，涤净，俾他们努力的结果，能有永久的价值，能以福利惠及于全世界。"陈衡哲呼吁，我们的国民不仅成为"国士"，而且通过国际教育成为"世界士"，"到了那个时候——国家教育与国际教育找到了和谐的步骤的时候——世界上的甲兵可以完全销毁，而各国的荣光定能有增无减，分子生存于全体，全体生存于分子；而我们中国在国际上的地位，也可以不至于因为武力不足之故，而永无超升的希望了。然则国家教育与国际教育，岂不是我国教育界所当并重的两个标鹄吗？"③

陈衡哲早年加入世界语学会，积极参与世界语学会开展的各项活动；之后又紧密关注国际局势，连续四次参加太平洋国际学会的年会，积极关

① 陈衡哲：《国家教育与国际教育》，《衡哲散文集》，河北教育出版社1994年版，第243页。
② 同上书，第243—244页。
③ 同上书，第244页。

注并探讨世界政治、经济、教育文化等各种问题。在《西洋史·序言》中，陈衡哲称该书在于帮助青年"发达他们的国际观念，俾人类误解的机会可以减少，人类的谅解和同情，也可以日增一日"。① 她还大力介绍和宣传世界和平主义者亚丹女士的事迹，为此她专门撰写了多篇相关文章，如《亚丹女士小传》《好尔厅的基本工作》等。她极为赞赏亚丹女士创立的好尔厅，这是一个扫除阶级、国界、种族间的隔膜与不平等而努力的社会组织。她尊崇亚丹女士为"一个救世者的人格"②。可以说，陈衡哲始终怀有一种超越狭窄的民族、国家的概念，而趋于国际主义的价值立场。

第四，社会改造论。"五四"以来中国社会纷乱、落后的现状，多数学者一般都归因于帝国主义的侵略与受帝国主义支持、控制的封建军阀、各种封建势力的横行，尤其强调近代以来帝国主义入侵是中国独立富强的最大敌人。九一八事变之后，日本加紧侵略中国，亡国危机已近在眼前，但当时的中国却"百病丛生"：农村破产、农民困穷、国内政治不良、剥削太苛、搜刮太苦、养兵太多、养官太多、工业萧条。③ 面对"敌人的胜利真是疾风扫落叶，丝毫不费劲；我们的失败是摧枯拉朽的失败。……军队全没有科学的设备，没有现代的训练……"④ 胡适切身体会道："我们应该深刻的反省我们为什么这样的不中用？为什么只是这样做劲风里的落叶，利斧下的朽木，做人刀俎上的鱼肉？"⑤

陈衡哲积极参与对各种社会问题的探讨并探求解决之道，她的思路与众不同，她主要从内因上看问题，认为导致近现代中国落后挨打的关键在

① 陈衡哲：《西洋史》，中国大百科全书出版社 2011 年版，第 7 页。
② 陈衡哲：《亚丹女士小传》，《衡哲散文集》，河北教育出版社 1994 年版，第 294 页。
③ 胡适：《从农村救济谈到无为的政治》，《独立评论》1933 年 5 月 7 日第 49 号。
④ 胡适：《全国震惊以后》，《独立评论》1933 年 3 月 12 日第 41 号，第 4—7 页。
⑤ 同上，第 4—7 页。

于中华民族自身存在的愚、贫、弱"三个溃疮"。而现在面临的国内外局势更为复杂,"看看那三十三年前的三个大溃疮。但见愚是依旧如故,而弱与穷则又加甚了几倍。我们再看看国外,则见三十三年前的那个国际形势,是已经改变得不认识了。老大的土耳其,既已不再为我们做替死鬼;而国际竞争的焦点,又早已从巴尔干半岛和北非洲移到太平洋的东岸和中国的本土。我们现在是不能再靠着在三十三年前,曾经救过我们的那个国际形势,来苟延残喘了"。① 因而,陈衡哲认为认清形势,正视存在的问题,是一种负责任的态度,她指出当下的国难归结起来,一是民生的疾苦,二是民知的闭塞,三是全民族体力的衰落。此外"如贪狠,如无耻,如做匪做盗,如自相残杀,如毒品的吸食,如低能儿童的无限制的制造,却都不过是上面三个情形的产品,或是与他们互为因果,而不是独立的症候"。② "中国的真患,是内部的溃烂,外患不过是许多病症之一。单单驱除外患,而不去清除内部的腐烂,是没有用的。……中国的根本病症是鸦片等毒药,他们能使我们的人种整个的堕落;是农民和贫民的没有生路,这能使土匪遍全国;是人民的愚顽,这能使他们做任何国的顺民。这些都是下层的病症,而且还不过是太仓的一粟。我不说上层的病症——贵大人贵太太们的骄奢淫逸,贪狠无耻——因为他们的作恶,是在我们能力所及的范围之外的。但上面所说的下层病症,却是我们人人所能致力的。等到下层社会康健了,毒血扫清了,那些上层的寄生虫,自然不灭自灭。"③

陈衡哲指出社会改造的总目标是"战后中国的建设,即是所谓中华民

---

① 陈衡哲:《清华大学与国耻——清华大学二十二周年纪念日演说词》,《衡哲散文集》,河北教育出版社 1994 年版,第 15—16 页。

② 陈衡哲:《国难与知识界的妇女》,《衡哲散文集》,河北教育出版社 1994 年版,第 86—87 页。

③ 陈衡哲:《答一位少年女朋友》,《衡哲散文集》,河北教育出版社 1994 年版,第 96 页。

族的复兴大业"。① 在这一目标实现的特殊患难时期，横在中华民族眼前的有四条路，第一条是浑浑噩噩的行尸走肉的路；第二条是在"刀头上舐血吃"的廉耻扫地的路。陈衡哲认为这两条是辱身亡国的死路。第三条是"知其不可为而为之"的拼命的路，这是一条自救的活路。"走第三条路的，有时是用抵抗的方式，有时也用自毁的方式，有时两式并用。"第四条自救的活路则是"那忍辱含垢以求三年之艾的路。即是在这个大难当前的时期中，每一个人都应该咬着牙齿，先把自己的身体培植到受得起磨折的程度。然后再把自己造成一个有用的专门人才，各在各的本分之内，把能力与知识弄得充充实实的，听候国家的征求与使用。但最基本的预备却在人格的一方面。俗话说的，'真金不怕火炼'；故一个有气节的民族是不但不会畏惧外来的侵凌，并且还能利用它，使它的磨折成为一个身心交炽的火洗礼，然后再从那灰烬之中，去淘出那愈烧愈坚的真金来"。② 基于这一认识，陈衡哲指出"只要我们能利用这个国难，不问正面的抗战是成功或是暂时的失利，复兴的大业是总有完成的一日的。到了那个时候，抗战的胜利不仍旧要归到我们这个老当益壮的民族方面吗？我们在最后方的民众，虽然不能上阵杀贼，下阵运筹；但假使我们能时时刻刻注意到这些新出现的复兴基石，把它们一块一块的雕琢起来，一块一块的树立起来，静静的，悄悄的，在无人注意的山隅海涯间，独自的或协力的工作着，那么，我们也可以算是尽到中华人民的一个重要天职了，也就对得起那些正在浴血抵抗的忠勇战士们了"。③ 这种集合全国的人才智力，一步一步地做

---

① 陈衡哲：《妇女在战时的责任》，《衡哲散文集》，河北教育出版社 1994 年版，第 164 页。
② 陈衡哲：《我们走的是哪一条路？》，《衡哲散文集》，河北教育出版社 1994 年版，第 23—26 页。
③ 陈衡哲：《国难所奠定的复兴基石》，《衡哲散文集》，河北教育出版社 1994 年版，第 63 页。

自觉的改革，这种改革的方法虽非一日之功，但却是对复兴民族大业有裨益的。陈衡哲对于目标与途径方面还曾有一比喻，"'大处着眼'，'小处着手'，岂不也是负重任者所应采取的态度？巧匠造屋，下手之处虽在一木一石，而若非眼中已有全屋的模型，则一木一石之微，也就无从雕琢了"。① 可见，她虽认为这种点滴改革的方法是迂缓的，但认为："救国报国，真是没有比它们再切实，再有效率的了。"②

第二节　妇女问题

陈衡哲对于社会问题的关注中，占据较为重要的部分是对妇女问题的思考，其中重点探讨了女性人格、女性解放、女子教育、男女平等、两性问题、妇女职业与家庭等问题。

一　关于人格与解放

陈衡哲认为一个女子首先应该发展自己的个性人格，要有其成为"人"的人格、常识和一技一能的专长。在谈到女子在人格修养方面的问题时指出，这是"根本中的根本"，"至少能堂堂正正，光明磊落的做一个人"。③ "一个女子若连这几个起码的条件——人格、常识和一技一能的专长——都没有，那么，她就简直不配在新的时代做一个分子。"④ 在她看

① 陈衡哲：《妇女在战时的责任》，《衡哲散文集》，河北教育出版社1994年版，第167页。
② 陈衡哲：《答一位少年女朋友》，《衡哲散文集》，河北教育出版社1994年版，第97页。
③ 陈衡哲：《国难与知识界的妇女》，《衡哲散文集》，河北教育出版社1994年版，第91页。
④ 陈衡哲：《妇女问题根本谈》，《衡哲散文集》，河北教育出版社1994年版，第135页。

来，女性自身的性别人格应该是建立在其"人"的意识之上的，女性应该以自己的学识修养来自立于世。在她的散文中随处可见她强调女子人格的言论。"女子教育的一个根本问题，……乃是一个人格的教育，一个正确人生观的养成。""女子教育的第二个根本问题，……乃是几千年来奴性的铲除，这当然也是一个人格教育的问题。"① 首先是作为一个"人"所具有的绝对自主、自立、自决的权利，把"自己"作为决断的中心，具有一种不为人惑的自主与自决的勇气与能力。女性有自己决定自己的权利，"在女性的立场上，我们要求从一个性奴隶的地位超升到一个主人翁的地位"。② "做你所最愿做的，做你所最能做的"一种自我决断。③ "我们应该先摒弃一切的虚荣心——下自装饰，上至报纸上的玉照，都包含在内——。它是女子们的附骨疽，我们若不能忍痛把它割除，那么，即使毁装纾难，做出一点粉泪娇啼的动作，也就不免有自欺欺人的嫌疑。……我们是不应该再做什么小鸟儿，小松鼠，小白菜儿，听见了炮声便投到男子的怀里去求保护的了。我们应该反过来，自己去做一个保护者，去保护家庭中与社会上的儿童与老弱。"陈衡哲鼓励女性要有自尊自立的人格。④

基于此，陈衡哲认为人格与解放的关系是："在人格一方面，我们至少应懂得解放的真谛。因为真正的解放是恰与放纵相反的：它是一件自内向外的行为，是心理与人格方面的解除桎梏；它所希求的，也不是浅薄的享乐，而是志愿的吃苦。故一个真正解放了的女子，必是受过相当教育，

---

① 陈衡哲：《妇女问题根本谈》，《衡哲散文集》，河北教育出版社 1994 年版，第 123 页。
② 陈衡哲：《复古与独裁势力下妇女的立场》，《衡哲散文集》，河北教育出版社 1994 年版，第 69 页。
③ 陈衡哲：《妇女与职业：妇女问题之一》，《衡哲散文集》，河北教育出版社 1994 年版，第 105 页。
④ 陈衡哲：《国难与知识界的妇女》，《衡哲散文集》，河北教育出版社 1994 年版，第 91 页。

明了世界大势，有充分的常识，独立的能力，与自尊的人格的。"① 妇女解放的真正目标在于男女平等机会的合理利用，"我们一方面要求社会给我们以发展个性的平等机会，一方面也须先把自己解放，方能享受这个机会"。作者反对妇女解放仅限于形式方面，她敏锐地指出："它的成绩，也尚不曾超过以口红代胭脂，以高跟代木底，以剪彩绳，掷香槟代'王凤姐弄权铁槛寺'的范围。这种种的可怜现象，与其说它们是女子解放的象征，无毋说它们是在兜圈子。"② 针对这一反常现象，陈衡哲不无忧虑，她指出，虽然"在解放的过程中，旧制度与旧势力的破坏，也是一件不可免的工作，并且在原则上，这种破坏的工作也未尝不可以代表一种对于新的事物的追求，及对于旧的情势的厌弃，也未尝没有一点振惫起衰的功用。不过妇女解放的进行，岂能永远顺着那剪彩绳与做校花的一条路？妇女解放的真谛，也岂是把一个厨役式的老婆，变为一个舞伴式的'甜心'？假使女子的解放，只在模仿男子的弱点，那么，一个沉湎于跳舞与放浪的女子，不就是我们新时代女子的模范吗？"③ 陈衡哲强调，妇女解放的真谛在于："志愿的吃苦而不在浅薄的享乐，在于给与而不在受取，在自我的上进，而不在他人的优待。简单说来，即是在心理与人格方面，而不在形式方面。"④

陈衡哲认为独立自主的人格，需要真正落实，首要的即是"我们希望女子都能以自己的资格来站在社会上"。⑤ "我们希望，靠了特殊教育的指

---

① 陈衡哲：《复古与独裁势力下妇女的立场》，《衡哲散文集》，河北教育出版社 1994 年版，第 74 页。

② 陈衡哲：《妇女问题根本谈》，《衡哲散文集》，河北教育出版社 1994 年版，第 133 页。

③ 同上书，第 133—134 页。

④ 同上书，第 134 页。

⑤ 陈衡哲：《复古与独裁势力下妇女的立场》，《衡哲散文集》，河北教育出版社 1994 年版，第 75 页。

导，我们能明了自己的个性人格，像普通教育的使青年们明了他们自己的个性一样。明了自己之后，我们还希望有一个康健与合理的环境，为我们发挥女性优点之用。旧礼教所号召的女性美德，如无条件的服从，如无才为德的人生观之类，我们与其说它们是女性的优点，毋宁说它们是女性的奴隶教育。"① "我们希望女子尊重自己的人格，尤其是她们的女性……我们提倡一个光明与康健的社交生活。"② 陈衡哲指出女性在人格的宝贵，对待爱情也应该有着一种独立的康健的思想，她说："出卖爱情是并不需要头上插草标的！一方面出卖爱情，一方面尚自以为钓到了一条肥鱼的女子，有的是。一个女子爱悦一个男子并不是丑事；但利用爱情来达到某种目的却是丑事；不顾信义的滥送爱情却是丑事，……只有由双方纯洁的人品而产生的纯洁的爱情才不是丑事！关于一个女子的私人生活，如衣服鞋袜，身体发肤之类，我们也要坚决的拒绝任何外来权力的干涉。但正因其如此，故我们对于自身所负的责任也就格外的严重了，对于自身的服饰与行为也就应该使它们更能与我们的人格符合，以引起外界的尊敬与同情了。"③

陈衡哲将中国文化传统中的修身立德，与西方现代文明中的独立精神相糅合，融会出一种合中平衡的"独立"精神。这种精神在现代中国女性身上体现为"个性"与"女性"的和谐并进：在尽女性为妻为母的责任之外，还要有权利去发展个性与施展才华。在个性方面，要求一个发展个性的充分机会，锻炼一个自尊和坚贞的人格，拥有一份不但能使自我独立，

---

① 陈衡哲：《复古与独裁势力下妇女的立场》，《衡哲散文集》，河北教育出版社1994年版，第69页。
② 同上书，第75页。
③ 同上书，第74页。

并且能为社会尽责的智识与能力。在女性方面，要求从一个性奴隶的地位超升到一个主人翁的地位，明了自我的性别特征，并使这一性别优势得到健康合理的发展，这种发展表现在自尊自爱和不违背人类全体福利的基础上的自主权——为母的自主，婚姻的自主。陈衡哲指出，女性的自立、自尊，不违背人类全体福利的条件下，"我们在这方面的最低限度的要求，是这样的：对于母职，我们但求社会给妇女们一个'学养子'的教育，和一个尽责的机会；此外一切都须由她们自己决定，不能让任何权力来干涉到她们的这个神圣领域。对于婚姻，我们愿意承受贤明家长或领袖的指导，但选择配偶的最后权，仍应该在妇女的自身。因此，一个青年女子是应该有权去反抗强迫婚姻的；假如因此反抗而引起了她生命上的危害，法律是应该给她以保护的，即使危害她的是她自己的父母"。① 这一论述抽丝剥茧，鞭辟入里。以今天的眼光看，对于现在的女子教育仍然具有启示意义。而在那个封建意识仍浓厚的社会中，陈衡哲竟然能说出这样振聋发聩的至理名言，实属难能可贵。

对社会上一些女性存在的"夫贵妻荣""妻以夫贵"的心理，陈衡哲认为这正是新时代女子缺乏个性人格的表现。陈衡哲是从封建大家庭中走出来的，她深切地感受到女子在旧家庭中的可悲可怜，也深知女子争取作为"人"的资格的重要性和艰难性，因而特别强调女性的个性人格，强调女子首先要有"人"的意识。在强调女性个性人格的前提下，她指出，新旧女性的差异就在于新女性不再持一种依赖的人生观，具有新时代的常识、擅长一种知识技能，更为重要的是她们具有独立的能力、自尊的人

---

① 陈衡哲：《复古与独裁势力下妇女的立场》，《衡哲散文集》，河北教育出版社1994年版，第70页。

格。因此，女子无论做家庭的贤妻良母，还是走出家庭从事社会工作，都应该保持自己的人格独立。正因为有这样的人格意识，陈衡哲对妇女解放、妇女参政、男女平等问题的见解也就显得独特而具有超前性。

二 关于男女平等

陈衡哲认为："所谓男女平等，并不是把女子男子化，乃是女子们要求得到一个发展个性与天才的机会，一个与男子平等的机会。"[①] 这样的判断，是基于这一基本的认识，即"凡一个人，都有两种人格，其一是性别的人格，其二是个人的人格；后者是男女共有的，前者却是男女在根本上相异的地方。我们若以为男女的个性都是一样的，或以为男女的个性是绝对不同的，都是犯了一个笼统的毛病"。[②] 而"解放的真正目标，似乎应该即是机会平等的利用"。[③] 这一观点可以说是陈衡哲女性观的基础，她的许多观点都是以此为前提的。她认为一个完美的女性必须保持这"性别的人格"和"个人的人格"的平衡发展，一个健全的社会基础，也应当"在这女子的两重人格的平衡发展上"。[④] "我们青年女子所要求的，是一个发展她的这个双重人格的机会。"[⑤] 陈衡哲注重女子两重人格的平衡，寻求与男子平等发展个性的机会。"我们既不反对女子去做女子的传统事业，也不反对女子去做传统的男子事业。我们的唯一信条，是发展每一个人的天禀才能，使她能成为一个最有益的社会势力。这才是平等的真谛。"[⑥] 陈衡哲

---

① 陈衡哲：《妇女问题的根本谈》，《衡哲散文集》，河北教育出版社 1994 年版，第 132 页。
② 同上。
③ 同上书，第 133 页。
④ 陈衡哲：《复古与独裁势力下妇女的立场》，《衡哲散文集》，河北教育出版社 1994 年版，第 72 页。
⑤ 陈衡哲：《妇女问题的根本谈》，《衡哲散文集》，河北教育出版社 1994 年版，第 133 页。
⑥ 同上书，第 133 页。

认为女性要在个性与女性的两重人格求得共同发展。因为她认识到男女在生理上的不同，而作为女性，她负有母职这一"整个民族生命之权的神圣责任"。因而，她主张"除开尽我们的女性责任之外，还希望有权利去发展我们的这个个性，和那少数的天才"。①

关于男女平等的实现条件，首先，陈衡哲指出女子应该有独立的人格、一定的知识与技能，以作为她步入社会，与男性争取平等的资本。基于此，陈衡哲指出对妇女进行人文教育和职业教育的重要性，"我以为我们第一件可做的事，是从根本上去整顿女子的教育，俾一般青年的女子，将来都可以有应付环境的能力，发展天才的机会，和维持生命的职业。应付环境的能力，是属于人文教育范围之内的，谋生的能力，是属于职业教育范围之内的，但发展天才的机会，却是人文与职业两种教育的共同责任"。②"人文教育即是所谓才识学的训练，靠了它，我们的才能方会扩大，识见方会增高，学问方会加深。它是人生的基础，所以也是人人必不可少的教育。职业教育是偏重谋生能力的训练的，它虽也是人人所不能少的训练，但它与人文教育却又有些不同。因为我们若是只有人文教育而没有职业教育，我们的谋生能力容许薄弱些，但我们对于做人的道理却是能懂得的了，我们对于外物也总有些驾驭的能力的了。但假使我们只有职业教育，而没有人文教育，那么，无论我们谋生能力是怎样的大，我们却是永不会高飞远瞻役使万物的，我们只不过能做做我们职业的奴役罢了。"③

其次，女子应该各尽其才，选择所乐意且能做的职业。女子要依据自

---

① 陈衡哲：《复古与独裁势力下妇女的立场》，《衡哲散文集》，河北教育出版社1994年版，第68—69页。

② 陈衡哲：《妇女与职业》，《衡哲散文集》，河北教育出版社1994年版，第109页。

③ 同上书，第110页。

己的天性、禀赋，有选择的自由。陈衡哲对职业分工有着清晰的认识与思考。她认为首先要摒弃以前"女子们都是寄生虫，都是拿女性来换饭吃的"的成见，她尤其批判和否定这几类女性：劬劳家务不求闻知、但知衣服首饰的女子、把丈夫当作摇钱树，把子女当作路旁人的女性。陈衡哲指出当下最为重要的并不在于职业本身，"而是从事它的态度。假使态度是诚恳，且享乐它的，那么，即使我们所做的不过是种一株树，拔一根草，我以为我们的职业仍旧是很可敬的，是很值得做的。反之，假使我们的态度是虚伪的，是勉强的，即做了一国的元首，我们对于社会的罪恶，还仍是超越于我们的表面上的功绩的。我们若果凭了这个标准来选择我们的职业，我们便决不会因趋时髦，或邀声誉之故，做那违反我们天性的事业了"。① 在陈衡哲看来，需要人尽其才，各尽其善，发挥其天性和兴趣，以诚恳的态度去从事她所乐意去做且能够做的职业。"明白了这个性情与职业的关系，我们便将以内心的命令，来代替社会的批评，作为选择职业的唯一南针了。"②

最后，实现男女平等，还必须在社会意识上破除"双位道德标准"，改用"单位道德标准"。陈衡哲指出"在诸种两性间的纠纷问题中，我觉得有两件事是比什么都要基本，都要值得我们的注意，那便是，一个单位或双位道德的问题，和一个'妻以夫贵'的人生观，而这两件事却又都是根据于社会意义之上的。我们对于这两件事若没有彻底的了解和正当的态度，则一切男女平等的要求，无论是在法律上的或是习俗上的，都可以说是逐末之举，即使达到了目的，也不过是一种纸上或口头上的胜利而已，

① 陈衡哲：《妇女与职业》，《衡哲散文集》，河北教育出版社 1994 年版，第 116—117 页。
② 同上书，第 116 页。

对于现代社会因两性间的纠纷而引起的诸多问题，是绝对不能解决的"。①
她认为"所谓双位道德观念，乃是以男性为中心的社会道德观念所不能免
的现象。这现象是普遍于全世界的，但它发达的程度却没有一国能比得上
我们这个精神文明之邦。不然，哥哥吃花酒，妹妹守童贞，何以能成为我
国性道德的标准？又何以嫖客们不妨昂首阔步，逍遥于士大夫之林，而被
嫖的妓女们却须受到社会上的轻蔑与侮辱?"② 所以，陈衡哲总结道，"在
现代的社会上，两性间双位道德的标准，却非让位于单位道德标准不可。
所谓单位道德标准者，我并不是说，只要妹妹也玩男娼，哥哥的吃花酒便
能合理。我说的是，假使妹妹玩男娼是下流的，那么，哥哥吃花酒也是下
流的；假使妓女是无耻的，那么，嫖她的客人也是一样的无耻。换句话说
来，即是靠了单位的道德标准，我们不是希望男的把女的拉下去，而是希
望女的把男的拉上来"。③ 同时，陈衡哲指出单位道德标准的创造是不能
靠着一纸空文，或是一两条法律就能实现的。它是一种社会意识的结果。
因此，社会应该努力创造一种新意识，"这新意识的第一个使命，便是
以一个保证给予那些深埋在痛苦中的女子们，尤其是其中有些没有丈夫
的母亲们，使她们能大胆相信，'事情暴露'之后，男子们的命运将与
她们的命运一样：假使她们要受到社会上的摒弃呢，男子们也应该受到
同样的摒弃；假使社会对于男子们说，'那不算什么一回事'，那么，她
们不也应该得到同样的宽恕吗？一个男子的行为若果能这样的得不到舆
情市场上的特价，则他便不能不和一个女子一样，要先看一看钱包再拿
货物了。社会的意识必先能改进到这个地步，然后单位道德标准方能算

---

① 陈衡哲：《衡哲散文集》，河北教育出版社 1994 年版，第 147 页。
② 同上书，第 147—148 页。
③ 同上书，第 148 页。

得着了一个坚固的基础。"①

陈衡哲还特地在《法律能维持情感吗?》一文中，讨论当时引起社会轰动的一起通奸案。当时案件审理对有夫之妇量刑过重，对有妇之夫则宽大处理。这一审判结果立即引起南京女界的反对，纷纷请愿以示不公，全国人士也多有同情。陈衡哲也密切关注这一事件，她对其中的道德观念进行条分缕析，最后指出对于这起通奸案应该实行单位道德标准进行审理。指出"站在习俗的立场来观察这件事的，则我们知道，习俗对于男女道德的标准原来是双位的，故根本也就说不到什么平等"。"我们至少应该知道，情感是不能靠法律来维持的，而离婚自由也是社会进步的一个应有的证验。"陈衡哲认为"从原则方面看来，通奸——不是强奸——现象的发生，也是一个道德的问题，而不是一个法律的问题"。而如果硬要以法律来济道德之穷，也是不能达到目的的。"请问把一个'不守妇道'的妻子，或是一个不守夫道的男子，关在牢狱一年之后，她或他能不能就反过心来爱她的丈夫或他的妻子? 在我国从前，男子有离婚权而女子没有，结果怎样? 为什么我们但听见'谋杀亲夫'而不听见'谋杀亲妻'? 假如我们但把潘金莲之类的女子囚禁了一年，而不让她离婚，请问，她能不能便因此不谋杀武大郎? 所谓以法律来济道德之穷的效果，亦不过如此而已。它之所以失败，当然是由于它违背了一个很简单的原则，那便是，一个家庭的维持，原来是应该以爱情，至少是情感，为基础的。"② 也即是说用刑法来维持家庭的存在，不但滑稽，而且可悲可怜。当然，为了不让潘金莲之类的女子永久扰乱社会，应当给予改良，即"第一，社会上应该教育与熏陶

---

① 陈衡哲:《衡哲散文集》，河北教育出版社 1994 年版，第 150 页。
② 同上书，第 145 页。

潘金莲的人格，使她能知道弃贫慕富与弃贱慕贵的可耻。第二，假使潘金莲对于西门庆的爱情——无论是单单限于肉体的或是超越了肉体的——确实是远超过了她对于武大郎的爱情，法律上便应该给她一个与武大郎离婚的机会；俾像她一样的悍妇不至于去谋杀丈夫，而不像她一样的贤良妇人也不至于饮恨终身。第三，社会上还应该亟亟的去培植一个女子的经济能力，使万·与人通奸者不是她自己而是她的丈夫时，她也可以毫不畏惧的对他提出离婚的要求"。① 陈衡哲认为这才是对于"有配偶的通奸"这一社会病症的一个根本治法，同时，也是维持情感或是从根本上维持风化的聪明办法。

三 职业与家庭的关系

首先，陈衡哲指出结婚与家庭服务作为妇女的职业之一，是在妇女人生中不可或缺的部分。理由是："其一，家庭的事业，也是一件可敬的职业。其二，虽然大多数男子是从事职业的，而大多数女子却是以结婚为唯一目的的；虽然在表面上看来，一是志气甚高，一是志气卑微，但在实际上，他们的目的，却是差不多的。"原因是"第一，假使一个女子在结婚之后，能把她的心思才力，都放在她的家庭里去，把整理家务，教育子女，作为她的终身事业，那么，我以为即使她不直接的做生利的事业，她却不能算是社会上的一个分利之人。她对于社会的贡献虽比不上那少数超类拔萃的男子及女子，但至少总抵得过那大多数平庸无奇的男子对于社会的贡献了"。② 陈衡哲高度肯定了女子以家庭为职业所做的贡献，她说，

---

① 陈衡哲：《衡哲散文集》，河北教育出版社 1994 年版，第 145—146 页。
② 陈衡哲：《妇女与职业：妇女问题之一》，《衡哲散文集》，河北教育出版社 1994 年版，第 101—102 页。

"劬劳家务是一件牺牲很大的事业，知道的人既少，名誉的报酬也是等于零度。换句话说，做贤母良妻的人，都是一种无名英雄。她们的努力常在暗中，而她们的成绩却又是许多男子努力的一个大凭藉。她们是文化的重要基础，但正像一个塔或其他建筑的基础一样，她们承受的压力是很大的，而她们的生命却是埋藏于地下的。她们不能像那塔尖的上矗云霄，为万目所瞻，为万口所赞，但她们却是那颤巍巍与天相接者的重要根基。我们明白了这一层，便不敢因为女子从事务以外职业者的少，即否认她们在文化上的贡献了"。①

陈衡哲认为家庭服务是一门正当的职业，指出大多数女子以结婚为终身目的，但在实际上，这些女子的志愿欲望却不一定比男子的卑下，原因是，"其一，女子靠了结婚所达到的目的，可以与男子靠了职业所达到的一样；其二，贤母良妻的责任，不比任何职业为卑贱"。② 大多数的女子，虽以结婚为终身的目的，而不像男子一样，去从事其他的职业；但在实际上，女子的这一志愿欲望，并不比男子卑下。这是从经济上的解释。因为人的衣食住行的解决，可以通过不同途径达到。男子与女子在这方面却不相同。男子一般是从职业上解决，而女子呢，除去极少数的志高才大的女子，结婚差不多是女子求得衣食住的唯一道路。然而这不应当受到指责，因为"假使社会上对于依靠妻子为生的男子，不加非笑与轻视，我想，一定也有许多男子是愿意把找妻子的一件事，作为终身的大事的。社会与法律既予女子以依靠丈夫的特权，那末，她们的以嫁人为生命的唯一目的，亦不过是一种最天然的结果，又有什么可怪呢？不但如此，假使女子的依

---

① 陈衡哲：《妇女与职业：妇女问题之一》，《衡哲散文集》，河北教育出版社 1994 年版，第 102 页。

② 同上书，第 105 页。

靠丈夫，是出有代价的，假使她的衣食住，是以家庭任务换来的，那么，她也就不愧为一个有职业的女子了"。① 除了经济的动力，作者还指出有为名誉而努力的，也有为名誉更高尚的创作欲望而努力的。"原来女子对于一般事业的根本企愿，只在达到她们生命中最高尚最精微的一个欲望——创作的欲望——所以除了为着经济的压迫而从事职业者之外，唯有具此创作欲望的女了，方愿去从事家庭以外的事业；她们在身体上及精神上的平庸要求，却都是可以靠了结婚而达到的。这实是对于女子视结婚为终身大事，而男子视结婚为百事中一事的一个经济上的解释。"②

其次，关于职业与家庭的矛盾及其解决。陈衡哲认为通常以家庭为职业的女子，是在社会上所公认的"男主外女主内"模式。然而，问题是社会上还存在着一群才高学富，志气超越的女子。她们面临职业与爱情/家庭的矛盾。因为"女子做了母妻之后，对于她从前的志愿和事业，却是绝对不能一无阻碍的照旧进行了。固然，靠了金钱及势位，她尽可以把管家的任务，卸到他人的肩上去；但抚育子女是没有旁人可以代替的。因为我们须知道，家庭的米盐琐事是一件事，神圣的母职又是一件事，前者是可以找人代替的；而后者却是绝对无人能代的。但是，母职是一件神圣的事业了，而同时，它也是一件最专制的事业。你尽可以雇人代你抚育和教养你的子女，但你的心是仍旧不能自由的。即使你的丈夫愿意牺牲他自己的事业，来替代抚育小孩，你也是不愿意的。这个志愿的母职，是女子与其他职业发生冲突的第一个原因"。③

---

① 陈衡哲：《妇女与职业：妇女问题之一》，《衡哲散文集》，河北教育出版社 1994 年版，第 102—103 页。

② 陈衡哲：《衡哲散文集》，河北教育出版社 1994 年版，第 104—105 页。

③ 同上书，第 106 页。

　　陈衡哲从人性与母性的角度出发，指出女子在母职上具有不可推卸的责任。因此，对于女性来说，职业与家庭就不可避免地存在矛盾。在《妇女与职业》一文中，陈衡哲指出三种不同类型的女子，一是选择以家庭为业；二是抱持独身主义；三是同时兼顾家庭与职业这"两重职业"的天才女子。陈衡哲认为，职业与家庭的矛盾在各个女子身上的严重程度，亦是不同。第一种基本没有困扰，安于家庭，获得满足和幸福感。在天性喜欢家事及教育儿女的女子看来，这个情形不但不会发生问题，并且反可以增加她的生命的满足。因为在结婚之后，她是可以把职业与嗜好合在一起，而得到一个和谐的幸福。不幸的是有许多女子的嗜好与天才，有时是要逸出这个范围。第二种是独身主义，陈衡哲谈到这个问题时引用了美国女作家亚尔坷德作品中女主人公的慨叹："一个老处女，这便是我将来的成就了。一个文学的独身女子，一支笔当了丈夫，一个个的故事当了孩子。二十年以后，或者一点儿小小的声名。在那时，像可怜的约翰生，我年已老，不能享受，影只形单，有谁与共?"[1] 这个怨悔的慨叹，既是个我的悲哀，虽有遗憾，但在"职业与家庭"这一题域中并不存在矛盾，并且"独身主义亦是一种违反人情的制度，可作为例外"。[2] 唯独第三种天才女子，需要兼做家庭与事业两重职业。这当然是一份"苦工"，对于男性来说都很困难，何况女性。不过，也可以有其解决的思路，"其一，是牺牲了自己的野心与天才，以求无负于她的家庭与儿女的。这虽不是天生的贤母良妻，但正因她是'困而学之'的，我们对于她的同情与敬仰，应当比对于任何女子的为深而且大。虽然我们仍希望社会进步到某种程度时，这类的

---

① 陈衡哲：《衡哲散文集》，开明书店1938年版，第207页。
② 陈衡哲：《衡哲散文集》，河北教育出版社1994年版，第121页。

牺牲可以逐渐的减少，以至消灭。其二，是牺牲了儿女与家庭，而到社会上去另作旁的事业的。这类的女子，无论是天才或是庸才，她们所做的事业，无论是大的或是小的，我以为社会上是不应该奖励她们的。因为一个人若是有了家庭而不治理，生了儿女而不负责任，那个人对于社会与家庭，便是一个负债者，对于她自己，也便是一个伪君子。第三种的解决方法，是想同时顾全到家庭，儿女，以及女子自身的三方面的。采取这种方法的女子，大抵是个性甚强，责任心甚重，而天才又是比较高明的。因为她们不肯牺牲任何一方面，故她们的内心冲突是特别的强烈与深刻"。①

追求越多，付出也越大，天才女子解决婚姻与事业冲突的方法，是全力兼顾和协调折中，用忍耐和智慧来缓冲、消解两者的冲突。在家事之中，柴米油盐的琐事或可由他人代劳，但是神圣的母职，是世间最精微最专制的职业，却是无人能代替的——儿童的智识，可以请人来代授，而儿童的人格，却是必须由母亲来做模范的。"这是我对于贤母一个名辞的解释。假使一个女子在结婚之后，连这一层也做不到，那么，我想她还不如把对于其他一切事业的野心都放弃了，干脆去做一个社会上的装饰品罢，所以我说，母职是大多数女子的基本职业。"②

陈衡哲同时指出，一个健全社会的基础，当在女子的"个性"与"女性"的两重人格的平衡发展上，而且这个平衡还应该是正比例的。也就是说，一个最好的母亲也应该是一个才能智慧超越的女子。这一两全的办法"一方面既能靠了她们的努力，使她的儿女与家庭，成为她的人格与风范的写照，俾一般人士不得不相信，女子的高等教育不但不能妨害她的母妻

---

① 陈衡哲：《女子教育的根本问题》，《衡哲散文集》，河北教育出版社1994年版，第122页。
② 陈衡哲：《妇女与职业》，《衡哲散文集》，河北教育出版社1994年版，第112页。

的责任，并且能使她的成绩格外优美。在又一方面，她又能不忘修养她自己的学问与人格，使她所发的光明，不仅仅照及那家庭的四壁。这岂不是青年女子们所值得做的一个美梦？也岂不是关心女子教育的先生们所值得注意的一个目标？"①

对于这类兼顾事业与家庭的女性来说，其具体的解决方案有如下几点。一是整顿女子的人文教育和职业教育，对女子人格、知识、才能等方面予以充分的训练，使她们将来有独立的能力应付各种境遇；二是改良女子的体力；三是改良幼稚园教育及培植保姆人才。在女子本身的教育，除了上面所说的，积极方面便是青年女子体力的改良。"健全的身体，是健全人母和健全人才的基础。"还有一个所谓的消极方面是减轻负担的，这方法中最重要的，是"专门保姆人才的培植，和小学与幼稚园教育的改良"。② 就保姆方面，陈衡哲认为"保姆虽不能完全代替母职——最精微的母职本来是无人能代替的——然至少总能替做母亲的人，省出一部分的时间和自由来，俾她可以专心一意的去做她的专门事业"。当然，将孩子完全交给佣妇照看，是一件很危险的事，"因为在佣妇教养下所长大的孩子，将来是一定要成为社会上的一个大担负的。所以为女子的本身及她们的家庭设想，为社会设想，我一方面既希望保姆人才的快快产生，而同时，又希望一般女子们，能不去做那害多于利的笨事"。就改良幼稚园和小学教育方面，"是在使每个幼稚园和小学，都可以像一个大家庭。俾每个母亲都敢于把她的子女送到幼稚园或是学校里去，而腾出她的时间和心情来，去做于她更相宜的事业。"③

---

① 陈衡哲：《衡哲散文集》，河北教育出版社1994年版，第123页。
② 同上书，第113—115页。
③ 同上。

四 关于"贤妻良母"认识

陈衡哲对于贤妻良母的角色高度重视。她说,"一个女子是一个家庭的中心点,而家庭又是国家与民族的中心点。没有一个家庭的程度是能高出于它的主妇的,也没有一个国家与民族的程度是能高出于它的家庭的"。① 陈衡哲从文化建设的意义上对贤妻良母的价值给予了充分肯定,并为这个传统女性身份注入现代内涵。指出贤妻良母虽然不是女性的唯一道路,但却是值得尊敬的人生选择,不应受到鄙弃。因而,在妇女所受的职业训练中,"最重要的当然是母职了。此话初看上去,似乎很顽旧,似乎又回到那个陈旧不堪的贤母良妻的路上去。但我是从来不曾鄙弃过这条路的,虽然我不承认那是妇女生命的唯一道路。因为我深信,女子不做母妻则已,既做了母妻,便应该尽力去做一个贤母,一个良妻"。② 在此,陈衡哲的观点初看上去似乎很传统。但是,如果联系当时社会舆论对新女性的不满,便可见出陈衡哲的两重人格平衡发展的观点,不但是救弊纠偏的药方,同时是健全合理的构想。30 年代中期,社会上对新女性有一种很流行的论调,即受过教育的女性,在结婚生子之后,大多是不肯为家庭与儿女尽责的,即使偶有尽责的,也是尽得不好。"女子身受教育之后,即以哺儿治家为羞,家以内事,尽诱仆婢……类此情形,可谓全国身受教育之女子,十居八九。"③ 认为女子社会化教育与良好家庭建设互不相容,为了家庭起见,女子还不如不受教育。这类

---

① 陈衡哲:《复古与独裁势力下妇女的立场》,《衡哲散文集》,河北教育出版社 1994 年版,第 74 页。

② 陈衡哲:《妇女与职业:妇女问题之一》,《衡哲散文集》,河北教育出版社 1994 年版,第 111 页。

③ 陈衡哲:《衡哲散文集》,开明书店 1938 年版,第 192 页。

论调屡屡出现。其实，关于贤妻良母问题的讨论自晚清就已开始。"五四"新文化运动以来，妇女的地位明显提高，妇女权利、自由的问题日渐受到关注。作为一个社会问题，回家做贤妻良母还是走向社会从事工作，为时人所关心并展开讨论。当时主要有两种呼声：一是妇女要走出家庭，一是妇女要回到厨房去。① 双方各执一词，各有理据。其中，1935 年《妇女共鸣》杂志刊发的一期"新贤良专号"，影响甚巨。此期"专号"专门阐述新贤良主义的宗旨与基本概念。概括起来，他们的看法主要是两点：第一，贤良的前提是家庭内的男女双方必须平等，是基于男女双方平等原则下所负的一种家庭责任。"妻的责任乃是与夫的责任相对待。夫如不尽责任，妻没有独尽责任的理由。母的责任乃与父的责任相平等，父如不尽责

图 7-1　《妇女共鸣》杂志

任，妻〔母〕没有单尽责任的理由。"② 第二，在男女责任平等的基础上，不仅要提倡"贤妻良母"，也要提倡"贤夫良父"，因为贤妻"是相对贤夫而存在的"。③ 所谓新贤良主义，乃是赞成贤良的原则而反对偏于女性的贤良，进一步提倡男女双方共同贤良，以维持幸福的家庭。"贤良必求之

---

① 参见欧阳和霞《回顾中国现代历史上"妇女回家"的四次争论》《中华女子学院学报》2003 年第 3 期；余华林《20 世纪二三十年代"新贤妻良母主义"论析》，《人文杂志》2007 年第 3 期；何黎萍《20 世纪 40 年代初关于"妇女回家"问题的论战》，《四川师范大学学报》（社会科学版）2006 年第 3 期；夏蓉《20 世纪 30 年代中期关于"妇女回家"与"贤妻良母"的论争》，《华南师范大学学报》2004 年第 6 期。

② 蜀龙：《新贤良主义的基本概念》，《妇女共鸣》1935 年第 4 卷第 11 期。

③ 峙山：《贤夫贤妻的必要条件》，《妇女共鸣》1935 年第 4 卷第 11 期。

于男女两方平等。我们必要男子作起贤夫良父来，不能单求女子作贤妻良母。"①

新贤良主义一出现，立即引起很多人的反对，他们认为其实质是一方面要求知识妇女回家做"贤妻良母"，这无异于贤良主义的"借尸还魂"；另一方面则进一步要求青年知识男性也回家做个服服帖帖的"贤夫良父"，使那些汉奸投降派能够从从容容地做他们"睦邻"的工作。②"所以不管他们怎样在贤妻良母之上，冠以一个'新'字，实际上决不会超过封建意识的范围。'新'字的作用，最多不过是一种麻醉或是一种欺骗而已。"③"新贤妻良母主义"虽然对贤良的标准进行了重新定义，立论看似新意迭出，但是大多数的言论恰如时人所言，都只是在"贤良"两个字义上布置迷魂阵。④ 但是需要指出的是，"新贤良主义"宣扬男女平等和夫妇共贤，要求夫妇共同担负起家庭的责任，却是相当合理的。当时，也有少数有识之士提倡男女共同承担家务劳动。例如新女性代表之一、《妇女共鸣》杂志主编李峙山在谈到自己对于理想配偶的要求时，就表示："因为我是一个做革命事业的女子，当然无暇来做管家妇；所以他必须愿意同时和我操作临时家庭中的一切琐碎事宜"，"因为女子对于儿女已尽了生育的责任，所以我希望他对于子女尽养育和教育的责任"。⑤ 她主张男女应根据"分工"和"互助"的原理来对家庭负责。

由上述言论可知，主张妇女回家的多为男性，而反对妇女回家的多为

---

① 蜀龙：《新贤良主义的基本概念》，《妇女共鸣》1935 年第 4 卷第 11 期。
② 罗琼：《从"贤妻良母"到"贤夫良父"》，《妇女生活》1936 年第 2 卷第 1 期。
③ 梅魂：《妇女到社会去的论据及其目标》，《妇女共鸣》1936 年第 5 卷第 1 期。
④ 集熙：《"贤妻良母"的认识》，《妇女共鸣》1935 年第 4 卷第 11 期。
⑤ 峙山：《我的理想伴侣与实际伴侣》，《女星》1924 年 3 月 6 日第 32 期。

女性。两种立场，似乎各有道理，很难用对或错的标准去评判。其实，根本分歧是如何看待女性家庭角色与社会角色之间的关系。受传统观念的影响，"贤妻良母"是男性对女性的普遍期待和要求，希望女性为家庭做出奉献与牺牲：生儿育女、相夫教子、操持家务。他们大都把女性的家庭角色与社会角色对立起来，认为女人要么留在家庭做贤妻良母，要么独身专为社会服务，二者难以两全。激进的知识女性也把女性的家庭角色与社会角色对立起来。不过与男性相反的是，她们认为"贤妻良母主义是锢禁妇女的工具"，因而拒绝贤妻良母的传统角色，主张妇女从家庭中走出来，走到社会中去。①

陈衡哲极为关注这些论争，她不赞成那些笼统的口号，也摒弃感性的激愤，而秉持理性、以实事求是的态度探讨问题。她首先从妇女身份、职业入手，认为不能叫所有的知识妇女都走出家庭到社会上去谋求一官半职，也不能强迫所有的妇女都回到厨房。什么是职业，她说："在大学校教书固然是职业，捡马粪也是职业。做国务总理固然是职业，喂乳与孩子吃也是职业。""家庭的事业，也是一件可敬的职业。""劬劳家务是一件牺牲很大的事业，知道的人既少，名誉的报酬也是等于零度。换句话说，做贤母良妻的人，都是一种无名英雄。她们的努力常在暗中，而她们的成绩却又是许多男子努力的一个大凭藉。她们是文化的重要基础，但正像一个塔或其他建筑的基础一样，她们承受的压力是很大的，而她的生命却是埋藏于地下的。她们不能像那塔尖的上蠹云霄，为万目所瞻，为万口所赞，但她们正是那巍巍巍与天相接者的根基。"因而，陈衡哲主张不一定每一个女子都必须走出家庭从事社会职业，也不赞成"不准有知识的女子走出

---

① 罗琼：《怎样走出家庭？走不出又怎样？》，《妇女生活》1937 年第 4 卷第 7 期。

家庭"的论调。"因为假如每一个女子都走出了家庭，儿童们便须失掉他们的母亲；不准有知识的女子走出家庭，国家便须失掉天才女子的贡献。这两者都是一个民族的命脉，任何一样的损害都是担受不起的。……但在那无才是德的复古心理之下，在'女子的天职是制造预备做炮灰的小孩子'的呼声之下，这个情形是不会产生的；因为这两种势力都能使凡有才智的女子都不愿去做母妻，结果是做母妻的便只有国民中剩余的一点渣滓了。"①

事实上，陈衡哲坚持她一贯的观点，即从女性自身的感受出发，坚持"个性"与"女性"的平衡发展。优秀的女性，应该能够从容驾驭事业与母职两项工作。也就是说妇女的母职和妻职都很重要，"一个最好的母亲也便应该是一个才能智慧超越的女子"。② 她主张"完美的人生，完美的人格"应该是服务社会与管理家庭并重，认为现代妇女负有对社会与家庭的双重责任，真正有才学、肯进取的女子在家庭里也必是贤妻良母，决不因社会的职务而放弃子女的教养与家务的处理。

陈衡哲以居里夫人作为新女性人生的典范。在陈衡哲看来，居里夫人是当代女界第一流的人物。一方面，对于家庭生活，居里夫人选择了同做科学之梦的居里先生做伴侣，并且重视对女儿的教育与责任。夫妇间志同道合，由此带来的精神上的恬静与慰乐，是成就天才的一个重要条件："在普通女人的生命中，结婚虽不必一定是恋爱的坟墓，但却没有不成为学问或事业的坟墓的。但在居里夫人的生命中，结婚却是她生命与学问的开始。"③ 志趣相投，琴瑟和谐，共同经营家庭，成就学问与

---

① 陈衡哲：《衡哲散文集》，河北教育出版社 1994 年版，第 72 页。
② 同上书，第 72 页。
③ 陈衡哲：《衡哲散文集》，开明书店 1938 年版，第 420 页。

事业，才是夫妇结合的最高意义。当然，居里夫人也同样面对着家庭与事业的冲突。如有了第一个女儿后，"这位未来的女发明家，除去烹调及家事之外，又须兼做保姆了。但她绝不以此为苦。他们夫妇间的高超情感，能使她享乐一切的工作，无论是科学的或是厨房的，虽然她也未尝不惋惜她的精力与光阴"。① 不过，这些辛劳付出是有回报的。她组织试验学校，亲身参加教授儿童的工作，让她们在文艺与科学两方面得到平衡的发展。在这样的熏陶和教导中，女儿不仅成为她的助手，更同母亲一样在科学事业上取得了成功。另一方面，对于学问事业，居里夫人以她虔诚专一的信心，不畏艰难困苦的决心，在缺少实验仪器和助手的简陋条件下，以一种笨重的体力劳作的方式，完成了科学史上的伟大发现。正是基于家庭与事业两方面的成功，陈衡哲认为居里夫人是"一位完美的科学家""一个完美的女性""一个完美的生命的整个"。并极力推崇居里夫人，视其为女界的楷模，"居里夫人最可以使我们崇拜之处，不在她的成为第一位巴黎大学的女教授，不在她的得到诺贝尔的奖金，并且也可以说，不在她的发明镭质；而在她的这个美丽伟大的人格。她使我们相信，一个女子是有能力来给世人显一个奇迹的：一个夫妇结合的最高意义，一个做母亲者所能尽的最美天职，一个国民的模范，一个不须打一点折扣的完美人格，以及一个在学业上的登峰造极的大贡献！这才是天才，这才是值得我们崇拜的天才！""她的伟大的人格，却是我们人人可以奉为模型的。这个完美高尚的人生模型，正是居里夫人对于人类，尤其是女界的一个大贡献，犹之她所发明的镭质是她对于科学界

---

① 陈衡哲：《衡哲散文集》，河北教育出版社 1994 年版，第 278 页。

的一个大贡献一样。"① 陈衡哲对居里夫人的推崇，印证着她自身的人生追求——建设和谐健全的家庭生活和追求独立自主的社会事业，以及这两者的平衡兼得。"不但如此，即使为造成贤母良妻起见，一个女子也是需要一点起码的知识与才能，来作为她的做人工具的。因为我们相信，女子的这两重人格是不但不相冲突，并且在一个同情与高明的指导之下，它们还是相辅相成的。"②

30 年代以后，中国女性解放的思潮在宏大的社会革命思潮挟裹之下前行，新女性自身的反抗姿态也经历了由决绝到和缓甚至退却的变化。在初期突出强调的男女绝对平等的观念被淡化。于是，当倡导女性解放的男性启蒙者将兴奋点从女界革命转向社会政治革命后，女性对自我解放道路的思考也沉潜到相对保守的层面上。而传统文化对于女性职能的界定和复古舆论对新女性比旧女子尚不如的攻击，也让知识女性在努力追求学问事业的同时，还需要符合社会对于女性的角色定位——贤妻良母，满足社会对于女性的职能要求——相夫教子，以此为自我实现扫清障碍、铺平道路，同时也借助于社会认同，来实现自我认同。虽然"新女性"作为一种女性时尚，为社会所推崇，以至于人们提起"太太"两个字都带着嘲笑轻视的意味，视之为自甘堕落，但是社会心理仍然认定母职是女性的首要职责，治家是不可推卸的责任，在倡导女性就业的同时，更加认同"贤妻良母"的女性角色。同样，知识女性一方面认为从事社会职业是女性实现自我的权利，是对于社会国家的责任，但另一方面也认为需以善尽母职为前提条件。无论是普遍的社会心理还是女性的

---

① 陈衡哲：《衡哲散文集》，河北教育出版社 1994 年版，第 287—288 页。
② 陈衡哲：《复古与独裁势力下妇女的立场》，《衡哲散文集》，河北教育出版社 1994 年版，第 71 页。

自我认识，在家庭与事业这个问题上，都在文化定式的制约下不自觉地回归传统。

事实上，作为知识女性，陈衡哲为了志趣事业与家庭之间的和谐，付出了巨大的努力。从早年因怀孕而放弃北大教职，后来偶有到学校任职，但都为期不长，原因即是因为怀孕或照料儿女。陈衡哲只能在各种家庭琐事中偷得片刻安宁，进行著述。在她怀第二个孩子时，不得已辞去东南大学的教职，辛勤的她不想成为家庭主妇。她想在孩子出生前把《西洋史》下册完成，交给商务印书馆。于是，她规定每天上午用来著述。那时，大女儿以都才四岁，喜欢黏着妈妈。有一天，以都实在忍不住，就使劲地敲母亲的房门。可陈衡哲一开始并不理会，而以都却一再地敲，结果令陈衡哲大发脾气，说为了你我都不教书了，没想到你还这么坏！以都从没见母亲生过这么大的气，吓得她大哭一场。经过这次教训，她也牢牢记住：妈妈在书房的时候绝不能去找她。[1]

相夫教子与事业发展的两相冲突，对身处新旧过渡时代的女性们而言，更多的是一种历史的无奈。陈衡哲面对着家庭事务对创作时间的分割，仍然努力扮演好贤妻良母的角色。对陈衡哲的新式家庭而言，更在于传统文化上的因袭和她们自身对这一分配原则的认同。"因为现在教育的不良，和社会的消极，我们是不得不暂时牺牲我们的创作野心的一部分的。在保姆人才不曾产生之前，在幼稚教育和女子本身的教育不曾改良之前，在我们身体不曾变为强健之前，我们是不能不把我们所欲做的两重职业，限在一定范围之内的了，我们是不得不以与家务不相冲突的事业，如文艺著作之类，为发展我们天才的限域的了。但这不过是一

---

① 陈衡哲：《陈衡哲早年自传》，冯进译，安徽教育出版社 2006 年版，第 243 页。

个暂时的情形。比如登一高山，盘旋曲折，初登之时，忽而在东，忽而在西，高峰障前，急湍断后，不但说不到远瞻山外的风景，即连本山的形势，也因太近之故，而渐渐的要模糊起来的。又谁知道这个昏眼劳身的工作，即是直登峰巅的唯一步骤呢？在我们女子全体的生命进程中间，也是这样的。它有时偏向东方，以贤妻良母为标鹄（鹄）；有时又折而向西，以但务家庭以外的事业，为智识超群的表征。这个女子的全体生命上升愈高，则一般女子远瞻东西两方面的机会也愈大；虽然在达到最高峰之前，她们尚是不能尽收四方的景色入于眼底的。……女子的全体生命到了山巅之后，我们也就能更容易和更满意的，去做那两重职业了。"① 然而，要到达"山巅"并非易事，其中付出的代价非常人所能承受。而这也展示出中国女性在实现个性解放与自我实现的艰难。陈衡哲所期待的到达"山巅"——两重职业的两全其美之路，也是最为艰难的一条向上之路。在时代、社会、家庭、身体等各种因素的影响下，陈衡哲的努力和坚持难能可贵。

第三节　青年与教育问题

一　教育问题

作为学者，教育工作者，陈衡哲对教育问题有着特殊的敏感。因为青少年身心的健康，不仅关系着民族当前的救亡与复兴，更关系着民族未来

---

① 陈衡哲：《妇女与职业》，《衡哲散文集》，河北教育出版社 1994 年版，第 119 页。

的发展与前途。她说："从教育问题的全体看来，从整个民族的前途看来，从每一个人的生命看来，我们也不能不把儿童的教育，视为一个最基本的教育问题。""我也常常想，是人为教育而生的呢，还是教育为人而设的？假使是后者——我相信是后者——那么，我们讨论教育的时候；似乎应该从人的一头开始，而不当从书本学说的一头开始。这样，不但能使人做了教育的主体，许多人主出奴的门户之见；虽然我们也不至于那样的浅陋与愚笨，想把许多教育学上有价值的试验与制度，屏在我们参考的范围之外。"①

为此，她通过深入细致的调查，指出当时青少年教育中的种种误区，包括鸽笼式的功课分配、强制灌输、生吞活剥的教育方法、单一繁重的课后作业，简单粗暴的身心惩罚、商品化、无序化的教材使用，唯文凭是从的教育体制等，从各方面对当时的教育状况进行了深入分析与反思。陈衡哲迫切要求改变教育的现状，并把"救救中学生"作为与国家民族复兴的同等高度加以呼吁。她说："目下在水深火热中的中国人有两种，其一是正在遭受着水灾与匪祸的难民，其二是担负着读书重任的中学生。难民所受的威胁，是眼前的饥寒与死亡；中学生所受的威胁，是康健的摧残，及因此引起的民族衰落。"②

陈衡哲就当时的教育制度提出几点意见，她说："第一，我们要明白，制度是为人设立的，不是人为制度而存在的；故我们若要从事教育，当着眼在受教者的天分不同上，而不当胶住在一两个字眼，一两件刻板文章上。第二，我们要明白，环境的需要，是教育的唯一凭准。尤其在小城与

---

① 陈衡哲：《对于儿童教育的一个意见》，《衡哲散文集》，河北教育出版社 1994 年版，第179 页。

② 陈衡哲：《救救中学生》，《衡哲散文集》，河北教育出版社 1994 年版，第 202 页。

农村中，教育的目标，应注重在受教者生活的改进上，而不应在文字的训练上。换句话说，即是，我们应该使教育生活化，而不应该使学生的生活书呆化。第三，我们要明白，知识是人才培养过程中最末的一件事。一个人若非先有一个坚贞的人格与健全的身体来担承他所受的知识，那么，知识的获得，也无非等于为虎缚翼而已。故我们的教育目标，仍当从广义方面下手，注重康健身心的培植，而不当专重知识技能的授与。"[①] 针对这个"漆黑一团"的教育现状，陈衡哲从根本上指出教育的对象是完整独立的生命个体，教育是一个人生问题，因而整个的人生才是教育的目标。无论是对知识的鸽笼式分割还是生吞活剥的知识注入都是不可取的。青少年教育应当保持身心两方面的均衡发展：身体的健康、人格的熏陶和常识的浸润。她说："第一，我以为知识是不限于纸上的。第二，我以为教育是不限于知识的。第三，我以为知识是根基于天才的，教育不过能做一点辅导的工作。但人格的培养，和身体的锻炼，却是全靠教育的；虽然在人格方面，天才也是一个重要的先决条件。"[②] "我们应把每一个儿童，看为一个整个的与独立的生命，使他们能得到一个身心上平均的与充分的发展。"[③]可以说，陈衡哲的教育观念以人为本，她主张教育为人而设，而非人为教育而生，教育从人出发，而非从书本学说出发，她提倡科学与合理的生活方式和教育方式，从而使青少年的意志、情感、理智、体格等多方面得到共同协调的发展。只有如此，才会造就一个知识品行均衡的人才，教育的结果才会是一个健全完整的人。陈衡哲所提出的均衡合理的教育主张至今

---

① 陈衡哲：《妇女在战时的责任》，《衡哲散文集》，河北教育出版社1994年版，第164—166页。

② 陈衡哲：《教育与知识》，《衡哲散文集》，河北教育出版社1994年版，第236页。

③ 陈衡哲：《对于儿童教育的一个意见》，《衡哲散文集》，河北教育出版社1994年版，第176页。

仍然散发着智慧的光芒。

陈衡哲对当时的教育制度进行反思，关注变革传统教育的体制、内容和教育方法。对于那时教育下的考试制度，陈衡哲也有独到的见解，她说："会考也不失为一种好试验，在大体上看来，它是能指出中小学教育的倾向的，虽然不公平的地方也不能免。不过它所试验的，只是纸上教育的成绩，对于中小学生们的如何自己运用思想，以及他们对于天然事物观察的能力，和他们的常识，判断力等等的有无，都是很难知道的，而依我的浅见，则此等知识实在要比书本上的知识重要千百倍。"① 陈衡哲对于考试体制的反思，是她对于考试体制下也有弊端，即为了应付考试，造成其他生活常识的匮乏，如"高分低能"或身体孱弱等病态现象。她以学校里举办的各种各样的会考为例，"办学的先生们，中小学的教员们，也就完全成为被动的机械了。他们眼有见，会考；耳有听，听考；口有讲，讲考。全国青年的领袖们努力于考试的成绩；全国的青年们，也就不食不睡，不运动，不欢笑的去求得到一个'金榜题名'了"。陈衡哲认为名目繁多的"会考"使学生正在发育的身体受到"根本的摧残"，"哪还能说到理智上的康健？哪还能说到读书有得时的盎然乐趣？"②

陈衡哲针对这种会考制度，主张坚持抵制："我之不愿如此做，理由不止一个，现在且举一个作例吧。我认得一位学者，他在他所研究的专门学问上，不但可以说是有了第一等的知识，并且他的著作，还曾得到了世界上他的同行学者们的注意与钦佩。但在常识方面，他不但一点也没有，并且有时他的行为简直就是等于低能！""尤其是在现在的社会中，像这位

① 陈衡哲：《教育与知识》，《衡哲散文集》，河北教育出版社1994年版，第237页。
② 陈衡哲：《青年的康健问题》，河北教育出版社1994年版，第213页。

学者的人太多了。还有些人呢，在人格，学问，技能，各方面，样样都不错；但却又是今天咳嗽，明天头痛，弄得一事不能成。所以我深切的相信，知识的教育，与人格和身体的教育，完全是两件性质不同的事，故它们需要的教育方法，也是绝对不同的。具体的说吧，每一个人在知识方面的天才，犹之红绿黄蓝各类不同的颜色。教育只能启发那固有的天才，使它能得到充分的发展；只能把一个但有数学天才的儿童，引导成为一个埃恩斯坦。它不能使他成为一个考据家，律师，或是医生。人格的陶冶与身体的锻炼却不然，它们的成功却是完全要靠教育的。虽然也有天生的圣人，也有天生的盗跖，但这都不过是极少数的例外。我们的亚圣孟子，在儿童的时候，不也是免不了要受环境的影响的吗？何况我们凡人！"①

陈衡哲对考试制度的反思，与她对教育本身的终极目标的思考密切相关。她认为教育的核心目标即是"儿童教育的最低目标，应该是使每一个孩子都能有一副冰雪不能冻，饥饿不能伤的健全身体；有一份身心调匀，常识充足的做人工具；有一个'富贵不能淫，贫贱不能移，威武不能屈'的坚贞人格；再有一番科学头脑的训练，俾他在将来能进一步的去求一点专门的知识，和那谋生的技能"。② 所以，对于会考制度，陈衡哲理性地指出：

> 考得高也不必喜，考得低也不必悲，考不及格更值不得死！凭你自己的才能，自己的天性，自己的兴趣，去创造你自己的生命。
>
> 良好的教师与学校，或能帮助你，为你找到一条河道；但流行的

① 陈衡哲：《教育与知识》，《衡哲散文集》，河北教育出版社 1994 年版，第 239—240 页。
② 同上书，第 238 页。

力量与方程，却还在你这流水的自身。①

陈衡哲描绘了由于当时学校教育问题及教育的缺失给少年儿童身心所造成的摧残和悲惨的人生。对学校教育的混乱与荒谬做了批判性、讽刺性的展示，揭露了旧中国教育界的落后、黑暗和腐朽。她对实际教育教学情况极为关心。作者这样写道："试拿任何一个小学生的功课表来看一看，我们便差不多要疑心它是一张布满经纬线的地图。我们对于那功课表上的国语，认为基本的教材，对于那些图画手工之类的科目，也认为适合于儿童的心理，以为应该保留——虽然对于图画手工之类，似乎也可以不必要那样的分门别类，只'游戏'一项便可以包括一切儿童们所喜爱的工作。但我们实在不能明白，为什么还要加上什么三民主义哩，数学哩，社会哩，自然哩，这岂不是把一个发育刚始的娇嫩小脑，切成了一个大八块！在一个入世不过五六年的儿童生命上，事事物物都是教育的材料，国语与游戏不够包括一切的教材吗？实际的常识不够包括一切上天下地的新知识吗？"② 接着，陈衡哲提出建议："说起我的意见来，却也平凡得很。它并没有什么惊人的计划，或是什么新奇的学说。它所有的，不过是一点常识，和对于儿童的同情与了解。这意见的第一层，是救救孩子。我们应该先把他们从那些鸽子笼中救出来，从那个生吞活髓的魔鬼，叫做什么'糊里糊涂'的口中救出来。这是一个消极的起码工作。第二层是，我们应有一个远大的眼光，把整个民族的前途，作为儿童教育的前题（提）。在这个前题（提）之下，所有一切功名富贵的企求，家庭戚族的扶持，以及与

---

① 陈衡哲：《教育与知识》，《衡哲散文集》，河北教育出版社 1994 年版，第 241 页。

② 陈衡哲：《对于儿童教育的一个意见》，《衡哲散文集》，河北教育出版社 1994 年版，第173—174 页。

此相类的各种观念，都应该把它们驱除净尽。”①

陈衡哲特地就儿童教育的问题进行过实证调研，亲自设计问卷，做了一个调查表，原文如下：

> 请将下表填好，于 4 月 20 日以前寄交“北平察院胡同 29 号陈衡哲”为感。
>
> 儿童年龄与性别
>
> 在校年级
>
> 学校名字及性质（如公立，私立，教会之类）
>
> 每周上课时间
>
> 每周自修时间
>
> 最喜欢的是哪几门功课？
>
> 最不喜欢的是哪几门功课？为什么不喜欢？
>
> 功课如做得不好，将得到何种惩罚？
>
> 放假时与上学时儿童的康健有分别没有？
>
> 1. 食欲与食量
>
> 2. 睡眠
>
> 3. 脾气的好坏
>
> 4. 身重
>
> 5. 面色
>
> 6. 其他
>
> 家中饮食的含料够不够儿童的营养？

----

① 陈衡哲：《对于儿童教育的一个意见》，《衡哲散文集》，河北教育出版社 1994 年版，第175 页。

其他

家长的姓名，职业，及地址。（务请填写真实的。但由我个人保留，决不发表。填入的儿童，以小学资格为限。）1935 年 4 月。①

一个月后，即 1935 年 5 月，陈衡哲撰写了《调查小学儿童健康的结果》，在这篇文章中，对上面的调查问题进行了统计：

学校的区域　北平天津最多。此外代表的省份，有江苏，浙江，湖北，湖南，山东，江西，四川，及绥远，共八省。

学校的性质　私立的占百分之五十，公立的占百分之四十，其余的为国立或省立附属。

儿童的年龄　儿童最小的是六岁，最大的是十六岁。十二岁的占最多数，差不多有百分之三十五。

儿童的性别　男的占百分之四十五，女的占百分之五十五。

每周上课时间　自廿五小时到三十二小时。

每周自修时间　自八小时到十五小时。

最喜欢的功课以国文，体育，音乐，自然诸科占最大多数。

最不喜欢的功课以社会，算术，英语诸科占最大多数。而国语与自然两科，一方面有许多儿童喜欢它们，一方面也受到有些儿童的厌恶。最值得我们的注意的，是不喜欢这几门功课的原因。现在且择几个重要的，列举于下：教员不好，教材不好，教法不良，数量太多，教员不准多问，性情不近，能力不够，考试失败，家庭作业太多等等。

---

① 陈衡哲：《一个小小调查表的缘起》，《衡哲散文集》，河北教育出版社 1994 年版，第 184—185 页。

功课如做得不好，将得到下面的惩罚（以受到此种惩罚的儿童数的多少为次序，最多的列在最先。）罚站；打手心；打头部；罚背诵，抄书，扣分，或另作功课；叱骂；打屁股和罚跪。打手心有时是用厚篾片，打到"手至红肿"。

放假时与上学时儿童康健的不同　上学时儿童食欲与食量减少的，约占百分之九十三；睡眠不安的，约占百分之八十六；脾气变为急燥（躁）的，约占百分之七十七；身量减轻的，约占百分之七十四；面色变为苍白的，约占百分之六十三。①

陈衡哲与助手们回收问卷，并对这些数据信息加以详细的统计、分析与论证，得出令人信服的结论。陈衡哲指出时下"最严重的情形"，最不容我们忽视的情形，有三种。"第一，是惩治儿童的方法；第二，是儿童的康健因课程的繁重而受到的损害；第三，是一般教员们的不负责。"② 并呼吁教育当局应该采取措施进行整治。"所以我说，现代中学生使我们发生忧虑的程度，比眼前遭着水灾的难民还要深刻，还要有永久的性质。"接着，陈衡哲提出救治的方法，"中学生所遭到的威胁虽然比了难民的还要厉害，但避免与救治它的方法却比救灾为简单容易。我们且把上面所引的五件报告，归纳起来，便可以发见三个共同的困难。第一是高中艰深与繁重的数学对于没有数学天才的青年的伤害，第二是会考将要八股化的危险，第三是青年们因功课的繁重而采取的饮鸩止渴行为"。③ 她接着针对数学、会考和每周规定的课程、课时进行深入细致的剖析，指出中学生康健

① 陈衡哲：《调查小学儿童健康的结果》，《衡哲散文集》，河北教育出版社 1994 年版，第 188 页。

② 陈衡哲：《衡哲散文集》，河北教育出版社 1994 年版，第 196 页。

③ 陈衡哲：《救救中学生》，《衡哲散文集》，河北教育出版社 1994 年版，第 205 页。

的重要性，有理有据，令人信服。她还揭露教育师资水平的低下，认为她们学识浅薄，这些人不仅缺才，而且缺乏师德。这样缺乏才干的老师，根本谈不上什么教学方法，至于教师的教学内容和教学过程管理更是混乱不堪。

陈衡哲在反思现行的教育现状后，提出她理想中的"学园"及其教育模式。其中描绘了她对理想的教育改革的大致设想，并提出具体方法，即在社会上开办新式"学园"的愿景，她说，凡是三岁以上，十三四岁以下的儿童，在相当条件下，都可以进这类"学园"接受种种训练。首先，这个学园与一般小学不同之处是注重儿童身体的强健。"一方面自然须注意他们的饮食与起居，使他们有需要的滋养品，以及合乎卫生的环境。一方面又应该给他们以练习劳苦与运动——不是锦标式的运动——的充分机会。至于如何方能达到这类的目标，则因它是属于一个子目的问题，只好待到将来再说了。"① 其次，这个学园是在以整个的人生作为教育的目标。去除鸽笼式的课程分类，以及生吞活剥式的知识注入。同时，将知识传授与人格的熏陶及常识相辅相成，同时并进的。而且需要与周围环境相协调，因为父母师长们人格与习惯的潜移默化，也比教室中的口讲指画更能对儿童发生影响。因为凡是抽象的人格教育，如守秩序、爱清洁、不懒惰、注意力的养成、合作、不自私，及其他类似的基本德性，都不应该单用言语来教授。我们应该造出一个优良的环境与榜样，使儿童们在不知不觉中，就能得到一个高尚优美，而又能脚踏实地的人格的熏陶。陈衡哲指出"身体，人格，和常识的培养，及运用脑力的训练，——一个科学化的

① 陈衡哲：《对于儿童教育的一个意见》，《衡哲散文集》，河北教育出版社 1994 年版，第176—177 页。

脑筋的训练——都是做人的基本条件。它是可以不分天质的优劣，而一律施以'困而学之'的工作，以求达到目的的。"① 最后，在这个学园中采取量材施教的目标。她指出："它与上述两点不同的地方，乃在对于儿童个性的注意。学园对于所有儿童既经施以相当的基本训练之后，即须再作进一步的工作。它须不断的观察与研究，以期对于每一个儿童的个性与天才能得到一个深切的认识。……我们对于每一位未来的银行家，诗人，学者，医士，以及各种各类的不同人才，却须施以充分的而又不同的预备教育，使每一个人将来都能成为他自己天才所召命的一个有用人物。"② 在陈衡哲的论述中，她对于理想学园的期待，其根本是在于培养健全的国民，"使每一个中国的未来主人翁，都能有一副冰雪不冻，饥饿不伤的健全身体；有一份身心调匀，常识充足的做人工具；有一个'富贵不能淫，贫贱不能移，威武不能屈'的坚贞人格；再有一番科学头脑的训练，俾出园之后，可以进一步的去求一点专门的知识，和那谋生的技能。这样，我们对于儿童的教育，也可以算是尽了一点责任了；对于我们的民族，也可以算是为他们下过一点好种子了"。③

二 青年问题

陈衡哲从人体的生长发育规律出发，对康健问题高度关注。她首先提出处于青春期的青少年康健的重要性。认为中学生时期是成长过程的大转枢，此期无论是在身体方面还是情感方面的健康发育都是格外重要的。她

---

① 陈衡哲：《对于儿童教育的一个意见》，《衡哲散文集》，河北教育出版社 1994 年版，第177 页。
② 同上书，第178 页。
③ 同上书，第178—179 页。

从青年的身体、理智、常识与心理康健、青年修养等与民族活力、国家振兴的高度加以阐述。陈衡哲指出："一个衰落的民族是绝对不能复兴的；而青年们若是不康健，那个民族除了衰落之外，也就没有旁的路可走"，①"一个民族的兴衰，表面上或许是系在经济与政治的各方面；但在实际上，则一个民族生活力的来源，却是它的康健——康健的体格，康健的知识，和康健的情感，而尤以最后的一项为诸种康健的总渊源"。②

陈衡哲将康健问题加以细分，并就存在不康健的现状逐一进行深入细致的剖析，认为康健分为：身体、理智、情感三方面，它们之间彼此响应，互为因果。她首先从家庭和学校方面对身体的康健加以阐释，并指出一些不良习惯造成的负面影响。如饮食方面，营养不良，或营养搭配不合理、不懂得沐浴、睡眠，与运动等对身体发育的重要性；不懂得手的训练是与脑的训练处在平等的地位；不懂得一个行坐走趋的正当姿势，要比三斤人参还有价值。而且，陈衡哲还批驳一些没有知识的家庭主妇，由于个人的腐化生活使孩子处于不良的环境中。如懒惰、赌博、嘈杂、不清洁、眠起无时、饮食无节等，使孩子的成长环境非常恶劣与不合理。

陈衡哲针对青年在理智上的康健问题，理性观察当时的中小学教育制度与课程标准，以及各种会考制度，指出存在的问题。在陈衡哲看来，一个人才的造就，"单靠知识是不够的；知识的获得，单靠书本是不够的；书本的了解，单考（靠）数量的灌注是不够的；数量收入脑中的程度，单靠考试是不够的。在这一联（连）串大小轻重的关系上，不但会考（靠）的一件事，只等于一个不足轻重的陪臣（衬）；就是读书的本身，也不过

① 陈衡哲：《青年的康健问题》，《衡哲散文集》，河北教育出版社1994年版，第209页。
② 陈衡哲：《心理康健与民族的活力》，《衡哲散文集》，河北教育出版社1994年版，第216页。

等于一个爵爷罢了。在它的上面，还有哪（那）一位至高无上的君主，叫做'人生'的呢！"① 陈衡哲还指出心理康健的重要性，其中，最重要的表征之一是两性观念的康健问题。她认为"一个合理化的优美的社交生活，乃是一切心理康健的基础"，然而，现在两性观念却不健全、不清洁与不合理。对于这种不康健的两性观念，她提出以下措施。第一，预防情感横流的最好方法，也和预防水患一样，是去给那个情感找一个优美高尚的生活路径。应该利用我们的家庭和学校，以及社会上的一切活动，用言语或榜样，来对青年加以引导，"使他们渐渐的能领悟到一个人除了他或她的性人格之外，还有一个更可宝贵的，更可敬爱的个（性）人格"。② 第二，希望社会上形成合理的与洁净的两性观念。第三，是青年自身应该增强情感的修养。青年们对于两性的态度与期望，应该是纯洁的、至诚的、高尚的，并且还应该有相当的自制力与牺牲精神。陈衡哲认为促进青年心理康健的实行条件，最需要我们注意的，是以上这三项内容。"因为一切心理上不康健的征候，如苦闷，放纵，与堕落；如矫情式的对于异性的仇视，如疯狂式的对于异性的追逐，如嫉妒与恨毒之类的负性情感，都是情感生活上壅堵及横流的结果。它们为害的程度是不以个人为限的，它们可以使我们的整个民族，焦黄枯竭以至于毁灭。故我们若想从根本上去救治民族的衰落，也就只有从情感的疏浚与升华两方面下手了。"③

1937 年 5 月，陈衡哲应邀在天津"青年生活指导周"进行讲演。她指出青年在人生道路上存在最大与最危险的有四个陷坑：恋爱问题、饭碗与

---

① 陈衡哲：《青年的康健问题》，《衡哲散文集》，河北教育出版社 1994 年版，第 213 页。
② 陈衡哲：《心理康健与民族的活力》，《衡哲散文集》，河北教育出版社 1994 年版，第 218 页。
③ 同上书，第 220 页。

理想的冲突、与一般社会同流合污的引诱、消极与厌世。陈衡哲提出青年要具备应对这四大陷坑的修养。如对于恋爱问题的修养，一是要我们从幼小的时候起，便应该培养一个正大光明的两性观念。"我们应该承认，一个人除了他的男性人格或她的女性人格之外，还有一个更可宝贵，更可敬爱的个性人格。假使每一个青年，都能常常以这个个性人格来与异性相见，知道对方不单单是一个女性或是男性，而且是一位同伴，同学，或是同事，那么，在他们中间的不自然的性激刺还有不逐渐减少的吗？假使在这个'忘性'的情形之下，爱情的箭仍旧不肯放过两位正在友爱着的青年，那么，我们也尽可以不必感到惶恐与羞耻。这是一个极自然的结果，是可以不必去避免它的。这个以个性人格与异性相见，以及坦白承受恋爱来临的两种态度，可以说是青年们对于恋爱问题的第一步修养。"① 第二步修养是对于心理上弹力的培植。在面对失恋时，鼓励青年要抱持一种坦然的心态，陈衡哲说道："一个青年在他失恋的一刹那，哭一场是应该的；但哭到两场，就不免太没有志气了。这擦擦眼泪立刻又跑到图书馆或实验室的行为，可以说是心理上弹力的表征，也是青年们在恋爱问题上第二步修养的大成功。"第三步的修养是认清人生最高目标的所在。"我们应该知道，恋爱不过是人生的一小部分。它虽是人生感情的最深区域，但情感的最高峻与最伟大的区域，却不是它，而是那个对于人类的大爱。这一类爱的表现，方面虽然很多，但在目下的中国，却莫过于挽救国家与民族危亡的一件大事了。这是青年们在恋爱问题上的第三步修养，一个'更上一层

① 陈衡哲：《青年的修养问题——天津"青年生活指导周"讲演稿》，《衡哲散文集》，河北教育出版社 1994 年版，第 265 页。

楼'的人生观。"① 陈衡哲指出大约是在 20 岁到 30 岁之间，青年会遇到饭碗与理想的冲突。对于这个"摔跤"的准备，"我以为可把古人说的'大节不逾闲，小节出入可也'的两句话，作为我们行为的依据。……我虽希望青年们能不因为固执之故而失掉他们的饭碗，但我却更希望，中年的领袖们能以气节去与青年们相勉励，使他们知道，巴结上司是于前途没有多大补助的，徒然丧失一己的自尊心而已"。② 应对第三个人生"陷坑"是必须学会应对与一般社会同流合污的引诱。陈衡哲认为一个人在青年时代，"便应该培植一点道德上的勇气，俾将来受到同流合污的引诱时，能不至于立刻投降到那社会的浑浊环境里去。这样，你虽不免要受到'摧残'，但却不至于看不起你自己了"。③ 应对第三个人生"陷坑"是青年还要有抵抗消极与厌世的修养。简单地说，第一，他需要巨大的勇气；第二，他还需要了解，这是要靠知识的帮助。④ 对于青年的婚恋自由问题，陈衡哲指出"一个人对于他或她的终身伴侣，至少应该像对于他的一件衣服，一双袜子一样，有一点选择的机会，有一个取舍的权利！而两性的结合，虽然不必一定灵重于肉，但至少是不应该以肉体为它的唯一的基础"。⑤ 在充分肯定婚恋自由的合理性的同时，陈衡哲还理性地看到，"婚姻原是一件最冒险的事，无论是父母之命也好，是自由结婚也好，美满的结果原不是人人所能得到的一种幸福"，也即是说，旧式的婚姻一定坏，新式的婚姻一定好。因为在旧式婚姻的家庭中，尽有五男二女，夫恩妻爱，过着快乐的

① 陈衡哲：《青年的修养问题——天津"青年生活指导周"讲演稿》，《衡哲散文集》，河北教育出版社 1994 年版，第 266 页。
② 同上书，第 267—268 页。
③ 同上书，第 270 页。
④ 同上。
⑤ 陈衡哲：《"父母之命"与自由结婚》，《衡哲散文集》，河北教育出版社 1994 年版，第 223 页。

生活的；在自由结婚的家庭中，也尽有夫暴妻妒，争吵反目，过着痛苦的生活，或是得到离婚的下场的。但这却都不能证明自由结婚的失败。"婚姻制度本是社会的一个寒暑表，一个文化的最莹亮的镜子。在现在的中国，社会里是充满了不康健的心理，文化上又是那样的混乱糅杂，在这样环境中间，我们能希望青年们没有苦闷吗？缠死了的脚是不会觉得疼的，老太太们告诉我们说，唯有缠死了之后又要把它们放开，才觉疼得难受。现在中国的所谓自由结婚，也不过是等于老太太的放脚罢了，哪配说是天足？我们不能因为放脚是痛苦的而回去提倡缠脚，我们也不能因为青年的苦闷而回去提倡'父母之命，媒妁之言'！"①

在上述关于青年、教育、妇女、家庭、职业等社会问题的阐述中，陈衡哲的"改良""建设"的态度与立场是一以贯之的。她从制度、体制的改革，到家庭、社会环境的改良，从整体的规划设计到具体问题的方法实施，无不浸透着其深沉的人文关怀。20世纪二三十年代，中国仍处于风雨飘摇之中，内忧外患，知识分子如何介入社会？在传统文化谱系中，"穷则独善其身，达则兼济天下"（《孟子·尽心上》），作为一位女性知识分子，陈衡哲深知自身的文化使命，她一直强调在一个适宜的环境中，需要给自己明确的定位，即"做你所最愿做的，做你所最能做的"。② 这一份清醒与理性，使陈衡哲往往能够正视眼下种种社会问题，又能超越现实世俗，作文化远景的"凝眸"。她倡导女性独立、思想革命，鼓吹教育改革，并坚信民族国家复兴是最终极的目标，而她所有的"造桥""救火"工作都是围绕这一总体目标而展开的。

---

① 陈衡哲：《"父母之命"与自由结婚》，《衡哲散文集》，河北教育出版社1994年版，第224—226页。

② 同上书，第105页。

第四节 "学者型"散文特征

陈衡哲自小就受过严格的传统文化教育，古典文化学养十分深厚。同时，她又受过正规系统的西学训练，兼之耳濡目染"五四"时代学人的思想和风采。因此，陈衡哲以历史学家的理性来探讨问题，以文学家的情怀来启悟人生。她的创作彰显了丰厚的文化底蕴、广博开放的知识胸襟、清逸淡泊的生命境界以及超远沉潜的人生意趣，这些因素构成了她散文作品的独特审美风貌。朱维之评价说："在她前期的作品中，已见其跳出自己小圈子的特色；后期则进一步，更理智地支配自己，并给周围事物以相当尖锐的评论。因为她不仅是个女作家，也是学者、历史家，具有史家的胆识，对妇女问题、教育问题、社会问题，提出了自己的见解，常有峻峭凌厉的笔锋。"[①]

一 以学入文

陈衡哲是专治西洋史的学者，又是辛勤笔耕的作家，这一作家与学者的双重身份，使她自觉或不自觉地将学问知识贯通于写作之中。也即是说，陈衡哲的学养、理性、文化品位等对于其散文个性的形成发挥着重要影响，其创作展现出作为知识分子关注现实、反思历史，参与社会文明批评的话语方式。

首先，表现在其散文作品具有浓厚的问题意识，透过问题的看法和见

---

① 朱维之编：《陈衡哲散文选集》，百花文艺出版社 2009 年版，第 15 页。

解表达她对历史、时代、社会、人性和生命的思考，对时代和社会的关
切，显现出浓郁的理性精神。因此，其散文的关注重心往往在于聚焦问
题、描述问题、展开分析、寻求解决，展露出学术研究中的思维方式。如
散文集第一编"通论"，基本上都是从社会上广泛关注的热点问题切入。
《基督教在欧洲历史上的地位》《所谓〈日本和平〉》《我们走的是哪一条
路》《论鸦片公卖》《国难所奠定的复兴基石》等文章，是直接对社会热
点问题的观察、反思、回应。又如第二编"妇女问题"。陈衡哲关注妇女
参政问题、妇女与职业、女子教育、两性问题与社会意识、妇女在战时的
责任等，每篇文章都有现实针对性和明确的目的性。在第三编"教育与青
年问题"中，作者重点围绕儿童教育问题、青少年的康健问题、青年自由
恋爱与婚姻问题等内容进行阐发。

其次，陈衡哲高度关注现实问题，并能积极地给予回应。1922 年，当
时社会上听说世界基督教学生同盟，即将在清华开会的消息而引起一种非
宗教的运动。尤其是她时常在报纸上看到"宗教战争"一类名词出现。陈
衡哲认为这是一个重大的问题，具有重大的研究价值，并专门撰写文章
《基督教在欧洲历史上的地位》，她指出："我深信，宗教战争，或是和他
相类的行为，是决计不会发生在中国的；除非大家希望那一类的事实出
现，有意的去制造出一种空气，一种心理，来欢迎它，那自然又在例外
了。我敢于下这个断语，敢于说宗教战争的一类事情不会发生在中国，却
并不是武断，我是由欧洲历史已然的事实，来反测中国将来的情势的。我
现在就是要把那个已然的事迹，来和关心这个问题的人谈谈。"陈衡哲明
确指出自己的客观立场，用历史家的公平眼光，用历史事实做材料，希望
能够减少社会上民众的意气用事。陈衡哲详细梳理基督教在欧洲历史上的

演变、地位，进而得出结论，"第一，到了欧洲的基督教，已经不是纯粹的宗教，乃是一种政治化了的宗教。……这个政教不分的现象，是欧洲历史上的特产品。所以从前有人要学欧洲，去用法律来制定一个中国的国教，海内外的人士，没有不失笑的。第二，这个政教混合的现象，不但是欧洲的特产，并且是欧洲中古时代的特产品。自从宗教革命以后，基督教——尤其是新教——与欧洲的政治，便渐渐脱离关系了。除非有人能去替它恢复它从前的地位，基督教是已经成为一种不能为善不能为恶的物件了。然而恢复它从前的地位，是在现代世界上的不可能的事。第三，基督教所以能盛行于欧洲，是因为它到欧洲的时候，那里的情形很黑暗，人民的程度也很低；基督教比如黑夜的一支明烛，自然要独享文化代表的各种优先权了"。[①] 陈衡哲认为中国现代社会虽然也有黑暗的地方，但我们自有我们的旧文化，我们自有我们黑夜里的洋油灯。洋油灯虽比不上电灯，然至少总可以和烛光相抵。所以有些人想把所有的中国人，都变成基督教徒，固然可笑。然而我们若是张皇失措的，恐惧这种情形的发生，也就未免对于自己太没有信心了。

1932 年，陈衡哲有感于报纸上的传言，中央政府为挽救财政而公卖鸦片。陈衡哲义正词严，态度坚决地主张杜绝鸦片公卖。她指出，"我们对此殊有其不胜危疑之处。我们以为救国当从大处远处着眼。财政破产固然当救，人才破产不更当救吗？丧权失地固是亡国之兆，民族衰弱不更是亡国之兆吗？土匪蔓延当剿，毒药蔓延不更当剿吗？最根本者，宜莫如教育的破产，然尚不若全民族之身体与道德的大崩溃之更为根本。总而言之，

① 陈衡哲：《基督教在欧洲历史上的地位》，《衡哲散文集》，河北教育出版社 1994 年版，第12 页。

无论外祸内患，天灾民穷，较之民族生活力的破产与衰亡，尚有标本之不同。……今日国家一切困难，迟早总有解决之时，而暂时的艰难困苦，决不能使一个伟大民族永不翻身。中国历史所示的教训，所给的鼓励，此为最重要的一事"。陈衡哲还从亲眼所见的大姑母的儿子吸食鸦片而家庭败落的惨痛教训为例证，坚决主张"鸦片及其他毒品，应该无条件的禁绝——禁种，禁吸，不但禁卖——盖鸦片及其他毒品毁灭人种的力量，较之其他一切尤为深刻，尤为彻底。……这个意思，国府诸公，岂不知之。特不知政府诸公有去恶务尽之决心否？对于这些从根本上毁灭我中华民族的毒品，有无条件禁绝的决心否？有牺牲眼前的一切——即使被牺牲者，为军事，为财政，为人情——而为我民族的生活力留一点余地的决心否？语曰'毒蛇螫手，壮士断腕'，国府国（诸）公不趁此时断腕，还待何时？"① 如此深谋远虑，鞭辟入里的论述，如此诚挚恳切的质询请求，既体现了陈衡哲对政府官员有所作为的期望，也展露出她焦虑万分的忧国之心。

1937 年，针对战争爆发后人们盲目救国的问题，陈衡哲理性的指出其中的危害，她还主张女性不可盲目改换工作或者抛弃家庭责任而从事自己并不擅长的一些救国工作。她说，"大家改行改得团团转，人人去做不内行之事，事事做不好；个人的苦是吃够了，效率却反因此减低，试问这是救国的行为吗？"并坦陈其人生信条："无论在何种情形之下，一个人对于社会与人类的贡献，是在他或她所喜欢的工作上，是在他所最能做得好，最有效率的工作上。"而对于知识妇女在战时的责任，陈衡哲认为，要比一般普通妇女们的责任更进一步，更深一层。即除去全体妇女的普通责

---

① 陈衡哲：《论鸦片公卖》，《衡哲散文集》，河北教育出版社 1994 年版，第 29—30 页。

任，还有两个："其一是，我希望它（她）们在忠实执行她们当时当地的职务外，还要把眼光放远，看到未来中国的需要；其二是，我希望她们在各尽所能的分工原则上，还要加上一个共同的目标。"① 即为战后中国的建设，为中华民族的复兴大业做出贡献。在这一总目标之下，有三件事最为基本，最需要现在的努力，民力、才力和富力。陈衡哲认为智识界女性应当从事更适合自身的救国工作，这样的认识中包含着一个救国方式、救国能力的问题。可见，陈衡哲关注的是一种量力而行的理性救国态度。这其中有具体情形、思考角度的不同，但是其精神内核却是相同的，都对救亡的热情进行了理性的引导；陈衡哲认为救国要各尽其专长，而不应盲目放弃专长，做自己并不擅长的工作，这样不但放弃专长，而且降低了做事的效率，"人类的天性是喜欢把自己所能做的事看成平凡的，故一旦国难临前，人人便不免要感到眼前工作的不够爱国。于是便人人想改行，人人想去做一点自己向来不曾做过，而又做不好的事！……结果是大家改行改得团团转，人人去做不内行之事，事事做不好；个人的苦是吃够了，效率却反因此减低，试问这是救国的行为吗？"② 因此，从女性身份出发来看，国难期间，"一个在平时能尽其责的妇女，到了战争之时，只要能照样的尽责，至多再把她职事的范围扩大一点，工作的效率提高一点，便是一位不但爱国，并且爱得最聪明的人。因为这样，不但她自己良心上得到了安慰，国家也将因她的能尽其责，而得到无穷的实惠了"。③ 陈衡哲所主张的追求切实、提倡效率的救国方式，在当时思想混乱的情形下无疑是一剂清醒剂。

---

① 陈衡哲：《妇女在战时的责任》，《衡哲散文集》，河北教育出版社 1994 年版，第 163 页。
② 同上书，第 162 页。
③ 同上书，第 163 页。

再次，陈衡哲散文在问题导向下，具有极强的逻辑思辨性、强烈的论说文性质，作品注重分析综合、归纳演绎的缜密思维过程。行文以阐述论辩的方式结构作品，以独出机杼、发人深省的思想价值见长。如《妇女在战时的责任》中，陈衡哲首先提出知识妇女所应担负的责任，即中华民族的复兴大业。在这一总目标之下，有三件事最为基本，最需要现在的努力，民力、才力和富力。接着，陈衡哲就民力、才力、富力进行概念界定，并就现状进行评述，进而针对具体的实施思路与途径进行详细的分析论证。如作者在谈到富力方面，陈衡哲说道："一国富力的表征，第一是粮食，尤其在以农立国的中国；第二是工业；第三是商务。在战时，这三件基本富力是都要受到重大的打击的。"进而提到解决方案：第一须使农村有生路；第二须使工业不因战争而完全停顿，第三须使商务能维持其最小的活动范围。文章层次清晰，逻辑严密，论证充分，结论令人信服。又如《心理康健与民族的活力》一文，同样彰显了陈衡哲的学术思路与学者文章的特色。作者首先讲了一个故事，用一个生动的比喻打开话题，即用平原比喻中华民族，以枯凋情形来形容它目下的衰落，泉水即是康健的源头。基于此，陈衡哲提出自己的核心论点，"一个民族的兴衰，表面上或许是系在经济与政治的各方面；但在实际上，则一个民族生活力的来源，却是它的康健——康健的体格，康健的知识，和康健的情感，而尤以最后的一项为诸种康健的总渊源"。① 进而通过情感的立场，以青年心理康健的问题作为切入点，批判极端放纵和丑恶的性行为，呼吁建构一种合理与康健的情感生活、社交观念。第一要善于疏通，给那个情感找一个优美高尚

---

① 陈衡哲：《心理康健与民族的活力》，《衡哲散文集》，河北教育出版社 1994 年版，第216 页。

的生活路径；第二社会上要有一种对于社交的康健态度，一个合理的与洁净的两性观念；第三，希望青年们对于自身情感的修养，也要下一个负责的大决心。"青年们对于两性的态度与期望，是应该纯洁的，至诚的，高尚的，并且还应该有相当的自制力与牺牲精神。"①

在《青年的康健问题》一文中，陈衡哲首先指出康健在一个人身上的表现，有身体，理智与情感三方面的不同。这三方面彼此响应、互为因果，她接着集中围绕理智、常识与康健的关系进行阐释。在接着谈到现行的中小学教育制度与课程标准时，陈衡哲指出存在的问题有四个：一是授课时间太长。二是一部分功课的性质太抽象化。三是课程太硬化，没有趋（取）舍的余地。四是各种会考的恶影响。作者接着以此症结为出发点，作为审察现在教育情形与青年理智康健的关系，并以数学为例进行具体的分析阐述。文章多议论，因讲论道理带来的理性的逻辑力量。《国难所奠定的复兴基石》，文章分析深刻，见解独特，有全局的视野和微观的洞察、理性的判断。作者先抒发了抗战的两方面收获：一是军事上的胜利；二是为民族复兴奠定几块重要的基石。这几块基石第一是中华民国统一的大成功。第二是民食民用自给的机会。第三是民族返老还童的实现。第四是民族在人格上的火洗礼。② 作者还就这几块基石逐一进行详细的论述、分析、判断、推理、论证来达到以理服人、以知启人的目的。

总之，陈衡哲的散文善于围绕一个完整的理性框架展开，散文的行文过程，暗含着一条清晰的逻辑思维线索。她对生活的独特发现，往往表现为思辨的智慧光芒。文章具有学术的严谨，逻辑推理，层层推进，富有说

---

① 陈衡哲：《心理康健与民族的活力》，《衡哲散文集》，河北教育出版社 1994 年版，第 220 页。

② 同上书，第 59 页。

服力。正是这种带有理性的感情才使她的文章带给读者以思想启迪与情感的感染。

二 以文释理

陈衡哲既有良好的学术素养，又有敏锐的艺术鉴赏力，文章往往彰显出文思澎湃、流丽多彩的美文风格。她善于运用形象生动的故事、典故、成语、谚语、哲理名言等来论述观点，说明道理。如《心理康健与民族的活力》作者开篇即从一个故事写起：

> 在地球的东角，有一块肥沃的平原。有一年，这平原忽然枯槁起来，从前一碧千里的葱茂情形，也变也（为）草枯花落的一片凄凉景象了。大家起初都很诧异，但不久便发见了这平原枯槁的原因、原来从前滋养它的那一股泉水，忽然在山中壅堵起来，因此便不能流到这平原上来了。但有力的活水是不能永在壅塞的状况之下的，它既不能畅畅快快的流到平原去，便只有乱窜乱跳的到处横流了。结果是不但平原失掉了它的生命之源，并且在它附近的树屋人畜，也都一一的遭到了倾覆淹没。这个情形发见之后，大家方始恍然大悟，说"以后再不要小看那一股泉水吧，原来我们这平原的整个生命，都系在它那小小的身上呢！"不但如此，大家看到了那泛滥冲淹的情形，不禁又叹了一口气，说，"不要再让那股水堵塞着吧，那是太危险了；我们若要化祸患为利益，不如赶快把它疏浚起来，引导它流到我们的平原上来为是"。①

---

① 陈衡哲：《心理康健与民族的活力》，《衡哲散文集》，河北教育出版社1994年版，第215—216页。

作者用一个生动的比喻打开话题,从河水堵塞,殃及平原的荣枯这一事实出发,用来比喻中华民族的枯凋及其根源,比喻形象生动,极易把读者带入主题,而"故事"的形式能够吸引人的注意,引人入胜。接着,作者说道:"这个比喻是很浅显的,那平原当然是中华民族,那枯凋情形当然是它目下的衰落,但那一股泉水又是什么呢?依我看来,一个民族的兴衰,表面上或许是系在经济与政治的各方面;但在实际上,则一个民族生活力的来源,却是它的康健——康健的体格,康健的知识,和康健的情感,而尤以最后的一项为诸种康健的总渊源。"①

《环境与天才的关系》从古时一则寓言入手,写在太古时代,人类未出现之前,有许多猿猴,生活在亚洲西南部的一个大森林中。他(它)们是那时地球上最高等的生物,那森林里的物产非常丰富,说那些猿猴过着逍遥自在的生活,不料有一天,天崩地裂,诞生了喜马拉雅山,把那群猿猴分为两派,一派是南猿,另一派叫北猿。南猿仍和从前一样生活,饥食渴饮,用不着自己去努力。但是,北猿却不同了,山北荒芜,无以为生。"他们中间笨的,呆的,不肯努力的,便都饿死了。所留下的,却是那少数聪明而能与环境奋斗的猿猴。"这些聪明而肯努力的猿猴们,靠了对于那不良环境的奋斗与征服,竟把自己的天才淬砺发扬起来。这样,一个向文化方面推进的好圈子便开始了:小天才征服了小环境→激刺了那含蓄未伸的较高天才→环境淬砺这潜在的天才→这天才对于更恶劣,更有力环境的征服。结果是这群曾被天然妨害了生活的猿猴们,最后竟离弃了那森林的生活,而成为穴居的似人动物。他们便是人类的始祖。他们回看从前的

① 陈衡哲:《心理康健与民族的活力》,《衡哲散文集》,河北教育出版社 1994 年版,第 216 页。

同群——现在的南猿——见他们仍是混混沌沌的，一点儿不懂得努力，不觉可怜起他们来，觉得真有点像天上看地下了。最后，作者得出结论："我们因此可以明白，不良与不幸的环境乃是成就天才的第一条件；而环境的改进和文化的产生，却又须看那天才的是否能得到一个严重的淬砺。有志的青年们，我们愿意做那处于优良环境的南猿呢，还是愿意做那被环境磨折的北猿？还是愿意做那被恶劣环境所淘汰的笨猿懒猿呢，还是愿意做那与环境奋斗的聪明猿？"① 在这篇文章中，作者激励青年起来反抗，不懈奋斗，真可谓用心良苦。

《所谓〈日本和平〉》一文是陈衡哲在报刊上看到蒋廷黻一篇名为《论日本和平》的文章而进行的反思。陈衡哲先引用美西战争中美国大总统麦坚利对他的教友们说的一段话，来表明自己的态度和立场，美国大总统麦坚利说的是，"我在白宫中，一晚一晚的在地板上走。兄弟们，我可以毫不羞惭的告诉你们，我还常常下跪，跪在上帝的面前，求他的启示。有一晚，它（指启示）来了，我不知道它是怎样来的，但是它来了。我于是恍然大悟，除了把他们（指菲律宾群岛及它们的人民）一概取来，我们是没有旁的路可走的了。我们当去教育菲律宾人，提拔他们，开化他们，使他们成为基督徒。……于是我上床去睡，睡着了，并且睡得十分安适"。② 陈衡哲在讲完这个故事之后，用沉痛之笔写道："在布施文化的帝国看来，征服一个民族和收受他们的土地，真是一件至高无上的天责，但不知被征服的人民是否也是一样的想法？"作者接着说自己心潮澎湃，难以入睡，因而写了一首短诗"来发泄一下这弱者的伤感"，她从"死是一

---

① 陈衡哲：《环境与天才的关系——一个寓言》，《衡哲散文集》，河北教育出版社 1994 年版，第 55 页。

② 陈衡哲：《所谓〈日本和平〉》，《衡哲散文集》，河北教育出版社 1994 年版，第 20—21 页。

位平权者，它能使一切强弱，贤愚，都变为平等"的诗中，改换成"睡也是一位平权者，它能使布施王道者，和接受王道者，也都变为平等！"① 这一篇文章笔调看似和煦，笔锋却显得尖锐、锋芒凌厉。

《说中年》一文中，陈衡哲首先引用了一个高丽故事：

> 从前上帝造动物。他先造了一只驴子，对他（它）说，"你生命的任务，是给人役使。我给你三十年的寿。"驴子说："太多了，给我十年吧！"上帝说："可以。"其次，他又造了一只狗，对他（它）说："你生命的任务，是给人役使。我给你三十年的寿。"狗说："太多了，给我十年吧！"上帝说："可以。"又其次，他又造了一只猴子，对他（它）说："你生命的任务，是坐着做鬼脸，口中胡说八道。我给你三十年的寿。"猴子说："太多了，给我十年吧！"上帝说："可以。"最后，上帝造了人，对他说："你生命的任务，是在役使万物。我给你三十年的寿。"人说："太少了。"上帝说："那么，我把那驴子的，狗的，和猴子的寿，都加给了你吧。"人大喜悦，叩谢而去。所以到了现在，一个人虽然可以活到九十岁，但他的人生活，却仍只有那原来的三十年。三十岁以后，他所过的是那背着重担的驴子生活。五十岁以后，他所过的是那随便叫叫咬咬的狗生活。七十岁以后，一个人便只能坐着做做鬼脸，口中胡说八道了。②

叙述完这一故事后，陈衡哲感慨地说："我以为真抵过得一部人生哲学。它使我们不得不承认，凡是过了三十岁的人，都免不了要被牵到驴子

---

① 陈衡哲：《"日本和平"的又一看法》，《独立评论》1934 年 5 月 27 日第 102 号；收入《衡哲散文集》时改为《所谓〈日本和平〉》，第 21—22 页。
② 陈衡哲：《说中年》，《衡哲散文集》，河北教育出版社 1994 年版，第 43—44 页。

棚，狗巢，以及猴子栏里去的。虽然我们有时口咬脚踢的挣扎着，抗拒着，而结果却仍是被拉了进去，所争的不过一个迟早而已。"然而，这只是表层意思，从更深一层的两重人格：个人格和性人格来看，却与年岁成一正一反的比例，即"个人格"的立场，是人品、学问、才能与年岁成正比，而"性人格"却与年岁成反比。最后，陈衡哲指出"中年也和秋天一样，虽是充满了萧条零落的情景，但那一种幽逸清高，潇洒绝俗的诗的境地，却亦惟有中年方能感到。……是因为中年离开青年的时期，正是不太远，不太近。不太远，故对于青年的企求与欲望，能靠了他自己的回忆而发生了解与同情。不太近，故能旁观者清，故能利用他自己的经验，去为青年指示迷途"。[①] 所以，中年有中年的优势、特长和贡献。文章中灵活自如地运用多种艺术表现手法，用举例子、谚语、成语、常识来阐明深刻的道理，彰显出理中含谐、以谐显朴的特征。

陈衡哲还善于在文章中巧妙运用比喻、对比、排比、反复等多种修辞手法，使行文气势充盈，语言妍丽多彩，说理论证形象生动，意趣横生。如《女子教育的根本问题》谈到女子解放的最大障碍是几千年来女子不平等地位养成的奴性，并提出铲除根植于内心深处的奴性的重要性。

我们若不把这个奴性从女子的心之最内角铲去，铲得干干净净，那么，什么教育，什么解放，什么学问与才能，自由与平等，都是等于痴人说梦了。譬如一株树，在它的根上，若是已经生满了小虫儿，那么，无论它是开花，或是结子，无论你是怎样的去浇水添肥，无论

_____

[①] 陈衡哲：《说中年》，《衡哲散文集》，河北教育出版社1994年版，第45—46页。

有多少的雨露日光去滋养它，它的花果总不免是畸形的，总是不会康健的。女子教育的问题也是如此。除非我们能先帮助她们，使她们能从那个阴暗霉臭的古老囚牢中跳出来，站立在青天白日之下，光明磊落的重新做一个人；则我们在她们教育上的努力，都不过是给那些小虫儿添一点肥料，加一点滋养，使那株树更加畸形，使它的花果更加不康健罢了。①

这一段落中，连续使用三个"什么"强化语气，同时使用"一株树"来比喻女子教育。比喻的妙用可以使艰深的话题、深邃的哲理通俗易懂地表达出来。又如在《妇女与职业》一文中，比喻手法随处可见。陈衡哲对"男主外女主内"这一说法进行驳斥，认为"内外"一个名词，不含有尊卑贵贱，但是在数量上却有不同，这也导致不能真正实现男女平等。她为了说明这一论点，以"小池沼"与"太平洋"中的水来作比喻，表明不同空间容量对于"水"有不同的意义，她说："一个小池沼的水，并不贱于太平洋的水；但我们能说它们是平等的吗？在太平洋中，水族繁生，岛屿罗列，巨舰大船出没往来于其间，气象何等雄伟，局势何等开阔，它又岂是那个小池所能比拟的。同样，假使我们把家庭以内，归诸妇女，家庭以外，归诸男子，看上去，似乎是很公平了；但在实际上，则男子有一个伟大的世界，任他们的翱翔与选择，而女子呢，却只有一方天井，数间狭室，来供她们天才的发展。一方天井和数间狭室，固然也是伟大世界的一部分，犹之一个小小的池沼，也可以成为太平洋的一部分。但你若把它作为女子的世界之一，是一件事，你若把它

---

① 陈衡哲：《女子教育的根本问题》，《衡哲散文集》，河北教育出版社1994年版，第124页。

作为女子的唯一世界，而使她没有选择其他世界的余地，却又是一事。那个'男主外女主内'的教训，又何异于以太平洋归给男子，而以一个小池归给女子呢？"①

在谈到适应环境与改造环境这一问题时，陈衡哲做了形象的类比：

> 我并不反对人类的适应环境，假使人类没有这个本能，我们不早已成为冻鬼饿殍了吗？譬如说罢，我们偶然兴发，趁着春光明媚的时候，想到郊外去游览游览。不意方走到中途，忽然大雨倾盆而至，唏哩嗒拉，下（吓）得你不辨天高地厚。在这种情形之下，试问除了让步的一法，还有什么自救的方策？但适应环境的程度，我以为到此便足。假如那大雨不受抬举，想得寸进尺的追到你的家里去，穿墙破壁的与你为难，那你即使暂时无法，只得和他（它）订一个墙下之盟，但你能甘心永远受他（它）的残暴凌辱吗？待他（它）势力稍杀之后，你能不去叫瓦匠木匠来，给你填填墙脚，修修天花板吗？这样一做之后，即使那大雨明天又来侵犯你，你便可傲然的说："这回我可不怕你了，你看，我已改造了我的环境，使得你不能再加凌辱。"这便是我所说的改造环境，他（它）与适应环境实在并不立于相对的地位上，不过更进一步罢了。②

将相同或相近的两类事物进行类比，也是陈衡哲熟稔于心的艺术手法。陈衡哲谈到不管是人文教育还是职业教育，每一个教育家所不可忽视的，是教育方法的不能一律。她运用形象生动的比喻来说明这一问题的严

---

① 陈衡哲：《妇女与职业》，《衡哲散文集》，河北教育出版社 1994 年版，第 107 页。
② 陈衡哲：《适应环境与改造环境》，《衡哲散文集》，河北教育出版社 1994 年版，第 48 页。

峻性与重要性:"人才比如水,教育比如江河。人才有奇庸的不同,犹之河有天然河和人造河——即是所谓运河——的不同,所以教育家也须像河工一样,因才而异其政策的。一个天才甚高的女子,比如一条源远流长的大河,她是不怕险峡,不避危道的,虽然有时她也免不了要冲堤决岸,予两岸的田畴以灾害。教育家对于这类女子的责任,是与河工一样的。他的重要格言,便是'因势利导'。他既不应一味壅遏水流,致违水性;也不应专事放纵,一任怒水的狂奔乱流,以致一个有用的物质,反为人民社稷之害。他是应当默观水性,静审地形,然后因地之宜,顺水之性,去把那一支汹涌奔腾的急流,导入于河道之内的。这样,那个河流方可以润泽两岸,使成肥土,使生百谷,使育奇花异草,为当地之人造福。"① 作者将一般普通的女子比喻成运河,认为她们只能安命,或是怨命,她们是绝对不能自己造命的。排比、反问、比喻的修辞运用,往往会在文章中彰显出说理透辟,气势雄浑的艺术效果。如《救救中学生》这一篇文章中说到中学生在身体、情感方面处于发育期、青春期,以美国儿童心理专家的观点来论证,中学生要减轻课业负担:"哪一个青年不曾感到过分读书与缺少户外生活对于他身体与精神的恶影响? 哪一个能自己省察的女子,不曾感到她的性生理能减少她用脑的能力? 哪一个把优生学看做民族复兴根基的,能漠视这许多未来的父母,尤其是未来的母亲,在身体及精神上的摧残?"② 这一段文字中,连用三个"哪一个",情感充沛,气势雄伟,说理透辟,具有排山倒海之势。

---

① 陈衡哲:《妇女与职业》,《衡哲散文集》,河北教育出版社 1994 年版,第110—111 页。
② 同上书,第208 页。

三 以情动人

散文的情感向度，真实地反映了作家的内心图景和精神趋向。陈衡哲散文不仅富有学识理趣，还呈现丰沛充盈的情感灌注。记事、写人、状物、摹景、抒怀，无不倾注了她的真情实感。陈衡哲坚守情感世界的真、善、美，不断探寻情感的内在关系结构，细心体察情感琴弦的律动与震颤。可以说，情感世界既是解析陈衡哲散文的一把钥匙，又是考察陈衡哲散文价值意义的关键所在。

1. 真淳朴厚——自然山水的寄情

游记散文是记述旅途过程中所见所闻和独特感受的一种文体，侧重描绘山光水色等自然风光。在陈衡哲的游记散文中，除了真实记录和描述旅途见闻和感受外，还善于描绘自然风光，同时又能借景抒情，展露其正直、率真的人格精神，具有鲜明的个性色彩。这些记游散文关注原生态大自然，寄情其中，抒发闲适超旷的生命情怀。如《北戴河一周游记》《再游北戴河》《从北平飞到太原》《加拿大露营记》等堪称散文精品。文章注重意境的营造，文笔清丽、隽永，将趣味与才情挥洒尽致，彰显出清俊自然、生气淋漓的美文风格。

（1）从陈衡哲的游记散文看，陈衡哲确是一位描山画水的能手。她以欣赏艺术和人生的心情去观照，既能抓住自然景物给人印象最深、感受最强的地方并加以准确逼真地描绘，又能借景抒情。北戴河，山明水秀，是驰名中外的旅游胜地，也是文人雅士的乐游之地。陈衡哲最喜欢在北戴河看海，如《北戴河一周游记》一文，开篇简洁，叙述时间、行程，接着叙述去北戴河游玩的动因,"我此次到北戴河来的唯一目的,便是看海;而北戴河也果能不使我失望;因为看呵!那展铺在你眼前的,可不是六年来萦绕在你梦寐中的大海吗?那苍苍的,浩漫的,弧形的一片汪洋,立刻使你回想到那个漫无涯际的太平洋。它是那样的平静,那样的从容,那样的满而不溢;它岂仅仅为你荡涤一点尘氛俗虑?它的伟大与恬静,岂不是我们生命的最好模型?"① 作品以海景为中心,对不同时刻、不同气候的海景做敏锐的捕捉与精细的描绘。因作者的精心结构、精心设色、人化自然的描绘,以北戴河为中心的一幅生动的大海景观便展现在读者的眼前,让读者如同身临其境,获得独特的审美感受。如描绘早上的海景:"早起风雨交作,海波汹涌,举眼远望,不辨是云是烟还是波涛。在这样天气之下,游水散步既不能,只得坐在楼上,一面欣赏那雄伟的景色。"晚上雨中的海景又别有一番风致,"还是雨横风狂……那时的海水,已完全失却它昨日的恬静与苍翠;弥眼但见灰蓝夹着混绿,拥托着层层的白浪,向着岸上打来。天上的颜色,起初是与海水一样的灰暗;但不久即有红霞一缕,呈现在西方的天际。那一缕的红霞渐扩渐大,后来直把半个天空,都染得像胭脂一样。地上的草木,经过雨的淋洗,本已青翠欲滴,此时再衬上了那淡红的霞光,更是妩媚到了万分"。② 陈衡哲通过丰富的意象,营造出绚丽多姿的海景图。

对于大海的热爱,陈衡哲体验到一种心灵和精神上的享受,如她写自己在海上游泳的感受:"当我跃身入水的时候,真如渴者得饮,有说不出的愉快。游泳之后,再把身子四平八稳的放在水面,全身的肌肉

---

① 陈衡哲:《北戴河一周游记》,《衡哲散文集》,河北教育出版社 1994 年版,第 399 页。
② 同上书,第 400 页。

便会松弛起来，而脑筋也就立刻得到了比睡眠更为安逸的休息。但闻呼呼的波浪声在耳畔来去，但觉身如羽毛，随波上下，心神飘逸，四大皆空。"① 在海水的包围中，在完全松弛的身心中，她享受把生命交与自然的信赖与松弛，在这种生命与自然的交会、融合中，她体验到物我两忘的境界。她与自然的亲切、对话、融合式的生命旅游，领悟人生的真谛：

> 有一天，夕阳方下，余光未灭，沙上海边，阒（阒）无一人。远望去，天水相接，一样的无边无垠。忽见东方远远的飞来了三只孤鸟，他们飞得那样的从容，那样的整齐。飞过我们的坐处，再向西去，便渐飞渐小，成为两三个黑点。黑点又渐渐的变淡，淡到与天际浮烟一样，才不见了。那时不知道怎的，我心中忽然起了一阵深刻的寂寞与悲哀。三只孤鸟，不知从何处来，也不知到何处去，在海天茫茫，暮色凄凉之时，与我们这两个孤客，偶然有此一遇，便又从此天涯。山石海潮，千古如此，而此小小的一个遇会，却是万劫不能复有的了。②

海浪、夕阳、晚霞、流云、孤鸟、海潮、山石，在陈衡哲笔下都复活了，仿佛是饱含情感的"同类"，在这一情感想象中，既享受着大自然赐予的悠远宁静，也体悟出人生的机缘巧合与偶然性的际遇，而人的心灵、情感却往往却在这种电光火石般的触会中闪耀出别样的光辉，情感生命因此而愈加丰盈、美丽。

---

① 陈衡哲：《再游北戴河》，《衡哲散文集》，河北教育出版社1994年版，第406—407页。
② 同上书，第407页。

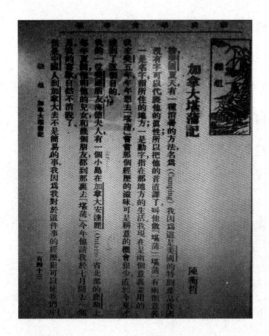

图7-2 《加拿大堪蒲记》

《加拿大露营记》①（《加拿大堪蒲记》，图7-2）描写加拿大太古洪荒的海岛、荒莽未辟的树林，尤其是鹿湖夜空状如扇子折叶的北光气终夜不灭、半明不暗的“浮光”，给我们展现了一幅幅宏阔高远、浸染诗情的图景。（加拿大安大略北部的鹿湖）“因为鹿湖的纬度很高，所以暮色很久，有时终夜不灭。湖上和天上，都有一种半明不灭的浮光。若把颜色来代表它，要算灰色最近了。我平常以为灰色是极可厌的，直到得了这个经历，才觉得它真是一种极静雅，极高尚的颜色。这样的颜色，夹着那湖水轻轻打岸的声音，便造成了一个精神界的‘乌托邦’；凡是属于世俗的思想，到了那里，便立刻被逐出来了!”② 面对自然山水的美，即使是风暴，也依然感受到自然之俊美、神奇。“石湖也是一个有名的避暑地方。湖里岛屿极多，岛上都有极精致的房子，远不及鹿湖的荒野了。船到了湖中，忽然雷雨大作起来，但见湖上的白烟，和天上的乌云，上下接合。不一会，水天和岛屿都不见了；只有狂风卷着急雨，充满了空际。我们又冷又湿，不得已辜负了绝妙好景，下舱去躲避了一会。坐船回来的时候，又

---

① 最初发表于《留美学生季报》1920年第7卷第1期，题名为《加拿大堪蒲记》，后收入《衡哲散文集》时改名为《加拿大露营记》。

② 陈衡哲：《加拿大露营记》，《衡哲散文集》，河北教育出版社1994年版，第420页。

依旧水笑云游，风和日朗了。"① 在陈衡哲看来，浸入大自然是一种随意适性的体验，在自然中的洒脱自在，是她所倾慕与渴望的。陈衡哲在自然物象的观察、描摹中体悟到无与伦比的美感，如写海上看月出的场景，活灵活现，使读者有种身临其境的感觉：

> 朝日出来的地方，在东山的背后，故我们虽可以看见朝霞，但不能见到朝阳。待朝阳出现时，已是金光满天，人影数丈了。落日也在西山背后，只有满天红霞，暗示我们山后的情景而已。唯有月出是在海面可见的。我们天天到海边去等待，天天有乌云阻障。到了第五晚，我们等到了七点半钟，还不见有丝毫影响。那时沙滩上一个人也不见了，天也渐渐黑了下来，环境是那样的静，那样的带有神秘性。忽然听见叔永一声惊叫，把我的灵魂从梦游中惊了口（回）来。你道怎的？原来在东方水天相接处，忽然显出一条红光了。那光渐渐的肥大，成为一个大红火球，徘徊摇荡在天水相连处。不到一刻钟，便见沧波万里，银光如泻，一丸冷月，傲视天空。我们五天来忠诚的守候，今天算是得到了酬报。……那晚的云是特别的可爱，疏散的是那样的潇洒轻盈，浓厚的是那样的整齐，那样的有层次，它们使得那圆月时时变换形态与光辉，使得它更分外可爱。不过若从水面上看，却又愿天空净碧，方能见到万里银波的伟大与清丽。②

生花妙笔将所见所感的自然美景尽收眼底，流于笔端，情景兼济，充满诗情画意的艺术境界。

---

① 陈衡哲：《加拿大露营记》《衡哲散文集》，河北教育出版社 1994 年版，第 418 页。
② 陈衡哲：《再游北戴河》，《衡哲散文集》，河北教育出版社 1994 年版，第 408 页。

《从北平飞到太原》开篇是一般记游散文的写法，交代时间、地点、旅行的缘由，特意花大笔墨叙写飞艇的配置、形态，写坐上飞艇后的感受，而最让读者有“惊艳”之感的是描绘天空中的流云：

> 先是飞在高原上，后来飞到山峰上，再飞再高，渐见艇底的白云，一片片，一团团，像杨花的絮球一样，在广漠的天空中荡漾着。而映在下面山顶上的云影，却又都占着一块块很大的面积。再看前面，则见一大片云海，像是在百十个北海的水面上，遮了一大层厚雪一样。后来飞艇渐渐迎着它上去，一霎时，我们便完全飞到那云海上面去了。那时高度表已指到七千二百尺，“海”是那样的茫茫无涯，云是那样的白得耀眼，把日光都变为青莲色了。我再向后看看，则见这一大层云海正飘浮在一大群山峰上，松松的把它们覆罩着。天风泠泠，吹入衣襟，到此真有点感到羽化而登仙的意味了。①

那飞机下白得耀眼使日光变色的茫茫云海，远眺中难辨云山的苍茫烟雨的精细描绘，深得精微疏阔之致，给人留下极其深刻的印象。

（2）陈衡哲不仅擅长描摹山水，而且还往往能借景抒情，将自己的所思所感写入文章，在描摹山水物景之中披露心怀，折射时代、社会的侧面。从这个层面而言，陈衡哲的游记散文虽侧重描绘山光水色，但并非是超尘脱世之作，其中饱含着她对社会现实的反省与忧思。作于1933年12月的《重游北美的几点感想》是在燕京大学做的一次演讲，有关自己参加加拿大班夫会议后的见闻和体会。因为有六年的留学经历，有中西的对照，因而视野开阔，认识敏锐，记录翔实、深入，尤为难得的是陈衡哲在

---

① 陈衡哲：《从北平飞到太原》，《衡哲散文集》，河北教育出版社1994年版，第396—397页。

西方的多棱镜之下，对于中国社会现状的忧虑和关切。文章对加拿大的广大（广大的土地，广大的心胸，广大市场的需要）进行逐一阐述。其中重点提到加拿大地广人稀，与中国人多地少相反。这样的情形之下，面临粮食、货物日用等问题。但陈衡哲更为深刻地认识到"一个市场的追求"，使我们"不能那样的乐观"。因为加拿大农产品、工业品都供过于求，因而对国外市场的开拓必定会影响与侵入中国。"即以小麦一项而论，它近年的产率，大抵都在四万万 Bushels 之上——每一个 Bushels 约合中国半石——比了二十五年前，要增加到四倍以上。这个巨量的加增，原是欧洲大战时激励粮产品的一个结果。大战完结之后，欧洲经济情形渐渐恢复了原状；尤其是俄国，现在竟侵到加拿大的母国，英国的市场中，成为她的一个劲敌。虽然最近靠了英国征收外麦的税则，加拿大的小麦在英国市场中，占到了一个优越的地位，但这还是不够的。因此，他们便不能不关心到小麦在中国的市场了。我相信这个加拿大的小麦，不久定要在中国的商战中，占到一个重要的地位。"① 陈衡哲的忧虑并非无由，在 30 年代，外国货大量向中国倾销，侵吞民族资本，农村经济破产等"恶果"已经开始显现。茅盾的《子夜》即是这一社会现实的真实写照。民族资本家吴荪甫的悲剧具有典型性和启示性。陈衡哲还对美国在社会、教育以及经济上的发展趋势和问题进行深入探讨。她讲到发展迅速的汽车事业和失业问题，还就美国教育新趋势，即对于优行学（Euthenics）的研究与实施进行阐析。优行学的目的是研究和改良一个人的整个生活，也就是研究人与人之间的健全关系，包括家庭中的亲子问题，社会上各个分子的关系。她还谈

---

① 陈衡哲：《重游北美的几点感想——在燕京大学演讲》，《衡哲散文集》，河北教育出版社 1994 年版，第 369—370 页。

到瓦沙大学于 1925 年首创第一个优行学研究所（Institute of Euthenics），并在瓦沙大学进行具体实施，如实行"寄宿师"组织，目的是使学生在"知识的训练与人格的陶育，打成一大片"。陈衡哲对于美国社会、教育方面新趋势的介绍，展露出对于"今日之中国"社会发展的思考，以期能足以引起"今日中国"社会的注意。《从北平飞到太原》是陈衡哲于 1934 年 6 月 28 日随任鸿隽等教育界人士去参观山西铭贤学校、农场与工场等地的见闻。记述了太谷太原城的形状是四方的，城墙高峻整新，城内富户也都有三四丈高的厚墙围绕，每家俨然自成一个小城，但街道太污秽了。文章写到太谷大家族的百年兴衰，流露出人世沧桑之感。当地的住户虽有新思想流入，但整体是封闭、保守的。他们一行人参观当地大户孔氏、曹氏，描述了这些老宅的高墙深院、壁垒森严，令人感到逼仄、压抑，陈衡哲说，"真是峻宇高墙，重门叠户，想见大家族制度的势力"。① "在途中，我们中间有一群人顺便到一个北洸村中，去看了一个姓曹的大家族。这族的围墙似乎比孔氏老宅的还要高，并且在宅内的各院间，还有同样的高墙，故在这一院走到那一院时，使我不由得不想到'永巷'的一个名辞。"② 陈衡哲总结道："'这种大家族真有点可怕，都会中的大家族哪能和它相比？有天才的人在都会的家族中，尚有出头的希望，犹之一枝根蒂坚固的花草，尚能在石隙之中透芽发苞一样。但这样的家庭却是水门汀，任何坚固的花草，也休想找得出一隙一缝来，作为它发芽的门洞。'有一位朋友说，'假如你生在这水门汀之下，将怎样呢？'我说，'我若打不出一条活路，便只有三件事可做，其一是自杀，其二是发狂，其三是吸鸦片烟！'"③

---

① 陈衡哲：《从北平飞到太原》，《衡哲散文集》，河北教育出版社 1994 年版，第 393 页。
② 同上书，第 395 页。
③ 同上书，第 396 页。

　　《北戴河一周游记》是陈衡哲与任鸿隽于 1926 年 8 月 15 日游览北戴河而作的游记散文。先写时间、车程，以及沿途风景，"沿途高粱满野，绿杨夹道，小桥下流水潺潺，大有江南风味。下午四时半车抵北戴河，大家下车，换乘了一辆到海滨的小火车。到海滨之后，再乘人力车到东山的东山饭店"。叙写路上的心情，虽然对去北戴河看海早已心驰神往，但是，令陈衡哲一路恐惧的却有两件心事，其一便是怕那里没有中国游人。"因为现在中国的几个避暑地方，差不多都是由外国人开辟出来的，所以在那里便以主人自居了。他们见了中国人，似乎便说，'这是我们的地方呵，你们居然也学着我们，到这里来避暑吗？'这容许是我的神经过敏，但这个感觉既然存在，你又有什么方法能把它驱走呢？但是，假使那里多几个中国人，你心里至少可以觉得自然一点。到了东山饭店以后，果然见有好几位中国人；侵入外国势力范围的不快感觉，总算是消灭了。"[①]《再游北戴河》写自己对看海的热爱，每每是"去时心跃跃，回时心恋恋"，[②] 然后文章却写北戴河的海滨被硬生生地划成几个"特区"，"粗分为东中西的三部"："东部是以东山为大本营的。住在那里的人。大抵是教会派，知识也不太新，也不太旧，也不太高，也不太低。……他们中间十分之九是外国人，尤以美国人为最多，其中约占十分之一的中国人，也以协和医院及教会派的为多"；"中部以石岭为中心点。住在那里的人，大抵是商人，近年来尤多在中国经商暴发的德俄商人。他们生活的中心点不是家庭，乃是社交，虽然也有例外，也有带着孩子的太太们，但这不能代表中部的精神。代表中部精神的，是血红的嘴唇，流动的秋波，以及富商们的便便大腹。

---

①　陈衡哲：《北戴河一周游记》《衡哲散文集》，河北教育出版社 1994 年版，第 398 页。

②　陈衡哲：《再游北戴河》，《衡哲散文集》，河北教育出版社 1994 年版，第 406 页。

他们大刀阔斧的做爱，苍蝇沾蜜似的亲密，似乎要在几个星期之内，去补足自亚当以来的性生活的不足与枯燥。但你若仔细观察一下，你便可以觉得，在这样情感狂放，肉感浓厚的空气之下，还藏着一个满不在乎的意味。似乎大家所企求的，不过是一个'今朝有酒今朝醉'的享乐而已"；"西部以联峰山为中心点。住在那里的，除了外交界中人之外，有的是中国的富翁，与休养林泉的贵人。公益会即是他们办的。我们虽然自度不配做那区域的居民，但一想到那些红唇肥臂，或是秃头油嘴，自命为天之骄子的白种人，我们便不由得要感谢这些年高望重，有势有钱的公益先生们，感谢他们为我民族保存了一点自尊心。我们在公益会的浴场游泳时，心里觉得自由，觉得比在中部浴场游泳时快乐得多了。并且那里还有水上巡警，他们追随着你，使你没有沉没的恐惧。"① 文章还叙述了陈衡哲朋友的尴尬遭遇。朋友帮助两个法国孩子下陡峭的山崖。之后，两个法国孩子很是感激，以为朋友是日本人，当他们知道朋友是中国人时，"立刻骇得唇白眼直，脸上的肌肉瑟瑟的抖着"。朋友看见了，气愤难平，说："我此时若不教训你们，你们将长成为两个国际的蟊贼。听我说，回去告诉你的父母，说今天遇到了你们又怕又看不起的中国人，那太太宁可自己很困难的走下山去，却让那先生扶着你这女孩子，因为她的哥哥不助她下山。问你的父母，这两个中国匪贼，比了你们法国的匪贼怎样？比了你们法国的绅士又怎样？走吧，愿你们今天睁开了你们的眼睛！"② 朋友受到鄙薄与轻视时表现出的激愤，正是出于强烈的民族自尊心和爱国情怀。

陈衡哲为人为文之道是相统一的。她坦诚率真的文风，其源盖出于

---

① 陈衡哲：《再游北戴河》《衡哲散文集》，河北教育出版社1994年版，第409—412页。
② 同上书，第411页。

此。陈衡哲散文以其生命的本真为底蕴，以赤裸诚挚的心灵感知事物、拥抱世界，真实、自然地呈现对于这个世界的切身感受。"在散文创作中高扬生命的旗帜，或者说，把散文生命化，把生命化为诗——这应是一切散文家追求的一个目标。事实上，我们看到，在散文创作中，作家的生命主体意识越强大，他的生命力在作品中渗透得愈深广、愈彻底，他的作品也就愈有力量。应当说，在生命本真这一点上，学者散文作家是得天独厚且深有体味的。"① 从这个层面而言，陈衡哲散文具有这一生命本真、主体诗意的审美特征。

2. 深情绵邈：亲情、师友情的感念

关于情感，宗白华曾直言不讳地说："深于情者，不仅对于宇宙人生体会到至深的无名的哀感，扩而充之，可以成为耶稣、释迦的悲天悯人；就是快乐的体验也是深入肺腑，惊心动魄；浅俗薄情的人，不仅不能深哀，且不知所谓真乐。""晋人富于这种宇宙的深情，所以在艺术文学上有那样不可企及的成就。"② 从这个意义而言，"深情"无疑是为人为文不可或缺的条件。情由"心"生，因而情真意切。陈衡哲散文注重表达自己内心的情感。那些日常生活中的点点滴滴、经历过的历历往事、亲人、师友相伴的珍贵片段，以及对师友的感念、对逝去青春的怀念、对生命的感慨、心灵的波澜低吟，无处不透露出其最真挚最丰富的感情，构成陈衡哲散文回味无穷的艺术魅力。

在陈衡哲的人生经历中，诸多亲人的关怀和鼓励是她不懈奋斗的原动

① 陈剑晖：《学者散文的文体特征与文体价值》，《江汉论坛》2010 年第 1 期。
② 宗白华：《论〈世说新语〉和晋人的美》，《艺境》，北京大学出版社 1998 年版，第 138—139 页。

力。因而,在她笔下,写自己最亲、最敬重的亲人,往往倾注了她满腔的感念之情。如在《纪念一位老姑母》《我幼时求学的经过——纪念我的舅父庄思缄先生》等文章中,陈衡哲的写作重心并没有写纪念人物一生的功业,而是着重写在自己成长过程中,亲人对自己的关爱、鼓励和引导。因为是涉及亲身的经历与体会,因而写得坦诚率真,情深意切。如《纪念一位老姑母》叙述的姑母是祖父母 12 位子女中的长女,年长陈衡哲四十多岁。文章开篇即写这位老姑母与众不同的才能与品行:

> 这位姑母不但身体高大,精力强盛,并且天才横溢,德行高超,使我们一见便感到她是一位任重致远的领袖人才;虽然因为数十年前环境的关系,她的这个领袖天才只牛刀割鸡似的施用到了两三个小小的家族上。但她的才能却并不像普通所谓"才女"的一样,只限于吟风弄月。她除了做诗,读史,写魏碑之外,还能为人开一个好药方,还能烧得一手的好菜。她在年轻的时候,白天侍候公婆,晚上抚育孩子,待到更深人静时,方自己读书写字,常常到晚间三时方上床,明早六时便又起身了。这样的精力,这样坚(艰)苦卓绝的修养,岂是那些佳人才子式的"才女"们所能有的!①

在对姑母的形象描写中,这几乎是完美女性的化身,也是具有精神高度的心灵偶像。这位令人景仰、敬重的姑母,不仅有完美女性的外表与才能,更有一颗大地之母的广阔、博大、坚韧、善良、慈爱的内心。作者写因前途渺茫寄居在姑母家,一次与姑母外出游玩时,让作者深深地感受到

---

① 陈衡哲:《纪念一位老姑母——为〈东方杂志〉写"我的生活的一页"》,《衡哲散文集》,河北教育出版社 1994 年版,第 309—310 页。

姑母卓尔不凡的精神世界与理想人格：

> 有一次，她在船上看了一点多钟杜诗之后，忽然站起来，背着双手，在那小舱中间踱来踱去的吟着：
>
> 安得广厦千万间，
>
> 大庇天下寒士俱欢颜！
>
> 她吟到这里，便站住了，叹了一口长气，说："这是我从前的梦想。现在呵，连自己的儿孙也庇不着了！"因为她的唯一的儿子和他的妻子儿女那时都成了烟鬼，故她的那个大宅子，和那一个大观园式的花园，看看不久便要卖给旁的人家了。她是一个有刚强意志的人，她对于这个情形，只能叹息，不能流泪。但在我看来，这叹息比了一江的清泪还要伤心。我忍不住便对她说："但是，姑母现在是庇着一个苦孩子啊！"
>
> 她听到这话，高兴起来了，立刻对那老妈子说："去把菜热了，拿来我们吃酒吧。我同二小姐今天要好好的看看湖光山色呢！"
>
> 于是我们便谈着，吃着，笑着，两人心里都感到了轻松与快乐。[①]

姑母说话的声调、背着手的姿势、咏诗的语气，都显得朴素而又令人感动，从姑母身上，流露出来的神情，显得那样庄严、纯洁和高贵。这一场景镌刻在陈衡哲的记忆中，姑母宽广的胸怀、爱才惜才，使陈衡哲深受感动。姑母的家庭沦落，与作者深感人生渺茫的心境相似，因而两人产生了一种惺惺相惜的契阔之感。这一段文字的描写，展现出陈衡哲观察细

---

① 陈衡哲：《纪念一位老姑母——为〈东方杂志〉写"我的生活的一页"》，《衡哲散文集》，河北教育出版社1994年版，第310—311页。

腻，情到深处，才能有这一惟妙惟肖的形象刻画、深入心扉的情感共鸣、情意相连的体贴入微，反映了陈衡哲散文的精到。而尤其令陈衡哲记忆深刻、感念于心的是她有一次生病，整整过了两个月才完全康复。在那两个月里，姑母亲自炖汤煎药，把陈衡哲照料得无微不至，直至病愈。后来，当作者在姑母的鼓励下，考取清华的留美学额，人生从此彻底改变。对此，她深情地说：“我这样的生活在她的爱护之下，使一种黑暗的前途渐渐有了光明，使我对于自己的绝望变成希望，使我相信，我这个人尚是一块值得雕刻的材料。”① “这是我生命中最黑暗，最痛苦的一页，而引我离开这个境地，使我重新走上‘造命’大道的，却是这位老姑母，和她对于我的深信与厚爱。”②

《我幼时求学的经过——纪念我的舅父庄思缄先生》一文，重心写自己如何走上求学的道路，着重写三舅对她的关爱和引导。作者开篇即写道：“进学校的一件事，在三十年前——正当前清的末年——是一个破天荒，尤其是在那时女孩子的身命上。我是我家中第一个进学校的人，故所需要的努力更是特别的大。虽然后来在上海所进的学校绝对不曾于我有什么益处，但饮水思源，我的能免于成为一个官场里的候补少奶奶，因此终能获得出洋读书的机会，却不能不说是靠了这进学校的一点努力。而使我怀此进学校的愿望者，却是我的舅父武进庄思缄先生。”③ 接着，作者以满腔热忱叙述自己的求学经过，写得委婉曲折，文章下笔于遥遥幼时，徐徐回顾自己的求学过程，其中着重写三舅对自己的帮扶、教导之爱。行文含

---

① 陈衡哲：《纪念一位老姑母——为〈东方杂志〉写“我的生活的一页”》，《衡哲散文集》，河北教育出版社 1994 年版，第 312 页。

② 同上书，第 313 页。

③ 陈衡哲：《我幼时求学的经过——纪念我的舅父庄思缄先生》，《衡哲散文集》，河北教育出版社 1994 年版，第 314 页。

蓄委婉而又积蓄着巨大的情感力量。而其中她尤为感念舅父教会了她睁眼看世界，让她在屡次灰心失望的困境中矢志不渝坚持理想，追求上进的信念。陈衡哲对三舅的感恩还在于三舅是最懂她的尊长，三舅在给陈衡哲的信中，曾说："吾甥当初求学之动机，吾知其最为纯洁，最为专一。有欲效甥者，当劝其效甥之动机也。"对此，陈衡哲深受感动，她动情地写道："有几个人是能这样的估计我，相信我，期望我的？"文章结尾写当她学成归国在北大任教授时，时常去给舅舅问安请教。不幸的是不到两三年，舅舅还不满七十时就过世了。当陈衡哲听到这一噩耗时，悲痛难掩，怀着"铅样的悲哀"写下深情的挽联：

> 知我，爱我，教我，诲我，如海深恩未得报；
> 病离，乱离，生离，死离，可怜一诀竟无缘。

> 这挽联做得虽不好，但它的每一个字却都是从我心头的悲哀深处流出来的，我希望它能表达出我对于这位舅父的敬爱与感铭于万一。①

语句凄怆悲痛，"知""爱""教""诲"，四个字传递舅舅对她的教导，展露了作者的感激之情。而生离死别，竟一诀永隔，无法再见，悲戚之情萦绕心间，情感沉郁，痛彻心脾，使人恻怛伤怀。

漫漫人生路，师友情弥足珍贵。《回到母校去》一文，记叙了作者参加太平洋国际学会年会后重返母校，这是她 1920 年离开后第一次再访美国。母校是陈衡哲一直惦念的所在，在这里有她奋斗的青春和师友们交游的美好记忆。1924 年，居于南京的陈衡哲，在 10 月 17 日写给胡适的信

---

① 陈衡哲：《我幼时求学的经过——记念我的舅父庄思缄先生》，《衡哲散文集》，河北教育出版社 1994 年版，第 326 页。

中，描绘了一幅充满诗意、美丽的南京秋景图，那些在瓦沙让她怀念不已的枫叶与松涛，一时都到眼前了，这让她感到无比的快乐与欣慰：

> 昨日我们出外找红叶，居然在灵谷寺外遇见了一大山枫林与松林。凡是 Vassar 所有的秋色，都呈现到目前来了。这是我五年来的第一乐事。可惜我不能画。不能把那个无（五）色斑斓的秋山保存下来。此外还有松涛，也是离 Vassar 以后不曾听过的。叔永与我因此都颇以你为念。不知道我们何时可以去重温一温那个"三个朋友"之梦。①

而这一次毕业多年重回母校，令作者百感交集。文章开篇即点明自己复杂的内心情感，"回到母校去的一件事，不一定能引起一个人的热心，因为在'归家'一类的快乐感想之中，常不免要夹着一点畏惧：同学们是都已水流云散了，教授们是死的死走的走了，而剩下的几位我所认得的教授，容许也把我忘掉。校内的建筑和行政呢，隔了十三四个年头，哪还有不改变的道理？似这一类的怀疑和恐惧，常能使一个人对于她别离已久的母校，发生一种离心力，发生一个日渐冷淡的态度。至少这正是我十四年来对于我的母校，瓦沙大学（Vassar College）所怀的态度"。② 因而，在去母校的路途中，看到那些熟悉的景致不由得引起内心的感伤。"母校"于她而言，不是异国他乡的一个校园，而是曾经奋斗过，挥洒过青春汗水的地方，对那些曾经美好的闪亮的青春记忆，是深深烙印在心上的，是她魂牵梦萦的所在。然而，时过境迁，物是人非，当陈衡哲站在曾熟悉的地

---

① 陈衡哲：《胡适遗稿及秘藏书信36》，耿云志主编，黄山书社1994年版，第148—150页。
② 陈衡哲：《回到母校去》，《衡哲散文集》，河北教育出版社1994年版，第377页。

方，却流露出一种难以言说的怅惘和哀愁。一种流逝的岁月，消逝的青春的感伤。她说："九月二十六日的上午，我与胡先生在车站会齐了，一同乘车到柏城去。火车是沿着赫贞河走的，这路我已不知走过了多少次数，闭了眼睛也能认得！那时正值初秋，对岸山上的秋色，正在欲放未放之间。这熟悉的景色，尤其是在西风黄叶学子归巢的时候，引起了我不少的'乡思'——对于曾在读书四年的第二故乡的乡思。火车走了不到两个钟头，便到了柏城的小车站。那时外面正下着濛濛的细雨，我心中也起了一种细雨似的悲欢。"① 既是访问母校，参观校园，拜访师友是其中很重要的行程，作者一一拜访校长及夫人，众多的师友。然而，令她悲痛伤怀的是，面对自己尊敬的师长的逝世，引发世事难料、知己零落、死生无常的喟叹。所以，当她即将离开瓦沙，站在冷清的车站，不由得黯然神伤。对陈衡哲而言，在这动荡不定的年月里，今朝一别，即是天涯，何年再见已成未知，而那已是一种浓得化不开的"乡愁"的情绪，成为无法消散的惆怅。返程中，夜半时分的小车站里，除了一个脚夫，一个票房的司事外，就只她一人，显得空荡荡的，她瞬间涌起一种孤独之感。"我再抬头一看，只见半圆的新月，已经挂到西方天上了，它正照着一个万里长征的孤客，在一个冷暗的车站上。要不是靠了这三日来母校所给予我的温情与热爱，把我的心保护着，使它沉醉在一个美丽的感情世界中，我真将受不住这个凄凉景地了。"②

《重游北美的几点感想》中叙写路上见闻、感受，其中与大学同学、同窗旧友相会，一起聚餐叙情，难能可贵；《加拿大露营记》写受美国

---

① 陈衡哲：《回到母校去》，《衡哲散文集》，河北教育出版社1994年版，第378页。
② 同上书，第388页。

的前辈朋友海德夫人的邀请，到加拿大安大略（Ontario）省北部的鹿湖露营，其乐无穷。如她以轻快简明的笔触叙写与朋友们一天的生活："早上起身，到湖边去梳洗好了。用过早膳，便到岛上一个静僻的林子里去，或读书，或写信。有时但倚着冈石，或树根，看湖波云光，和远处的岛屿，和往来湖面的小船。午前回来，随大家去学游水。中饭以后，或休息，或到湖上去学操独木舟。五六点钟的时候，全营的人，携了粮食，乘了汽船和独木舟，到湖上的荒岛上去用晚膳。便留连在那里，看落日和新月。有时有人弹着四弦琴，我们大家卧在树下听着。有时我应着他们的请，口译些中国诗词，说给他们听。要是那晚没有星月，天色暗了，大家便聚在那野火的旁边。我常常趁这个机会，抽身到远处去，看他们的情形：但见也有披着头发的，也有穿着革皮短衣的，大家围着一堆红火，在那漆黑的树林下面唱歌谈笑，和湖波震荡声，互相答应。远远的还有一种名 Loon 的水鸟，在无人居住的岛上，不住的啼叫，声音十分阴惨。我看着听着，差不多忘记自己是二十世纪的人了！"[1] 陈衡哲还意趣盎然地写与朋友们一起出外探险，她们三个人驾着两个独木舟，去探一个湖。船到了一个荒地，大家上了岸，走过了大片黑暗的树林。那林里不但榛莽遍地，并且有许多枯烂的树干，七横八竖地拦着去处。当她们走着走着，就看到一个小湖。于是，她们便又乘着独木舟，在湖中绕了一周，钓了一二尾鱼，折了几朵小荷花；便在那古苔斑斓的湖岸上，生了野火，吃了午膳；然后卧在冈石上面，闲谈了半天。大家又给那湖取了名字，叫它做洞庭湖。写到这里，陈衡哲还想在荒岛过夜，但是，朋友们为了安全而不同意。回去的时候，风景美不胜收。"那时太

---

[1]　陈衡哲：《加拿大露营记》，《衡哲散文集》，河北教育出版社 1994 年版，第 416—417 页。

阳已经下去，但余满天的红霞；有疏星几点，伴着新月，在林隙里放出光来，照着我们回去。沿途都是荒岛荒湖。湖里的枯树甚多，大约是水淹低岛的时候，一同遭难死的。它们直挺挺的站在那荒漠无垠的暗湖中，黑暗中看去，又是奇怪，又是可怕。欧洲神话中有海王，我到了这种境界，真可以悬想自己是到了海王的国界了！那些枯树，也便是看守海王国门的禁卫军！"①

总之，陈衡哲的各式散文，真真正正贯穿了她"自己的人格，情感，思想"，有真知灼见，有真情实感，她的散文创作即是她的生命意向、心灵世界的一种深层寄寓，是她自适率真、淡泊随性的写照，在字里行间浸染着温润的骨格、人格的魅力。有学者评价："陈衡哲善于写景物，也善于谈人论事、议论风发，其活泼幽默可与较后的两大散文家梁实秋、钱锺书互相竞耀。"② 且不论能否与梁、钱相比肩，但其对于陈衡哲散文风貌特色的概括，还是较为公允的。陈衡哲散文中的人、事、物、景的描摹，融会真挚的情怀，极具真实感、形象性和渲染效果，使人如临其境，故而产生触动人心的审美效果。

---

① 陈衡哲：《加拿大露营记》，《衡哲散文集》，河北教育出版社 1994 年版，第 418—419 页。
② 司马长风：《中国新文学史》中卷，香港昭明出版社有限公司 1976 年版，第 142 页。

第八章 晚年岁月

第一节 "美国不是老人住的地方"

1945 年 8 月 15 日，日本宣布无条件投降。八年抗战终于取得了胜利，举国上下莫不为此欢欣鼓舞。自七七事变之后，日本全面侵华的野心暴露无遗，北平陷入危机，陈衡哲当即决定带着子女逃亡。从那时开始，陈衡哲一家辗转迁徙，从北平到上海、庐山、香港、昆明，再到香港，后又辗转来到重庆，可谓一路颠沛流离，饱受战火之苦。抗战胜利，陈衡哲一家也终于安定下来。这时她接到美国国会图书馆的邀请函，请她担任指导研究员。而此时正值二女任以书和三子任以安也要到美国读书。任鸿隽也受中基会的委托，与美方董事商讨中基会的存废问题。于是，决定全家一起赴美。

1946 年年初，陈衡哲和任鸿隽带着儿女们从重庆搬到上海。7 月，他们准备就绪，远赴美国。那时长女任以都已在哈佛大学攻读历史学博士。[1] 到

---

① 任以都（1921— ）20 世纪 50 年代获美国哈佛大学历史学博士，曾首次把中国明代科技名著《天工开物》译成英文，后来成为宾夕法尼亚州立大学第一位华人女性终身教授。

美国后，三子任以安进剑桥中学（Cambridge High School）读书，这所中学是美国公立学校中数一数二的，任以安成绩优异，毕业后进康奈尔大学时也拿到了奖学金，后来在哈佛大学读物理学博士，1992 年任全美地质学会会长。二女任以书因为身体不好，休养了一年后才进 Vassar 读书，毕业后返回上海。① 而一向身体强健的任鸿隽刚到美国不久，就发现肾脏有结石，于是在医院做了手术。当时美国有一种新疗法，叫 early ambulation，只要是开刀的病人，不管年纪多大，是动大手术还是小手术，都要在隔了一夜之后，要病人下床走路、运动。而任鸿隽还没痊愈就勉强下床走了一圈，结果血流得太多，血管瘀塞，病情恶化，情况危急，不得已又在医院里住了很久。待他身体刚恢复好时，又由于中基会已临存亡绝续之际，须待大家来讨论出一个办法。为了工作他还是于 1947 年 2 月 3 日先行飞返上海，筹备将于 3 月 15 日在南京召开的中基会董事大会。陈衡哲则等到聘期结束后回国。

在陈衡哲一家赴美时，内战已经开始。抗战中饱受流离之苦的陈衡哲、任鸿隽都很失望。他们一家因机缘巧合能够在美国团聚，非常难得，因而全家人格外珍惜。女儿任以都曾经问过陈衡哲："要不要长住在美国？"但陈衡哲回答说："美国不是老人住的地方。除非有万贯家财，否则根本住不下来。"② 当然，陈衡哲可能考虑更多的不是经济原因，以她和任鸿隽的声望，不管在哪儿也能维持基本的生计。或许，已近花甲之年的陈衡哲心想的是年纪大了，还是得叶落归根，月是故乡明，人是故乡亲，毕

① 任以书，毕业于美国瓦萨大学，20 世纪 50 年代为照顾父母回到上海。丈夫程述铭，上海天文台天文学家，其大嫂上官云珠，知道江青很多底细，被逼跳楼以后，程述铭受株连，被囚禁，最后，家里接到一纸"畏罪自杀，触电身亡"的通知书。20 世纪 80 年代，任以书重返美国，90 年代在美国去世。

② 《任以都先生访问纪录》，《陈衡哲早年自传》，安徽教育出版社 2006 年版，第 254 页。

竟美国再好，也终究不是自己的祖国。所以，当时她就已经决定等聘约到期之后就回国。

回国之后，陈衡哲与任鸿隽决定定居上海，安享晚年。虽然陈衡哲对热闹的上海印象不佳，但上海交通便捷，生活便利，朋友也多，自有其好处。陈衡哲经常邀请朋友们到家里"吃茶"闲谈。那时，陈衡哲年老体弱，杨绛便时常去她家帮忙，而陈衡哲也把杨绛当妹妹看待。有一次杨绛到他们家，看到陈衡哲夫妇正在玩闹。陈衡哲瘦小的身躯撑成一个"大"字，两手两脚使劲张开，就那样挡在卧房门口，不让任鸿隽进去。任鸿隽连续几个"饿虎扑食"，想从一边攻进去，屡试屡败。陈衡哲胜利了，得意地、淘气地笑。任鸿隽输了，却也只呆呆地跟着笑，那神情，像个宽厚的兄长。此情此景，不由得让杨绛心生感慨，羡慕不已。①

1949 年中华人民共和国成立前夕，对即将到来的新政权，很多人又似信心不足。此时的上海，通货膨胀，物价飞涨，吃碗面"也要去一百五十万元"，随着战事迫近，上海也人心惶惶。滞留在上海的知识分子常聚在一起探讨局势，商讨何去何从，任鸿隽的家——高安路 14 号，成为朋友们谈天的据点。② 5 月，浙江大学校长竺可桢（1890—1974）③ 也到上海避难，与任鸿隽、陈衡哲夫妇过从甚密。当时，被中共宣布的"战犯"胡适早已离开大陆到美国，任鸿隽与陈衡哲夫妇仍在商讨去留问题。一众朋友翁文灏与蒋梦麟都劝他们离开上海，前往香港。但任鸿隽与陈衡哲却犹豫

---

① 杨绛同陈衡哲的交往参见她的《怀念陈衡哲》一文，收《杨绛作品精选：散文Ⅱ》，人民文学出版社 2004 年版。

② 参见林建刚《任鸿隽、陈衡哲夫妇为何留在大陆》，南方都市报 2015 年 5 月 26 日。

③ 竺可桢（1890—1974），字藕舫，浙江省绍兴县东关镇人。中国科学院院士、中国共产党党员，中国近代气象学家、地理学家、教育家。他于 1915 年和任鸿隽、丁文江等中国留美学生创办《科学》杂志，成立中国科学社，是继任鸿隽、丁文江、翁文灏之后的第四任社长。1936 年 4 月起担任浙江大学校长，历时 13 年。

不决。毕竟这些年陈衡哲和任鸿隽所从事的都是跟教育文化相关的事业，与政治并无瓜葛。抗战期间在重庆看到了太多国民党官僚的腐朽堕落，陈衡哲对国民党政权已经是失望至极。而早在 1943 年，居住在重庆的她曾经应周恩来之邀到中共中央南方局所在地红岩村去拜访。陈衡哲到达时，等候多时的周恩来非常热情地迎了出来，说："陈先生，我是您的学生，听过您的课，看过您写的书。"① 同年，周恩来还在吴玉章的陪同下来到任家花园拜访任鸿隽、陈衡哲。任氏夫妇在花园内设宴款待，其乐融融。② 温文尔雅、彬彬有礼的共产党领袖周恩来，给陈衡哲留下了非常好的印象。陈衡哲、任鸿隽还是愿意留下来的，一辈子飘来荡去，还要在晚年离乡去国，这是多么令人伤心的事。并且，任鸿隽、陈衡哲的事业都在这里。但是紧张的局势也令他们担忧，尤其是朋友们的催促，更增添了焦急的气氛。他们考虑如果要走，就去美国，因为三个孩子（以都、以书、以安）都在美国读书，这样又可以一家团聚了。

5 月 22 日，中基会的秘书叶良材带来两张飞机票，因为要去香港处理中基会事务，任鸿隽、叶良材先去了香港，陈衡哲"待轮通时"再到香港与之会合。接下来的几天，炮火终夜不绝，陈衡哲不免有些恐慌，就找到了杨杏佛的妻子赵志道来做伴。此后不久，陈衡哲的表弟也搬了过去同住。虽然有多人做伴，然而，人心惶惶的紧张局势还是让陈衡哲感到不安。而此时，已经进驻上海的中共领导人开始了对知识分子的统战工作。

1949 年 5 月 30 日，竺可桢在日记中写道："下午谢季骅来，钱临照偕

① 参见抢救民间家书项目组委会编《任鸿隽陈衡哲家书》，商务印书馆 2007 年版，第 111 页。
② 同上书，第 118—119 页。

来。知季骅于昨由南京至丹阳,与陈毅同来,据陈毅云,共产党待敌党将尽力宽大,适之、孟真、咏霓均无避去之需要。渠曾阅研究院院士录,见有郭沫若之名,知研究院之能兼收并蓄。并曾提余名,谓当电杭州市长谭震林至浙大访余云云。"[①] 竺可桢立即将此消息告诉了陈衡哲。既然陈毅保证胡适、傅斯年、翁文灏这样的人物都不需要离开,那么,作为科学家的任鸿隽与作为学者的陈衡哲就更不需要离开大陆了。陈衡哲听说后,如释重负。

之后不久,中共上海市军管会文化教育管理委员会相关人员就来接洽中基会事宜。当时,钱俊瑞是文教处的主任,副主任是李亚农。这一时期,李亚农曾邀请竺可桢与陈衡哲一起吃饭。任鸿隽作为中基会的董事,也受到了上海市市长陈毅的关心。陈毅市长希望任鸿隽能够参加即将于八月初在北平召开的科学会议。陈衡哲把这一消息转达给任鸿隽,希望他在香港处理完事务后尽早回国。在港期间,任鸿隽处理好中基会相关善后事宜之后,知晓国民政府已为他及叶良才办好了去美国的护照。一个周末,恰巧其侄儿任锡畴由广州到香港看望他。任鸿隽就要求侄儿陪他去游香港太圣山。到达山顶后,任鸿隽吐露心曲,将自己的下一步行动告诉了任锡畴。他说:"以前是我要去美国别人不让我去,现在是别人要我去美国而我已决定不去了。"[②] 原因是中共组织已同他联系好了,因此他选择了返回大陆。

然而,战火中一票难求,任鸿隽直到9月才抵达北平。9月13日,也在北平的竺可桢在日记中写道:"知任叔永已到京,住东四七条侯德榜处,

---

① 竺可桢:《竺可桢全集》第 11 卷,上海科技教育出版社 2006 年版,第 449—450 页。
② 参见抢救民间家书项目组委会编《任鸿隽陈衡哲家书》,商务印书馆 2007 年版,第 205 页。

上午来寓，余在协和未晤到。余约明晨往见之。"① 14 日，竺可桢如约去见任鸿隽，在这天的日记中，竺可桢写道："晨六点半起。早餐后八点半至东四七条十六号永利公司晤任叔永。并遇侯德榜、李承干、石上渠诸人，知叔永在香港居留四个月之久，后乘太古轮来天津。衡哲嘱其早日回沪，而此间友朋均劝其多留平。"②

在动荡的年月，老友见面难免话苍凉。中华人民共和国即将成立，北平即将成为首都，成为政治、经济、文化的中心，很多留下来的知识分子比较看好北平，回到大陆的任鸿隽也面临"回沪"还是"留平"的问题。他们的朋友多是希望他们能留在北平的。任鸿隽还是听从陈衡哲的意见，选择了上海。然而，在那一段风云变幻的危急情势中，任鸿隽、陈衡哲两人一个在上海一个在香港，分离达"四个月之久"，中间曲折难以言说，但可以想见夫妇俩在当时所受的煎熬。从人之常情来推理，当时，美国是个可安身的地方，何况三个子女都在那里，好朋友胡适也在那里。但是，最终他们还是留了下来。

与任鸿隽乘坐飞机去往香港的叶良材，最终从香港去了美国。到达美国后，他与胡适来往密切。胡适在立遗嘱时，曾指定了三个执行人，其中就有叶良材，由此可见胡适对他的信任。而留在上海的任鸿隽、陈衡哲夫妇，经历了 20 世纪 50 年代的胡适思想批判运动，在这场运动中，他们都选择了沉默。不管社会怎样变迁，世事如何动荡，他们始终同甘共苦，相濡以沫。

① 竺可桢：《竺可桢全集》第 11 卷，上海科技教育出版社 2006 年版，第 524 页。
② 同上书，第 525 页。

第二节 "山倒党风强"

中华人民共和国成立后,任鸿隽以特邀代表的身份参加了第一届中国人民政治协商会议。他积极响应国家的号召,陆续将中国科学社的所有资产捐献给国家,受到了人民政府的欢迎。而国家在"大跃进"之前,通过采取一系列措施,使经济、社会整体呈现欣欣向荣的新局面,这让陈衡哲感受到了新生政权较之国民党统治的进步。由于没有受到当时政治运动的影响,他们的生活也较为平稳。中华人民共和国成立后,陈衡哲当选为上海市政协委员,由于她患有眼疾,行动不便,从未去开过会。陈衡哲视力不好,任鸿隽每次读书看报看到好文章时都会读给陈衡哲听。长女以都已经在美国结婚生子,儿子以安哈佛大学博士毕业后也留美工作,二女儿以书 Vassar 大学毕业之后返回上海,跟父母住在一起,以便照顾年迈的双亲。陈衡哲和任鸿隽看到孩子们学业、事业有成,很是欣慰。他们年纪大了,就想这样老两口相依相伴着度过余生,也是一件幸福之事。

然而,世事难料。1961 年 10 月 9 日,任鸿隽突然病倒了。这一天,老朋友吴玉章到家里来拜访,两人抚今追昔,谈笑甚欢。任鸿隽还答应吴玉章第二天前往辛亥革命 50 周年纪念大会上作演讲。然而,中午时分,刚送走吴玉章回房间时,任鸿隽就突发脑溢血倒在屋里。① 家人急忙送他上医院抢救,却还是回天乏术,于 11 月 9 日不幸与世长辞。陈衡哲失去了同甘共苦的知音和伴侣,双目几近失明的她悲痛无比。她回顾起两人的交往

---

① 参见抢救民间家书项目组委会编《任鸿隽陈衡哲家书》,商务印书馆 2007 年版,第 214 页。

始于自己的一篇《来因女士小传》，自此，两人你来我往书信不断。归国
之后的任鸿隽赴海外考察时，首先奔赴芝加哥，看望在那里求学的陈衡
哲。三万里求婚的诚意最终改变了坚持独身主义的陈衡哲。任鸿隽对陈衡
哲说："你是不容易与一般的社会妥协的。我希望能做一个屏风，站在你
和社会的中间，为中国来供奉和培养一位天才女子。"① 两人终于在 1920
年喜结良缘。他们婚后亲密无间，夫唱妇随，荣辱与共。对于陈衡哲来
说，这一生，任鸿隽没有食言，他始终是一面屏风，为她遮风挡雨：《川
行琐记》事件中是如此，被人污蔑时也同样信赖，更不用说日常生活中的
点点滴滴、无时无处的呵护与关爱。可是，如今任鸿隽却离她而去，一切
都物是人非，此情此景，让陈衡哲肝肠寸断。往事一幕幕向她涌来，她再
也抑制不住沉痛之情，停笔多年的她写下了数首哀恸悲凄的词：

（1）金缕曲

不信君真去！小窗前，瓶花犹在，砚书如故。馨咳无闻茵枕冷，
梦断重门开处；始惊悟、果成千古。寂寞余生还怆恻，问从今，哀乐
和谁语？幽冥隔，永无路。

当年新陆初相晤，共游踪，清池赏月，绮城瀑布。四十年来同苦
乐，况又诗朋文侣；还相约、匡庐隐羽。我自衰残君独健，道当然，
病叶先离树。谁司命？颠倒误。

（2）浪淘沙

生死本相牵，漫羡神仙。多君强矫比中年；树杪秋风黄叶二，容
我凋先。

---

① 陈衡哲：《陈衡哲早年自传》，冯进译，安徽教育出版社 2006 年版，第 231 页。

危病忽联（连）绵，一再摧坚；逗君一笑任长眠，① 从此无忧无罣碍，不颤风前。

（3）浪淘沙

何事最难忘，知己无双："人生事事足参商，愿作屏山将尔护，恣尔翱翔。"

山倒觉风强，柔刺刚伤；回黄转绿孰承当？猛忆深衷将护意，热泪盈眶。

（4）忆江南

年来病，目眚绝书缘；每读佳文为我说，零章断句夕消闲。谁复话灯前？

一九六一年冬②

这些词句，情思哀恸，字字血泪。陈衡哲《金缕曲》的前半阕写面对亡夫的现实，"不信君真去"的心态和幽明异路的哀伤。下半阕是陈衡哲与任鸿隽初次见面、婚后同苦乐、琴瑟和谐的幸福生活。最后原以为丈夫身体强健，未曾想却先她而去。"谁司命，颠倒误"六个字将哀伤之情推到极致，感情迸发，仿如一声脆声的呐喊，掷地有声。两首名为《浪淘沙》的词，再现夫妇两人相依相伴，荣辱与共的深情。回忆夫君当初对自己"愿作屏山将尔护"的诺言，而夫君已逝，阴阳两隔，爱护与知己之情，令陈衡哲终生难忘。《忆江南》则展露了在陈衡哲患有眼疾的情况下，任鸿隽不离不弃，每有佳句好文，便读给她听，此情此

---

① 陈衡哲在此处加注："在君临危前，我曾以戏言，逗得其一笑；从此遂沉睡日深，不复醒矣。"

② 陈衡哲：《陈衡哲早年自传》，冯进译，安徽教育出版社 2006 年版，第 232—234 页。

心，难以再得，哀恸之感溢于言表。这几首词，句句哀婉凄楚，情真意切，感人至深。在这些词句背后，隐藏了陈衡哲多少世态炎凉辛酸之叹已不得而知。陈衡哲晚年沉默无言，是为世人所共知的。然而，这些词句却无意中展露出陈衡哲内心深处的惊涛骇浪、她的寂寞孤苦、她所承受的外界的逼仄重压。

任鸿隽去世后，陈衡哲也立即写信给在美国的长女任以都，要她"赶快通知赫贞江上的老伯"。① 任以都收到母亲的信后，悲痛交加，那时冷战时期，世界局势紧张，她连回国奔丧的想法都不敢有，因为知道那是不可能实现的。② 赶紧写信告知胡适。得到任鸿隽噩耗的胡适回了一封很长的信，内中充满悲伤地说："政治上这么一分隔，老朋友之间，几十年居然不能通信。请转告你母亲，'赫贞江上的老朋友'在替她掉泪。"③ 复信中最后说："三个朋友之中，我最小，如今也老了。"④ 胡适这一句"也老了"仿佛是偈语。一个多月后，1962 年 2 月 24 日，正在台北主持"中央研究院"院士酒会的胡适，在谈笑中猝然倒地，不幸去世。儿女们担心母亲受不了这接踵而来的打击，便没有把胡适离世的消息告诉陈衡哲。

任鸿隽去世之后，儿女们都希望母亲能为父亲写一篇小传。只可惜陈衡哲眼疾日重，已久不能写作。然而对于 40 多年来同甘共苦的伴侣，陈衡

---

① "赫贞江上的老伯"指胡适。1917 年胡适曾经写了一首《赫贞旦答叔永》，其中最后几行是："……清茶胜似酒，面包充早饭；老任倘能来，和你分一半；更可同作诗，重咏赫贞旦。"1949 年后，胡适在大陆遭到批判，陈衡哲和任鸿隽在与孩子们通信时便使用暗语来称呼胡适。

② 《任以都先生访问纪录》，《陈衡哲早年自传》，冯进译，安徽教育出版社 2006 年版，第 259 页

③ 同上书，第 267—268 页。

④ 《胡适之先生年谱长编初稿》第 10 册，胡颂平编著，台湾联经出版公司 1984 年版，第 3863 页。

哲觉得不管是情感和责任两方面都是应该写的。在陈衡哲心目中，任鸿隽就是一个完美的人。她曾亲口对侄孙任尔宁说，自己一生中最佩服两个人，一个是任鸿隽；另一个是共和国第一任总理周恩来。① "我在人生道路上是一个十分好强的人，但是我所接触的人当中，确确实实再也找不到像你三爷爷这样完美的人了，缺点我基本上指不出来。"（三爷爷即是任鸿隽，笔者注）。② 陈衡哲觉得对于任鸿隽70多年的事迹，至少亦应在10万字以上。然而，她的病眼又无法胜任。于是，她选取任鸿隽生命中的要点——事业与人格方面，写成了一篇数千字的《任叔永先生不朽》。陈衡哲深情地回忆了自己和任鸿隽的文字姻缘，感念夫君对自己的关爱与呵护："造了这个道德上的大支持，我才能在儿女及家务繁琐任务之外，对于自己的使命，仍旧尽得一点责任。这支持使我努力，使我向上，使我能尽量的去发展我的能力与抱负。这样的深契与成全，又岂是'男子生而愿为之有室'的那个平凡望愿所能了解的？"③ 对于任鸿隽一生致力于科学的建设和推进事业给予高度的肯定，并高度赞赏任鸿隽为人行事"生性淡泊，不慕荣名"，说任鸿隽在"立德、立功、立言"三方面都有不朽的地位。"我想，凡是知道他较深的朋友们，是决不会以我此言为溢美的。"④ 这篇写于1962年7月的文字，是陈衡哲在"目光半明半昧中写出的"，也是她"写作生涯的广陵散"，⑤ 饱含了陈衡哲对亡夫的一片赤诚与深情。

---

① 参见抢救民间家书项目组委会编《任鸿隽陈衡哲家书》，商务印书馆2007年版，第111页。
② 任尔宁口述，徐红强撰稿：《中国第一位女教授陈衡哲的晚年生活》，《世纪》杂志2015年第5期。
③ 《任叔永先生不朽》，《陈衡哲早年自传》，冯进译，安徽教育出版社2006年版，第231页。
④ 同上书，第230—231页。
⑤ 同上书，第226页。

在任鸿隽、胡适相继去世后，陈衡哲的晚年生活极少与人交往，近乎隐居。不过，后来接连不断的政治运动，陈衡哲没有卷入其中，躲过了大的冲击，看来这种与现实生活的绝缘状态还是幸运的。在十年动乱中，陈衡哲眼疾越发严重，并发症是严重甲状腺病，视力衰退，咫尺不能看见。作为一位历史学家，陈衡哲对政治历史自然关心。但此时她却从来不看报纸，不收听新闻，认为这些东西"千篇一律，毫无论调"，只于每天下午5时半准时收听上海人民广播电台的天气预报。然而她从来没有放弃过对拨乱反正的期望，她对"文化大革命"的分析确实很精辟，她对侄孙任尔宁说，"头脑发热的人也只能逞强一时，不可能长久地发热，这一切结束的时间也不会太久的了"。她还说："历史总有它的规律。"① 虽然"文革"中没有遭到批判，但因有一儿一女在国外，还是经历了两次大抄家。1968年，任尔宁到陈衡哲家中探望时，他看到靠近陈衡哲大床边的地板上乱七八糟的堆了一大堆书。后来，陈衡哲告诉任尔宁是中科院上海植物研究所的造反派来抄了家。任尔宁说："那我帮你整理。"她说："不用不用，就让它那样堆着吧，这种野蛮的'杰作'，中国秦朝有之，欧洲中世纪也有之。人类的文化、文明依旧未因此而却步，当这一切乱象结束后再来收拾吧。"② 又有一次，红卫兵来抄家，陈衡哲的女儿女婿都被赶了出去，陈衡哲以眼睛看不见为由，拒绝下楼。那些红卫兵在屋里待了一夜，翻箱倒柜，有恃无恐。结果陈衡哲的日记、文稿和任鸿隽自留学一直到晚年积攒下来的几十本相本全被抄走，一些照片被撕成一条一条的，扔到浴室的大

___

① 任尔宁口述，徐红强撰稿：《中国第一位女教授陈衡哲的晚年生活》，《世纪》2015年第5期。

② 同上。

水盆里。① 经历这些大动乱后，陈衡哲精神受到刺激，至此，她便衰老到难以形容的地步。

1976 年 1 月 7 日，陈衡哲带着对远在异国的儿女的深切期盼与思念，病逝于上海广慈医院，享年 86 岁。去世时，仅妹妹陈衡粹与次女任以书守在身旁。一个不平凡的女性就这样在"文革"结束前的暗夜里告别了人世。陈衡哲的一生，从清末到民国，从民国到中华人民共和国，经历了世纪风波，江山更迭。她在剧烈的社会动荡和危流之争中，逆流而上，成为开一代风气之先的第一批庚款留美女生和第一位中国女教授。对于这样一位在文学界、史学界和教育界享有盛名的卓越女性，她注定终将被写入历史，为后人所铭记。

附图：陈衡哲及其家人照片（图 8-1 至图 8-4）。

图 8-1　陈衡哲、任鸿隽夫妇与子女

---

① 《任以都先生访问纪录》，《陈衡哲早年自传》，冯进译，安徽教育出版社 2006 年版，第 256 页。

图 8-2　前排坐者：任鸿隽、陈衡哲；后排站立者：陈衡粹、余上沅

图 8-3　任鸿隽与三个子女

图 8 – 4　任鸿隽、陈衡哲晚年合影

附　　录

一　陈衡哲文章年表

《致某女士书》,《留美学生季报》1915 年第 2 卷第 1 期。

《来因女士小传》,《留美学生季报》1915 年第 2 卷第 3 期。

《东美中国学生年会记事》(附表)《留美学生季报》1916 年第 3 卷第 4 期。

《永久之和平果可期乎》,《留美学生季报》1916 年第 3 卷第 3 期。

《记藩萨女子大学》,《留美学生季报》1916 年, 第 3 卷第 1 期。

《平和与争战》,《留美学生季报》1917 年第 4 卷第 1 期。

《寒月》(诗录),《留美学生季报》1917 年第 4 卷第 2 期。

《记某军官之言》,《留美学生季报》1917 年第 4 卷第 2 期。

《西风》(诗录),《留美学生季报》1917 年第 4 卷第 2 期。

《一日》(纪实小说),《留美学生季报》1917 年第 4 卷第 2 期。

《说行星轨道》(附图),《科学》1917 年第 3 卷第 7 期。

《诗录:召夕列》(有序),《留美学生季报》1918 年第 5 卷第 2 期。

《夕照山暮望》(诗录),《留美学生季报》1918 年第 5 卷第 3 期。

《记藩萨火灾》,《留美学生季报》1918 年第 5 卷第 2 期。

《人家说我发了痴》,《新青年》1918 年第 5 卷 3 期。

《老夫妻》,《新青年》1918 年第 5 卷第 4 号。

《记述门:记新大陆之村中生活》,《妇女杂志》1918 年第 4 卷第 3 号。

《松楼杂记》(未完),《留美学生季报》1919 年第 6 卷第 1 期。

《鸟》,《新青年》1919 年第 6 卷第 5 号。

《散伍归来的吉普色》,《新青年》1919 年第 6 卷第 5 号。

《加拿大堪蒲记》(附照片),《留美学生季报》1920 年第 7 卷第 1 期。

《小雨点》,《新青年》1920 年第 8 卷第 1 号。

《波儿》,《新青年》1920 年第 8 卷第 2 号。

《纪念但丁》,作于 1921 年 9 月,收入《衡哲散文集》,1938 年。

《基督教在欧洲历史上的地位》,《东方杂志》1922 年第 19 卷第 10 号。

《基督教在欧洲历史上的位置》(未完),《努力周报》1922 年第 1 期。

《基督教在欧洲历史上的位置》(续),《努力周报》1922 年第 2 期。

《四川为什么糟到这个地步》,《努力周报》1922 年第 12 期。

《关于努力本身的一个问题》,《努力周报》1922 年第 15 期。

《巫峡里的一个女子》,《努力周报》1922 年第 15 期。

《孟哥哥》,《努力周报》1922 年第 24 期。

《三峡中的扬子江》,《努力周报》1922 年第 30 期。

《梦与希望》,《努力周报》1922 年第 32 期。

《美国女子的大学教育》,《教育杂志》1923 年第 15 卷第 1 期。

《一个吃先生的日记》,《努力周报》1923 年第 42 期。

《我的心》,《努力周报》1923 年第 43 期。

《一个女尼的忏悔》，收入《胡适论学往来书信选》，1923 年 4 月 5 日。

《完全不是那么一回事》，《努力周报》1923 年第 52 期。

《研究历史应具的常识》，《读书杂志》1923 年第 10 期。

《晚上的西湖》，《努力周报》1923 年第 58 期。

《我要去了》，《努力周报》1923 年第 66 期。

《西风》，《东方杂志》1924 年第 21 卷第 17 期。

《对于今后日本的一个希望》，《努力周报》1923 年第 72 期。

《近作西洋史序言》，《努力周报》1923 年第 73 期。

《彼述克（一三〇四——一三七四）》，《晨报五周年纪念增刊》1923 年 12 月；收入《衡哲散文集》（1938 年）题名为《彼脱拉克与文艺复兴（1304—1374）》。

《深狭与浅博》，作于 1923 年 5 月，收入《衡哲散文集》1994 年。

《介绍英国诗人格布生》，《东方杂志》1923 年第 20 卷第 7 号，收录《衡哲散文集》（1938 年）题名为《英诗人格普生的诗》。

《鸡鸣寺看月出》，《晨报副刊：文学旬刊》1924 年第 39 期。

《运河与扬子江》，《东方杂志》1924 年第 21 卷第 13 号。

《洛绮思的问题》，《小说月报》1924 年第 15 卷第 10 期。

《国家教育与国际教育》，《教育与人生》1924 年第 42 期。

《一个改良大学教育的提议》，《现代评论》1925 年第 2 卷第 39 期。

《历史教学与人类前途》，《晨报七周年增刊》1925 年第 12 月期。

《女学生的婚姻问题：婚姻不是女学生的急务》，《妇女杂志》1925 年第 11 卷第 6 期。

《南京与北京》，《现代评论》1926 年，第一年周年纪念增刊。

《亚波拉与爱洛绮丝的恋爱古事》,《晨报副刊》1926 年 6 月 30 日。

《北戴河一周游记》,《晨报副刊》1926 年 9 月 1 日。

《一支扣针的古事》,《现代评论》1926 年第 5 卷第 106 期。

《我为什么赞成爱国中学?》,《晨报副刊:社会》1926 年第 46 期。

《太平洋国交会议记略》,《现代评论》1927 年第 6 卷第 142 期。

《妇女与职业:妇女问题之一》,《现代评论》1927 年第二周年纪念增刊。

《赠 EG:在华几几海滨月下倾谈之后》,《现代评论》1927 年第 6 卷第 141 期。

《女子与职业》,《现代评论》1927 年第 5 卷增刊。

《一个战时的和平家》,《现代评论》1927 年第 5 卷第 117 期。

《国际妇女和平自由联合会寄给中国女子的一封信》,《现代评论》1927 年第 6 卷第 133 期。

《对于太平洋国交讨论会的感想》,《新纪元周报》1929 年第 1 卷第 39 期。

《太平洋国交讨论会中国支部之黑幕》,《中外评论》1929 年第 15 期。

《欧洲文艺复兴史》,上海商务印书馆 1930 年版。

《老柏与野蔷薇》,《北斗》1931 年,创刊号,作于 1931 年 7 月 12 日。

《Stories and Poems:鸟》,《凤藻》1931 年第 11 期。

《论过渡时代》,收入《衡哲散文集》1938 年作于 1931 年 3 月。

《再游北戴河》,收入《衡哲散文集》1938 年作于 1932 年 9 月。

《论鸦片公卖》,《独立评论》1932 年 7 月 10 日第 8 号。

《适应环境与改造环境》,《衡哲散文集》1938 年,作于 1932 年 8 月。

《答一位少年女朋友》（通信），《独立评论》1932 年 8 月 14 日第 13 号。

《皮尔德的美国文化史》（书评），《独立评论》1932 年 10 月 2 日第 20 号。

《说中年》，《衡哲散文集》1938 年作于 1932 年 11 月。

《人才与政治》，《独立评论》1932 年 12 月 4 日第 29 号。

《小妇人》（新书介绍），《独立评论》1932 年 12 月 11 日第 30 号。

《女子教育的根本问题》，《独立评论》1932 年 12 月 25 日第 32 号。

《关于"暴风雨中的七个女性"——陈衡哲先生致丁玲先生的信》，《文学月报》1932 年第 11 卷第 4 期。

《民族主义的国家与中国教育》，《独立评论》1933 年 2 月 1 日第 35 号。

《国难与知识界的妇女》，《独立评论》1933 年 3 月 12 日第 41 号。

《居里夫人小传》，《独立评论》1933 年 4 月 2 日第 44 号。

《亚丹女士小传》，《独立评论》47 号作于 1933 年 4 月，1937 年 3 月改写。

《清华大学与国耻》，《独立评论》1933 年 5 月 14 日第 50 号，作于 1933 年 4 月。

《好尔厅的基本工作》，《独立评论》1933 年 6 月 18 日第 55 号。

《太平洋国际学会》，《独立评论》1933 年 7 月 23 日第 60 号。

《回到母校去》，《独立评论》1933 年 11 月 19 日第 77 号。

《重回北美的几点感想》，《独立评论》1933 年 12 月 10 日第 80 号。

《西风集》，上海商务印书馆 1933 年版。

《新生活与妇女解放》，南京正中书局 1934 年版。

《对于儿童教育的一个意见》，《独立评论》1934 年 3 月 11 日第 91 号。

《妇女问题的根本谈》，《独立评论》1934 年 4 月 22 日第 97 号。

《对于秦氏全家自杀的意见》，《独立评论》1934 年 5 月 20 日第 101 号。

《"日本和平"的又一看法》，《独立评论》1934 年 5 月 27 日第 102 号。

《哀悼居里夫人》，《独立评论》1934 年 7 月 15 日第 109 号。

《从北平飞到太原》，1934 年 7 月 20 日第 110 号。

《教育与智识》，《独立评论》1934 年 9 月 9 日第 117 号。

《小伙计，现在怎么样呢》，《独立评论》1934 年 10 月 21 日第 123 号。

《法律能维持情感吗》，《独立评论》1934 年 11 月 18 日第 127 号。

《两性问题与社会意识》，《独立评论》1934 年 11 月 25 日第 128 号。

《合情合理地看待中国——评赛珍珠的〈大地〉》，《太平洋时事》1934 年第 4 卷第 10 期。

《关于现代婚姻问题的又一解》，《国闻周报》1934 年第 11 卷第 15 期。

"LOUISE'S PROBLEM"，《金陵女子文理学院校刊》1934 年（金陵年刊）。

《纪念一位老姑母》，《东方杂志》1935 年第 32 卷第 1 期。

《新中国女子的五年计划》，《独立评论》1935 年 1 月 10 日第 137 号。

《居里夫妇合传译本介绍语》，《独立评论》1935 年 2 月 24 日第 139 号。

《"父母之命"与自由结婚》，《独立评论》1935 年 3 月 17 日第 142 号。

《一个小小调查表的缘起》，《独立评论》1935 年 4 月 7 日第 145 号。

《关于父母之命的一段谈话》，《独立评论》1935 年 4 月 28 日第 148 号。

《调查小学儿童健康的结果》，《独立评论》1935 年 5 月 19 日第 151 号。

《心理健康与民族的活力》，《独立评论》1935 年 6 月 9 日第 154 号。

《我们走的哪一条路?》，《独立评论》1935 年 6 月 30 日第 157 号。

《介绍一种青年的读品》，《独立评论》1935 年 7 月 7 日第 158 号。

《复古与独裁势力下妇女立场》，《独立评论》1935 年 7 月 14 日第 159 号。

《关于女子教育的几句话》，《独立评论》1935 年 7 月 28 日第 161 号。

《救救中学生》，《国闻周报》1935 年第 12 卷第 38 期。

《两种的活法：对北平艺文中学毕业生的演说》，《浙江青年》（杭州）1935 年第 1 卷第 9 期。

《对于儿童年的三种希望》，《现代父母》1935 年第 3 卷第 6 期。

《健康公论：中学生康健问题》，《健康生活》1935 年第 5 卷第 4 期。

《青年的康健问题》，《现实》1935 年第 2 卷第 2/3 期。

《调查小学儿童健康的结果》1935 年第 151 期。

《心理康健与民族的活力》，《独立评论》1935 年第 154 期。

《一个理想的生活》，《长城》1935 年第 3 卷第 2 期。

《一位值得我们崇拜的亚丹女士》，《三三月刊》1935 年第 3 卷第 4 期。

《海波的歌》，《新文学》1935 年创刊号。

Peiping Autobiography of a Chinese Woman，1935 年。

《小雨点》（改版初版本），上海商务印书馆 1936 年版。

《川行琐记（一）北平到成都》，《独立评论》1936 年 3 月 1 日第 190 号。

《川行琐记（二）四川"二云"》，《独立评论》1936 年 4 月 5 日第 195 号。

《川行琐记（三）成都的春》，《独立评论》1936 年 6 月 28 日第 207 号。

《川行琐记（四）归途》，《独立评论》1936 年 8 月 30 日第 216 号。

《妇女参政问题的实际方面》，《独立评论》1936 年 11 月 1 日第 225 号。

《南猿与北猿：证明环境与天才的关系》，《潇湘涟漪》1936 年第 2 卷第 7 期。

《做官与做事》，《海王》1937 年第 9 卷第 23 期。

《青年的修养问题》，《独立评论》1937 年 5 月 23 日第 235 号。

《我幼时求学的经过》，《宇宙风》1938 年第 56 期，作于 1937 年 8 月。

《一百五十年来欧洲的国际战争：为某中学讲演的稿子》，《浙江青年》1937 年第 3 卷第 7 期。

《新生活与妇女解放》（未完），《妇女新生活月刊》1937 年第 5 期。

《新生活与妇女解放》（续前），《妇女新生活月刊》1937 年第 6 期。

《新生活与妇女解放》（续），《妇女新生活月刊》1937 年第 7 期。

《新生活与妇女解放》（续），《妇女新生活月刊》1937 年第 8 期。

《妇女在战时的责任》，《抗战半月刊》1937 年第 1 卷第 1/2 期。

《国难所奠定的复兴基石》，《国闻周报》1937 年第 14 卷第 50 期。

《妇女问题随笔》，《宇宙风》1938 年第 67 期。

《妇女在火场中：妇女问题随笔》（续），《宇宙风》1938 年第 69 期。

《心理康健与民族活力》，《中华健康杂志》1940 年第 2 卷第 2 期。

《对于康健运动的感想与希望》，《中华健康杂志》1940 年第 2 卷第 3 期。

《谈教育问题》，《文学月刊》1943 年第 1 卷第 5 期。

《社会道德的崩溃》，《重庆舆论周报》1943 年第 1 卷第 6 期。

《适应环境与改造环境》，《中国青年》1943 年第 2 卷第 4 期。

《蔡孑民先生的逸事二则》，《时代生活》1943 年第 1 卷第 2 期。

《谈乱世文人》，《文学周刊》1944 年第 9 期。

《我对于从军青年的致敬与期望》，《中外春秋》1944 年第 3 卷第 1 期。

《社会公道的意义与使命》，《雍言》1944 年第 4 卷第 10 期。

《自传》，《出版界》1945 年第 2 卷第 1 期。

《关于妇女的希望与忧虑》，《书报精华》1945 年第 3 期。

《寄自重庆》，《平论半月刊》1945 年第 4 期。

《是我们自省的时候了：胜利感言之二》，《客观》1945 年第 5 期。

《青年从军运动的副作用》，《时代精神》1945 年第 11 卷第 5/6 期。

《健康第一》，《健与力》1945 年第 5 卷第 11/12 期。

《创造欲与占有欲》，《书报精华》1945 年第 12 期。

《客座记言：一、你是不是基督教徒?》1946 年第 1 卷第 11 期。

《客座记言：二、西方人"回到宗教去"的意义》，《观察》1946 年第
1 卷第 13 期。

《"主敬"是迂拙吗?》，《观察》1947 年第 2 卷 3 期。

《民国园中的嘉木与恶草》，《观察》1947 年第 2 卷第 5 期。

《平衡生活的一个方案》，《观察》1947 年第 2 卷第 10 期。

《关于自由思想分子》（通信），《观察》1947 年第 2 卷第 12 期。

《我们要的是和平》，《观察》1947 年第 2 卷第 24 期。

《写在"为中国的农业试探一条出路"的前面》，《观察》1947 年第 3
卷第 3 期。

《客座记言：三、"主敬"是迂拙吗?》，《观察》1947 年第 2 卷第

3 期。

《客座记言：四、民主园中的嘉木与恶草》，《观察》1947 年第 2 卷第 5 期。

《客座记言：五、平衡生活的一个方案：文化价值的评判》，《观察》1947 年第 2 卷第 10 期。

《采桑子》（补白），《观察》1947 年第 2 卷第 18 期。

《乘风好》（补白），《观察》1947 年第 2 卷第 11 期。

《中国学生在美国》，《浙赣路讯》1948 年第 241 期。

《任叔永先生不朽》，收入《陈衡哲早年自传》2006 年作于 1962 年 7 月。

二 陈衡哲著作出版年表

序号	时间	出版社	著作名称
1	1925 年	上海商务印书馆	西洋史（下册）
2	1926 年	上海商务印书馆	西洋史（上、下册）
3	1926 年	上海商务印书馆	文艺复兴小史
4	1927 年	上海商务印书馆	西洋史（第 6 版）
5	1928 年	上海新月书店	小雨点（初版）
6	1929 年	商务印书馆	西洋史（第 7 版）
7	1930 年	上海商务印书馆	欧洲文艺复兴史
8	1931 年	Shanghai，Institute of *Symposium on Chinese Culture* Pacific Relation	
9	1933 年	上海商务印书馆	西风集

10	1934 年	南京正中书局	新生活与妇女解放
11	1935 年	Peiping Autobiography of a ChineseWoman	
12	1936 年	上海商务印书馆	小雨点（改版初版本）
13	1938 年	上海开明书店	衡哲散文集
14	1939 年	长沙商务印书馆	小雨点（再版）

其他再版：

序号	时间	出版社	著作名称
15	1980 年	成文出版社	小雨点
16	1994 年	河北教育出版社	衡哲散文集
17	1997 年	上海古籍出版社	西风：陈衡哲小说
18	1998 年	辽宁教育出版社	西洋史
19	1999 年	吉林摄影出版社	说中年
20	2004 年	百花文艺出版社	陈衡哲散文选集（第 2 版）
21	2006 年	安徽教育出版社	陈衡哲早年自传
22	2007 年	中国工人出版社	西洋史
23	2007 年	东方出版社	西洋史
24	2009 年	百花文艺出版社	陈衡哲散文选集（第 3 版）
25	2009 年	福建教育出版社	中国文化论集
26	2014 年	北方文艺出版社	一支扣针的故事

参考文献

一 专著类

陈平原：《中国现代学术之建立：以章太炎、胡适之为中心》，北京大学出版社 1998 年版。

陈平原：《当年游侠人：现代中国的文人与学者》，生活·读书·新知三联书店 2006 年版。

李泽厚：《中国近代思想史论》，生活·读书·新知三联书店 2008 年版。

殷海光：《中国文化的展望》，上海三联书店 2002 年版。

陈平原：《文学史的形成与建构》，广西教育出版社 1999 年版。

陈平原：《从文人之文到学者之文》，生活·读书·新知三联书店 2004 年版。

[美] 张灏：《危机中的中国知识分子：寻求秩序与意义》，高力克、王跃译，山西人民出版社 1988 年版。

[美] 格里德：《胡适与中国的文艺复兴——中国革命中的自由主义 (1917—1937)》，鲁奇译，江苏人民出版社 1995 年版。

李泽厚：《中国现代思想史论》，生活·读书·新知三联书店 2008 年版。

张广智、张广勇：《现代西方史学》，复旦大学出版社 1996 年版。

程新编：《港台·国外谈中国现代文学作家》，四川文艺出版社 1986 年版。

王晓明主编：《二十世纪中国文学史论》，上海东方出版中心 1997 年版。

夏晓虹：《晚清女性与近代中国》，北京大学出版社 2014 年版。

夏晓虹：《晚清女子国民常识的建构》，北京大学出版社 2016 年版。

余英时：《中国思想传统及其现代变迁》，广西师范大学出版社 2004 年版。

余英时：《士与中国文化》，上海人民出版社 2003 年版。

［美］张灏：《梁启超与中国思想的过渡》，崔志海、葛夫平译，中央编译出版社 2016 年版。

［美］林毓生：《中国意识的危机》，贵州人民出版社 1988 年版。

［美］张灏：《幽暗意识与民主传统》，新星出版社 2010 年版。

金耀基：《从传统到现代》，中国人民大学出版社 1999 年版。

俞祖华：《民族主义与中华民族精神的现代转型》，社会科学文献出版社 2012 年版。

王增进：《后现代与知识分子社会位置》，中国社会科学出版社 2003 年版。

胡适：《胡适文集》，欧阳哲生编，北京大学出版社 1998 年版。

贺玉波：《现代中国女作家》，北新书局 1931 年版。

孟悦、戴锦华：《浮出历史地表：现代妇女文学研究》，河南人民出版社 1989 年版。

刘思谦：《"娜拉"言说——中国现代女作家心路纪程》，上海文艺出版社 1993 年版。

耿云志编：《胡适遗稿及秘藏书信》，黄山书社 l994 年版。

苏雪林：《中国二三十年代作家》，台北纯文学出版社有限公司 1983 年版。

陈敬之：《现代文学早期的女作家》，台北成文出版社有限公司 1980 年版。

史建国：《陈衡哲传》，上海远东出版社 2010 年版。

王玉琴：《一日西风吹雨点：陈衡哲传》，中国书籍出版社 2015 年版。

阎纯德：《中国现代女作家》，黑龙江人民出版社 1983 年版。

阎纯德主编：《二十世纪中国著名女作家传》，中国文联出版公司 1995 年版。

朱维之编：《陈衡哲散文选集》，百花文艺出版社 2004 年版。

张莉：《浮出历史地表之前：中国现代女性写作的发生》，南开大学出版社 2010 年版。

王翠艳：《女子高等教育与中国现代女性文学的发生》，文化艺术出版社 2007 年版。

陈衡哲：《陈衡哲早年自传》，冯进译，安徽教育出版社 2006 年版。

陈衡哲主编：《中国文化论集：1930 年代中国知识分子对中国文化的认识与想象》，王宪明、高继美译，福建教育出版社 2009 年版。

中国社会科学院近代史研究所中华民国史组编：《胡适来往书信选》，中华书局 1979 年版。

樊洪业、潘涛、王勇忠编：《中国年代思想家文库·任鸿隽卷》，中国人民大学出版社 2014 年版。

竺可桢：《竺可桢全集》，上海科技教育出版社 2006 年版。

抢救民间家书项目组委会：《任鸿隽陈衡哲家书》，商务印书馆 2007 年版。

焦润明：《中国现代文化论争》，社会科学文献出版社 2012 年版。

罗荣渠主编：《从"西化"到现代化：五四以来有关中国的文化趋向和发展道路论争文选》，黄山书社 2008 年版。

孙培青主编：《中国教育史》，华东师范大学出版社 1992 年版。

毛礼锐、沈灌群主编：《中国教育通史》，山东教育出版社 2005 年版。

李喜所、刘集林等：《近代中国的留美教育》，天津古籍出版社 2000 年版。

李华兴主编：《民国教育史》，上海教育出版社 1997 年版。

二　论文类

陈平原：《那些让人永远感怀的风雅——任鸿隽、陈衡哲以及"我的朋友胡适之"》，《书城》2008 年第 4 期。

赵晓铃：《中国第一女教授陈衡哲四川行》，《红岩春秋》2001 年第 1 期。

李孝迁：《美国鲁滨逊新史学派在中国的回响（上）》，《东方论坛》2005 年第 6 期。

李孝迁：《美国鲁滨逊新史学派在中国的回响（下）》，《东方论坛》2006 年第 1 期。

何成刚、张安利：《一部"带有创作的野心的"历史教科书——陈衡哲著述〈西洋史〉教科书特色述评》，《中学历史教学参考》2004 年第 11 期。

李长林：《我国世界史研究的先驱——纪念陈衡哲先生诞辰 120 周年》，《世界历史》2011 年第 4 期。

黄蕾：《陈衡哲史学成就论略》，《安庆师范学院学报》（社会科学版）2006 年第 5 期。

杜方智：《胡适与陈衡哲》，《书屋》2003 年第 2 期。

顾钧：《陈衡哲与〈中国文化论集〉》，《中华读书报》2011 年 11 月 9 日第 14 版。

何成刚、陈亚东：《民国时期的几部历史普及读物》，《中华读书报》2007 年 11 月 21 日第 9 版。

张红萍：《陈衡哲：中国现代白话小说第一人》，《中国妇女报》2004 年 10 月 19 日。

阎纯德：《陈衡哲及其〈小雨点〉》，《新文学史料》1981 年第 4 期。

陈鸡泽：《陈衡哲传略》，《中国现代文学研究丛刊》1990 年第 4 期。

杨同生：《陈衡哲年谱》，《中国文学研究》1991 年第 3 期。

游友基：《新文学最早的女性拓荒者——陈衡哲》，《中国现代文学研究丛刊》1988 年第 4 期。

李玲：《重返社会公共生活领域——"五四"女性文学研究之一》，《漳州师院学报》（哲学社会科学版）1998 年第 3 期。

沈卫威：《〈洛绮思的问题〉的作者告白——关于陈衡哲致胡适的三封信》，《河南大学学报》（社会科学版）1999 年第 2 期。

任一鸣：《中国女性文学的第一次崛起——五四女作家主体精神与女

性群体意识的觉醒》，《新疆师范大学学报》（哲学社会科学版）1999 年第 3 期。

吴继路：《勇于"造命"的女教授陈衡哲》，《炎黄春秋》1999 年第 3 期。

盛英：《略论陈衡哲的妇女观》，《妇女研究论丛》2000 年第 1 期。

陈平原：《经典是怎样形成的——周氏兄弟等为胡适删诗考（一）》，《鲁迅研究月刊》2001 年第 4 期。

王东杰：《地方观念和国家观念的冲突与互助：1936 年〈川行琐记〉风波》，《四川大学学报》（哲学社会科学版）2004 年第 1 期。

马美爱：《论"五四"女作家的家庭守望——以冰心、陈衡哲为例》，《广西社会科学》2004 年第 9 期。

李春雷：《留美生与民国时期的历史教学——以 20 世纪二三十年代为例》，《历史教学》2006 年第 11 期。

凯佳：《中国首篇现代白话小说——〈一日〉》，《中国档案报》2006 年 2 月 17 日第 006 版。

小强：《任鸿隽望江楼边建川大》，《成都日报》2006 年 8 月 7 日第 B02 版。

陈漱渝：《这个"同心朋友"是谁?》，《中华读书报》2006 年 2 月 22 日第 007 版。

张莉：《从"女学生"到"女作家"——第一代女作家教育背景考述》，《中国现代文学研究丛刊》2007 年第 2 期。

张太原：《〈独立评论〉的社员及其主要撰稿人》，《安徽史学》2007 年第 4 期。

张佩佩、王改君：《1930 年代知识分子对于中国中小学教育的认识——以〈独立评论〉为中心的考察》，《科教文汇》（中旬刊）2007 年第 11 期。

闵凡祥：《陈衡哲的史学思想》，《史学理论与史学史学刊》（2007 年卷），2007 年。

欧阳和霞：《回顾中国现代历史上"妇女回家"的四次争论》，《中华女子学院学报》2003 年第 3 期。

余华林：《20 世纪二三十年代"新贤妻良母主义"论析》，《人文杂志》2007 年第 3 期。

何黎萍：《20 世纪 40 年代初关于"妇女回家"问题的论战》，《四川师范大学学报》（社会科学版）2006 年第 3 期。

夏蓉：《20 世纪 30 年代中期关于"妇女回家"与"贤妻良母"的论争》，《华南师范大学学报》2004 年第 6 期。

朱煜：《历史意识：20 世纪 20 年代历史教科书的叙述分析——以顾颉刚、陈衡哲编纂的新学制历史教科书为例》，《历史教学问题》2007 年第 5 期。

张静：《陈衡哲之三进四川——兼论〈川行琐记〉事件》，《中国社会科学院近代史研究所青年学术论坛（2007 年卷）》，2007 年。

黄红春：《论陈衡哲小说中的全球化意识》，《赣南师范学院学报》2008 年第 1 期。

张蕾：《一个史学界不该遗忘的名字——陈衡哲》，《科教文汇》（上旬刊）2009 年第 1 期。

王桂妹：《被"个性时代"淹没的"个性"——论陈衡哲新诗创作与五

四精神的共振与异动》,《武汉大学学报》(人文科学版) 2010 年第 1 期。

巢小妹:《"超贤妻良母"主义——陈衡哲女子教育观解析》,《中华女子学院山东分院学报》2010 年第 2 期。

夏一雪:《现代知识女性的角色困境与突围策略——以陈衡哲、袁昌英、林徽因等女性学者为例》,《小说评论》2010 年第 S1 期。

张文娟:《女子问题与五四新文学的现代转型》,《中国现代文学研究丛刊》2010 年第 3 期。

张莉:《被建构的第一代女作家的经典》,《中国现代文学研究丛刊》2010 年第 3 期。

史建国:《关于陈衡哲的几点史料辨正》,《民国档案》2010 年第 2 期。

李牲:《庄曜孚的〈峡行日记〉》,《北京观察》2011 年第 4 期。

顾钧:《陈衡哲与〈中国文化论集〉》,《中华读书报》2011 年 11 月 9 日第 14 版。

徐志福:《五四时期成名最早的女作家陈衡哲》,《文史杂志》2011 年第 3 期。

杨和平:《陈衡哲〈西洋史〉的教材特色与全球史观念——兼议现行中学历史教材的编写》,《四川文理学院学报》2012 年第 3 期。

宋桂梅:《任鸿隽任职四川大学始末(1935 年 8 月—1937 年 6 月)》,《兰台世界》2012 年第 19 期。

史建国:《〈陈衡哲年表〉正误》,《鲁迅研究月刊》2013 年第 2 期。

黄华:《陈衡哲与〈西洋史〉的写作》,《汉语言文学研究》2015 年第 4 期。

黄湘金：《陈衡哲早年史迹考索》，《中国现代文学研究丛刊》2015 年第 5 期。

任尔宁口述、徐红强撰稿：《中国第一位女教授陈衡哲的晚年生活》，《世纪》2015 年第 5 期。

王桂妹：《〈新青年〉中的女性话语空白——兼谈陈衡哲的文学创作》，《文学评论》2004 年第 1 期。

王晶：《"五四"时期女作家性别意识探微》，硕士学位论文，延边大学，2006 年。

刘云：《陈衡哲女性观解析》，硕士研究生学位论文，华中师范大学，2006 年。

易玉兰：《中西文化交融下的陈衡哲》，硕士学位论文，湘潭大学，2007 年。

夏一雪：《"文""学"会通》，博士学位论文，山东大学，2010 年。

张辉辉：《浅论陈衡哲的女性观》，硕士学位论文，曲阜师范大学，2014 年。

胡彦飞：《陈衡哲的"造命"意识探究》，硕士学位论文，西北大学，2014 年。

三　期刊类

《留美学生季报》

《新青年》

《独立评论》

《申报》

《现代评论》

《东方杂志》

《努力周报》

《观察》

《文学月刊》

《文学周刊》

《晨报副刊》

《北京大学日刊》

《新新新闻》

《妇女共鸣》

后　记

　　关于治史，陈寅恪先生曾说："吾人今日可依据之材料，仅为当时所遗存最小之一部，欲藉此残余断片，以窥测其全部结构，必须备艺术家欣赏古代绘画雕刻之眼光及精神，然后古人立说之用意与对象，始可以真了解。所谓真了解者，必神游冥想，与立说之古人，处于同一境界，而对于其持论所以不得不如是之苦心孤诣，表一种之同情，始能批评其学说之是非得失，而无隔阂肤廓之论。"① 这一段话对撰写学术评传具有引示意义。即写评传者与传主之间需达成"真了解"，"表一种之同情"，陈先生实点出了评传的根本性质：对传主采取不抑不扬的态度，尽量还原到历史现场中来评判、阐析。传记中的这种阐释，需要"评"与"传"的有机结合，亦即历史与逻辑或观点与材料的统一。然而，实际做起来却并非易事。因为时空等原因，对材料的择取、细节的阐述等都需谨慎。就现有陈衡哲传记而言，如《"造命"人生的歌者：陈衡哲传》（史建国，2010）、《一点西风吹雨点：陈衡哲传》（王玉琴，2015）基本上以陈衡哲的生平经历作

---

① 陈寅恪：《冯友兰〈中国哲学史〉上册审查报告》，《金明馆丛稿二编》，上海古籍出版社1980年版，第247页。

为叙述线索，其中，史著搜罗材料翔实，考证细密，作者见微知著的学术功力，由此也可见一斑。王著以提纲挈领，文笔优美畅达见长，展现女性作者的婉约细腻。因而，在现有成果基础上，如何在研究方法、视角、材料、结构、阐释等方面寻求突破，是必须思考的重中之重。除了尽可能多地占有原始史料，在汲取陈衡哲研究新动态、新成果、新发现，成为笔者需要厘清的重要题域。同时，更为重要的还要有对传主的"同情式"理解，对传主人生经历的种种悲喜哀欢有着深切地感同身受，或者说要有一种"死生契阔"之感。我觉得这是聚焦、谱写评传时最为重要的情感基石。幸运的是，从选题到收集资料，到展开研究，陈衡哲———一位卓有成就的现代学者型女作家，一位杰出的民国奇女子，不断地给予我深切的触动，这是促使我保持研究与写作热情的直接动力。

当然，我能完成这一项繁难的工作，与恩师——北京大学陈平原教授的指点与启发密切相关。2016 年 9 月，我开始了北京大学一年访学之旅，导师是陈老师。老师才学超群，治学严谨，传授有方。他对我的选题、史料收集、运用、史实的甄别、论述的逻辑、研究方法等加以精心指点。并在课内课外不时地创造机会拓宽我的学术视野，更在每次课后的午餐会上谆谆教导为人为学之道。每每感受老师的风采，都能激励我更加努力，以不辱师门。

衷心感谢师母夏晓虹教授，她博学多才，性情温和，每次都耐心细致地给我解惑释疑。衷心感谢北京大学陈晓明教授、吴晓东教授，他们对于我这远道而来的学子给予的热情关心和帮助。而聆听他们的课，总是如沐春风，受益匪浅，也使我感受到北京大学教授们的风采。衷心感谢浙江大学黄健教授、陈坚教授、吴秀明教授、李力副教授、郑淑梅教授，他们即使在我毕业多年后，仍然关心我的生活和工作，使我感受到师者大爱。师恩难忘，点滴在心，唯有更加勤勉精进，不负恩师们的厚望！

我衷心感谢学校学院给予我深切的关怀和大力支持，在学校这一大家庭中，我深深感受到和谐友爱的氛围。本书荣获江西理工大学资助出版，在此深表谢意。我要感谢给予我关心和帮助的孙良好师兄，感谢在访学期间结识的朋友们，尤其是同宿舍的室友，一年之中，我与她们结下了深厚的姐妹情谊。感谢我的家人，感谢我的父母，他们生我养我，并成就了今天的我。如果没有他们的勤恳、劳苦，没有他们一直供我上学直至读博的坚定信念，我想我的人生将是另外一番模样。父辈们坚韧、质朴、勤俭、人性的善和美的高贵品质，深深地镌刻在我的生命中，流淌在我的血液里，成为我一生最为珍贵的精神财富。感谢我的兄长、嫂子，他们对我宽厚的爱和无私的帮助，使我深切感受到手足情深；感谢我的爱人和小宝贝，因为有他们，我感到人生的温暖和可爱。大音希声，大爱无形。感谢我生命中遇到的每一个人，因为在这样的相遇中，让我懂得生命是如此的可贵与精彩。

是为后记。

李火秀

2017 年 9 月 13 日